Walter J. Hollenweger · Erfahrungen der Leibhaftigkeit

W0066371

Walter J. Hollenweger
ERFAHRUNGEN
DER LEIBHAFTIGKEIT
Interkulturelle Theologie 1

CHR. KAISER

CIP-Kurztitelaufnahme der Deutschen Bibliothek

Hollenweger, Walter J.:
Interkulturelle Theologie / Walter J. Hollenweger. – München: Kaiser.
1. → Hollenweger, Walter J.: [Sammlung] Erfahrungen der Leibhaftigkeit

Hollenweger, Walter J.:
[Sammlung]
Erfahrungen der Leibhaftigkeit / Walter J. Hollenweger. – München:
Kaiser, 1979.
(Interkulturelle Theologie / Walter J. Hollenweger; 1)
ISBN 3-459-01197-1

ISBN 3-459-01197-1
© 1979 Chr. Kaiser Verlag München.
Printed in Germany.
Alle Rechte vorbehalten.
Fotokopieren nicht gestattet.
Umschlag: Reinhart Braun, Berlin.
Gesamtherstellung: Georg Wagner, Nördlingen.

Inhalt

IV. Anhang

Fragmente einer theologischen Autobiographie

Eine Einführung

»Ich weiß, daß mein Erlöser lebet«, heißt es in der großartigen Sopranarie in Händels Messias. Und ausgerechnet dieser Vers aus dem Buch Hiob ist in Bedeutung und Auslegung unsicher, sagt die Zürcherbibel[1]. Wichtige Stellen im Neuen Testament, wie die Geschichte von Jesus und der Ehebrecherin oder das Ende des Markusevangeliums, sind spätere Zusätze[2]. Solche Kommentare in der Zürcherbibel fielen mir schon als theologisch ungeschulter Prediger auf. Insbesondere bei der Vorbereitung der Weihnachtspredigten – ich predigte oft zehnmal pro Saison – stieß ich auf die bekannten Ungereimtheiten des Stammbaumes Jesu[3], vor allem aber auf die Version des Syrers, die die Zürcherbibel in den Anmerkungen abdruckt. Nach dieser Handschrift war Jesus der leibliche Sohn von Joseph und Maria[4].

Da ich damals weder Zugang zum griechischen Text noch zur exegetischen Fachliteratur hatte, meldete ich mich bei einem reformierten Schweizerpfarrer an. Ich zeigte ihm die entsprechende Stelle in der Zürcherbibel, die er anscheinend nicht kannte, was mich verwunderte. Ich fragte ihn, was es mit dieser syrischen Übersetzung für eine Bewandtnis habe. Er aber bekam es mit der Angst zu tun und sagte: »Diese Anmerkungen in der Zürcherbibel wurden von den freisinnigen Professoren an der Theologischen Fakultät in Zürich in die Bibel hineingeschmuggelt.« Damit war aber die Sache in meinen Augen nicht erledigt. Entweder waren die Zürcher Theologen Schmuggler, dann mußten sie als solche entlarvt

---

1. Zürcherbibel zu Hiob 19,25.
2. Anhang zum Neuen Testament, Nr. 22.
3. Hervorragend dargestellt und diskutiert von E. Schweizer, Das Evangelium nach Matthäus.
4. »Eine Reihe andrer Handschriften und Übersetzungen, zum Teil auch von höchstem Alter, hat folgenden Wortlaut: ›Jakob zeugte Joseph, dem verlobt (die Jungfrau) Maria Jesus gebar, der der Christus genannt wird.‹ Oder ähnlich. Eine sehr alte syrische Übersetzung lautet: ›Jakob zeugte Joseph. Joseph, dem die Jungfrau Maria verlobt war, zeugte Jesus, der der Christus genannt wird.‹ Hier zeigt sich eine andre Anschauung, die auch sonst Spuren hinterlassen hat. Zum Ganzen vgl noch Luk. 2,33,38 sowie Luk. 2,27,41,43.« Zürcherbibel zu Matth. 1,16. Ähnlich auch die New English Bible.

werden; oder ihre Anmerkungen waren richtig, dann mußte man sich mit dem Tatbestand auseinandersetzen[5]. Ich entschloß mich, der Sache auf den Grund zu gehen und bereitete mich – selbstverständlich nicht nur, jedoch auch wegen dieses Vorfalls – auf die Eidgenössische Maturitätsprüfung vor, um Theologie studieren zu können.

Während des Studiums untersuchte ich im einzelnen die Argumente für und wider die Jungfraugeburt[6], für und wider die übrigen strittigen Texte. Als ich später selber Theologie unterrichten mußte, entdeckte ich, daß dieser Problematik nicht mit Argumenten beizukommen ist. Ich erinnere mich insbesondere an einen Volkshochschulkurs, zu dem ich vorsichtigerweise einen Psychiater als Beistand eingeladen hatte. Eine Frau, die oft meinen Predigten *vor* dem Theologiestudium zugehört hatte, sagte mit großer Überzeugung: »Wenn Jesus nicht der Jungfrausohn ist, kann er uns nicht erlösen, denn dann ist er so sündig wie wir.« – »Ja, warum denn?« fragte ich zurück, »kommt denn alles Übel in der Welt von den Männern?« Sie schaute mich ganz entgeistert an. Später erklärte mir der Psychiater: »Sündig sind nicht die Männer. Sündig ist die geschlechtliche Vereinigung von Mann und Frau. Davon müssen Jesus und die Evangelien frei sein. Darüber läßt sich nicht argumentieren. Das sind prä-rationale Entscheidungen, für die erst a posteriore Argumente gesucht werden.«

Wenn dem aber so ist, dann gibt es weder eine Möglichkeit der Aufklärung zum Thema Jungfraugeburt noch zu den Themen Bibelinspiration[7], Wiederkunft Jesu und wie die Themen alle lauten mögen. Als ich später als Referent für Fragen der Verkündigung im Ökumenischen Rat der Kirchen mit Marxisten zusammenkam, merkte ich, daß auch diese – trotz gegenteiliger Beteuerung – von prä-rationalen, ihnen unbewußten mythischen Vorentscheidungen gesteuert waren. Selbstverständlich war diese Denk- und Argumentationsstruktur bei den Christen der Dritten Welt zu erwarten, die ich von Genf aus oft besuchte. Und letztlich entdeckte ich bei mir selber diese prä-rationale Denkstruktur – trotz Theologiestudium und akademischer Disziplin.

Diese prä-rationale Denkstruktur gehört wahrscheinlich zum Wesen des Menschen. Wer sie verlöre, verlöre seine Seele. Die Frage ist daher nicht, ob wir von solchen Bildern und Mythen mitbestimmt sind oder nicht, sondern wie wir mit diesen Bildern und Mythen

5. Daß es noch andere Möglichkeiten gibt, wußte ich damals nicht.
6. Unten, S. 113.
7. Unten, S. 158f.

verantwortlich umgehen. Ein völlig rationaler Mensch wäre kein Mensch mehr. Die einen wissen um ihre nicht-rationalen Wurzeln. Die andern wissen es nicht. Ich möchte zu denen gehören, die um ihre prä-rationalen Voraussetzungen wissen. Darum versuche ich, sie bewußt zu machen und auf eine Formel zu bringen:

Ein Christ steht nicht links.
Ein Christ steht nicht rechts.
Ein Christ steht auch nicht in der Mitte.
Ein Christ geht vorwärts[8].

Aber was heißt nun das Zeichen »vorwärts« und wie finde ich heraus, ob »vorwärts« nur ein eingängiges Schlagwort ist oder eine jener prä-rationalen Voraussetzungen, die ich als Theologe verantworten kann? Ich finde es heraus, indem ich den Text zu »vorwärts« im Kontext meiner jetzigen Existenz in England durchbuchstabiere. Bei der Übersetzung vom Abstrakten ins Konkrete, wird die Richtigkeit des Zeichens getestet.

1. Das Land, in dem ich lebe

Ich lebe in England, einem Lande, das man schon als Dritte Welt Europas bezeichnete. Und das ist merkwürdig, denn England ist eines der an Bodenschätzen reichsten Länder der Welt. Es hat Kohle, Erdöl, Eisen, Zugang zu den Weltmeeren, und es spricht eine Sprache, die fast die ganze Welt versteht. Seit Jahrhunderten, ja fast seit einem Jahrtausend hat es keine fremden Truppen im Lande gehabt. Es war – und viele glauben, dies sei auch heute noch der Fall – der Ratgeber der ganzen Welt. Es hat sich mit wenig Gewalt ein großes Kolonialreich angeeignet und hat es – was noch viel schwieriger ist – wieder freigegeben. Es hat eine lange demokratische Tradition, einen staatlichen Gesundheits- und Fürsorgedienst. Es hat Kirchen, die seit 1910 aktiv in der Ökumene mitarbeiten.

Und trotzdem ist es ein bitterarmes Land. Die Pfarrer zum

---

8. In Anlehnung an H. Meier, Manifeste und Reden. Die folgenden Gedanken wurden in mehreren Predigten in England vorgetragen (»The Responsibility of a Minority Church«, Regina, The Magazine of The Queen's College, Birmingham, 1978, 16–20); auf deutsch in: Im Lichte der Reformation. Erfahrung der Welt, Erfahrung des Glaubens (Jahrbuch des evangelischen Bundes XXI, Göttingen 1978, 16–20).

Beispiel verdienen so wenig, daß sie armengenössig sind. Es hat eine große Zahl von Arbeitslosen, dafür eine gewaltig aufgeblasene Bürokratie. Es hat eine veraltete Industrie und ein veraltetes Management, eine unmögliche Gewerkschaftsgesetzgebung. Wenn den Postbeamten die politische Meinung eines Unternehmers nicht gefällt, stellen sie die Postzustellung selektiv ein. Das nennt man Demokratie. Die kleinste Auseinandersetzung nicht nur zwischen Management und Arbeitern, sondern auch zwischen verschiedenen Gewerkschaften führt zu Arbeitsniederlegungen. Das nennt man »industrial action«.

England hat keine fremden Truppen im Land, aber es muß die Anweisungen des Internationalen Währungsfonds befolgen. Es hat sein Kolonialreich zurückgegeben, aber es hat Zehntausende von Schwarzen, Pakistanern und Indern in den großen Städten. Eine äußerst gespannte Atmosphäre herrscht zwischen schwarz und weiß, die jederzeit zu gewalttätigen Explosionen führen kann.

Die englischen Kirchen haben aktiv in der Ökumene mitgearbeitet, aber heute herrscht ein Bürgerkrieg zwischen Katholiken und Protestanten, und was in den europäischen Kirchen geschieht, wird von den englischen Kirchen großzügig ignoriert.

Als Besatzungsmacht in Deutschland führte England in der deutschen Industrie das Mitbestimmungsrecht ein, damit die Deutschen die Demokratie lernten. In ihrem eigenen Land aber erweist sich dasselbe Modell als undurchführbar, weil sowohl die Gewerkschaften wie auch die Unternehmer nicht gewillt sind, vom gegenwärtigen Konfrontationskurs abzurücken.

England hat eine alte demokratische Tradition, aber ein unter Altersschwäche leidendes Parlament und eine politisch ohnmächtige Bevölkerung. Bei Wahlen können die Bürger zwischen zwei ehrgeizigen Kandidaten wählen, die ihre Steuergelder verschwenden sollen. Aber zu den eigentlichen Fragen, zum Steuersystem, zum Schulsystem, zur Verkehrspolitik, zur Wirtschaftspolitik haben sie nichts zu sagen. Irgendein armer Bauer in einem Schweizer Bergdorf hat politisch mehr Gewicht als ein britischer Parlamentarier, der wie Pawlows Hund vorschriftsgemäß abstimmen muß, wenn die Parlamentsglocke ertönt.

England hat einen allgemeinen Gesundheitsdienst und eine Sozialfürsorge eingerichtet. Aber das hat nicht nur Vorteile. Früher ging man zu einem Menschen, wenn man in Not war. Heute muß man in ein Büro gehen. Am anderen Ende ist ein Telefon oder gar ein Computer. Und der ist natürlich gerade defekt, wenn man ihn braucht. Oder die Techniker streiken. Abends und übers Wochenende, wenn's am nötigsten wäre, ist niemand zu erreichen. Resultat:

Je mehr Geld für den Gesundheitsdienst ausgegeben wird, desto kränker werden die Menschen. Je mehr Sozialprogramme eingerichtet werden, desto größer werden die Ansprüche und die Probleme. Und das hat Gründe, denn nicht alle sozialen und medizinischen Probleme lassen sich von Experten lösen. Nicht für alles gibt es berechenbare Funktionsabläufe. Nicht alles Leid ist von Staats wegen abschaffbar.

Das Elend Englands hat verschiedene Gründe. Einer davon ist der, daß die Kirchen nicht denken. In einer Situation, wo das Denken allgemein abhanden gekommen ist, müßten die Kirchen »vorwärts gehen«, das heißt stellvertretend denken. Das ist in England nicht der Fall. Die Kirchen greifen punktuell, bei besonders eklatanten Fällen, mit Hilfsprogrammen ein. Sie machen Aufrufe gegen die immer stärker werdenden Nationalsozialisten[9]. Aber sie überlegen nicht – und haben keine Instrumente dazu –, warum der Karren nicht mehr läuft, warum die Vernunft unvernünftig wird. Sie verwechseln – wie die Politiker und Prognostiker – die prä-rationalen, von den Computern multiplizierten und darum für vernünftig gehaltenen Vorurteile mit den Urteilen mündiger Menschen. Sie verzichten auf die Diakonie des Denkens.

Dies also ist der Kontext. Was ist der Text eines evangelischen Theologen in diesem Kontext?

2. Theologien, die ich kenne

(1) Als Theologe kann ich – ja muß ich, da ich vom Staat dazu angestellt bin – über dieses prä-rationale Geschehen nachdenken. Es zu leugnen hätte keinen Sinn. Bei diesem Nachdenken kann ich die auf der Hand liegende, die selbstverständliche Wahrheit sagen. Ich muß ja keine Wahlen gewinnen. Ich kann nicht weggewählt werden. Und selbst wenn ich wegen unliebsamen Äußerungen ausgewiesen würde[10] – was nicht wahrscheinlich ist –, kann ich als Theologe nicht abgewählt werden. Das ist eben der Vorteil der Christen: Man kann ihnen ihr Christsein nicht aberkennen. Die

---

9. Der Nationalsozialismus ist keine »typisch deutsche« Angelegenheit, vgl Houston Chamberlain, Die Grundlagen des 19. Jahrhunderts, und zahlreiche weitere »arische« Schriften desselben Verfassers.

10. D. L. Edwards über mein Vorwort zu D. Winter, Hope in Captivity: ». . . if any British missionary anywhere in the world had published similar utterances about his host country, he would have had his visa cancelled« (Church Times, 28. 10. 1977, 7).

Kommunisten können mißliebige Mitglieder ausschließen[11]. Die DDR kann Biermann das DDR-Bürgerrecht entziehen. Eine Kirchenleitung kann einen Pfarrer absetzen. Aber als denkende Christen oder Theologen können wir nicht abgesetzt werden.

(2) Als Theologe, der zu einer kleinen Minderheitenkirche gehört, nämlich zur Reformierten Kirche Englands, und als ausländischer Missionar kann ich ökumenische Funktionen ausüben, die andern verwehrt sind. Ich kann zum Beispiel ein theologisches Gespräch zwischen schwarzen und weißen Kirchen einfädeln. In Birmingham gibt es 120 schwarze Kirchen[12]. Das wußten weder der anglikanische noch der katholische Bischof, ganz zu schweigen von der Stadtverwaltung. Aber ein theologischer Missionar aus dem Ausland wußte das Selbstverständliche. Er kann Potentiale zeigen, die den einheimischen Christen unbewußt sind.

(3) Im Prinzip sind Theologen immer so etwas wie Ausländer. Als Christen haben sie ihr Bürgerrecht im Himmel[13]. Sie sind Patrioten einer kommenden Patria. Sie können daher die lokalen Belange im Weltkontext und von der Zukunft aus sehen. Sie brauchen sich nicht jenem Pragmatismus zu verschreiben, der vor der Zukunft die Augen verschließen will, weil er Angst hat. Wir brauchen die Zukunft nicht zu verdrängen. Da sie immer Gottes Zukunft sein wird, können wir Zukunft denken.

Aber wie? Wie denkt die Theologie in einer Gesellschaft, die in der christlichen Tradition verwurzelt ist, die die Fingerabdrücke von anderthalb Jahrtausenden christlicher Eindrücke an sich trägt, die aber drauf und dran ist, die Erinnerung an diese Tradition zu verdrängen und darum auch in einem ideologischen Vakuum[14], auf eine leere Zukunft hin operiert?

Vier Modelle solchen Nachdenkens möchte ich kurz vorstellen[15]:

a) Das Verkündigungs-Modell
Es gibt Gesellschaften, die ihre Loyalität zur christlichen Tradition öffentlich bekennen. Als Beispiel erwähne ich die schweizerische Bundesverfassung, die mit dem Satz beginnt: »Im Namen Gottes

11. Unten, S. 296.
12. R. Gerloff, Black Christian Communities in Birmingham, und GGG, 112–115.
13. Phil. 3,20.
14. Mit »ideologischem Vakuum« ist die Abwesenheit einer allgemein akzeptierbaren Zukunft gemeint.
15. Die folgenden Überlegungen wurden an einer Tagung von britischen Theologiedozenten in Wadderton (Conference on Theological Education, 27.–29. 5. 1977) vorgetragen. Englisch vervielf. im Konferenzbericht.

des Allmächtigen!«[16], merkwürdigerweise aber auch die britische Gesellschaft[17] mit der Königin als »head of the church« und ihrem »appointment secretary«, der das entscheidende Wort über die Besetzung der höheren Stellen in der Kirche von England hat, mit obligatorischem Religionsunterricht an den Schulen, einem die »Gotteslästerung« aktiv verfolgenden Gericht und einem quantitativ und qualitativ beachtlichen Angebot christlicher Sendungen an den Massenmedien.

In einer solchen Gesellschaft kann die Theologie sagen: Beginnen wir bei den erklärten Werturteilen, bei der offenen Loyalitätserklärung zu dieser christlichen Tradition und fragen wir, was dies in den konkreten Entscheidungen von Politik und Wirtschaft bedeuten könnte. Der christliche Glaube, so argumentiert diese Theologie, ist nicht einfach eine Rechtfertigung dessen, was sowieso in der Gesellschaft geschieht. Er ist auch nicht lediglich Überbau oder Motivation für Reformen und revolutionäre Programme in der Gesellschaft. Er hat seine eigenen Kriterien, Traditionen und eschatologischen Zielvorstellungen, welche als kritische Instanzen in der Gesellschaft fungieren[18].

Eine Variation dieses Modells liefern die Theologen in den sozialistischen Ländern wie der DDR, der Tschechoslowakei, Polen und Kuba, die einige grundsätzliche Zielvorstellungen ihrer eigenen sozialistischen Gesellschaft übernehmen (einige sind in der Auswahl kritischer als andere), sie als identisch oder zum mindesten mit ihren eigenen theologischen Zielvorstellungen für vereinbar erklären und auf der Basis dieser gemeinsamen Zielvorstellungen versuchen, eine

---

16. So auch der neue Verfassungsentwurf von 1978. »Die Anrufung Gottes in dieser Formulierung entspricht der Einleitung aller Verfassungen seit 1815. Sie ist nicht als Verpflichtung auf eine bestimmte Weltanschauung, sondern als Bekenntnis zur Relativität aller staatlichen Macht zu verstehen. Der Präambeltext ist ein Versuch, den ›Geist‹ der Verfassung zu signalisieren und die moderne Schweiz in ihrer Bedingtheit zu situieren; er stammt von Professor Adolf Muschg« (Tagesanzeiger, Zürich, 28. 2. 1978). Die ganze Präambel lautet: »Im Namen Gottes des Allmächtigen! Im Willen, den Bund der Eidgenossen zu erneuern; gewiß, daß frei nur bleibt, wer seine Freiheit gebraucht, und daß die Stärke des Volkes sich mißt am Wohl der Schwachen; eingedenk der Grenzen aller staatlichen Macht und der Pflicht, mitzuwirken am Frieden der Welt, haben Volk und Kantone der Schweiz die folgende Verfassung beschlossen: . . .«
17. Obschon in einem anderen Sinne die britische Gesellschaft eine der säkularisiertesten ist. Religion ist tabu in allen Gesprächen!
18. Beispiele finden sich vor allem in der reformierten Tradition bei Calvin, Zwingli (S. 299ff) und seinen anglikanischen Schülern, bei Karl Barth und den südafrikanischen Theologen (auf beiden Seiten!).

für Christen und Marxisten gemeinsame Gesellschaftslehre zu entwickeln. So merkwürdig das klingen mag, dieses Modell wird von
den meisten kommunistischen Parteien, die an der Macht sind (aber
nicht von den italienischen Kommunisten!), kritisiert, weil nach
ihrem Verständnis die sozialistische Gesellschaftslehre auf eigenen
Füßen stehen kann und keine Schützenhilfe und vor allem keine
kritische Loyalität von seiten der Christen braucht[19].

b) Das historische Modell
Das Argument für dieses Modell lautet folgendermaßen: Niemand
kann bestreiten, daß die europäischen Institutionen und Werte
durch eine lange Geschichte christlicher Vergangenheit geprägt
worden sind. Die Theologie ist eine Geschichtswissenschaft, die
diesen Traditionsprozeß durchsichtig macht. Selbst eine Gesellschaft, die die traditionellen Werte überholt zu haben glaubt, muß
ihre eigenen Wurzeln wenigstens kennen[20].

c) Das Marktplatz-Modell
Das Argument für dieses Modell lautet folgendermaßen: Die meisten Gesellschaften bewegen sich auf ein pluralistisches Gemenge
von Ideen, Institutionen und Werten hin. Die Theologie als akademische Disziplin ist eine Art Clearingstelle, eine Art von Super-
markt oder ein Marktplatz[21], die die verschiedenen Optionen diskutiert und die menschlichen, wirtschaftlichen und politischen Kosten
abzuschätzen versucht. Ein christlicher Theologe innerhalb dieses
Modells kann und will nicht vollständig objektiv und distanziert
bleiben. Als christlicher Theologe geht er von erklärten Vorurteilen
aus, zum Beispiel dem, daß er das Studium der Dokumente der
christlichen Tradition für grundlegend zum Verständnis der Regeln
des Marktplatzes hält. Das kann dann zu Problemen führen, wenn
eine andere Tradition, zum Beispiel der Islam, ihren Texten zum
Verständnis der Marktregeln Priorität geben möchte[22].

---

19. Die wichtigsten Vertreter sind die Schüler Hromádkas (S. 149ff) sowie Werner
    Krusche in der DDR und der Kreis um die Zeitschrift »Znak« in Polen.
20. Oxford und Cambridge sind Beispiele dieses Modells. Man vergleiche dazu den
    »Oxford Dictionary of the Christian Church« und die Schriften des agnosti-
    schen Soziologen B. Wilson.
21. Welchen Begriff man vorzieht, hängt davon ab, wie positiv man das Modell
    beurteilt.
22. Beispiel des Modells »Marktplatz« ist das Department of Theology an der
    Universität Birmingham und, auf einer anderen Ebene, der Deutsche Evangeli-
    sche Kirchentag. Ein pluralistischeres Modell findet man in den verschiedenen
    Departments of Religious Studies an den britischen Universitäten.

d) Das Modell der interkulturellen Theologie
Diese Option ist, soweit ich sehe, noch nicht realisiert worden. Ich halte sie für die wichtigste. Darum ist sie Thema dieses Buches. Das Argument für dieses Modell formuliere ich folgendermaßen: Keine Gesellschaft kann ohne Schaden in einem ideologischen Vakuum, auf eine leere Zukunft hin funktionieren. Die Ideologien der Zukunft aber müssen universal sein, um lebensfähig zu sein. Sektiererische Ideologien sind kein Beitrag zur Überwindung der leeren Zukunft. Hingegen können lokale, einheimische Ideologien und Mythen durch den Vorgang der »Taufe« universal werden[23]. Das Verlangen nach einer universalen Ideologie in der Gesellschaft kann zusammenfallen mit gewissen Elementen des christlichen Mythos, insbesondere mit den Mythen der Auferstehung, der Inkarnation und der Eucharistie. Der Stundenplan eines solchen interkulturellen Theologiestudiums würde bestimmt durch die Frage: Welche Elemente des christlichen Mythos tragen am meisten zur Überwindung der leeren Zukunft bei? Der wichtigste Rivale in diesem Programm ist der Marxismus, der auf der Suche nach einem interkulturellen Diamat ähnlichen Problemen begegnet wie die christliche Theologie.

Diamat und Theologie haben beide versucht, ihre Ideologie zu universalisieren. Bis heute aber sind diese Versuche nur im Rahmen des Kolonialismus und des Kulturimperialismus ausgeführt worden, von Karl dem Großen bis zu Livingstone, von Lenin bis zu Fidel Castro. Man hat seine »einheimische Ideologie« anderen Kulturen unter dem Vorwand der Allgemeingültigkeit aufgedrängt. Das ging eine Zeitlang. Heute wissen wir, daß diese Universalität nur so lange gilt, als deren Gültigkeit durch Waffengewalt garantiert wird.

3. Die Welt, in der ich lebe

Die folgenden Aufsätze sind Vorarbeiten zur interkulturellen Theologie. Diese Vorarbeiten drängten sich mir jedoch noch von anderen Erfahrungen her auf, nämlich von Begegnungen mit Christen aus der Dritten Welt. Wer sind diese Christen und was haben sie zu unserem Thema beizutragen?[24]

---

23. Vgl unten die Taufe des Kimbangu-Mythos. Zur Taufe der Mythen vom »bien commun« und von der »klassenlosen Gesellschaft« vgl André Dumas, Théologies, politiques et vie de l'église.
24. Das folgende erschien in leicht veränderter Form unter dem Titel »Wir brauchen die Christen in der Dritten Welt« in: Radius 18/4, Dez. 1973, 42–47.

Wir Christen seien eine immer kleiner werdende Minderheit, wurde uns in den letzten Jahren unaufhörlich gesagt. In Asien ist das sicher richtig. Ob es in Europa und in Nordamerika auch zutrifft, muß die Zukunft erweisen. In Afrika und Lateinamerika aber scheint – trotz der einsetzenden Säkularisierung – diese Prophetie nicht zuzutreffen. Ein Mitherausgeber des »World Christian Handbook«, David Barrett, behauptete in einem Aufsehen erregenden Artikel, daß im Jahre 2000 die Christen in Lateinamerika und Afrika die Christen in der übrigen Welt zahlenmäßig überholt haben werden[25]. Diese statistische Extrapolation wurde zwar bestritten[26]. Nicht bestritten aber werden kann, daß sich der zahlenmäßige (und vielleicht auch der theologische) Schwerpunkt des Christentums von Europa und Nordamerika nach Afrika und Lateinamerika verschiebt[27].

Aber was ist das für ein Christentum? Selbstverständlich sind die protestantischen und katholischen Kirchen an dieser »Explosion« beteiligt. Die größte Wachstumsquote aber zeigt sich bei den Kirchen, die von ausländischen Missionsgesellschaften unabhängig sind, bei den lateinamerikanischen Pfingstgemeinden[28], den Aladurakirchen, den Seraphim- und Cherubimkirchen in Westafrika, den Zionisten in Südafrika, den Kimbanguisten im Kongo[29] und seinen Nachbarländern (inklusive Angola).

Die Einordnung dieser Eingeborenenkirchen in die Gemeinschaft der christlichen Kirchen veranlaßt da und dort theologisches Stirnrunzeln, wenn nicht gar lautstarken Protest. In der Tat: Einige dieser Kirchen können von einem europäischen theologischen Gesichtspunkt aus als Verbreiter von Irrlehren bezeichnet werden. Das soll uns aber die Augen nicht davor verschließen, daß in Lateinamerika und Afrika eine Transformation der christlichen Tradition vor sich geht, die nur verglichen werden kann mit den Umwälzungen, die die christliche Kirche beim Übergang vom Judenchristentum zum Heidenchristentum erfuhr. Die Kontinuität der Tradition von Jerusalem nach Antiochien und später nach Rom wurde durch tiefschürfende und zuweilen schmerzhafte Debatten zwischen den »alten Christen von Jerusalem« und den »neuen Christen aus dem Hellenismus« erkämpft. Hätten sich »die von Jerusalem« damals geweigert, in dieses Gespräch einzutreten, so gäbe es vermutlich

25. D. B. Barrett, Ad 2000.
26. S. O. Osoba, Fascinating but Largely Speculative; R. C. Mitchell, Towards the Sociology of Religious Independency.
27. W. Bühlmann, Wo der Glaube lebt.
28. PGG, Pfk und unten, S. 76ff.
29. Unten, S. 57ff und S. 75f.

heute keine christliche Kirche[30]. Mit diesem Hinweis soll die Wichtigkeit des Gespräches mit den Kirchen der Dritten Welt hervorgehoben werden. Dieses könnte sich als conditio sine qua non für den Weiterbestand der christlichen Tradition erweisen. Es ist jedenfalls mindestens so wichtig wie das Gespräch zwischen den verschiedenen Schulen innerhalb der alten Tradition.

Die Kirchen der Dritten Welt sind natürlich keine Einheit. In der Tat, es bestehen zwischen Lateinamerika und Afrika, aber auch innerhalb der beiden Kontinente und innerhalb eines einzigen Landes erhebliche Unterschiede. Verallgemeinernd und vergröbernd kann man aber gewisse Gemeinsamkeiten feststellen. Dazu gehören: 1. die Funktion von Lied und Musik für den Kommunikationsprozeß; 2. die beinahe selbstverständliche Voraussetzung der *Erfahrbarkeit* des Heils, vor allem in den verschiedenen Formen von Krankenheilung, in Träumen und Visionen; 3. ein theologischer Modus, der die Erzählung der Deduktion vorordnet, und 4. eine Haltung, die man in Europa (vermutlich fälschlicherweise) als »apolitisch« bezeichnet.

a) Das gesungene Evangelium
In den Gottesdiensten der erwähnten Kirchen geht es fröhlich, manchmal ausgesprochen laut zu und her. Zwar sind erhebliche Unterschiede festzustellen, zum Beispiel zwischen den leisen, verhaltenen Weisen der pfingstlichen Indianerkirchen in Mexiko und den beinahe übermütigen, mit Trommeln, Trompeten und Handharmonika begleiteten Sambarhythmen der brasilianischen Pfingstkirchen, zwischen der Blechmusik der Kimbanguisten und den dumpfen Trommeln der Zionisten. Aber die entscheidende Funktion des Liedes und der Musik als Vehikel der Kommunikation, als gemeinsamer (beinahe möchte man sagen »ökumenischer«) Ausdruck von Freude und Leid ist allen gemeinsam. Das hat bereits Rückwirkungen – zum Beispiel auf die katholische Kirche in Lateinamerika, deren lateinamerikanische Messen unterdessen auch in Europa bekannt geworden sind und die auf der gleichen Tradition fußen wie die Lieder der Pfingstler.

Die Frage ist hier, ob diese Entwicklung als »Zusatz« zur europäischen Tradition zu verstehen ist, oder ob sie ein eigenes theologisches Gewicht hat. Ich kann diese Frage vorläufig nur stellen und nicht beantworten.

---

30. Unten, S. 129.

b) Erfahrbarkeit des Heils

Vielen Afrikanern erscheint die europäische, naturwissenschaftlich orientierte Medizin wie eine neue, schlimmere Magie als diejenige ihrer Vorväter, als eine Magie, die meint, mit den Mitteln moderner Naturwissenschaft die Tragik der Krankheit und den Leib-Seele-Zusammenhang überspielen zu können. Da sich auch in Europa Kritik in dieser Richtung ankündigt, sind bereits Versuche zu einem »Gespräch« oder gar einer Integration europäischer und afrikanischer Medizin im Gang.

Ein Beispiel einer solchen Integration ist die »Etodome Nyanyuie-Presbiteria Hame Gbedoka Kple Doyo-Habobo« eine Gebetsund Heilungsgruppe innerhalb der reformierten Kirche in Ghana. Diese Gebetsgruppe wurde vom Maurer Frank Kwadzo Do, einem treuen Mitglied der evangelisch-reformierten Kirche in Etodome, gegründet. Er hatte, mit Erlaubnis seiner Kirchenleitung, in Ziofe, wo er während der Woche arbeitete, einen reformierten Gottesdienst eröffnet, weil die nächste reformierte Kirche zu weit entfernt war. Da die Besucher dieses Gottesdienstes der evangelischen Kirchenlieder nicht kundig waren, veranstaltete er besondere Gesangsübungen. Zu einer dieser Übungen wurde ein todkranker Knabe gebracht, der auf das Gebet des versammelten Chores hin geheilt wurde. Gleichzeitig bekam Do Visionen und die Gabe des Zungenredens. Die Gebets- und Heilungsgruppe in Etodome, die sich um Do gebildet hatte, arbeitete mit Erlaubnis der Kirchenleitung innerhalb der reformierten Kirche, obschon das Zungenreden und andere Besonderheiten in den Nachbargemeinden viele Spannungen verursachten[31].

Ihre Heilungsgottesdienste unterscheiden sich deutlich von denjenigen nordamerikanischer Heilungsevangelisten. Es handelt sich um eine freundliche, seelsorgerliche Pflege der einzelnen Patienten, mit Sündenbekenntnis und Ratschlägen zur Überwindung von Krankheiten und Schwangerschaftsbeschwerden, von der Angst vor kranken Kindern, vor Fehl- und Totgeburten und zur Vorbereitung der werdenden Mütter auf ihre kommende Erziehungsaufgabe. Dabei werden all die größeren und kleineren Ehe- und Erziehungsschwierigkeiten, die im Leben auftreten, auf eine sehr sympathische, humorvolle, aber nie frivole Art im Rahmen einer unreflektierten Gruppentherapie behandelt.

Wer schon in einem europäischen »Computerspital« gelegen hat, möchte vielleicht doch lieber vom afrikanischen Maurer Do behan-

---

31. PGG, 407; C. G. Baëta, Prophetism, 94–122.

delt werden. Jedenfalls sagt der Schweizer Arzt Walter Vogt: »Die Medizin hat eine ungeahnte Meisterschaft darin entwickelt, gesund zu machen, ohne zu heilen. Ja, die Auseinandersetzung – beispielsweise mit dem Irrsinn – kann nicht mehr in Freiheit geschehen. Die Gesellschaft weicht der Konfrontation aus, weil sie selbst heillos geworden ist.«[32] Mit anderen Worten: Es erweist sich als heillos, den Menschen als ein komplexes System von bio- und elektrochemischen Systemen verstehen zu wollen, die je nach Bedarf ausgewechselt, »repariert« oder entfernt werden können. Abgesehen von den wirtschaftlichen Schwierigkeiten dieser Medizin, desintegriert ein Mensch, der partikelweise, wie ein Auto »repariert« wird.

Aber noch von einer anderen Seite her gerät die rein naturwissenschaftlich orientierte Medizin unter Beschuß, nämlich von der Jungschen Psychologie her. Nach Jungs Meinung haben wir das »Wunder« zu früh ad acta gelegt. In seinen »Erinnerungen« erzählt Jung von allerhand »wunderbaren Ereignissen«, von Visionen und Träumen, die ihm den Tod von Freunden und Bekannten ankündigten, gelegentlich auch andere Ereignisse, die er auf »normalem« Wege gar nicht wissen konnte[33]. Ähnliche Phänomene werden heute von der umstrittenen Parapsychologie untersucht. Selbst die russischen Forscher scheinen an der Tatsächlichkeit solcher Erfahrungen nicht zu zweifeln[34]. Man denke nur an die Feuertänzer, die ohne Schaden durch glühende Kohlen gehen, oder an jenen (nicht christlichen) Wundertäter in Zürich, der sich unter ärztlicher Kontrolle ein Schwert durch Magen und Lunge, ja sogar durch das Herz stieß, ohne daß die Mediziner einen Schaden feststellen konnten.

Für Jung waren solche Phänomene Fingerzeige auf eine jenseits der mit unseren sogenannten exakten Wissenschaften erfaßbaren Wirklichkeit. Ob diese Wirklichkeit gut, böse oder neutral ist, ist nicht von vornherein klar. Vermutlich wird sie gut oder böse, je nachdem, wie die Menschen damit umgehen, ob sie dadurch herrschsüchtiger oder dialogischer werden, ob sie in neurotische Abhängigkeit und kindische Unmündigkeit geraten oder aber ob sie bescheidener, offener und kritischer werden.

Damit aber wird die frühere Fragestellung diesen Phänomenen gegenüber verschoben. Man muß jetzt nicht mehr fragen, »ob es so etwas gibt«, sondern vielmehr, »wie damit umzugehen ist«. Das ist

32. W. Vogt, Legion ist mein Name (Mark. 5,9), und die Auseinandersetzung mit Vogt: Chr. Müller, »Mach Deine Rechnung mit dem Himmel, Vogt!«; Walter Nußbaum, Einige Gedanken; Dorothee Hoch, »Verkündiget, lehret, heilet!«
33. Unten, S. 182.
34. Hans Bender, Parapsychologie, und GGG, 83–97 (Lit.).

aber eine Frage der interkulturellen Theologie. Die Kirchen Afrikas und Lateinamerikas haben auf diesem Gebiet einen Erfahrungsvorsprung vor den europäischen und nordamerikanischen.

c) Erzählen
Die Kirchen in der Dritten Welt müssen, sofern sie nicht nur Kirchen *in* der Dritten Welt, sondern Kirche *für* die Dritte Welt sein wollen, die (übrigens eminent biblische) Kategorie des Erzählens praktizieren. Das ist eine Einsicht, die auch den europäischen Theologen aufdämmert. So schreibt zum Beispiel J. B. Metz:»Eine Theologie, der die Kategorie des Erzählens abhanden gekommen ist oder die das Erzählen als vorkritische Ausdrucksform theoretisch ächtet, kann die ›eigentlichen‹ und ›ursprünglichen‹ Erfahrungen des Glaubens nur abdrängen in die Ungegenständlichkeit und Sprachlosigkeit und kann dementsprechend alle sprachlichen Ausdrucksformen des Glaubens ausschließlich als kategoriale Objektivationen, als wechselnde Chiffren und Symbole für ein Unsagbares werten. Dadurch aber wird die Erfahrung des Glaubens selbst unbestimmt und ihr Inhalt wird dann ausschließlich in der Sprache der Riten und der Dogmen festgehalten, ohne daß die darin zur Formel gewordene Erzählgestalt selbst noch die Kraft des Austausches von Erfahrung zeigt.«[35]

Ein Vertreter solcher Erzählkunst ist der Armenbischof von Recife, Helder Câmara. Er hat die Gabe, sowohl seinen brasilianischen Mitchristen wie auch den kirchlichen und wirtschaftlichen Führern in Europa und Amerika Geschichten zu erzählen, die gelegentlich an die großartige Parabel des Propheten Nathan vor David erinnern.»Revolutionärer Minnesänger« möchte ich ihn nennen. In Recife ließ er das Drama»Die Bauarbeiter« von einer jungen Schauspieltruppe aufführen. Es stellt den traurigen Alltag des stimmlosen Brasilianers dar – aber hier, in diesem Stück, bekommt er eine Stimme. Das Publikum ist nicht mehr Publikum. Es kommt ja in dem Stück selber vor. Es beginnt mitzuspielen, mitzuweinen, mitzutanzen, mitzusingen. Seine diffuse Malaise wird artikuliert. Es bekommt eine Stimme, ein Lied, wenn auch ein Lied »in moll«. Hier bekommt es einen Tanz, wenn es auch sein Totentanz ist. Aber wer würde sonst den Totentanz der Verhungernden aufführen? Wer würde sonst das Klagelied der Entrechteten anstimmen, wenn nicht der»revolutionäre Minnesänger«?[36]

---

35. J. B. Metz, Kleine Apologie des Erzählens.
36. Evangelisation, 64–73; M. Hall, A Quest for the Liberated Christian (Lit.).

Wenn Câmara auch die brasilianische Presse verschlossen und das Fernsehen unzugänglich sind, seine Lieder, seine Gebete, seine kurzen Sprüche sind unter Tausenden lebendig. Kein Wunder, daß ihm schon mehrmals nach dem Leben getrachtet wurde. Aber Câmara erzählt und singt weiter – denn wenn seine Mitchristen keine Hoffnung mehr haben, so ist das für ihn noch schlimmer, als wenn sie keine Kleider und keine Arbeit haben.

d) Apolitische Haltung?

Man wirft den Eingeborenenkirchen in Afrika und den Pfingstlern in Lateinamerika vor, sie seien apolitisch. Der Vorwurf wird vermutlich zu Recht erhoben. Nur muß man bedenken, wie lange die europäischen und amerikanischen Christen gebraucht haben, bis sie aus ihrem Apolitismus erwachten. Wahrscheinlich huldigt auch heute noch die Mehrheit der westlichen Christen der Illusion, sie könne politisch neutral bleiben. In der Dritten Welt aber haben die Christen oft (nicht immer) gar keine andere Wahl. Die lateinamerikanischen Pfingstler, die ich kenne und die sich politisch formierten, waren die Kreise um Manoel de Mello in Brasilien und die chilenischen Pfingstler. Als die brasilianischen Pfingstler ihre ersten Abgeordneten ins Parlament nach Brasilia schickten, wurde dieses aufgehoben. Als die chilenischen Pfingstler, mit den Sozialisten und Marxisten zusammen, Allende zum Präsidenten machten (wie zuverlässige Beobachter melden), wurde dieser mit brutaler Gewalt entfernt und seine Anhängerschaft verfolgt.

Es gibt darum viele Christen der Dritten Welt, die sich auf die »politische Methode« von Câmara zurückziehen. Dazu gehören auch viele Evangelikale. Selbst an den Evangelisationskongressen von Billy Graham melden sich diese Evangelikalen zum Wort und erzählen Geschichten, die den amerikanischen Organisatoren und ihren europäischen Kollegen nicht ins Konzept passen. Sie bezeichnen die amerikanischen Missionare in Lateinamerika als eine neue »Herrenrasse«, die die Unterentwickelten ihre Überlegenheit fühlen läßt[37]. Sie weisen darauf hin, daß – wenn man schon bibeltreu sein wolle – das Konzept einer rein »geistlichen Evangelisation« so bibelfremd wie nur etwas sei. Natürlich haben diese Stimmen in den nach den Kongressen erscheinenden Berichten geringes Gewicht, und gelegentlich bemüht man sich nicht einmal darum, ihre Beiträge

---

37. Why Latin Americans Dislike Some American Missionaries, His, Nov. 1959, 7–15; zit. D. Lotz, The Evangelization of the World in This Generation, 387; Evangelisation, 56; zu Lausanne vgl Evangelisation (englisch), 6–10, und die dort angegebene Literatur.

zu übersetzen oder ins Protokoll aufzunehmen. Man hat sie als das »unregelmäßige Verb« der Evangelikalen bezeichnet. Nach meiner Kenntnis der Grammatik aber sind die unregelmäßigen Verben das Rückgrat der Sprache.

Es gibt nun allerdings Beobachter[38], die zum Beispiel eine politische Bewegung wie Black Power *und* die Pfingstbewegung als »Bewegungen gesellschaftlichen Wandels« bezeichnen. Beide könnten als religiös fundierte Überzeugungen das politische Geschehen gegen das vom Computer errechnete Resultat beeinflussen. Gerlach nimmt seine Beispiele aus der schwarzen Pfingstbewegung, aber auch aus der chinesischen Revolution. In der Tat, was die schwarzen Pfingstler Amerikas, die Zionisten Südafrikas, die Aladurakirchen Nigerias, die Cherubim- und Seraphimkirchen Ghanas, aber auch die Initiavniki Rußlands[39] sagen und tun, verwundert manchen, der diese Frömmigkeit kurzerhand als politisch und sozial irrelevant abtut. Ihre Befreiungslieder, ihre liturgischen Happenings, ihre Behandlung der Kranken, ihr Verhalten den politischen Gewalten gegenüber haben – wie die Psalmen und Gleichnisse der Bibel – einen emotionalen Mehrwert, der sich nicht selten in politisch eigenständige Handlungen übersetzt. Das kann so weit gehen, daß sie Modelle entwerfen, die weder unser folgerichtiges Denken noch unsere Computer entwickelt haben. Es ist zu vermuten, daß in diesem Milieu noch nicht gedachte, »revolutionäre Einfälle« verborgen sind.

4. Theologien, die ich suche

Im folgenden bezeichne ich die Kommunikationsweise der beschriebenen Kirchen aus der Dritten Welt als »mündlich«, diejenige Europas und Amerikas als »schriftlich«. Was passiert nun, wenn die Vertreter der »mündlichen Kirchen« an einer internationalen Konferenz teilnehmen?

Oft wird das Problem dadurch umgangen, daß man vornehmlich solche kirchlichen Vertreter aus der Dritten Welt einlädt, die auf die westliche Begriffssprache gedrillt sind. Das ist natürlich kein Dialog. Es wird dann immer noch nach unseren Spielregeln gespielt, auch wenn das theologische Spiel in Nairobi oder Mexiko stattfindet. Das ist weitgehend der Grund für die alarmierende Tatsache, daß – mit

---

38. L. P. Gerlach und V. Hine, People, Power, Change.
39. Unten, S. 99ff.

der Ausnahme der Weltmissionskonferenz in Bangkok – die Mehrheit der Christen der Dritten Welt an den internationalen Konferenzen nicht vertreten ist. Das trifft sowohl auf die Veranstaltungen des
Vatikans zu, wie auch auf diejenigen des Ökumenischen Rates oder
der Evangelikalen.

Philip Potter, der Generalsekretär des Ökumenischen Rates, ein
Methodist aus Westindien, begründet diesen Tatbestand folgendermaßen: Es sei leicht zu verstehen, daß zum Beispiel die afrikanischen Delegierten an der Fünften Vollversammlung des Lutherischen Weltbundes in Evian (1970) lediglich traditionelle europäische Theologie imitierten: »Sie hatten kaum Gelegenheit, auf ihre
Weise über ihren Glauben nachzudenken. Wären sie nicht good
boys, folgsame Büblein gewesen, sie hätten es kaum zum Kirchenführer gebracht ... Es wird uns oft nicht einmal erlaubt, für uns
selbst auf unsere Weise zu denken. Ich nenne das Rassismus.
Solange wir Nicht-Westlichen uns nicht exakt der Kategorien der
westlichen Scholastik bedienen, werden wir nicht für Theologen
gehalten.«[40]

Ich selber habe es oft an ökumenischen Konferenzen erlebt, daß
ein Afrikaner oder Lateinamerikaner geduldig bei den Sitzungen
dabeisaß. Aber bei einer Diskussion um »Gesetz und Evangelium«,
über den »historischen Jesus«, aber auch über das Verhältnis zwischen Marxismus und Christentum konnte er nicht mitreden. Man
kann zwar meinen – und ich bin auch dieser Ansicht –, daß gerade
diese Themen von politischer und theologischer Bedeutung für die
Dritte Welt sind.

Aber in der europäischen oder amerikanischen begrifflichen Ver-
packung wird ihre Relevanz für die, die sie angeht, versteckt. Es
wird *über* sie, statt *mit* ihnen geredet. Wenn man dann am Abend
mit den gleichen Leuten ein Bier trinkt, dann strömt plötzlich die
Traurigkeit heraus. Nicht in Form von Distinktionen und Begriffen,
aber in dem Modus der Erzählung, in der Form von Zeugnissen.
Und mitten in dieser Traurigkeit entdeckt man eine ungeheure
Kraft der Hoffnung und des Glaubens daran, daß Gott Gott bleibt
(um unsere Sprache zu gebrauchen). Diese Aussagen aber lassen
sich beim gegenwärtigen Stil internationaler Debatten schwer in die
Konferenzarbeit einbringen. Und das ist nicht nur schade, sondern
es könnte geradezu katastrophale Folgen haben – nämlich eine neue
Kirchenspaltung, die schwerwiegender wäre als die Spaltung in

---

40. Ph. Potter, Zur sog. Grundlagenkrise der Mission.

protestantische und katholische Christen. Die Spaltung in »mündliche« und »schriftliche« Theologie läßt sich eben nicht durch einen neuen hermeneutischen Denkansatz überwinden, obschon auch dieser gefordert ist. Sie ist nur durch die bewußte Aufnahme anderer als begrifflicher Kommunikationsmedien in die theologische Werkstatt zu bewerkstelligen. Das bedeutet nun wieder nicht, daß die Vernunft durch die Emotionalität ersetzt werden soll. Sondern es bedeutet vielmehr, daß die Vernunft vernünftig wird. Denn eine Vernunft, die sich denen nicht mitteilen kann, über die sie redet (und das ist doch die Lage der meisten Entwicklungsdebatten und ökumenisch-theologischen Gespräche), kann doch wohl als unvernünftig bezeichnet werden. (Für den, der das tröstlich findet, sei angemerkt, daß die Marxisten genau die gleichen Probleme mit ihren Partnern aus der Dritten Welt haben.)

Vor diesem Hintergrund erst kann man die Bedeutung einer Theologie ermessen, die sich einem redlichen Dialog zwischen »mündlich« und »schriftlich« verpflichtet weiß. Die selbständige Weiterentwicklung des christlichen Glaubensgutes in der Dritten Welt bringt – neben der zahlenmäßigen Explosion – Spannungen und Probleme mit sich, weil sie uns Formen des Glaubens und der Kirche zeigt, die sich von uns weg entwickeln. Und doch dürfen »die von Jerusalem« die neuen Christen nicht aufgeben!

Damit komme ich auf meine eigene theologische Autobiographie zurück. Die beiden Theologien, die mündliche und die schriftliche, leben in mir selber – und wahrscheinlich in jedem Theologen. Mit der mündlichen Theologie bin ich aufgewachsen. Ich habe sie gesungen, gebetet, in Straßenversammlungen und öffentlichen Streitgesprächen geübt. Die schriftliche Theologie habe ich an der Universität gelernt mit dem Resultat, daß ich vorerst einmal sprachlos wurde wie der alte Zacharias. Die alte Sprache konnte ich nicht mehr, die neue noch nicht. Ich werde mich immer an das homiletische Tutorial mit Eduard Thurneysen in seiner Studierstube hoch über dem Münsterplatz in Basel erinnern, als er mir schonungsvoll beizubringen versuchte, daß das, was ich geliefert hatte, keine Predigt, sondern ein theologischer Aufsatz sei. Ich antwortete ihm: »Was Sie wollen, das habe ich schon vor dem Studium gekonnt.« – »Vielleicht hätten mir Ihre ›vortheologischen‹ Predigten besser gefallen«, gab er zurück.

Die Antwort befriedigte mich nicht. Wozu denn Theologie studieren, wenn sie für die Predigt nichts nütze ist? Trotzdem suchte ich den Weg zurück, von den Dörrwörtern, den Abstraktionen und Allgemeinheiten zu den saftigen Worten, den einheimischen Einfällen. Seitdem bin ich die Wege zwischen den beiden kulturellen Ausformungen der Theologie mehrmals gegangen.

Zeugnis davon sind die folgenden Aufsätze[41]. Sie fragen: Wie sieht eine interkulturelle Theologie aus, die sich nicht ins Schnekkenhaus ihrer »Lokaltheologie« zurückzieht, die aber auch nicht ihre einheimische Theologie als allgemeingültig anpreist, sondern die zwischen den mündlichen und den schriftlichen, den schwarzen und den weißen, den weiblichen und männlichen Christen unterwegs ist.

Man wird auch verstehen, daß ich im folgenden *nicht* versuche, jene Höhe der Abstraktion zu erreichen, die dann als allgemeingültig deklariert werden kann. Die Methode der Abstraktion bringt keine allgemein-gültigen Einsichten hervor, sondern eine kulturell bedingte Theologie wie jede andere, nur daß sie versucht ist, sich für allgemein gültig zu halten. Von meiner Wanderschaft erzähle ich nicht in kulturell bedingten Abstraktionen, sondern in kulturell bedingten Gleichnissen, in Erfahrungen der Leibhaftigkeit. Dabei muß zu jedem Beitrag angegeben werden, in welchem Kontext (wo?), in welcher Sprache (wie?), mit welchen Menschen (mit wem?) er erarbeitet wurde.

Wie dies aber alles zusammenhängt, welcher Mythos diese verschiedenen Erfahrungen und Gleichnisse zusammenfaßt – sofern es einen solchen Mythos überhaupt gibt – das hoffe ich in einem folgenden Band weiter auszuführen.

---

41. In einigen Fällen (zB die Berichte über S. Kimbangu, der Aufsatz über »Marxistische Ethik«) leicht überarbeitet und auf den neuesten Stand gebracht. Die Anmerkungen wurden vereinfacht und vereinheitlicht.

I.

DAS PROBLEM

1. Interkulturelle Theologie

*Seit mindestens hundert Jahren, nämlich seit jenem denkwürdigen
Tag, als sich die Zürcher Oberländer Bauern im Protest gegen die
Ernennung des deutschen Theologen David Friedrich Strauss an die
Zürcher Universität zusammenrotteten, ist es kritischen Christen und
Nicht-Christen klar, daß die Mythen der biblischen Tradition in
verschiedenen Kulturen notwendigerweise verschieden verstanden
und aufgenommen werden. In den folgenden hundert Jahren ist die
Suche nach dem Einheimischwerden der biblischen Botschaft in den
Kategorien der profanen Geschichtswissenschaften beinahe zum Ab-
schluß gebracht worden, vor allem durch die Arbeiten von Albert
Schweitzer und Rudolf Bultmann. In jüngster Zeit haben einige
weniger bekannte Theologen in England Bestseller geschrieben, die
die Argumente für die Entmythologisierung der biblischen Botschaft
repetierten. Mit beinahe maliziösem Vergnügen ärgerten sie Christen
anderer Traditionen und Kulturen, indem sie die privilegierte Position ihrer eigenen Kultur auf die Spitze trieben[1].*

*Dies sollte uns jedoch keineswegs schockieren. Die herrschende
Kultur war immer die Kultur der Herrschenden. Die Theologie ist
darin keine Ausnahme. Wenn aber die Theologie ihrer Berufung treu
bleiben will, kann sie sich nicht »dieser Welt gleichstellen«[2]. Zum
mindesten muß sie sich die Frage gefallen lassen, ob es nicht Kultur-
medien außerhalb ihrer eigenen Traditionen gibt, die sich als Rohmaterial für heutiges Theologisieren eignen.*

*Das folgende paper, das am 6. April 1978 in Cambridge verteidigt
wurde[3], stellt genau diese Frage. Zur Beantwortung wird ein indirek-
ter Weg eingeschlagen. Im ersten Teil untersuche ich das soziologische Profil der korinthischen Gemeinde. Ich versuche, deren soziale,
politische, religiöse und kulturelle Konflikte zu identifizieren, und
stelle dann die Frage, ob das theologische Modell (oder der Mythos)
des Leibes Christi für den Dialog zwischen den verschiedenen kon-*

---

1. Hick (Hg), Myth.
2. Me syschematizesthe to aioni touto, Röm. 12,2.
3. Konferenz der Society for the Study of Theology; veröffentlicht in: Theological
   Renewal, Nr. 10, Okt. 1978, 2–14 und in: Research Bulletin ISWRA, Dept. of
   Theology, University of Birmingham, 1978, 90–104; deutsche Übertragung
   vom Vf.

textuell bedingten Theologien hilfreich sein könnte. Im zweiten Teil
teste ich einen Auszug aus einer narrativen Exegese zu Texten über
den Leib Christi im ersten Korintherbrief, deren relativen Wert für die
interkulturelle Theologie ich im dritten Teil diskutiere und im vierten
Teil zusammenfasse.

1.1   Korinth, ein Laboratorium interkultureller Theologie

Wer den ersten Korintherbrief lediglich als Dokument einer theologischen oder religiösen Auseinandersetzung liest, übersieht dessen Beitrag zur interkulturellen Theologie. Wer ihn aber als Dokument einer komplexen theologischen *und* sozio-kulturellen Auseinandersetzung liest und dabei das soziologische Profil der korinthischen Gemeinde mitberücksichtigt, entdeckt im biblischen Text nicht nur eine theologische Rationalisierung einer tieferliegenden kulturellen Auseinandersetzung, sondern auch eine Anleitung für die schöpferische Inszenierung des kulturellen, sozialen, politischen und religiösen Streites in der heutigen Christenheit.

Welches ist dieses soziologische Profil der korinthischen Gemeinde[4]? Wenn wir die Namen- und Berufslisten der korinthischen Gemeinde untersuchen, können wir drei soziale Gruppen mit identifizierbaren kulturellen, sozialen und religiösen Eigenschaften unterscheiden. Die *erste Gruppe* setzt sich aus eher wohlhabenden und einflußreichen freien Bürgern zusammen. Sie besaßen eigene Häuser, wie zum Beispiel Titius Justus[5] und Gajus[6]. Der Text macht es klar, daß die Christen sich in diesen Häusern zu Gottesdiensten versammelten. Es mußte sich also um Villen von einigem Ausmaß gehandelt haben. Krispus, der ehemalige Synagogenvorsteher, gehörte ebenfalls zu dieser Gruppe. Als Synagogenvorsteher mußte er über beträchtliche Mittel verfügen, da er teilweise verantwortlich war für den Unterhalt des Synagogengebäudes[7]. Die interessanteste Persönlichkeit in dieser kleinen, aber einflußreichen Gruppe war Erastus, der oikonomos tes poleos[8]. Es ist nicht ganz klar, was dieser Titel bedeutete. Er bezeichnete wahrscheinlich so etwas wie den

---

4. Dazu vgl im besonderen Theissen, Soziale Schichtung, und Lührmann, Wo man nicht mehr Sklave oder Freier ist.
5. Apg. 18,7; Haenchen, Apostelgeschichte, 478; Theissen, aaO, 252.
6. Röm. 16,23; 1. Kor. 1,14; Theissen, 251.
7. Apg. 18,8; 1. Kor. 1,14; Haenchen, 472; Theissen, 236 f (Lit.).
8. Röm. 16,23; über Erastus im einzelnen Theissen, 237–246; Cadbury, Erastus of Corinth; Landvogt, Epigraphische Untersuchungen.

Vorsteher des korinthischen Tiefbauamtes. Jedenfalls hatte Erastus beträchtlichen Einfluß in der korinthischen Gesellschaft. Diese Auslegung würde noch mehr Gewicht bekommen, wenn eine korinthische Inschrift, in der ein Erastus als Aedil[9] dokumentiert wird, sich mit Sicherheit auf den im ersten Korintherbrief erwähnten Erastus beziehen ließe.

Die *zweite Gruppe* war die größte. Sie bestand aus ungebildeten Sklaven und Hafenarbeitern, viele von ihnen Ausländer. Ihr Haupt scheint eine Frau gewesen zu sein, denn der Ausdruck »hoi tes Chloes«[10] kann sich nicht auf Familienangehörige beziehen, sondern nur »die Leute der Chloe« oder vielleicht sogar »die Partei« oder »die Clique der Chloe« bedeuten. Es ist bekannt, daß die christlichen Sklaven sich beklagten. Sie hielten sich für benachteiligt, weil sie beim Liebesmahl den kürzeren zogen, da sie erst spät abends nach Arbeitsschluß zum Gottesdienst kommen konnten, während die besser Situierten früher kamen und sich bereits an Speise und Trank gütlich getan hatten[11].

Endlich war da noch eine *dritte Gruppe*. Tertius[12] gehörte vielleicht dazu. Es handelte sich um gebildete Schreib- und Haussklaven, die in der römischen Verwaltung, in den Banken und in der Hafenbehörde arbeiteten. Vielleicht waren sie so etwas wie unser heutiger Mittelstand.

Drei Konfliktherde lassen sich zwischen den drei Gruppen erkennen. Da war einmal der Konflikt *zwischen Erastus und den Leuten der Chloe*, das heißt zwischen der ersten und der zweiten Gruppe. Schließlich repräsentierte Erastus die herrschende Kolonialmacht, obschon er selber vermutlich griechischer Abstammung war[13]. Merkwürdigerweise gab er seine Stelle in der Kolonialverwaltung nicht auf, als er Christ wurde.

Die ungebildeten Sklaven (dritte Gruppe) erwarteten keine Befreiung oder auch nur eine Besserstellung in der korinthischen

---

9. Vgl die Rekonstruktion von Kent einer Erastusinschrift: »[praenomen nomen] Erastus pro aedili[at]e s(ua) p(ecunia) stravit.« (»Erastus hat diese Pflasterung als Gegenleistung für seine Wahl ins Aedilenamt auf seine Kosten gelegt.«) Kent, The Inscriptions, 18–19, no. 232. Diskussion der Literatur bei Theissen, aaO, 242.

10. 1. Kor. 1,11; diese Auslegung von »hoi tes Chloes« stützt sich auf Theissen, 255, der sie »als Vertreter unterer Schichten« bezeichnet. Nach Theissen schließt die Formulierung Familienangehörige oder Söhne »ziemlich sicher« aus.

11. 1. Kor. 11,21; 1,11.

12. Röm. 16,22; Theissen, 255.

13. Sein Name ist griechisch; jedoch mußte ein »oikonomos tes poleos« römischer Bürger sein.

Gesellschaft, aber sie erwarteten mit Bestimmtheit – und Paulus unterstützte sie in dieser Erwartung[14] – gleiche Rechte und Pflichten *in der Kirche*. Das war im damaligen Kontext ein revolutionärer Impuls oder vielleicht gar eine »geistige Subversion«, denn die heidnischen Religionen organisierten sich normalerweise nach den akzeptablen Gruppierungen der Gesellschaft – genau wie die meisten heutigen Kirchen.

Der *zweite Konfliktherd* betraf das Verhältnis *zwischen Männern und Frauen*. In dem Maße, in dem Frauen im christlichen Gottesdienst aktiv teilnahmen, entwickelte sich eine Spannung zwischen der Stellung der Frau in der Gesellschaft im allgemeinen und der Stellung der Frau in der Gemeinde[15].

Der *dritte Konfliktherd* ist in unserem Zusammenhang der wichtigste. Es handelt sich um den Konflikt zwischen der ersten und der dritten Gruppe auf der einen Seite und der zweiten Gruppe auf der anderen Seite. Mit anderen Worten, es handelte sich um den kulturellen Konflikt *zwischen den Gebildeten und den Analphabeten* oder Halbanalphabeten. Viele der gebildeten Christen hatten einige Kenntnisse der jüdischen Tradition, vielleicht über die Septuaginta. Sie waren jedenfalls in der Lage, das griechische Alte Testament und die Briefe des Paulus zu lesen. Die ungebildeten Sklaven jedoch (zweite Gruppe) waren möglicherweise des Griechischen nicht recht mächtig; jedenfalls hatten sie keinen Zugang zum geschriebenen Wort. Es ist darum verständlich, daß diese Sklaven sich mehr auf ihre spontane Erleuchtung verließen, auf das Zungenreden, die Visionen und prophetischen Einsichten, die sie mit der Autorität des auferstandenen Christus in Beziehung setzten, während die gebildeten Christen (erste und dritte Gruppe) die Verstehbarkeit (das heißt, was sie darunter verstanden) und den historischen Zusammenhang ihres Glaubensverständnisses mit dem Judentum und den Judenchristen in Jerusalem betonten[16].

In diesen kulturellen Konflikt führt Paulus das theologische Modell des Leibes Christi ein. Im paulinischen Verständnis handelt es sich beim Leib Christi nicht um einen mystischen, sondern um einen sozialen Leib mit einem erkennbaren soziologischen Profil. Aber das theologische Modell des Paulus ist »soziologisch dysfunktional«[17] und politisch verdächtig. Der Leib Christi ist eine soziale

---

14. 1. Kor. 12,13.
15. Heute zeigt sich eine ähnliche Situation mit umgekehrten Vorzeichen.
16. Paulus gehört selber zu dieser Gruppe. Vgl auch Schmithals, Gnosis.
17. Zur Spannung zwischen der Kirche als soziologisch dysfunktionale, unmögliche Organisation und der Kirche als Organisation, die den Gesetzen der Organisa-

Größe, welche durch ihre bloße Existenz die heidnische soziale und kulturelle Apartheid straft und herausfordert und zwar auf beide Seiten hin. Es kritisiert sowohl den heidnischen Snobismus der Gebildeten, wie auch den umgekehrten Snobismus des »Hafenarbeiter-Exklusivismus«, insbesondere deren theologische Rechtfertigungsversuche.

Diese kurze Analyse der korinthischen Situation und der paulinischen Reaktion führt direkt zu unserer heutigen Aufgabe, nämlich zur Aufgabe einer interkulturellen Theologie. Heutige Theologie muß per definitionem interkulturell sein. Dies leuchtet schon im nationalen Kontext Großbritanniens ein. Jeder aufmerksame Beobachter wird die Spannungen und gewalttätigen Auseinandersetzungen zwischen den verschiedenen britischen Kulturen entdecken: Kelten und Engländer, Schotten und Iren. Gefährlich wird diese Auseinandersetzung, wenn die kulturellen Gegensätze durch parallele soziale und religiöse Gegensätze verstärkt werden. Dann bricht die Kommunikation zwischen den streitenden Parteien beinahe zusammen. Die Kirche ist nicht mehr als Leib Christi erkennbar. Im Gegenteil, sie äfft den Trug der Welt und ihre gefährliche Apartheid nach.

Auf der internationalen Ebene nimmt dieser Sachverhalt erschreckende Dimensionen an. Wir haben es schon beinahe aufgegeben, die interkulturelle Wirklichkeit der Kirche sichtbar zu machen. Aus historischen Gründen hat die Theologie in dieser Politik der Resignation eine unrühmliche Rolle gespielt. Die Schuldfrage für diesen Prozeß abzuklären scheint mir weniger wichtig zu sein als die Suche nach einer theologischen Arbeit, welche der Tradition des Leibes Christi entspricht, das heißt nach einer interkulturellen Theologie.

Interkulturelle Theologie ist nicht eine Theologie, die sämtliche Sprachen und Kulturen vermischt. Ich kann schließlich nicht französisch, englisch und deutsch gleichzeitig sprechen. Ich muß mich für *einen* kulturellen Bezugsrahmen entscheiden. Meine Wahl hängt von meinen eigenen Fähigkeiten und meinem Zuhörerkreis ab. Auf keinen Fall jedoch kann ich meinen eigenen kulturellen Hintergrund für universal erklären. Ich nehme an, daß eine solche Einsicht für einen Schweizer leichter ist als für einen Engländer. Der Schweizer, der seine eigene Kultur für universal hält, macht sich lächerlich. Der Engländer oder Amerikaner jedoch ist stets versucht, seine

---

tionssoziologie unterliegt, vergleicht man mit Gewinn M. Thung, The Precarious Organization.

Kultur für universal zu halten. In dem Maß aber, in dem sie englisch oder amerikanisch ist, ist sie nicht universal. Und das ist gut und notwendig.

Interkulturelle Theologie ist auf der Suche nach einer »Leib Christi«-Theologie, in welcher jedes Organ seiner Funktion und seinem Zweck treu bleibt, gleichzeitig aber einen Beitrag zur Funktion des Gesamtleibes leistet und dabei nicht unterstellt, daß es das wichtigste, das theologischste oder das wissenschaftlichste Glied am Leibe sei.

Auf dem Wege zu einer solchen Theologie unterbreite ich hier einen Ausschnitt aus einer narrativen Exegese, welche dieses Problem widerspiegelt und möglicherweise einen Beitrag zu dessen Lösung anbietet. Diese Exegese nimmt eine der ältesten theologischen Traditionen des Christentums auf, nämlich die Tradition des Erzählens, welche uns durch die Formgeschichte nahegebracht worden ist.

Der Erzähler des folgenden Auszugs aus der Geschichte »Konflikt in Korinth«[18] ist Schreibsklave in der Korinthischen Handels- und Gewerbebank[19]. Er beobachtet die Christen von Korinth und denkt über deren Interpretation eines Textes ihres Gründers Paulus nach[20]. Es handelt sich mit anderen Worten um einen Versuch, die hermeneutische Disziplin durch den Einbezug des kulturellen, politischen und sozialen Hintergrunds der *ersten Leser* zu erweitern.

1.2   Konflikt in Korinth

Ich kam diesmal später in der Villa des Gajus an als anläßlich meines ersten Besuches. Wegen den Unruhen im Hafen und wegen der Gefahr, daß einige Schiffe verbrannt würden, mußten wir dringende Versicherungstransaktionen erledigen. Ich konnte daher die Bank nicht zur gewohnten Zeit verlassen und kam erst gegen halb sieben Uhr bei Gajus an.

Frauen sollen schweigen!
Als ich in den Innenhof seiner Villa trat, hörte ich einen merkwürdigen Gesang. Es schien, als würde die ganze Bürgergemeinde der

---

18. Die ganze Exegese wurde zusammen mit einem ähnlichen Versuch zur Interpretation von Ez. 37 in: Hollenweger, Konflikt in Korinth, veröffentlicht.
19. Zu Banken in Korinth, vgl Theissen, 263, und Larsen, Roman Greece, 472.
20. 1. Kor. 14.

Christen[21] zehn- oder zwanzigstimmig durcheinander und miteinander singen. Vom Text verstand ich überhaupt nichts. Bald merkte ich, daß es sich hier um das Singen in Zungen handeln mußte, das ja im Schreiben des Paulus schon einige Male erwähnt worden war. Obschon jeder sozusagen seine eigene Melodie sang, paßten die Harmonien doch zusammen. Es war, wie wenn die Christen einen Tempel aus Tönen bauten, sozusagen ein sozialakustisches Heiligtum, unter dessen Dach sie sich zusammenfanden.

Anders als am ersten Sonntag konnte ich mich nicht zu Tertius hinsetzen. Er sagte mir, daß es Sitte sei, daß Neuankömmlinge, Uneingeweihte, auf bestimmten Bänken im Hintergrund und auf der Seite Platz zu nehmen hätten. »Idiotensessel«[22] nannten das die Christen, weil wir »idiotai«, Unwissende in ihren Augen waren. Ich setzte mich also auf einen dieser erhöhten Bänke und konnte das Gottesdienstgeschehen bestens verfolgen.

Die Austeilung von Brot und Wein folgte der Ordnung der vorhergehenden Sonntage. Ich brauche das hier nicht zu wiederholen. Nur als Erastus, der Vorsteher des korinthischen Bauamtes, nach vorne schritt und die beiden Fackelträger sich an seine Seite stellten, um die Pergamentrolle zu erleuchten, aus der er zu lesen beabsichtigte, meldete sich – wie könnte es anders sein? – die rote Chloe und protestierte. »Brüder und Schwestern«, sagte sie, »wie könnt ihr so mir nichts dir nichts zur Tagesordnung übergehen und die gottesdienstlichen Verordnungen unseres hochverehrten Paulus lesen, nach all dem, was sich in dieser Woche in unserer Stadt zugetragen hat? Wißt ihr denn nicht, daß Jason, den wir letzten Sonntag auf den Namen Jesu getauft haben[23], der mit uns zusammen zu einem Leibe getauft worden ist, wie Paulus sagt, daß dieser Jason im Gefängnis sitzt? Sagt Paulus nicht, leidet ein Glied, so leiden alle Glieder? Und Jason leidet. Leiden wir mit ihm? Und wißt ihr nicht, daß er – unschuldigerweise – des Aufruhrs angeklagt worden ist? Es dürfte den hier anwesenden Brüdern und Herren

---

21. »Ekklesia ist also Bezeichnung nicht für irgendeine private Kultgenossenschaft oder religiöse Vereinigung, der man auf Grund einer bloß subjektiven Entschließung oder Neigung beitreten könnte (dafür wären die in der religiösen Welt des Hellenismus geläufigen Begriffe wie thiasos [Kultverein], eranos [Kultmahlgenossenschaft], koinon [Gemeinschaft], synodos [Versammlung] usw am Platz gewesen); ekklesia ist Bezeichnung für ein Volk, präzis für die Volksversammlung Gottes . . .« (A. Rich, Glaube in politischer Entscheidung, 39f). Belege bei K. L. Schmidt, Art. ekklesia, TWBNT III, 518f.
22. 1. Kor. 14,16. Daß die »idiotai« besondere Plätze einnahmen, ist eine Vermutung. Conzelmann, Der erste Korintherbrief, 282.
23. Röm. 16,21.

von der Stadtverwaltung« – sie schaute zu Gajus und Erastus, streifte aber auch meinen Freund Tertius mit einem kurzen Blick – »klar sein, daß auf diese Anklage, wenn sie aufrechterhalten bleibt, die Todesstrafe steht, die Todesstrafe durch Kreuzigung. Vor zwei Wochen hat Tertius aus dem Brief des Paulus gelesen: ›Aber *Gott* hat den Leib so zusammengefügt, daß er dem im Nachteil befindlichen Glied desto größere Ehre gab, damit keine Spaltung im Leibe wäre, sondern die Glieder die gleiche Sorge für einander tragen sollten‹[24]. Jason ist im Nachteil, um es milde auszudrücken. Wo ist unsere Sorge für ihn?«

Einige der Sklaven und Hafenarbeiter, die wieder wie am vorhergehenden Sonntag auf der linken Seite des Villenhofes sich um die rote Chloe versammelt hatten, waren vom Boden aufgestanden. Erastus hielt die Hand auf, als wollte er etwas sagen, aber Gajus nahm das Wort und sagte etwas spitz: »Schwester Chloe, Paulus will nicht, daß die Frauen in der Bürgergemeinde der Christen das Wort führen.«

»Das hast du erfunden, Bruder Gajus«, begehrte Chloe auf.

»Nein«, antwortete Erastus, »hier steht es: Die Frauen sollen schweigen in der Bürgerversammlung der Christen. Es wird ihnen nicht gestattet zu reden, sondern sie sollen sich unterordnen, wie auch das Gesetz sagt. Wollen sie aber etwas lernen, so sollen sie zu Hause die eigenen Männer fragen; denn es ist für eine Frau schimpflich, in einer Gemeindeversammlung zu reden.«[25]

Chloe schwieg. Dann aber faßte sie sich und sagte: »Das würde dir so passen. Du willst wieder die alte jüdische Ordnung einführen bei uns. Die gilt aber in Christus nicht. Und welchen Mann soll ich zu Hause fragen?« Einige lachten, denn jedermann wußte, daß sie keinen Mann hatte. »Überhaupt«, fuhr sie fort, »kann ich die Stelle sehen?«

Chloe kam zum Tisch und ließ sich die Stelle zeigen. »Das ist aber eine andere Handschrift«, sagte sie. »Zudem stehen diese Sätze auf einem besonderen Stück Pergament, das hier eingeklebt wurde[26].

---

24. 1. Kor. 12,24.
25. 1. Kor. 14,34–35.
26. »Dieser in sich geschlossene Abschnitt (14,33b–36) sprengt den Zusammenhang: Er unterbricht das Thema der Prophetie und stört den Duktus der Darlegung. Sachlich steht er im Widerspruch mit 11,2ff, wo das Auftreten von Frauen in der Gemeinde vorausgesetzt ist. Dieser Widerspruch bleibt auch dann, wenn man Kap 11 und 14 verschiedenen Briefen zuweist. Hinzu kommen Besonderheiten des Sprachgebrauchs, des Gedankens. Endlich schließt V. 37 nicht an V. 36, sondern an 33a an. Der Abschnitt ist also als Interpolation anzusehen. Der kaum durchsichtige V. 36 soll den ›ökumenischen‹ Geltungsbe-

Ich kann nicht glauben, daß diese Sätze von Paulus sind. Sie stehen im Widerspruch zu allem, was er sonst schreibt. Sind wir Frauen denn nicht mit dem Heiligen Geist erfüllt wie ihr Männer?«

Die Sklaven und Sklavinnen auf der linken Seite des Innenhofes der Villa riefen in wildem Tumult:»Preis dem Herrn! Ja, amen!« Nur Phöbe aus Kenchräa hielt sich stille.»Und«, fuhr Chloe fort, »hat Paulus nicht gesagt, wenn Frauen prophezeien, sollen sie ihr Haar mit einem Schleier bedecken?[27] Darum habe ich mir ja extra diesen roten Schleier gekauft. Aber«, setzt sie mit leiser Stimme hinzu,»ich würde ja gerne schweigen, wenn einer von euch sich der verurteilten Sklaven annehmen würde. Habt ihr denn vergessen, was passierte voriges Jahr? Unter den Gekreuzigten, die am Hafendamm aufgehängt wurden, befand sich auch ein Christ, weil die Rädelsführer des Aufruhres alle Schuld von sich wiesen und im Zuge der allgemeinen Christenverachtung die Verantwortung auf ihn abschaufeln konnten.«

Mit Konflikten leben
Chloe setzte sich. Gajus hatte ihr aufmerksam zugehört. Er sagte: »Chloe hat recht. Wir müssen eine Delegation zum römischen Prokonsul schicken, und es scheint mir, daß du, Erastus, sie anführen mußt. Wir müssen ihm mitteilen, daß wir die Verurteilung von Christen wegen Aufruhrs für politisch unklug und für ungerecht halten und daß wir gegebenenfalls die betreffenden Herren bei den höheren Instanzen in Rom wegen Rechtsmißbrauchs verklagen werden. Zwar ›duldet die Liebe alles, erträgt alles, glaubt alles, hofft alles‹; das heißt aber noch lange nicht, daß wir zu allen Schurkereien ›ja und amen‹ sagen. Es heißt von der Liebe auch: ›Sie freut sich nicht über die Ungerechtigkeit. Sie freut sich aber mit der Wahrheit‹.«[28]

»Aber wenn die Christen zu Recht verurteilt werden?« dachte ich.»Wenn sie tatsächlich die bestehende Rechts- und Gesellschaftsordnung durch ihre allem römischen und griechischen Recht widersprechende Gottesdienstpraxis in Frage stellen? Wenn Ausländer, Sklaven und Frauen bei ihnen – gegen alles, was als gute

---

reich der Einführung unterstreichen. In dieser Anordnung spiegelt sich die bürgerliche Konsolidierung der Kirche, etwa auf der Stufe der Pastoralbriefe: Man bindet sich an die allgemeine Sitte. Wer den Text als ursprünglich verteidigt, ist zu Hilfskonstruktionen genötigt« (H. Conzelmann, Der erste Korintherbrief, 289f). Vgl auch Else Kähler, Die Frau in den paulinischen Briefen.
27. 1. Kor. 11,5.
28. 1. Kor. 13,6f.

Sitte gilt – gleichberechtigt oder doch fast gleichberechtigt an ihren Bürgerversammlungen teilnehmen, dann ist das doch so etwas wie eine geistliche Revolution. Wenn sie durch ihren Glauben an ein kommendes Gottesreich, das durch die letzte Posaune angekündigt wird, das heilige römische Reich relativieren? Diese Sachverhalte können ja doch kaum in Zweifel gezogen werden. Vielleicht wird Jason nach römischem Recht rechtmäßig verurteilt und gekreuzigt werden. Was dann? Was werden dann Erastus, Gajus und Chloe tun?« Ich konnte mir meine Frage nicht beantworten.

Unterdessen hatte sich aber die Aufregung gelegt. Die rote Chloe und ihre Leute schienen mit dem Vorschlag des Gajus einverstanden zu sein. Die beiden Fackelträger traten näher zu Erastus, und dieser begann zu lesen: »Denn wenn ich in Zungen bete, so betet mein Geist, mein Verstand aber ist steril. Wie ist es nun? Ich will beides: Mit dem Geist beten und mit dem Verstande beten. Ich will mit dem Geist lobsingen, ich will aber auch mit dem Verstand lobsingen. Mit dem Geist lobsingen«, fügte Erastus hinzu, indem er von seinem Manuskript aufblickte, »das ist das, was wir vorhin taten, als alle zusammen in Zungen und in vielen Harmonien sangen. Mit dem Verstande lobsingen, das ist das, was wir am letzten Sonntag taten, als wir das allen bekannte Lied ›Nun aber bleibet . . .‹ sangen. Nach Paulus hat beides seinen Platz. Ich fahre fort: Wenn du mit dem Geiste preisest, wie soll der, welcher auf dem Idiotensessel sitzt, der Uneingeweihte«, – und alle schauten zu mir herüber – »wie soll dieser verstehen können, was du betest? Du magst wohl in den schönsten Tönen singen und lobpreisen, aber der andere hat nichts davon.«[29]

»Wir singen und beten nicht für die anderen«, meldete sich nun Quartus[30], einer der beiden Sklaven, der am letzten Sonntag getauft worden war, der im Verlaufe der Woche wegen angeblicher Störung des öffentlichen Verkehrs eingekerkert, ausgepeitscht und mit der Ermahnung, sich zu bessern, wieder freigelassen worden war. »Wir singen und beten für uns«, sagte er. »Etwas müssen wir auch für uns tun, nachdem wir sonst schon immer für die anderen da sind, für die anderen den Buckel hinhalten müssen.« Dabei fuhr seine Hand über den Rücken und er machte eine schmerzlich-komische Grimasse. »Immer nur Säcke für die Reichen herumschleppen, immer nur für die anderen da sein. Manchmal reicht's mir. Im Gottesdienst wenigstens tun wir mal etwas *für uns*. Da singen wir *für uns*, da

---

29. 1. Kor. 14,14ff.
30. Röm. 16,23.

reden wir in Zungen *für uns.*«»Amen, amen«, riefen die Sklaven
auf der linken Seite.
Erastus fuhr fort:»Paulus ist nicht gegen das Zungenreden.
Gleich im nächsten Satz sagt er: Ich sage Gott Dank, mehr als ihr
alle rede ich in Zungen. Aber in der versammelten Gemeinde will
ich lieber fünf Worte mit meinem Verstande reden, damit ich auch
andere unterweise, als zehntausend Worte in Zungenrede. Ihr Brüder, werdet nicht Kinder im Denken, sondern in der Bosheit seid
unmündig. Im Denken aber werdet vollkommen.«[31]
»Paulus ist ungerecht und er versteht uns nicht«, sagte nun
Quartus wieder.»Gewiß, im Denken sollen wir vollkommen werden. Aber wir denken anders als die Schriftgelehrten, Erastus,
Gajus, Tertius und Paulus. Wir sind Christen ohne Schriften. Ihr
denkt mit der Feder in der Hand. Ihr denkt in Sätzen. Ihr denkt in
Argumenten. Wir denken in Bildern und Visionen. Bei uns denkt
der ganze Leib, nicht nur der Kopf. Meint ihr denn, mein Rücken
denke nicht, wenn die Peitsche darauf tanzt, wenn ich Säcke
schleppe? Darum, weil wir mit dem ganzen Leibe denken, darum
gehört für uns das Zungenreden zum Denken. Daß ihr das nie
versteht! Wir können uns den Luxus des grammatischen Denkens in
Lesen und Schreiben nicht leisten. Schlimm genug, daß wir nun
schon seit zehn Wochen immer nur Paulus lesen müssen.«
»Wollt ihr nicht weiter hören?« fragte Erastus.»Doch, doch«,
antwortete Quartus.»Wir wollen weiter hören. Wir müssen wissen,
was Paulus zu sagen hat. Aber wir werden unseren Protest, unsere
andere Meinung immer anmelden.«
»Das muß so sein«, sagte Erastus,»auch das gehört zum Leib,
zum Denken im Leib, wie ihr sagt, daß Konflikte nicht unterdrückt
werden. Nur, Paulus hat eben nicht nur die Christen im Auge,
sondern alle Welt. Er meint, unser Gottesdienst müsse so sein, daß,
wenn ein Neuling zu uns kommt, er sich in seinem Innersten
verstanden und erkannt fühlt, daß er dann vielleicht auf sein Antlitz
fällt, Gott anbetet und feststellt, daß tatsächlich Gott mit uns ist.«[32]
Ich fand die Argumentation etwas merkwürdig. Zum ersten wäre
es mir nicht in den Sinn gekommen, auf mein Antlitz niederzusinken
und festzustellen, daß Gott in ihrer Mitte sei. Die Frage beschäftigte
mich nicht, außer, daß ich es immer noch merkwürdig fand, daß sie
von dem gekreuzigten Jesus behaupten, er sei erstens in ihrer Mitte
und zweitens werde er wiederkommen. Für mein Verständnis ist das

31. 1. Kor. 14,18–20.
32. 1. Kor. 14,25.

ein handfester Widerspruch. Andererseits hatten mich das Singen in Zungen und selbst die emotionalen Ausbrüche der roten Chloe nicht gestört. Im Gegenteil, die menschliche, manchmal fast primitive Unmittelbarkeit ihres Gottesdienstes, auch ihre direkte Art, miteinander zu verkehren, hatten mich beeindruckt.

Friede, aber anders

Ich weiß nicht, warum es auf einmal ganz still wurde im Innenhof der Villa. Die meisten hatten die Augen geschlossen. Offenbar beteten sie leise vor sich hin. Erastus stand immer noch hinter dem Tisch mit seiner Pergamentrolle und die Fackelträger zu seiner Seite. Es war unmöglich zu sagen, ob diese Stille Augenblicke oder eine halbe Stunde gedauert hatte. Plötzlich spürte ich, wie etwas in mir hochstieg. Zuerst dachte ich, ich müsse erbrechen. Aber es war ein anderes Gefühl. Ich fürchtete, daß ich mitten in die Stille hinein schreien würde. Und ich wußte nicht warum. Im letzten Augenblick erwischte ich den Zipfel meiner Tunika und steckte ihn in den Mund. Ich wußte nicht, was mir geschah. Zwar stimmt es, daß ich nicht recht weiß, wohin ich gehöre. Die alte griechische Religion ist von den Römern so verändert worden, daß man sie kaum mehr erkennt. Sie sagt mir nichts. Die orientalischen Mysterienreligionen sind mir zu wild, die Synagogen der Juden zu streng. Mit den ungebildeten Sklaven will ich mich nicht solidarisieren, und die Gebildeten, selbst wenn sie mich annähmen, sind mir zu oberflächlich. Am liebsten möchte ich als völlig frei flottierender religionsloser Skeptiker durch die Welt gehen. Dann würde mich auch mein Los als Schreibsklave nicht bedrücken. Aber kann man so als innerlich ungebundener Agnostiker leben – zudem noch wenn man äußerlich an die Bank gebunden ist?

Die Christen sangen wieder ihr Lied »Nun aber bleibet ...« »Nun aber bleibet Glaube«, sangen die einen. Die nächsten fügten bei: »Nun aber bleibet Hoffnung.« Und die dritten sangen: »Nun aber bleibet Liebe.« Und alle drei Gruppen vereinten sich in der Strophe: »Am größten aber unter diesen ist die Liebe.«[33] »Schön wär's«, dachte ich.

Erastus nahm seine Lesung wieder auf, aber sie interessierte mich nicht mehr: »Propheten sollen zwei oder drei reden, und die andern sollen es beurteilen.«[34] Erastus schaute wieder auf. »Die andern«, sagte Tertius, »das heißt, wenn Chloe prophezeit, beurteilen die anderen, die auch den Geist Gottes haben, ihre Prophetie; und

---

33. 1. Kor. 13,13.
34. 1. Kor. 14,29.

wenn Paulus Briefe schreibt, so beurteilen die anderen, die auch den Geist Gottes haben, ob sie deren Inhalte als göttliche Weisung anerkennen können. Die anderen sind es, die die Vollmacht bestätigen – oder ablehnen.« Erastus fuhr fort: »Wenn aber einem andern, der dasitzt, eine Offenbarung zuteil wird, soll der erste schweigen.«[35] »Amen, amen«, riefen die Sklaven wieder. Und Erastus: »Denn ihr könnt der Reihe nach alle aus Eingebung reden, damit alle Belehrung empfangen und alle ermahnt werden. Die prophetischen Ausbrüche sind der Kontrolle des Propheten unterstellt. Gott ist nämlich nicht ein Gott der Unordnung, sondern des Friedens.«[36]

Das schien mir nun ein merkwürdiger Schluß zu sein. Paulus schrieb ja nicht: »Gott ist nicht ein Gott der Unordnung, sondern der Ordnung.« Soweit konnte er sich nicht mit »law and order«, mit den Hafenbehörden und gegen die revoluzzenden Sklaven identifizieren. Er redete hier vielmehr von Frieden. Ich fragte daher Tertius auf dem Heimweg, was dieser merkwürdige Schluß bedeute. »Ordnung«, sagte Tertius, »kann ja nur hierarchisch und statisch verstanden werden, als Macht der einen über die andern. Das aber meint Paulus nicht. ›Frieden‹ heißt für ihn, daß Konflikte benannt und ausgetragen und nötigenfalls auch stehengelassen werden, ohne daß die Gemeinschaft im Leibe des Herrn aufgekündigt wird. Frieden bedeutet, daß wir die rote Chloe als Glied am Leibe erkennen, auch wenn sie uns viel Mühe macht. Und wir ihr offensichtlich ebensoviel Mühe machen.«

»Und was hältst du vom Streit über den angeblichen Einschub über die Funktion der Frauen in der Versammlung der Christen?« fragte ich ihn zum Stichwort »Chloe«. Er antwortete: »Ich habe für Paulus vor drei Jahren einen Brief geschrieben, denjenigen an die Römer. Das habe ich gratis[37] gemacht für ihn, aus Liebe zu ihm und zu Christus. Er hat während und nach dem Diktieren tatsächlich viel geändert und an seinen Formulierungen herumgefeilt. Manchmal hat er ganze Abschnitte gestrichen und durch andere ersetzt. Möglich ist es schon, daß er diesen Abschnitt geschrieben hat, obschon der Stil ganz unpaulinisch ist und die Aussagen im Widerspruch zu anderem stehen, das er auch geschrieben hat. Aber Paulus ist nicht immer logisch in seinen Aussagen. Im ganzen genommen tendiere ich dazu, mit Chloe einverstanden zu sein. Es scheint mir unwahrscheinlich, daß er den Abschnitt selber geschrieben hat. Jemand hat

---

35. 1. Kor. 14,30.
36. 1. Kor. 14,31f.
37. Röm. 16,22 (»Vielleicht soll das en kyrio andeuten, daß er es für Paulus umsonst gemacht hat.« G. Theissen, Soziale Schichtung, 255).

dies beigefügt, gewiß ein wohlmeinender Secretarius. Vielleicht ist der Brief auch schon in einer anderen Gemeinde vorgelesen worden. Möglicherweise hat man dort einen Zusatz gemacht. Wir werden Paulus schreiben und ihn um genauere Auskunft bitten.«

Soll ich Christ werden?

Wir verabschiedeten uns, und ich ging durch das nächtliche Korinth allein zu meinem Quartier. Ich hatte ein kleines Zimmer in einer Villa zugewiesen bekommen, die einem unserer Direktoren gehörte. Dort habe ich meine wenigen Habseligkeiten, eine zweite Tunika, Sandalen, Pergament, ein Bett, und eine Lampe. Tag um Tag gehe ich als Schreibsklave zur Bank, besorge Wechseltransaktionen, überwache Buchungen, sorge dafür, daß Münzen und Kreditbriefe immer an ihrem Platze sind und abends sicher eingeschlossen werden. In unruhigen Zeiten wie während dieser Woche muß ich manchmal länger in der Bank bleiben. Ein- oder zweimal im Jahre schließen wir die Bank für einen Tag. Das ist jeweils der Fall an den großen Festtagen. Da trinken die Korinther soviel, daß es ratsam ist, die Bank absolut sicher zu verriegeln.

Ich bin Sklave meines Herrn, des Direktors der Korinthischen Handels- und Gewerbebank. Er behandelt mich recht. Ich habe zu essen, ein kleines Zimmer, und wenn ich etwas brauche, kann ich immer zu ihm gehen.

Nur, ich weiß nicht, wohin ich gehöre. Ich gehöre weder zu den freien Gewerbetreibenden, Offizieren, Wissenschaftlern, Kaufleuten und Bankiers, noch gehöre ich zu den Sklaven und Hafenarbeitern, die – wie sie sagen – nicht nur mit dem Kopf, sondern mit dem ganzen Körper denken. Vielleicht, wenn ich Glück habe, wird mir einmal die Freiheit geschenkt. Das ist schon vorgekommen und hängt vom guten Willen meines Herrn ab.

Und so frage ich mich, ob nicht die Bürgergemeinde der Christen der rechte Platz für mich wäre. Weil ich allein nicht ein ganzer Mensch sein kann, brauche ich vielleicht die Chloe und ihre Leute, aber auch Erastus und Gajus und meinen Freund Tertius. Aber, Christsein hat schwere Nachteile. Man wird leicht als nicht-konform oder gar staatsfeindlich angesehen. Natürlich wegen den vielen Sklaven unter den Christen. Zahlenmäßig sind sie die Mehrheit, auch wenn sie nicht so viel Einfluß in der Versammlung haben wie die Minderheit der Reichen. Für die Sklaven bedeutet die Mitgliedschaft bei den Christen einen gewaltigen Prestigezuwachs. Aber wie gesagt, für mich hätte Christsein auch Nachteile. Man wird leicht mit den Leuten der Chloe in einen Topf geworfen. Und wenn man wegen Störung der öffentlichen Ordnung verurteilt wird, kommt es nicht darauf an, ob zu Recht oder zu Unrecht. Ein juristisch einwandfreies Todesurteil oder ein Justizirrtum ist doch am Ende das gleiche: Man ist tot.

Wenn ich nur wüßte, was ich tun soll? Gibt es überzeugende Gründe, Christ zu werden, oder braucht es am Ende gar keinen Grund, um Christ zu werden?

1.3   Kritik der narrativen Exegese

Ich muß nun meine Darstellungskategorien ändern und von der Weise der Erzählung zur Weise der Argumentation überwechseln.

Das »Theologische Wörterbuch zum Neuen Testament«, das Lexikon »Die Religion in Geschichte und Gegenwart«, die Form- und Redaktionsgeschichten, die Theologen, die uns gezwungen haben, über das Übersetzen eines Textes vom Ufer des ersten Jahrhunderts unserer Zeitrechnung in einem hellenistischen Milieu an die Ufer unserer heutigen Zeit nachzudenken, haben uns alle auf die Wortfelder, die Wortbedeutungen der biblischen Vokabeln und die damit zusammenhängenden Vorstellungen verwiesen. Im Zusammenhang mit dieser enormen Forschungsarbeit sind die kritischen Kommentare zu den biblischen Büchern, die Theologien des Neuen und Alten Testaments entstanden. Diese Blütezeit der Exegese war gleichzeitig der Herbst der Systematischen Theologie. Die Exegeten haben die Arbeit der Systematiker und Praktologen nicht einfacher, sondern schwieriger gemacht, und einige der Exegeten haben ausdrücklich betont, daß dies die Aufgabe der Exegese sei. Wenn man aber der Meinung ist, dies sei wohl eine, aber nicht die einzige Aufgabe der Exegese, sie solle darüber hinaus auch zur Exegese unserer heutigen Zeit wenigstens einige Hilfestellung bieten, dann ist die Frage wohl angebracht, auf welche Weise nun die Fülle von Aussagen der biblischen Texte auf uns heute anwendbar (oder gegebenenfalls nicht anwendbar) sei.

Ob meine narrative Exegese die Aufgabe der Systematiker leichter macht, kann ich nicht beurteilen. Aber ich hoffe, daß sie die Exegese dem Volke Gottes, der Kirche, die für mich der Ort theologischer Reflexion par excellence ist, zugänglicher macht, und zwar auch jener Mehrheit des Volkes Gottes, die durchaus theologisch denken kann und will und in den kritischen Prozeß, der heute meines Erachtens zum Bibellesen nötig ist, eintreten will, ohne jedoch in der historisch-kritischen Exegese geschult zu sein.

Damit dies möglich ist, müssen die verschiedenen Optionen kritischer Exegese anschaulich werden. Anschaulich werden sie, indem der *soziale* und *kulturelle* (und nicht nur, etwas salopp ausgedrückt, der semantische) Kontext der biblischen Texte, der soziale und kulturelle »Leib« der biblischen Wörter in Erscheinung tritt. Im Falle der drei auszulegenden Kapitel aus dem 1. Korintherbrief bedeutet dies, daß die sozialen Spannungen zwischen Erastus und Chloe, zwischen Stephanas und Tertius (und nicht nur deren »theologischer Überbau«) sichtbar gemacht und beschrieben werden. Die Briefe des Paulus sind ja nicht rein theologische Dokumente, sofern es so etwas überhaupt gibt. Es handelt sich vielmehr um Dokumente eines theologischen Streites, der mit anderen, sogenannten nicht-theologischen Motivationen und Aspirationen vermischt ist, wie übrigens alle theologischen Streite, von Marcion bis zur Reformation und zu Nordirland, immer auch politische, kulturelle und soziale Streitigkeiten waren.

Es soll in diesen narrativen Exegesen also gerade nicht »das Theologische« von seiner kulturellen und sozialen Einbettung abgelöst werden, sondern es soll in seiner Verwebung und in seiner Funktion *in* diesen anderen Konfliktfeldern dargestellt werden. Das bedeutet nicht, daß der theologische Streit auf seine politischen und sozialen Projektionen reduziert wird, wie man das gelegentlich in religionssoziologischen Interpretationen zu tun pflegt. Es soll vielmehr die Mehrbödigkeit und Mehrfarbigkeit dieser Texte sichtbar gemacht werden.

Die Mehrbödigkeit einer narrativen Exegese ist ihr Vorteil und ihr Nachteil. Der Vorteil ist, daß in einer Geschichte, in der mehrere Personen, mehrere Anschauungen gleichzeitig ins Blickfeld der Leser treten, sie die Möglichkeit haben, den Text von den ihnen am besten zugänglichen Gesichtspunkten aus zu betrachten. Sie werden weder durch den Gesichtspunkt des biblischen Autors noch durch denjenigen des Exegeten gezwungen, den Text von diesen Gesichtspunkten aus zu sehen. Dadurch, daß die Hörer und Empfänger dieser Texte in der Exegese mitberücksichtigt werden, wird ein Teil der frühesten Rezeptionsgeschichte miterzählt. Die Interpretationsmöglichkeiten eines Textes bleiben zwar auch so noch beschränkt. Sie sind beschränkt durch die »verschiedenen Böden«, die »verschiedenen Farben«, die verschiedenen Gesichtspunkte des Exegeten und der von ihm eingeführten dramatischen Personen. Sie sind beschränkt durch die Ober- und Untertöne, die in der vom Exegeten gewählten Tonart der Geschichte enthalten sind.

Innerhalb dieser Auswahl aber werden verschiedene Hörer einer narrativen Exegese verschiedene Ober- und Untertöne heraushören, nicht beliebig viele, aber immerhin so viele, wie in der gewählten Tonart enthalten sind.

Der Vorteil der narrativen Exegese ist gleichzeitig ihr Nachteil. Es wird eben nicht eindeutig sichtbar, welchen Standpunkt der Exeget einnimmt, welche Standpunkte er für geeigneter und welche er für ungeeignet hält, welche von den in der gewählten Tonart enthaltenen Ober- und Untertöne er bevorzugt und welche er lieber ausblenden möchte. Man kann daher dieser Exegese Ungenauigkeit vorwerfen. Die Ungenauigkeit ist der Preis, der zu bezahlen ist für die Kommunizierbarkeit kritischer Exegese in ein mehrbödiges soziales Leser- (oder Hörer-)Feld.

Die Eindeutigkeit der Exegese, die von einem bestimmten Gesichtspunkt aus argumentiert, hat aber ebenfalls schwerwiegende Nachteile. Der wichtigste Nachteil ist der, daß der Leser oder Hörer, der den Standpunkt des Exegeten nicht einnehmen kann oder will (weil er ihm zu hoch, zu tief, zu weit weg von seinem eigenen Standpunkt ist) überhaupt nicht versteht, wovon da gerade geredet wird.

Mit diesen Vor- und Nachteilen ist ein anderer Tatbestand verbunden. Eine Exegese, die aus einer Kette von Argumenten oder Gründen aufgebaut ist, ist so stark wie das schwächste Glied. Bricht ein Glied in der Argumentationskette (entweder, weil es zu schwach ist, oder weil die betreffende Argumentation dem Empfänger nicht zugänglich ist), so fällt die ganze Argumentation zusammen. Die Kette bricht nicht nur in einem Glied, sondern überhaupt. Eine narrative Exegese ist demgegenüber einem Seil zu vergleichen, das aus verschiedenen Schnüren zusammengezwirnt ist. Reißt eine dieser Schnüre, so reißt das Seil als Ganzes nicht. Man kann darum einer Geschichte folgen, auch wenn man nicht alle Einzelteile versteht. Das trifft auf eine Argumentationskette nicht zu.

Damit soll weder die Exegese als Kette von Argumenten abgelehnt noch die narrative Exegese einseitig bevorzugt werden. Ich habe lediglich die Vor- und Nachteile beider Methoden beschrieben. Daß wir beide Methoden in der theologischen Wissenschaft und in der Kirche brauchen, dürfte klar sein. Da wir aber wenig Erfahrung haben in narrativen Exegesen, und da diese Form von Exegese im Dialog mit den Christen der Dritten Welt entscheidende Bedeutung erlangen wird, hielt ich die Zeit für gekommen, mich in diesem Kommunikations- und Auslegungsprozeß zu üben. Dabei geht es eben nicht nur und nicht einmal in erster Linie um die Praktikabilität der Exegese in Sonntagschule, Unterricht und Predigt, sondern es geht darum, eine Exegese zu entwickeln, die im Modus der Erzählung den Anspruch der exakten theologischen und kritischen Exegese *nicht* aufgibt. Wenn eine solche Exegese im Gespräch mit dem Volke Gottes und mit der Dritten Welt einen

Sinn hat, so darf sie nicht weniger wissenschaftlich als die übrige Exegese sein. Sie darf das kritische Element der wissenschaftlichen Exegese nicht preisgeben. Die beiden vorstehenden Geschichten sind ein Test zur Prüfung der Durchführbarkeit dieser These.

Der Test ist bestanden, wenn die gleiche Auslegung von Analphabeten wie von Universitätstheologen verstanden und für relevant gehalten wird. Solche Versuche habe ich in Afrika und in Mexiko durchgeführt, allerdings nicht mit den vorliegenden Auslegungen, die den Test der Praxis erst noch vor sich haben.

1.4   Fünf Leitsätze zur interkulturellen Theologie

Ich versuche nun, das bisher Gesagte zusammenzufassen und es auf unser Hauptthema, die interkulturelle Theologie, anzuwenden. Dies soll in fünf Leitsätzen geschehen.

(1) Interkulturelle Theologie ist diejenige wissenschaftliche, theologische Disziplin, die im Rahmen einer gegebenen Kultur operiert, ohne diese zu verabsolutieren. In diesem Sinne tut sie nur, was jede anständige Theologie auch tut. Mit anderen Worten, sie widerspiegelt, reflektiert theologisch den sakramentalen Leib Christi. Wenn Theologie nicht lediglich eine Selbstrechtfertigung der eigenen kulturellen Vorurteile ist (das wäre eine sektiererische Theologie oder schlimmer noch ein theologisch gerechtfertigter Kulturimperialismus), dann muß sie versuchen, dieser universalen und sakramentalen Dimension des christlichen Glaubens gegenüber offen zu sein.

(2) Die Methoden zur Erreichung dieses Ziels sind auf Grund ihrer Tauglichkeit zu wählen. Die Mittelmeer-Tradition kann dabei nicht a priori als eine der Möglichkeiten ausgeschaltet werden. Jedoch sollte man sie nicht als die einzige oder gar die wichtigste heranziehen, außer man habe Gründe, welche die großen Geschichten der Bibel, inklusive die Gleichnisse Jesu, als wissenschaftliche Theologie disqualifizieren. Diese »Leib Christi«-Theologie muß ihre eigene Methode gegen alle heidnischen und sektiererischen Methoden in Unterricht und Forschung (und in den Kirchen!) verteidigen. Sie kann sich den stoicheia tou kosmou nicht unterwerfen.

(3) Da wir bis anhin der Mittelmeer-Tradition in unseren Forschungsmethoden den Vorzug gaben, schlage ich vor, daß wir nun nach den alternativen Formen des Theologisierens Ausschau halten, zum Beispiel nach Formen der narrativen Theologie als möglichen

Weg zu einer Theologie innerhalb einer Kultur, die aber gleichzeitig anderen Kulturen gegenüber offen ist.

(4) Um die Tauglichkeit solcher alternativer Modelle zu erproben, testete ich »Konflikt in Korinth« und ähnliche Geschichten auf dem Deutschen Evangelischen Kirchentag (mit einer großen und gemischten Zuhörerschaft von alt und jung, von Universitätstheologen und sogenannten Laien), an der Universität Birmingham (mit Theologiestudenten, undergraduates), in einem katholischen Priesterseminar auf Trinidad (mit katholischen Studenten von unterschiedlicher akademischer Ausbildung), in verschiedenen Seminaren in Mexiko (mit Universitätstheologen und Analphabeten im gleichen Seminar[38]), mit einer Gruppe von schwarzen Bischöfen und Pfarrern in Birmingham, und verschiedenen gemischten Gruppen in Großbritannien, Frankreich, Südafrika, Deutschland, der Schweiz und den Vereinigten Staaten von Amerika. Es ist natürlich schwierig für mich, die Tauglichkeit meiner Methode selber zu testen. Aber die Experimente bewiesen den Teilnehmern und mir, daß dieses Medium interkultureller Theologie Brücken schlägt, die – soweit ich sehe – die landläufige europäische wissenschaftliche Theologie nicht einmal ins Auge gefaßt hat.

(5) Interkulturelle Theologie ist nicht eine Form von Pop-Theologie. Sie macht unsere Aufgabe nicht leichter, sondern schwieriger. Sie dispensiert uns nicht von den Methoden der in unserer Kultur akzeptierten kritischen Wissenschaft, aber sie verlangt von uns, daß wir diese nicht nur auf den Inhalt unserer Disziplin, sondern auf den Gesamtprozeß der Kommunikation anwenden, auf das Feld zwischen Sender und Empfänger, kurz, auf den Prozeß des Theologisierens innerhalb des Leibes Christi, da wir ja wissen, daß die Präzision einer Kommunikation nicht nur von dem bestimmt wird, was gesendet, sondern ebenso von dem, was empfangen wird. Das, scheint mir, wäre ein Weg, aus dem religiösen und akademischen Ghetto auszubrechen und nicht nur die Relevanz der Theologie für heutige Weltprobleme zu behaupten, sondern tatsächlich einsichtig zu machen.

---

38. Beschrieben in ChroSch, 30–48.

2. Marxistische und kimbanguistische Mission

Im Jahre 1971 richtete die Universität Birmingham den ersten und einzigen Lehrstuhl für Missionswissenschaft (Professor of Mission) an einer britischen Universität ein. In meiner Antrittsvorlesung[1] versuchte ich, die Funktion eines solchen Lehrauftrages im Rahmen einer säkularen Universität zu umschreiben.

Ich tat dies inhaltlich, indem ich zwei Missionen, nämlich die marxistische und die kimbanguistische, miteinander verglich. Die erste ist nach ihrem Selbstverständnis irreligiös; trotzdem hat sie Axiome und Strukturen einer religiösen Kultur übernommen. Die zweite ist nach ihrem Selbstverständnis religiös; trotzdem hat sie säkulare Wirkungen hervorgebracht.

Ich tat dies methodisch, indem ich die Texte der ersten Mission exegesierte: Die Zuhörer bekamen ein Blatt in die Hand, auf dem die wichtigsten marxistischen Texte zu unserem Thema, deutsch und englisch, vervielfältigt waren. Die zweite Mission mußte dargestellt werden, indem die Lebens- und Wirkungsgeschichte von Kimbangu erzählt wurde: Während der Erzählung wanderten an der Leinwand Bilder aus Kimbangus Leben vorbei.

Mission ist eben nicht nur der Vergleich von Inhalten, sondern auch von Weisen der Kommunikation und Artikulation, besonders weil wir an unseren Universitäten in diesen interkulturellen Vergleichen wenig Übung haben.

2.1 Karl Marx

Für Karl Marx war die Kritik der Religion in Deutschland im wesentlichen beendigt durch Feuerbach. Und für ihn ist die Kritik der Religion die Voraussetzung aller Kritik. »Das Fundament der irreligiösen Kritik ist: *Der Mensch macht die Religion, die Religion macht nicht den Menschen.* Und zwar ist die Religion das Selbstbewußtsein und das Selbstgefühl des Menschen, der sich selbst entwe-

---

1. Antrittsvorlesung an der Universität Birmingham im November 1972; veröffentlicht unter dem Titel »Marxist and Kimbanguist Mission – A Comparison« (Birmingham University, 1973); ins Deutsche übertragen vom Vf, veröffentlicht in: Ev. Theologie 34/5, Sept.–Okt. 1974, 434–447.

der noch nicht erworben und schon wieder verloren hat.«[2] Soweit folgt er jenem »Feuer-Bach«, dem »Fegefeuer«[3] unserer Zeit. Im folgenden jedoch geht er über Feuerbach hinaus: »Aber *der Mensch,* das ist kein abstraktes, außer der Welt hockendes Wesen. Der Mensch, das ist *die Welt des Menschen,* Staat, Sozietät. Dieser Staat, diese Sozietät produzieren die Religion, ein *verkehrtes Weltbewußtsein,* weil sie eine *verkehrte* Welt sind . . . Der Kampf gegen die Religion ist also mittelbar der Kampf gegen *jene Welt,* deren geistiges *Aroma* die Religion ist.«[4] Und nun fährt er mit dem berühmt gewordenen, oft mißverstandenen Satz fort: »Das *religiöse* Elend ist in einem der *Ausdruck* des wirklichen Elendes und in einem die *Protestation* gegen das wirkliche Elend. Die Religion ist der Seufzer der bedrängten Kreatur, das Gemüt einer herzlosen Welt, wie sie der Geist geistloser Zustände ist. Sie ist das *Opium* des Volks[5]. Die Aufhebung der Religion als des *illusorischen* Glücks des Volkes ist die Forderung seines *wirklichen* Glücks. Die Forderung, die Illusionen über seinen Zustand aufzugeben, ist die *Forderung, einen Zustand aufzugeben, der der Illusionen bedarf.* Die Kritik der Religion ist also im *Keim* die *Kritik des Jammertales,* dessen *Heiligenschein* die Religion ist. Die Kritik hat die imaginären Blumen an der Kette zerpflückt, nicht damit der Mensch die phantasielose, trostlose Kette trage, sondern damit er die Kette abwerfe und die lebendige Blume breche. Die Kritik der Religion enttäuscht den Menschen, damit er denke, handle, seine Wirklichkeit gestalte wie ein enttäuschter, zu Verstand gekommener Mensch, damit er sich um sich selbst und damit um seine wirkliche Sonne bewege. Die Religion ist nur die illusorische Sonne, die sich um den Menschen bewegt, solange er sich nicht um sich selbst bewegt.«[6]

Für Karl Marx ist das nur Wiederholung und Zusammenfassung, denn die Kritik der Religion ist im wesentlichen beendigt. Die

---

2. Im folgenden wird hauptsächlich aus K. Marx, Zur Kritik der Hegelschen Rechtsphilosophie. Einleitung (1844) zitiert. Frühschriften, 207f; MEW 1, 378.
3. K. Marx, Luther als Schiedsrichter zwischen Strauss und Feuerbach, 1842. MEW 1, 27 (Marx schreibt »Purgatorium«).
4. Frühschriften, 208; MEW 1, 378.
5. Marx macht hier nicht die Religion verantwortlich für diese Zustände. Im Gegenteil, die Religion ist erst der Ausdruck dieser Zustände. Solange die Situation nicht geändert wird, gesteht Marx der Religion gewisse mildernde Funktionen zu. Nicht die Unterdrückung der Religion ist notwendig, sondern die Überwindung einer Situation, die nur in der Verzauberung durch die Religion ertragen werden kann.
6. Frühschriften, 208; MEW 1, 378f.

imaginären Blumen an der Kette sind zerpflückt worden. Können
wir uns nun den Ketten selbst zuwenden? Nein, sagt Karl Marx.
Vorerst müssen wir uns der Kritik der Philosophie zuwenden. »Es
ist zunächst die *Aufgabe der Philosophie,* die im Dienste der Geschichte steht« (im Gegensatz zu der von Hegel vertretenen Philosophie, die im Dienste des status quo steht), »nachdem die *Heiligen-
gestalt* der menschlichen Selbstentfremdung entlarvt ist, die Selbstentfremdung in ihren *unheiligen Gestalten* zu entlarven. Die Kritik
des Himmels verwandelt sich damit in die Kritik der Erde, die *Kritik
der Religion* in die *Kritik des Rechts,* die *Kritik der Theologie* in die
Kritik der Politik.«[7]

Marx fährt daher fort mit einer gezielten Kritik des Rechts und
der Politik in Deutschland. Er tut dies, indem er Hegels Rechtsphilosophie kritisiert. »Hegel ist nicht zu tadeln, weil er das Wesen des
modernen Staats schildert, wie es ist, sondern weil er das, was ist, für
das *Wesen des Staats* ausgibt.«[8] Hegels Philosophie »ist nichts weiter
als in die Reflektion erhobene Religion und muß darum gleicherweise verurteilt werden als eine andere Form der Selbstentfremdung
des Menschen«[9], denn seine Rechtsphilosophie beginnt mit einem
absoluten Prinzip (dem absoluten Geist). Darunter subsumiert Hegel die in Deutschland vorhandenen Institutionen. Hegel gibt zwar
eine genaue Beschreibung des Zustandes in Deutschland[10], aber
indem er diesen unter den absoluten Geist subsumiert, begeht er
den gleichen Fehler wie die Theologen. Er verklärt das, was ist,
indem er das, was ist, mit dem verwechselt, was sein soll. »Solch
spekulatives Denken ist wesensmäßig unkritisches Denken.«[11]

Man erkennt in dieser Kritik gegen Hegel jene Elemente, die
Marx schon in seiner Kritik der Religion verwendet hat. »Wie die
Religion nicht den Menschen, sondern wie der Mensch die Religion
schafft, so schafft nicht die Verfassung das Volk, sondern das Volk
die Verfassung.«[12] Aber im Gegensatz zu seiner Haltung der Religion gegenüber, verwirft Marx die Philosophie nicht grundsätzlich.
Er verwendet Hegels System und »stülpt es um«[13]. Anstatt mit
einem absoluten Prinzip zu beginnen, beginnt er mit dem Menschen,

---

7. Frühschriften, 209; MEW 1, 379.
8. K. Marx, Kritik des Hegelschen Staatsrechtes, 1843, zu § 301. Frühschriften,
   74; MEW 1, 266.
9. D. McLellan, Marx Before Marxism, 193f.
10. Zu Marx' Hegel-Interpretation, vgl D. McLellan, aaO, 16ff, 110, 195ff.
11. J. O'Malley (Hg), Karl Marx, XXXV.
12. Zur Kritik des Hegelschen Staatsrechtes, 1843, zu § 279. Frühschriften, 47;
    MEW 1, 231.
13. K. Marx, Das Kapital I, 1922, XVIII (Vorwort zur 2. Auflage 1873).

das heißt mit dem Menschen der Gesellschaft, der Geschichte und der Wirtschaft. Für Marx ist »der Mensch das höchste Wesen für den Menschen«[14]. Der Mensch schafft seine eigene Geschichte, Vergangenheit, Gegenwart und Zukunft. Und diese Geschichte erschafft wiederum den Menschen. So wird »der Mensch sein eigener Schöpfer«[15]. Marx ersetzt so die traditionellen »Gottesbeweise« durch einen »Menschenbeweis«, nämlich durch den Beweis der Selbsterschaffung des Menschen (der für ihn wissenschaftlich erwiesen ist).

Dieses Marxsche Menschenbild – ein Mensch von der Geschichte geformt und die Geschichte wiederum formend – könnte leicht den Eindruck erwecken, Marx sei eine Art säkularisierter Calvinist oder gar Mohammedaner. Der existierende Mensch erscheint völlig determiniert. Aber das wäre eine Fehlinterpretation. Mit anderen Worten: Eine solche Interpretation würde denselben Fehler begehen, den Hegel begangen hat, nämlich das, was ist, für das auszugeben, was sein sollte. Tatsächlich sieht Marx den gegenwärtigen Menschen durch politische und wirtschaftliche Pressionen determiniert. Wie aber löst er den offensichtlichen Widerspruch zwischen dem Menschen, der sein eigener Schöpfer ist, und dem Menschen, der ein Produkt äußerer, wirtschaftlicher und politischer Kräfte ist? Marx antwortet: Der Widerspruch entsteht nicht durch einen Denkfehler meinerseits. Der Widerspruch existiert im tatsächlichen Leben. Und eben dies ist der Grund für die Selbstentfremdung des Menschen. Der Überwindung dieser Selbstentfremdung widmet er sein ganzes Denken.

Wie sieht er die Auflösung des Widerspruchs? Er löst das Dilemma durch einen dialektischen Meisterstreich. »*Antwort:* In der Bildung einer Klasse mit *radikalen Ketten,* einer Klasse der bürgerlichen Gesellschaft, welche keine Klasse der bürgerlichen Gesellschaft ist, eines Standes, welcher die Auflösung aller Stände ist, einer Sphäre, welche einen universellen Charakter durch ihre universellen Leiden besitzt und kein *besonderes Recht* in Anspruch nimmt, weil kein *besonderes Unrecht,* sondern das *Unrecht schlechthin* an ihr verübt wird, welche nicht mehr auf einen *historischen,*

---

14. Kritik der Hegelschen Rechtsphilosophie. Einleitung. Frühschriften, 215; MEW 1, 385.
15. D. McLellan, aaO, 190, 169; vgl auch A. Rich, Glaube in politischer Entscheidung, 57–97 (»der Mensch wird zum absoluten Gott« [79]; »der verneinte absolute Gott kehrt wieder in der Bejahung des absoluten Menschen« [80]); vgl auch K. Marx' Schöpfungstheorie in den »Ökonomisch-philosophischen Manuskripten« (1844). Frühschriften, 246ff; MEW Erg. Bd 1, 544ff.

sondern nur noch auf den *menschlichen* Titel provozieren kann . . ., einer Sphäre endlich, welche sich nicht emanzipieren kann, ohne sich von allen übrigen Sphären der Gesellschaft zu emanzipieren, welche mit einem Wort der *völlige Verlust* des Menschen ist, also nur durch die *völlige Wiedergewinnung des Menschen* sich selbst gewinnen kann. Diese Auflösung der Gesellschaft als ein besonderer Stand ist das *Proletariat.*«[16]

Mit anderen Worten: Das Proletariat leidet nicht nur unter dem Unrecht, das ihm als Klasse angetan wird, nicht nur unter dem Verlust seiner *eigenen* Menschlichkeit, sondern es leidet unter dem Unrecht der Menschheit *schlechthin,* unter »dem völligen Verlust des Menschen«. Daher wird durch die Wiedergewinnung der Menschheit des Proletariats die gesamte Menschheit ihre Menschheit wiedergewinnen[17].

Soweit hatte sich Marx' Denken bis 1844 entwickelt. Nur einige Jahre später jedoch zog er die Möglichkeit in Betracht, daß das Proletariat sich nicht so verhalten könnte, wie er es beschrieben hatte. Er nannte diesen Teil des Proletariates das »Lumpenproletariat«, »diese passive Verfaulung der untersten Schichten der alten Gesellschaft«[18]. Um den Proletariern zu helfen, das zu werden, wozu sie bestimmt sind, brauchen sie die Hilfe der Kommunisten. Darum ist der zweite Teil des »Kommunistischen Manifests« überschrieben: Proletarier und Kommunisten[19].

Wer sind diese Kommunisten? »Die Kommunisten sind keine besondere Partei gegenüber den anderen Arbeiterparteien. Sie haben keine von den Interessen des ganzen Proletariats getrennten Interessen. . . . Die Kommunisten unterscheiden sich von den übrigen proletarischen Parteien nur dadurch . . ., daß sie stets das Interesse der Gesamtbewegung vertreten.« Sie sind »der entschiedenste, immer weiter treibende Teil der Arbeiterparteien«, und sie haben vor der übrigen Masse des Proletariats nur »die Einsicht in die Bedingungen, den Gang und die allgemeinen Resultate der proletarischen Bewegung voraus«[20]. Diese Kommunisten waren damals der

---

16. Zur Kritik der Hegelschen Rechtsphilosophie. Einleitung. Frühschriften 222; MEW 1, 390.
17. Ob Marx' Verständnis des Proletariats mit der Funktion des Ebed Jahwe in der jüdischen Tradition und derjenigen des Christus in der christlichen Tradition verglichen werden kann, ist kontrovers. D. McLellan argumentiert (aaO, 155ff) gegen, A. Rich (Aufrisse, 157–172, bes 166) mE überzeugend für diese Interpretation.
18. KM, 1848; Frühschriften, 536f; MEW 4, 472.
19. Zur Interpretation des Kommunistischen Manifests, vgl unten S. 287ff.
20. Frühschriften, 539; MEW 4, 474.

»Bund der Kommunisten«, von der das Kommunistische Manifest prahlerisch feststellt: »Ein Gespenst geht um in Europa – das Gespenst des Kommunismus. . . . Der Kommunist wird bereits von allen europäischen Mächten als eine Macht anerkannt.«[21] Diese übertriebene Behauptung zeigt immerhin Marx' unerschütterliche Überzeugung von seiner prophetischen Mission. Weder er noch Engels war ein Proletarier[22]. In Tat und Wahrheit war keiner der frühen kommunistischen Führer ein Proletarier. Aber sie hatten den Proletariern die Einsicht in den Gang der proletarischen Bewegung voraus. Die Proletarier mögen in bestimmten Fällen unrecht haben (Lumpenproletariat), die Kommunisten haben keineswegs unrecht, denn sie besitzen eine tiefere Einsicht in den Gang der Geschichte und vertreten die Interessen der Proletarier besser als die Proletarier selber.

2.2   Simon Kimbangu

Ich muß nun das Medium der Darstellung wechseln. Wenn die Texte von Karl Marx sein Leben sind, so ist das Leben von Simon Kimbangu sein Text, seine Botschaft. Indem ich Kimbangus Lebensgeschichte erzähle, stelle ich seine Mission dar.

Simon Kimbangu war ein schwarzer Christ aus Zaïre. Er wurde im Jahre 1899 im unteren Kongo geboren und wurde als junger Mann Christ. Er besuchte eine baptistische Dorfschule[23] und wurde im Jahre 1915 getauft. Er versuchte, Katechet bei der Baptist Missionary Society zu werden, wurde aber abgelehnt, da er lediglich eine Dorfschulausbildung genossen hatte und nur stockend lesen konnte. »Ich habe keinen Verstand zum Lesen, aber ich verstehe viel von der Religion«[24], sagte er später.

Er versuchte sich 1918 als Arbeiter in den Huileries du Congo Belge, später als Kleinhändler in Kinshasa. Der Kleinhandel erwies sich als finanzieller Fehlschlag. Darum »kehrte er nach N'Kamba

---

21. Frühschriften, 525; MEW 4, 461.
22. Vgl D. McLellan, aaO, 13f.
23. Im Bericht vom 26. 4. 1921 an den »commissaire du Bas-Congo, Delaval« in Kinshasa wird der Begriff »instruction première« gebraucht. A. Ryckmans (Hg), Les mouvements prophétiques, 40. Nfinangani und Nzungu, Histoire de Simon Kimbangu, Prophète (1921, § 3). Beste Darstellung und Bibliographie zu Kimbangu in Ustorf, Afrikanische Initiative. Vgl auch ChroSch, 49–69.
24. »Je n'ai pas d'esprit pour lire, mais j'ai beaucoup d'intelligence de la religion.« Nfinangani und Nzungu, Histoire, § 2.

zurück und versuchte, als Bauer und Tischler seine Familie durchzu-
bringen. Dennoch herrschte Not.«[25]
Schon 1915/16 hatte er eine erste Berufung erhalten. »Ich hatte
einen Traum und Gott sagte mir: ›Ich habe eure Gebete gehört; die
Leute denken, daß man Geist und Verstand (franz.: ›de l'esprit«)
haben müsse, um mein Werk auszuführen. Ich aber werde euch
mehr geben, als ihr nötig habt.«[26] Ein erhellender Satz, selbst wenn
er den französischen Stilregeln nur von ungefähr folgt.

Im Frühjahr 1921 gab Simon Kimbangu den Widerstand gegen
seine innere Stimme auf. Er fühlte sich gegen seinen Willen gezwungen, im Nachbardorf (Ngombe-Kinsukke) das Haus einer kranken
Frau (Nkiatondo) zu betreten, ihr die Hände aufzulegen und sie im
Namen Christi zu heilen. Die Frau wurde gesund. Bald folgten
weitere Heilungen. Nun strömten die Massen herbei. Ohne daß
Simon Kimbangu es wollte, wurde er zum Gründer einer großen
enthusiastischen Bewegung, die das ganze Land erschütterte. Kirchen und Werkstätten leerten sich, wofür Kimbangu verantwortlich
gemacht wurde. In ihrer Geschichte des Kimbanguismus verwendete Marie-Louise Martin[27] die Terminologie einer religiösen Erwek-
kungsbewegung, während Werner Ustorf von einer »apokalyptisch
begründeten Non-Kooperations-Bewegung« spricht, »die den Ab-
lauf der kolonialen Exportwirtschaft erheblich störte«[28].

Aus diesem Grunde wurde der belgische Kolonialbeamte L.
Morel mit der Untersuchung der kimbanguistischen Erweckung
beauftragt. Morel kam zum Schluß: Kimbangu will eine Religion
gründen, welche der Mentalität des Afrikaners entspricht, der sich
nach greifbaren Tatsachen und Schutz sehnt. »Darum«, so schließt
Morel, »ist es notwendig, Kimbangu zu bekämpfen, denn seine
Tendenz ist panafrikanisch. Die Eingeborenen werden sagen: ›Wir
haben den Gott der Schwarzen gefunden, die Religion, die dem
Afrikaner entspricht.‹ Bestimmt wird er den Geist der Eingeborenen gegen die Weißen anstiften . . . Die Sorge für die öffentliche
Sicherheit verlangt, daß dem Kimbanguismus in aller Stille, aber
ohne Verzug ein Riegel vorgeschoben wird.«[29]

---

25. Ustorf, Afrikanische Initiative, 110.
26. »Alors j'eus un songe et Dieu me dit: J'ai entendu votre prière: les gens pensent
    qu'il faut de l'esprit pour faire mon œuvre, mais je vous donnerai ce qui
    surpasse.« Nfinangani und Nzungu, Histoire § 3.
27. Martin, Kirche ohne Weiße.
28. Ustorf, Afrikanische Initiative, 194.
29. »Il est nécessaire de combattre Kimbangu parce que la tendance de son
    mouvement est pan-nègre . . . et il est certain qu'il pourrait orienter l'esprit des
    natifs vers l'hostilité envers la race blanche . . . Le souci de l'ordre et de la

Als die Kolonialregierung beschloß, Kimbangu zu verhaften, floh dieser aus N'Kamba, stellte sich aber im September 1921 freiwillig seinen Häschern, nachdem er seine Anhänger ermahnt hatte, dem Leiden mutig entgegenzugehen und auf keinen Fall das Schwert zu gebrauchen. Nach nur fünf Monaten öffentlichen Wirkens wurde Kimbangu verhaftet. In einem Scheinprozeß ohne Zeugen und ohne Verteidigung – der belgische Beobachter Chomé spricht von einer »monstruosité juridique«[30] – wurde er durch den Militärkommandanten Rossi auf Grund eines nichtexistenten Tatbestandes zum Tode (später in lebenslängliche Haft umgewandelt) und zu 120 Geißelhieben verurteilt.

Einer der Augenzeugen aus der belgischen Kolonialverwaltung (Renauts) schrieb darüber zynisch: »Zuerst und vor allem Zucht und Disziplin. Mein Kibangu (sic) hat die Peitsche verdient. Er soll sie bekommen. Das ist völlig klar. Lächeln bei seinen Anhängern. Die Peitsche wird in der Luft zerbrechen, [denken sie]. Kibangu und seine Epidermis sind heilig, unverletzlich. Ein Wunder wird geschehen. Spannung, Stille. Zack! Mein Prophet erhebt ein Zetergeschrei. Sein . . . – Sie wissen schon – war verletzlich wie der eines jeden anderen. Zack! Er windet sich und verzerrt sein Gesicht. Das war das Ende. Kibangu hatte verstanden, daß er kein Prophet war, und die übrigen Gefangenen ebenfalls. Sie heilt eine Menge Dinge, die Peitsche.«[31]

Eben gerade nicht! Zwar ist Kimbangu dreißig Jahre später im Gefängnis gestorben. Aber er hatte eine Tradition eingeleitet, die schließlich zu einer großen Kirche von drei bis vier Millionen Anhängern führte. Kimbangu hatte seine Gefangennahme widerstandslos über sich ergehen lassen. Gleichermaßen forderte er seine Nachfolger auf, keinen Widerstand zu leisten. Er hinterließ ihnen nichts als die Bibel und den Ratschlag, sich den protestantischen

---

tranquillité publique exige impérieusement qu'il y soit mis fin dans le calme sans retard.« Bericht von Morel vom 17. 5. 1921, zitiert in: A. Ryckmans, 47, und in Ustorf, 375, Anm. 4.

30. J. Chomé, *La passion*, 72.

31. »La discipline avant tout. Mon Kibangu (sic) ayant mérité de la chicote, il devait la recevoir, c'est évident. Il y eut des sourires. La chicote se briserait en l'air. Kibangu et son épiderme étaient sacrés, intangibles. Il allait se passer un miracle. Emotion, Silence. Pan! Mon prophète crie comme un putois! Son . . . enfin, vous me comprenez, était sensible comme celui de tout un chacun! Il se tortille et fait la grimace. Et ce fut tout de suite fini. Kibangu avait compris qu'il n'était pas prophète, et les autres prisonniers aussi. Ça guérit d'un tas de choses, la chicote.« Zitiert in: Chalux (Pseudonym), Un an au Congo Belge, 409; zitiert in: Ustorf, 384, Anm. 139.

Missionen anzuschließen. Trotzdem brach nun über die Kimbanguisten eine grausame Verfolgung herein, die fast vierzig Jahre dauerte. Ungefähr 37 000 Familien wurden deportiert (das sind insgesamt etwa 100 000 Personen). Die meisten von ihnen starben im Exil. Es genügte, als Kimbanguist angeklagt zu werden oder den Namen von Simon Kimbangu auszusprechen, um ohne Gerichtsurteil deportiert zu werden. Jedoch brachen die Deportationen den Zeugengeist und den Stolz der Kimbanguisten nicht.

Im ehemals Belgischen und Französischen Kongo, in Gabon, Angola und Ruanda, entstanden kimbanguistische Gemeinden, jedoch meist im Untergrund. Die letzten Verhaftungen fanden 1957 statt. Daraufhin erfolgte das inzwischen berühmt gewordene Ereignis in der Geschichte der Kimbanguistenkirche im Stadion »König Baudouin«, heute »Stadion St. Raphael«. Eine Delegation unter der Führung von Joseph Diangienda, einem Sohn Kimbangus, überbrachte dem belgischen Gouverneur Pétillon folgenden Brief: »Wir leiden zu sehr. Wo immer wir uns zum Gebet vereinigen, werden wir von Ihren Soldaten verhaftet. Um die Polizei nicht mit Mehrarbeit zu belasten, werden wir uns alle im König-Baudouin-Stadion versammeln – unbewaffnet –, und dort können Sie uns alle auf einmal verhaften oder hinmorden.« Die Alternative war – obwohl nicht ausgesprochen – »oder uns die Religionsfreiheit gewähren!« Hier verwendeten die Kimbanguisten die Methode von Karl Marx, »diese versteinerten Verhältnisse dadurch zum Tanzen (zu) zwingen, daß man ihnen ihre eigene Melodie vorsingt«. Gleichzeitig aber lehnten sie jene andere marxistische Einsicht ab, die »die Waffen der Kritik durch die Kritik der Waffen«[32] ersetzen will, weil ihr Glaube an die Waffen der Kritik stärker war als an die Kritik der Waffen.

Die Delegation kam zu Monsieur Pétillon mit diesem Brief, während sich die Kimbanguisten im König-Baudouin-Stadion zu versammeln begannen, um sich auf Verhaftung und Tod vorzubereiten. Der Gouverneur war in einer heiklen Situation. »Glaubt ihr, die Regierung habe das Recht, eine ganze Bevölkerungsgruppe mir nichts dir nichts auszurotten?« fragte er die Delegation. Sie antworteten: »Wie? Besitzt die Regierung dieses Recht nicht? Weshalb konnte sie dann 37 000 Familien deportieren?« Pétillon zögerte. Er wollte einer Entscheidung ausweichen. Was würde Brüssel sagen, wenn er die Polizei auf die unbewaffnete Menge losließe? Was

---

32. K. Marx, Kritik der Hegelschen Rechtsphilosophie. Einleitung. Frühschriften, 211, 216; MEW 1, 381, 385.

2. Marxistische und kimbanguistische Mission

würde die Weltpresse dazu sagen? Auf der anderen Seite, wie
würden die »colons«, die weißen Siedler, reagieren, wenn er den
Kimbanguisten Religionsfreiheit gewährte? (Obschon dies in aus-
drücklicher Übereinstimmung mit der Berliner Konferenz von 1885
gestanden hätte[33].) Die Delegation beharrte auf einem klaren Ja
oder Nein. Schließlich tat der Gouverneur das einzig Vernünftige
und gewährte Toleranz.

Die Verhandlungen zogen sich noch einige Zeit hin. Erst Weihnachten 1959 – nach fast vierzigjähriger Wüstenwanderung – wurde
die kimbanguistische Kirche von der belgischen Regierung anerkannt und den katholischen und protestantischen Missionen gleich-
gestellt. Am 30. Juni 1960 schüttelte der Kongo das Kolonialjoch
ab. Die deportierten Kimbanguisten – nur 3000 waren von den
ursprünglich 100 000 übriggeblieben – konnten heimkehren.

Es ist hier nicht möglich, die Einzelheiten dieser erstaunlichen
Kirche darzustellen, die heute etwa vier Millionen Anhänger zählt.
Man müßte auf ihren Beitrag zur materiellen und geistigen Entwick-
lung des Kongos hinweisen, auf ihre Schulen – weder finanziert
noch organisiert von außen –, auf ihre Solidarität mit den Schwarzen
Amerikas, ihre Ethik, ihre Weigerung, die Staatskirche des Kongos
zu werden, ihre theologische Ausbildungsmethode, ihre Pfarrer, ihr
Verständnis von Taufe und Abendmahl.

Im Zusammenhang mit unserem Vergleich kann ich nur einen
wichtigen Aspekt herausgreifen, nämlich ihre Solidarität mit der
gesamten Menschheit. Im Interesse dieser Solidarität versuchten die
Kimbanguisten mit Ausdauer, ins Gespräch mit den Christen außerhalb Afrikas zu kommen. In den Augen der Kimbanguisten ist eine
kongolesische, eine *Landes*-Kirche, keine Kirche im wahren Sinn
des Wortes. Für sie ist eine Kirche entweder universal[34] oder keine
Kirche. Da aber die kimbanguistische Kirche aus eigener Kraft nicht
universal sein kann, betrachtet sie den Ökumenischen Rat der
Kirchen als Instrument, durch den sie an der Katholizität der
Gesamtkirche teilnehmen kann[35] – eine ekklesiologische Einsicht,
die nicht wenigen europäischen Kirchen abgeht. Beträchtlicher Widerstand gegen einen Eintritt der Kimbanguisten in die Ökumene
wurde laut.

---

33. Dazu M. Sinda, Le messianisme congolais, 81.
34. Das kann man schon aus ihrem Namen ersehen: Eglise de Jésus-Christ *sur la
terre* par le prophète Simon Kimbangu. »Sur la terre« kann als Entsprechung zu
»kat'holen ten gen« verstanden werden.
35. Eine ähnliche Rolle, aber nicht auf dem Prinzip der Gleichberechtigung, spielt
die kommunistische Partei im Kommunistischen Manifest, unten S. 294ff.

Er kam aus zwei Lagern. Erstens fürchtete man – und zu Recht! –, daß die Aufnahme der Kimbanguisten in den Ökumenischen Rat der Kirchen die europäischen und amerikanischen Missionen in Afrika relativiere. Zweitens traute man ihnen theologisch nicht. Sie wurden gebeten, ihr Glaubensbekenntnis zu unterbreiten – was man von keiner amerikanischen oder europäischen Kirche je verlangt hatte. Aber die Kimbanguisten haben kein formelles Glaubensbekenntnis. Ihre Theologie ist in ihrer Liturgie, in ihren Geschichten, in ihren Liedern enthalten. »Ich habe keinen Verstand zum Lesen«, hatte Kimbangu zu Recht gesagt[36]. Dem Ökumenischen Rat zuliebe schrieben sie ein normales evangelikales Glaubensbekenntnis, das aber in Genf als Kopie erkannt wurde. Der Einwand von einem der Sachreferenten in Genf, daß unter diesen Bedingungen weder die Apostel noch unser Herr Jesus Christus je die Chance gehabt hätten, in den Ökumenischen Rat der Kirchen aufgenommen zu werden, blieb unberücksichtigt. Als sich die Verhandlungen über Jahre hinzogen, schrieb der »chef spirituel«, Joseph Diangienda, einen wichtigen Brief an den Generalsekretär des Ökumenischen Rates der Kirchen[37]. Drei Punkte seien aus dem Schreiben erwähnt:

(1) Die Kimbanguistenkirche sucht die Mitgliedschaft im Ökumenischen Rat nicht, um materielle Vorteile zu gewinnen. Sie hat sich unabhängig von ausländischen Finanzen entwickelt. Sie wird dies weiterhin tun.

(2) Der Grund für unser Aufnahmegesuch ist ein geistlicher. Es ist höchste Zeit, daß die Christen die Probleme des Weltfriedens, der Gerechtigkeit, der Hilfe an den Rechtlosen ernst nehmen. Das kann die Kimbanguistenkirche allein nicht leisten. Diese Aufgabe muß durch die weltweite Kirche in Angriff genommen werden.

(3) Wenn jedoch der Ökumenische Rat zu der Einsicht gelangt, daß der Eintritt der Kimbanguisten die Reinheit der ökumenischen Institutionen »beschmutze«, so müßten wir dies mit Bedauern zur Kenntnis nehmen. Wir möchten Sie aber wissen lassen, daß wir dennoch Ihre Freunde bleiben.

Die Kimbanguistenkirche wurde im Sommer 1969 in den Ökumenischen Rat der Kirchen aufgenommen.

Von den Beurteilungen der Kimbanguistenkirche seien nur einige kurz erwähnt. Geoffrey Wainwright[38] zum Beispiel mißt die Kim-

---

36. Oben, Anm. 24.
37. Brief vom 15. 7. 1969, im Archiv des Generalsekretariates des Ök. Rates der Kirchen, Genf, befindlich.
38. G. Wainwright, Theological Reflections; vgl auch J. van Wing, Le Kibanguisme.

banguistenkirche mit dem Metermaß einer ziemlich genau definierbaren protestantischen Orthodoxie. Bei diesem Examen findet nicht alles in Praxis und Lehre der Kimbanguisten seinen Beifall. Trotzdem kommt Wainwright zu dem Schluß, daß »im Kimbanguismus ein afrikanisches Verständnis von Christus . . . in einer potentiell orthodoxen Weise nach theologischer Artikulation ringt«. Er räumt immerhin ein, daß schon in neutestamentlicher Zeit Titel auf Christus angewandt wurden (Christus, Herr, Heiland, Gottessohn, Menschensohn), »die von ihren verschiedenen Hintergründen mit Assoziationen beladen waren, die nicht ohne weiteres auf Jesus anwendbar waren«. Wainwright scheint nicht in Betracht zu ziehen, daß die sogenannte orthodoxe Position vielleicht nicht so biblisch sein könnte, wie gemeinhin angenommen wird.

Harold W. Fehderau beurteilt die Kimbanguisten positiver: »Wir haben viel über das Heimischwerden der Kirchen geredet; die Kimbanguistenkirche *ist* einheimisch.«[39] Und James E. Bertsche vergleicht die von Missionsgesellschaften abhängigen Kirchen mit den Kimbanguisten: »Im Vergleich zu den teilweise subventionierten und größtenteils institutionalisierten Missionsprogrammen erscheint die kimbanguistische Laienbewegung als Herausforderung . . . Verglichen mit der Begeisterung der Kimbanguisten können die Missionskirchen nur langweilige Routine anbieten.«[40]

Diese Afrikaner haben verstanden, daß das Evangelium Evangelium vom Heil ist. Aber Heil wird nicht als »Seelenheil« verstanden. Heil heißt in Afrika, was Marx unter Emanzipation und die Hebräer unter »Schalom« verstanden[41]: Heil und Heilung – nicht nur von Krankheit, sondern Heil im weitesten Sinne des Wortes, »ein neuer Himmel und – vor allem – eine neue Erde«, soziale Gerechtigkeit, Friede, daraus folgend keinerlei Diskriminierung; keine bittere Armut neben überfließendem Reichtum; Bruderschaft, Ordnung in Freiheit, Entfaltung aller Lebensmöglichkeiten, aber so, daß der Gemeinschaft gedient wird, die für die Afrikaner wichtiger ist als individuelle Selbstentfaltung. Heil – das bedeutet ein neuer Mensch in einer neuen Erde[42].

Die Kimbanguistenkirche hat ein ungeheures Wachstum erlebt. Von einer elitären Minderheitenkirche ist sie zu einer vier Millionen

---

39. H. W. Fehderau, Kimbanguism.
40. J. E. Bertsche, Kimbanguism.
41. Vgl zu einem solchen Verständnis von Heil den Bericht des Ök. Rates der Kirchen: Kfa. A. Rich betont, daß die Diesseitigkeit der marxistischen Eschatologie nicht im Widerspruch zur christlichen Eschatologie steht (Aufrisse, 169f).
42. M.-L. Martin, Kirche ohne Weiße, 248–50.

Anhänger zählenden Massenkirche geworden. Und all das – im Gegensatz zu den europäischen und amerikanischen Kirchen und im Gegensatz zu vielen sozialistischen Bewegungen in der Dritten Welt – ohne finanzielle Zuwendungen von außen! Eigenhändig, mit ihren eigenen Einsichten, haben sie die Selbstentfremdung überwunden, haben sie Schulen, Kirchen und Sozialeinrichtungen gebaut. Man mag einwenden: Haben das Missionsgesellschaften, Entwicklungsinstitute und revolutionäre Bewegungen nicht in gleichem Maße getan? Gewiß, jedoch handelt es sich hier um eine Kirche, die aus dem »totalen Verlust ihrer Menschlichkeit«[43], aus äußerster Entfremdung und Armut heraus sich den menschlichen Problemen ihres Landes und der Welt öffnete, ohne um Brotkrumen vom Tisch der reichen Europäer, Amerikaner oder Russen zu betteln.

Die stürmische Entwicklung des Kimbanguismus bringt nicht nur Chancen, sondern auch Gefahren mit sich. Wird seine Institutionalisierung zu neuen Entfremdungen führen? Wird die Einführung der Sakramente[44] ihn zu einer rein religiösen Organisation machen? Wird die Macht der entstehenden Hierarchie neue Entfremdungen bei jenen schaffen, die keinen Zugang zu den Entscheidungszentren der Kirche haben?[45]

Mit diesen Fragen waren bereits die ersten Christen vor nahezu zweitausend Jahren konfrontiert. Ebenso mußte sich die Kommunistische Partei mit ihnen auseinandersetzen, als sie in Rußland zur Macht kam. Die Kimbanguisten erwarteten das Reich Gottes; was kam, war die (Kimbanguisten-)Kirche[46]. Man könnte hinzufügen: Marx verkündete das Heil der Welt durch »die Klasse, welche keine Klasse ist«; was kam, war die Partei! Man könnte aber ferner noch hinzufügen: Die neue Kirche und die neue Gesellschaft in Zaïre wären kaum möglich gewesen ohne den Glauben an ein Reich, das jenseits von Kirchen und Gesellschaft liegt. Die neue Gesellschaft in Rußland wäre kaum möglich gewesen ohne die Überzeugung, daß die Geschichte unaufhaltsam ihrer Erfüllung in einer klassenlosen Gesellschaft entgegengeht.

---

43. Vgl K. Marx, »der völlige Verlust des Menschen«, Frühschriften, 223; MEW 1, 390.
44. D. Desanti, Le Kimbanguisme; M. L. Martin, aaO, 268.
45. D. Desanti, aaO.
46. Zu dieser Entwicklung im Kimbanguismus vgl H. Desroche, D'un évangile à une Eglise; W. Ustorf, Afrikanische Initiative, und unten, S. 75f.

2.3 Vergleich

Mit diesen letzten Bemerkungen haben wir bereits den dritten Teil unserer Untersuchung, nämlich den Vergleich zwischen Kimbangu und Marx, eröffnet.

(1) Die offensichtlichen *Parallelen* können kurz zusammengefaßt werden:

Heil (Emanzipation) geschieht durch ein unterdrücktes Volk, hier die verfolgten Kimbanguisten, dort das Proletariat.

Beide Bewegungen haben ihre Wurzeln in einem von seiner Mission überzeugten Propheten, hier Simon Kimbangu, dort Karl Marx[47].

Die Überzeugung richtet sich nicht auf ein »Jenseits«, sondern auf ein »Morgen«, hier das »Königreich Gottes«, dort die »klassenlose Gesellschaft«.

Heil (Emanzipation) geschieht in und durch einen sozialen und politischen Kontext, in beiden Fällen, ohne den einzelnen zu einer Marionette zu degradieren.

In beiden Fällen besteht eine Spannung zwischen dem offenen, charismatischen Beginn (im Kimbanguismus durch Simon Kimbangu und die Verfolgungszeit seiner Kirche repräsentiert, bei Karl Marx durch seine Schriften bis zum »Kommunistischen Manifest«) und einem entstehenden System (im Kimbanguismus nur ansatzweise vorhanden in der entstehenden Hierarchie, bei Marx repräsentiert durch seine Schriften vom »Kommunistischen Manifest« an). Wenn die Partei oder die kirchliche Hierarchie letzte Verantwortung übernimmt, verliert sie gerade ihre ursprüngliche kritische und prophetische Mission.

Eine letzte Parallele betrifft die Haltung dem Unerwarteten gegenüber: Im Kimbanguismus (und ebenso im Christentum) gibt es Menschen, die erwarten, daß Gott in unerwarteter Weise handelt, die weder durch die Schrift noch durch die Tradition offenbart ist. Ebenso gibt es Menschen im Marxismus (zB Garaudy, M. Machoveč u. a.), die erwarten, daß die Dialektik der Geschichte noch Uner-

---

47. Es besteht Uneinigkeit darüber, ob der Marxismus als »Religion« beschrieben werden kann oder nicht. Alles hängt natürlich davon ab, was man unter »Religion« versteht. Wenn Religion Ausdruck eines Verhältnisses zu Gott ist (wie reflektiert dies immer sein mag), so ist der Marxismus keine Religion (so D. McLellan, aaO, 14ff). Wenn jedoch »Religion« (und in diesem Fall auch der Atheismus) als eine *Überzeugung* verstanden wird, die auf nicht hinterfragbaren Axiomen beruht, dann kann der Marxismus als Religion verstanden werden (so A. Rich, Aufrisse, 173–184). Vgl auch H. Rohr, Pseudoreligiöse Motive.

wartetes hervorbringt, das durch die marxistische Theorie nicht
vorausgedacht worden ist. Und es ist diese Antizipation, diese
Erwartung des Kommenden, die den Begriff der »Mission« für den
Marxismus und den Kimbanguismus rechtfertigt.

(2) Aber die *Unterschiede* sind ebenso auffallend. Der wichtigste
besteht darin, daß der kimbanguistische Glaube bis jetzt keine
Theorie entwickelt hat, die ihn gegen die Überprüfung durch die
Wirklichkeit abschirmt, während es gerade eine der wichtigsten
Thesen des Marxismus ist (mindestens seit dem »Kommunistischen
Manifest«), daß seine Wahrheit es nicht nötig hat, a posteriori
geprüft zu werden. Ein solcher Versuch der Rückfrage an die
marxistische Theorie wäre – in marxistischer Begrifflichkeit – »Revisionismus«. Das marxistische »Evangelium«[48] ist ein für allemal
gegeben worden und kann aufgrund von Erfahrungstatsachen nicht
in Frage gestellt werden. Aber das Evangelium, das Kimbangu
vertritt, ist nicht ein für allemal gegeben worden. Das ist auch der
Grund der wütenden Angriffe der Theologen gegen Kimbangu.
Nach kimbanguistischem Verständnis muß das Evangelium je neu
verleiblicht werden – in der Passion Kimbangus und seiner Nachfolger –, um wahr zu sein. Geschieht dies nicht, so ist es nicht wahr.
Das ist auch der Grund, warum der Marxismus als *Auslegung eines
Textes der Vergangenheit* dargestellt werden kann, während der
Kimbanguismus als *eine Geschichte der Gegenwart* erzählt werden
muß. Bei Marx kann und muß das Abirren des Proletariats durch
die Intervention der Partei korrigiert werden, denn die Partei garantiert das rechte Verständnis der Geschichte (ähnlich dem »Heiligen
Offizium«, den Glaubensbekenntnissen oder der Bibel in der traditionellen christlichen Lehre). Solche Sicherungen existieren im
Kimbanguismus nicht – jedenfalls bis jetzt nicht. Das kimbanguistische Wahrheitsverständnis schließt notwendigerweise die Offenheit
gegenüber anderen Christen, die Bereitschaft zur Korrektur durch
andere Menschen in sich. Das ist das *kimbanguistische* Verständnis
der Dialektik.

Dies hängt zusammen mit einer weiteren Differenz. Die Kimbanguisten lehnen jede Ideologie ab, die Gottes Eingriff in die Geschichte a priori ausschließt[49]. Das ist eine klare Absage an die
marxistische und an die liberale Rechtsphilosophie, Politologie und
Wirtschaftswissenschaft. Weil die Kimbanguisten dem vor uns lie-

---

48. Vgl dazu A. Rich, Aufrisse, 171.
49. J. Diangienda, Eglise et politique.

genden »Einbruch« gegenüber offen sind, den sie Gott nennen, ist für sie Wahrheit nicht so endgültig definierbar wie bei den Marxisten – und vielen orthodoxen Christen. Der Gott der Kimbanguisten hat sich nach der Schöpfung nicht zur Ruhe gesetzt. Er lebt und wirkt, nicht als deus ex machina, sondern durch Menschen.

Hier kommen wir zum entscheidenden Punkt in der Unterscheidung der beiden Bewegungen. Die Kimbanguisten glauben an die Gewaltlosigkeit, weil sie sich nicht im Besitz endgültig definierbarer Wahrheit wähnen. Sie tragen nicht die endgültige Verantwortung der Geschichte. Diese Verantwortung ist ihnen vom Herrn der Geschichte abgenommen worden. Infolgedessen geschieht Wahrheit, Heil (in marxistischer Terminologie: Emanzipation) nicht durch Gewalt, sondern – und hier muß ich diesen theologischen Begriff einführen – *sola gratia.* Daß dieses Gnadenverständnis die menschliche Verantwortung nicht ausschließt, wird durch die Geschichte der Kimbanguistenkirche deutlich vor Augen geführt. Ganz anders bei Marx. Hier nimmt der Mensch Gottes Stelle ein und muß daher auch die endgültige Verantwortung für die Geschichte auf sich nehmen. Bei Marx macht der Mensch die Geschichte. Er ist sein eigener Schöpfer. Darum trägt er die ganze Last der Verantwortung allein. Darum ist es einem Marxisten nicht nur erlaubt, sondern er ist geradezu gezwungen, Menschen gegen ihren Willen zu emanzipieren, »zu retten«. Es ist nicht nötig zu zeigen, wie dieses »atheistische« Denken auch in der Geschichte der Kirchen grassierte. Es ist vermutlich nützlich, denselben Sachverhalt nochmals in theologischen Kategorien zu umreißen: Die Kimbanguisten rechnen mit dem Unerwarteten, in der Theologie manchmal »Heiliger Geist« genannt; im marxistischen Verständnis (wie auch in demjenigen vieler Kirchen) weht der Geist nicht, wo er will, sondern, wo er zu wehen hat. Wenn die Transsubstantiation des Proletariats[50] in völlig emanzipierte Menschen im Kairos der Geschichte nicht passiert, sind die Marxisten in der gleichen Verlegenheit wie viele Christen. Sie sagen dann: Gewiß, das eschatologische Wunder blieb aus, aber wir haben Zeichen, die darauf hinweisen, wenn ihr sie nur verstündet! Wenn die Geschichte falsch läuft, kann man sie wenigstens richtig erzählen.

Jedoch gab es im Christentum und im Marxismus immer eine Minderheit, die ihre Eschatologie nicht so leichtherzig aufgeben konnte. Als ein christliches Beispiel habe ich Kimbangu erwähnt.

---

50. A. Rich, aaO, 186, spricht hier von der »Selbsttranszendierung des Proletariates«.

Aufgrund (und nicht trotz) der Überzeugung von seiner Mission konnte er diese aus der Hand geben. Er konnte sie verlieren, um sie wieder zu finden. Er konnte sterben, um im Glauben seiner Nachfolger und der Bekehrung seiner Verfolger seine Auferstehung zu finden. Gleichermaßen gibt es Marxisten, die *wegen* und nicht trotz der Überzeugung von ihrer Mission ihre Interpretation der Dialektik aufs Spiel setzen können. Das heißt natürlich nicht, daß Marxismus und Christentum im Grunde identisch sind. Aber es heißt, daß man im Positiven und im Negativen parallele Strukturen findet. Es ist dieser »Mehrwert der Hoffnung« – in Moltmannscher Begrifflichkeit –, der als inspirierendes Korrektiv in marxistischen und christlichen Gesellschaften wirksam ist.

Ein letztes Wort ist nötig, um diese Interpretation vor einer Verwechslung mit einem liberalen Relativismus zu schützen. Kimbangu ist kein Relativist, der sagt: Viele Wege führen zum Heil. Er war überzeugt, daß er auf dem richtigen Weg war. Und weil er überzeugt war, weil er glaubte, weil er dem vertraute, der ihn auf den Weg gesandt hatte, lehnte er jegliche Gewalt ab. Gewaltanwendung wäre für ihn Ausdruck des Unglaubens oder gar des Atheismus gewesen.

3. Das mündliche Buch

Da ich nicht an eine objektive, wertfreie Wissenschaft glaube, muß ich den Gesichtspunkt angeben, von dem aus ich mein Thema[1] angehe, nicht um ihn als den wichtigsten (oder gar als einzig möglichen) zu verteidigen, sondern um meine Argumentation verständlicher zu machen. Ein einzelner Mensch kann keine umfassende Interpretation des uns beschäftigenden Phänomens leisten. Er hat keine globale Perspektive und kann das zur Diskussion stehende Phänomen nicht von allen Gesichtspunkten aus gleichzeitig betrachten. Die Synthese aller Gesichtspunkte ist – theologisch gesagt – das Vorrecht Gottes. Zu beanspruchen, daß ich die Welt von seinem Gesichtspunkt aus, nämlich vom Gesichtspunkt Gottes aus betrachte, ist für einen Theologen unmöglich, denn Gott hat uns diese globale Vision der Welt nicht mitgeteilt.

Ich gehe also mein Thema als Theologe an, genauer: als ein in der historisch-kritischen Exegese geschulter Theologe. Gleichzeitig bin ich aber während wichtigen Jahren meiner Jugend durch das, was ich eine mündliche Religion nenne, beeinflußt worden, nämlich durch die Spiritualität der Pfingstler in einem proletarischen Milieu. Ferner habe ich viele Elemente dieser mündlichen Religion wiedergefunden bei Afrikanern, mexikanischen Indianern und Analphabeten Brasiliens. Der folgende Beitrag ist ein Versuch, diese mündlichen Kulturen zu verstehen, nicht einfach – wie A. Gramsci sagt[2] – »sie zur

---

1. Vortrag gehalten am 13. Dezember 1977 im Rahmen der Journées d'études über »Cultures populaires«, organisiert vom Institut National d'Education Populaire, Marly bei Paris, mit Beiträgen von Erika Simon, Maurice Agulhon, Joffre Dumazedier, Michel de Certeau und anderen. Ich war der einzige theologische Fachreferent und hatte daher ein breites theologisches Sachwissen in knapper Form darzulegen. Popularisierung (oder Vulgarisierung, wie die Franzosen sagen) war nicht erlaubt, da es sich bei den Referenten und Teilnehmern um qualifizierte Sozialwissenschafter, Historiker, Ethnographen und Psychologen handelte. Es mußte eine Form theologischer Sachvermittlung gefunden werden, die dem französischen Akademiker und Universitätslehrer, der die Theologie für eine höhere Form von Aberglauben hält, zugänglich war. Veröffentlicht unter dem Titel »Le Livre oral. Vers une théologie interculturelle« in: »Cultures populaires«, Collection Epoque, Toulouse, Ed. Privat, 1979. Ins Deutsche übertragen vom Vf.
2. »L'errore dell'intellettuale consiste nel credere che si possa *sapere* senza comprendere e specialmente senza sentire ed essere appassionato ...« A.

Kenntnis zu nehmen«, sondern sie zu »verstehen«, sie zu riechen und fühlen (sentir), denn diese mündlichen Kulturen sind Teil meiner eigenen Lebensgeschichte. Ich will sie aber auch in den Kategorien einer akademischen Kultur verstehen und hoffe damit, Brücken zwischen den beiden Kulturen zu schlagen, die meines Erachtens durch eine noch gefährlichere Apartheid voneinander getrennt sind als diejenige zwischen schwarz und weiß.

3.1   Die mündlichen Formen in der jüdisch-christlichen Tradition

Christentum und Judentum werden Buchreligionen genannt. Nun sind aber beide Religionen während langer Zeit ihrer Geschichte mündliche Religionen gewesen. Das *Judentum* ist erst eine Buchreligion geworden, als die Masoreten den hebräischen Text fixierten, indem sie die Anzahl der Buchstaben in ihren heiligen Texten zählten. Dieser Mechanismus ermöglichte die Fixation des Textes. Vor dieser Fixation ist der Text während zwei Jahrtausenden entweder mündlich oder in einer elastischen Form schriftlich tradiert worden, was die Anpassung an jede neue kulturelle und politische Situation erlaubte. Die Neuinterpretation geschah durch Einfügung oder Auslassung von Textteilen, gegebenenfalls durch Reorganisation des Textes.

Ähnliches kann man im *Christentum* beobachten. Das Christentum ist erst auf Grund eines langen Prozesses eine Buchreligion geworden. Die mündliche Religion par excellence ist durch die schriftliche Fixierung in Manuskriptform und dann vor allem durch die Erfindung der Buchdruckerpresse zur Buchreligion par excellence geworden.

Uns interessiert hier die mündliche Periode. Die Formgeschichte hat uns gelehrt, die Formen der mündlichen Tradition zu katalogisieren. Welches sind diese Formen? Nehmen wir einige moderne Beispiele. Es gibt nämlich auch in unserer Zeit *fixierte Formen* für den Kommunikationsprozeß, wie zum Beispiel das Feature am Funk, Nachrichten und Reklamespots am Fernsehen, die kleinen Annoncen, Todes- oder Heiratsanzeigen in der Presse, der Vorspann im Film. Alle diese Formen sind in bezug auf Dauer, Präsentation und Stil rigorosen formalen Kriterien unterworfen. Jede Form hat ihre spezifischen Eigenschaften, die nicht vom Inhalt,

---

Gramsci, Il materialismo storico, 120, zitiert in der beachtenswerten Analyse von H. Mottu und M. Castiglione, Religione populare, 24.

sondern einzig und allein von der Traditionsgeschichte der Form abhängen.

Ähnliches ist von den biblischen Formen zu sagen. Die Formelemente hängen von der Traditionsgeschichte der betreffenden Form ab. Diese Formen wurden ursprünglich als isolierte Elemente tradiert[3]. Ich erwähne einige dieser Formen:

Gleichnis. Beispiele: der verlorene Sohn, der gute Samariter.

Spruch. Beispiele: Ihr seid das Salz der Erde, Matth. 5,13. Ihr seid das Licht der Welt, Matth. 5,13. Die zehn Gebote: Du sollst nicht . . . Ex. 20. Die Seligpreisungen: Selig sind . . ., Matth. 5. Antithesen: Ihr habt gehört . . ., ich aber sage euch, Matth. 5.

Liturgische Stücke wie zum Beispiel Taufformeln (NN, ich taufe dich auf den Namen Jesu) oder Eucharistieformeln (Dieser Kelch ist der neue Bund in meinem Blut. Tut dies zu meinem Gedächtnis).

Wundergeschichten weisen ebenfalls eine traditionelle Struktur auf: Zuerst wird die Schwere der Krankheit geschildert, im Kontrast dazu die Heilung durch den Heiler und schließlich die Konsequenz, Lob Gottes oder des Heilers oder im Gegenteil die Undankbarkeit des Geheilten.

Glaubensbekenntnisse. Das älteste Glaubensbekenntnis im Neuen Testament ist das Bekenntnis »Kyrios Jesous«, »Jesus ist der Herr«. Eines der ältesten Bekenntnisse im Alten Testament ist das Schema Israel »Jahwe elohenu Jahwe ahad!«, »Höre, Israel! Jahwe, unser Gott, ist ein einziger Jahwe!« (Deut. 6,47). Und selbst das sogenannte apostolische Glaubensbekenntnis hat aus memotechnischen Gründen eine mündliche Struktur: Credo in deum, patrem omnipotentem, creatorem coeli et terrae
et in filium suum . . .
et in spiritum sanctum . . . –

Gebete wie das »Unser Vater« haben deutlich eine mündliche Struktur, das heißt eine Struktur, die das Memorieren erleichtert.

---

3. Die Literatur ist enorm. Ich erwähne nur für das Alte Testament H. Gunkel, Genesis; A. Lods, Histoire de la littérature hebraique et juive; für das Neue Testament R. Bultmann, Die Geschichte der synoptischen Tradition, und die meisten Kommentare.

Man muß noch anfügen, daß diese Strukturen nicht etwa typisch sind für Christentum und Judentum. Man findet sie auch in anderen Religionen, zum Beispiel in den Keilschrifttexten der Akkader und Ugarither, in der mündlichen Tradition der europäischen Völker (Minnesänger, Grimms Märchen) und vor allem – nicht überraschenderweise, aber bis jetzt kaum beachtet – bei den Analphabeten und Halbanalphabeten der Dritten Welt von heute, das heißt aber bei der überwiegenden Mehrheit der Christen, inklusive ihrer Pfarrer. Die Formen sind nicht identisch, aber ähnlich. Es scheint, daß hier die biblischen Exegeten und Religionsgeschichtler Strukturen der Tradition entdeckten, bevor die französischen Strukturalisten dazu eine Theorie lieferten.

3.2   Funktionen mündlicher Formen

Die mündlichen Formen sind die Bibliothek mündlicher Gesellschaften. Man kann das erste Buch Mose nicht auswendig lernen, aber man kann – wenn man sie einmal gehört hat – die Geschichte von Isaaks Opferung wiedergeben oder die Affäre zwischen Joseph und Frau Potiphar. Man kann das zweite Buch Mose nicht auswendig lernen, wohl aber die zehn Gebote. Man kann das Matthäusevangelium nicht auswendig reproduzieren, wohl aber die Seligpreisungen. Man kann das Lukasevangelium nicht auswendig lernen, wohl aber das Gleichnis vom verlorenen Sohn.

Mit anderen Worten, diese einzeln tradierten, isolierten Formen können von den Individuen einer Gemeinschaft behalten werden, weil sie Gesetzen folgen, die allen bekannt sind. Die Einzelgedächtnisse sind infolge der allen bekannten Traditionsformen (die wie ein Sozial-Computer funktionieren) zu einem Gesamtgedächtnis zusammenschaltbar. Sie können daher von der Gemeinschaft nach Bedarf abgerufen werden.

Um diesen Punkt klarzumachen, wollen wir einen Augenblick an die identischen Probleme denken, denen christliche Missionare und marxistische Ideologen in einer mündlichen Gesellschaft begegnen. Was memorisierbar ist, bleibt im Gedächtnis haften, die Gleichnisse, die Sprüche, das »Unser Vater«. Aber versuchen Sie einmal die paulinischen Briefe auswendig zu lernen oder gar zu unterrichten! Es wird kaum gelingen. Ähnliche Probleme haben die Marxisten. Versuchen Sie einmal zwei Sätze aus der berühmten »Einführung in die Kritik der Hegelschen Rechtsphilosophie« auswendig zu lernen. Schon der Titel schafft Probleme, vor allem in der Übersetzung in Sprachen, die die deutschen Komposita in Genitive auflösen müssen[4]. Darum zitieren mündliche Gesellschaften Marx immer in Abkürzungen. Der Ausdruck »Opium des Volkes« bleibt im Gedächtnis haften, aber der Kontext dieses Begriffes, der differenzierte dialektische Satz, in dem der Begriff »Opium des Volkes« vorkommt, ist nur »den Lesern«, den Angehörigen schriftlicher Kulturen zugänglich. Daß »alle Geschichte Geschichte des Klassenkampfes« ist, kann man im Gedächtnis behalten. Aber die komplexe Beschreibung des Wesens dieses Klassenkampfes kann nur von den Lesern verstanden werden.

Ich komme zu Paulus zurück. Er hat uns eine interessante Dokumentation über den Konflikt zwischen mündlicher und schriftlicher Kultur hinterlassen in seinen zwei Briefen an die Korinther. Ich will Sie nicht mit den Einzelheiten der Exegese langweilen[5], obschon das Herzstück meiner Analyse, nämlich der Konflikt zwischen den zwei Kulturen, sich nicht in den geläufigen Kommentaren findet. Was man in den Kommentaren findet, ist dies: In Korinth gab es eine Minderheit von gebildeten, freien, ziemlich begüterten Christen, wie zum Beispiel den Direktor des korinthischen Tiefbauamtes, Erastus. Daneben gab es eine Mehrheit von Sklaven, Hafenarbeitern, genannt »hoi tes Chloes«, die Leute der Chloe. Es scheint, daß Chloe, eine unverheiratete Frau, ihre Anführerin war. Zwischen diesen beiden sozialen Schichten befand sich eine Art Mittelschicht, die gebildeten Schreib- und Haussklaven, wie zum Beispiel Tertius. Normalerweise wird der Konflikt in Korinth als ein religiöser oder theologischer Konflikt zwischen den zungenredenden, gnostizierenden Enthusiasten und dem die Vernunft und die vernünftige Exegese betonenden Paulus dargestellt. Das ist richtig, nur ist dieser Konflikt auch – und dies in erster Linie – ein Konflikt zwischen zwei *Kulturen* und nicht nur ein Konflikt zwischen zwei sozialen Schichten und dem entsprechenden religiösen Überbau. Wie hätten denn die Sklaven, die nicht lesen konnten und kaum des Griechischen mächtig waren, einem theologischen Argument folgen können? (Man versuche doch einmal, den ersten Korintherbrief einer normalen Gemeinde in Europa vorzulesen!) Wie hätten die Sklaven ihre Identität, ihre Menschenwürde gegenüber den Angehörigen der schriftlichen Kultur, die die Septuaginta und die paulinischen Briefe lasen, ausdrücken können? Sie taten es, indem sie sich auf den Heiligen Geist, auf Visionen, Inspirationen und Zungenreden beriefen, das heißt auf eine unmittelbare, mündliche Auslegung ihrer

---

4. ZB französisch »Introduction à la critique de la philosophie de droit de Hegel«.
5. Vgl zum einzelnen das Kapitel »Interkulturelle Theologie« (S. 33ff), insbesondere die Arbeiten von Theissen und Lührmann, oben S. 34, Anm. 5.

Alltagswirklichkeit. Und selbstverständlich verteidigten sich die literarischen Menschen, genau wie heute, gegen diese für sie fremde, gefährliche und unzugängliche mündliche Kultur. Was nun aber interessant ist in Korinth, ist die Art, wie dieser Konflikt von Paulus angegangen wird. Die Gemeinde[6] spaltete sich nicht nach Kulturen auf, hier die Mündlichen, dort die Schriftlichen, hier die Analphabeten, dort die Bürgerlichen. Man gründete keine Volkshochschule für die Sklaven. Das ist das faszinierende interkulturelle Abenteuer in Korinth. Nicht lange hielt es an, denn die Kirche paßte sich allzuschnell dem Heidentum, den soziologischen Pressionen an. Paulus beschreibt die interkulturelle Gemeinde von Korinth im theologischen Mythos vom Leibe Christi, in dem die Glieder verschiedene Funktionen haben, aber dem gleichen Leibe dienen. Dies war im Kontext des römischen Reiches so fremd wie heute, soziologisch dysfunktional und politisch subversiv. Darum ist das Modell auch verschwunden. Darum aber, meine ich, müssen wir es wieder entdecken. Der Leib Christi war eben für Paulus kein Corpus mysticum, keine mystische, sondern eine soziale Wirklichkeit.

3.3   Beispiele heutiger mündlicher Religion

Da ich die nicht-christlichen mündlichen Religionen nicht gründlich kenne, beschränke ich mich im folgenden auf christliche mündliche Religionen. Ich muß aber sogleich anfügen: Es ist eben kontrovers, ob es sich um ausgebildete christliche Religionen handelt. Es gibt nämlich Beobachter, die – wie die bürgerlichen Christen von Korinth – in diesem mündlichen Christentum nur mit Mühe ein authentisches Christentum erkennen, weil ihren Pfarrern und Bischöfen eine schriftliche Bildung, eine schriftliche Theologie fehlt. Ihre mündliche Überlieferung – welche Bestätigung für Rudolf Bultmann! – folgt ziemlich genau den Traditionsgesetzen der biblischen Berichte während ihres mündlichen Stadiums. Natürlich ist diese Mündlichkeit nicht typisch für das Christentum. Wenn etwas typisch ist, so das Problem der Begegnung der beiden Kulturen im Schoße der gleichen Ideologie. Aber die christlichen Theologen tun sich schwer mit diesem Problem. Sie ziehen eine Lösung vor, die die mündlichen Christen auf ihr eigenes Niveau, nämlich auf dasjenige

---

6. Oder im französischen Kontext meiner Zuhörer »la maison de la culture des chrétiens«.

der Leser »heraufheben« würde. Dann könnte man sich die Mühe sparen, Sprache und Kultur der mündlichen Christen zu studieren. Daß das Studium dieser mündlichen Religion zu einem gegenseitigen Lernprozeß führen könnte, darüber schreiben zwar Ivan Illich und Paolo Freire. Aber weiter ist man bis jetzt kaum gekommen.

Um ein Bild dieser mündlichen Religion zu vermitteln, möchte ich – bevor ich das Phänomen genauer interpretiere – zwei oder drei Formen dieser Religion vorstellen, indem ich wenigstens teilweise die mündliche Kommunikation, die Erzählung, verwende. Mit anderen Worten, ich wechsle nun mein Kommunikationsmedium und gehe von der Analyse zur Erzählung über.

Simon Kimbangu

Das Leben und die Wirksamkeit dieses erstaunlichen schwarzen Christen und die Entstehung der Kimbanguistenkirche sind schon erzählt worden[7]. Was uns in diesem Zusammenhang interessiert, ist die Funktion der mündlichen Kultur in dieser Kirche. Das Leben Simon Kimbangus, die Lieder über Kimbangu sind während dreißig Jahren die einzige Weise von Kultur und Ideologie dieser Kirche gewesen. Bis vor kurzem war sie ein Beispiel einer völlig mündlichen Religion. Daher rührt auch ihr Einfluß und ihre Vollmacht, sich in Zaïre verständlich zu machen. Man mußte nicht »schriftlicher Kulturmensch« werden, um kimbanguistischer Christ zu werden. Man mußte nicht die europäische, belgische oder französische Kultur annehmen, um Kultur zu haben. Man konnte Bildung (»de l'esprit«) haben, ohne die französische Definition dieses Wortes zu akzeptieren.

Das Leben Kimbangus ist der hermeneutische Schlüssel zum Verständnis des christlichen Glaubens geworden. Die Kimbanguisten setzen sein Leben, seine Passion, seine Auspeitschung, seine Zeit der Gefangenschaft in einer Art Passionsspiel in Szene. Sie entwickeln kimbanguistische Mythen über Kimbangus Präexistenz und seine Wiederkunft. In einem späteren Stadium ihrer Entwicklung interpretieren sie die Geschichte Simon Kimbangus in einem weiteren, christologischen Rahmen. Kimbangu wird nun in den Hintergrund geschoben. Jetzt funktioniert Kimbangu als eine Art Brille, durch welche das Leben und die Lehre Jesu verstanden werden. Als Grund für die Christianisierung des Kimbangumythos geben die jetzigen Kimbanguisten folgendes an: Sie wollen ihren Mythos in einen weiteren, universalen, in den Christusmythos inkorporieren.

---

7. Oben, S. 57ff.

Heute ist die kimbanguistische Kirche im Stadium der korinthischen Gemeinde. Eine kleine Elite von Evolués in Kinshasa versucht, die kimbanguistischen Massen in ihren eigenen »maisons de la culture«, das heißt in ihren kimbanguistischen Schulen, auszubilden. Sie wollen sie in die europäische, urbane Kultur einführen, die unterdessen auch die Kultur der Evolués geworden ist. Aber die große mündliche Tradition lebt immer noch in den ruralen Gemeinden, und es bleibt abzuwarten, wie die Kimbanguisten mit dem sich abzeichnenden kulturellen Konflikt zwischen mündlichen und schriftlichen Christen in ihrer eigenen Kirche zu Rande kommen[8].

Antônio José dos Santos
Die Geschichte von Antônio José dos Santos ist von D. E. Curry auf Tonband aufgenommen worden im Zusammenhang mit seinen anthropologischen Forschungen über die Entwicklung protestantischer Gruppen, mündlicher Mikrogesellschaften, im Innern Brasiliens[9]. Antônio erzählt: »Ich bin im Staate Alagoas in der Stadt União dos Palmares geboren worden. Meine Eltern heißen José Filipo dos Santos und Joâna Maria da Conceição[10]. Mit sechs Monaten wurde ich nach Pernambuco versetzt, wo ich meine Kindheit verlebte. Ich verheiratete mich im Alter von einundzwanzig Jahren gemäß den Riten der Katholischen Kirche. Zivilgesetzlich bin ich erst vor kurzem getraut worden. Im Alter von 36 Jahren nahm ich das Wort des Evangeliums von Christus an. Das geschah in der Ortschaft von Pôrto do Calvo, im Engenho São João. Dort gab es nämlich eine Versammlung und dort hat der Herr mich auch gebraucht. ich ging in die Wüste, um während zehn Monaten zu beten. Und dann fing ich an, den Leuten das Evangelium zu verkündigen.«

Antônio José dos Santos erzählt dann im weiteren die Einzelheiten seiner Geistestaufe und seiner Berufung. Er verdiente seinen Lebensunterhalt als Tagelöhner und predigte, wenn er genug für den Unterhalt seiner Familie verdient hatte. Aber er führte ein

---

8. Ustorf nennt die erste Tendenz »ruralen Kimbanguismus«, die zweite Tendenz wird repräsentiert durch die jetzige Führung der urbanen Evolués in Kinshasa, die eine Schweizer Theologin zur Formulierung und Artikulation dieses Prozesses angestellt hat; über die gesellschaftlichen Folgen dieser »Christianisierung« des Mythos vgl Ustorf.
9. D. E. Curry, Messianism and Protestantism in Brazil's Sertão.
10. Auf Verlangen von Antônio José dos Santos werden sämtliche Personen mit ihren wahren Namen zitiert.

hartes und sorgenvolles Leben, denn er konnte nie länger als einige
Monate am selben Ort bleiben.

.»Wieder einmal mehr mußte ich mich auf den Weg machen. Ich kehrte also nach,
Sergipe und Campo Nôvo zurück, wo meine Frau und meine Kinder wohnten, und
predigte dort das Evangelium. Der dortige Gutsbesitzer bekehrte sich mit seiner
ganzen Familie, und ich begann eine kleine Versammlung. Nach drei Tagen begannen die Leute von Santa Brigida, die sich ebenfalls bekehrt hatten, auf einer dreißig
Kilometer langen Naturstraße zu uns herüberzuwandern. Sie flohen nämlich in der
Nacht von Santa Brigida aus Angst vor dem Polizeihauptmann, José Rufino, und
anderer Leute in der Stadt. Sie kamen in Gruppen von fünfundzwanzig bei uns an.
Nach drei Tagen waren bereits dreißig Familien in Campo Nôvo; das sind ungefähr
150 Personen. Wir blieben dort vier Jahre und acht Monate . . .«

»Der Gutsbesitzer von Campo Nôvo, der sich bekehrt hatte, hatte einen Sohn, der
während mehreren Jahren in der Stadt São Paulo gelebt hatte. Eines Tages kehrte er
nach Hause zurück und fand diese ›crentes‹ (Gläubige), die die Felder seines Vaters
bewirtschafteten. Unverzüglich agitierte er gegen sie und beeinflußte seinen Vater,
daß er uns fortjage unter dem Vorwand, daß wir am Ende seinen Vater und dessen
Erben um den Gutsbesitz bringen würden. Der eigentliche Grund war aber, daß er
beabsichtigte, die Frucht unserer jahrelangen Arbeit in Besitz zu nehmen: dreizehn
gute Häuser, fünf acudas (Wasserreservoirs) und eine große Zahl tarefas (Landein-
heit) von angebauten Reisfeldern, dazu Bohnen und Baumwolle. Sein Vater nahm
die Herausforderung an. Ich ging zum Ortsbürgermeister und bat um Hilfe. Insbesondere bat ich darum, daß man uns wenigstens teilweise Schadenersatz vergüte für
all das, was wir zurücklassen mußten. Am 27. Mai 1958 sind mir 60 ›crentes‹ gefolgt.
Wir ließen alles zurück. Wir wanderten vierzig Kilometer weiter auf eine andere
Fazenda, genannt Belo Horizonte. Die Frau des Gutsbesitzers von Campo Nôvo
entzweite sich mit ihrem Gatten, weil er uns so schäbig behandelte. Sie kam mit uns.
Heute lebt sie mit uns auf der Fazenda Belo Horizonte und prozessiert gegen ihren
Gatten in bezug auf den ihr gehörenden Teil des Gutes von Campo Nôvo.

Der Gutsbesitzer von Belo Horizonte heißt Agostinho Barbaso dos Anjos. Er hat
uns aufgenommen und uns Land angeboten. Er sagte, daß er uns Land verkaufe,
damit wir nie mehr von unserem Land fortgejagt werden können. Aber wir hatten
kein Geld. Er sagte, das mache nichts. Wir müßten dort bleiben und den Kaufpreis in
Raten abzahlen. Nach neun Monaten gab er mir einen Vertrag, der mich und alle
unsere Leute zu Besitzern von 2300 tarefas machte. Wir sollten während drei Jahren
arbeiten, um den Kaufpreis abzuzahlen. Nachher aber sollten wir frei sein, das Land
in Besitz nehmen und unsere eigenen Häuser bauen. Wir nannten sie Fazenda Nova
Vida, der Gutshof zum neuen Leben. Ich wies jeder der dreißig Familien ein Stück
Land zu, das heißt jeder Familie, die arbeiten konnte. Ich gab ihnen die entsprechenden Verträge. Jede Familie erhielt ein Stück Land, das der Größe der Familie und der
Anzahl ihrer Arbeitskräfte entsprach. Die Kirche, die wir bauten, nannten wir
Evangelho do Paz, Friedensevangelium. Der Gemeinderat von Poco Redondo hat es
abgelehnt, mit uns Kontakt aufzunehmen, und dies bis zum heutigen Tag. Am
24. September 1963 schloß sich unsere Kirche der Asambleía de Deus von Aracajú
an.«

Donald Edward Curry, auf dessen anthropologische Forschungen
ich mich hier stütze, beschreibt Antônio unter dem Begriff eines
brasilianischen Messias. Darunter versteht er »eine Person, die sich
von Gott durch Träume oder Visionen berufen fühlt, eine Gruppe
von Menschen aus einer katastrophalen Situation in eine bessere zu

führen«[11]. Ich hätte den Begriff Schaman[12] oder Prophet vorgezogen, um die Parallele zwischen Antônio, der mündlichen Kultur von Korinth (Chloe) und den Kimbanguisten zu unterstreichen. Trotzdem scheinen mir seine Folgerungen – er zitiert die brasilianische Soziologin Maria Isaura Pereira de Queiroz – für unsere Untersuchung der sozialen und politischen Bedeutung mündlicher Religionen signifikant zu sein:

»Die erste . . . Funktion [der brasilianischen messianischen Bewegung] ist die Verwandlung der profanen Gesellschaft . . . Die zweite Funktion ist die Erneuerung der Bedingungen der Lokalpolitik, indem die traditionellen Führer – die sich als nicht mehr vertrauenswürdig erwiesen – durch einen besseren, das heißt durch den Messias, ersetzt werden . . . Die brasilianischen Messiasse verdanken den größten Teil ihres Prestiges ihrer Fähigkeit, *die praktischen Probleme des Alltagslebens zu lösen. Das jenseitige Heil tritt gegenüber der Bedeutung der profanen Ziele völlig zurück.*«[13]

Selbstverständlich steht diese Interpretation im Gegensatz zu vielem, was über die mündliche Religion unter den brasilianischen Pfingstlern geschrieben wird. Der Grund für diese falsche Interpretation besteht darin, daß man das Vokabular der mündlichen Religion untersucht – ein Vokabular, das notwendigerweise mythisch ist –, ohne nach der sozialen Funktion dieses Vokabulars in einem gegebenen Kontext zu fragen. Die Analysen von Curry und de Queiroz lassen sich aber bestätigen durch eine Untersuchung der Biographien zweier Pioniere der Asambleías de Deus in Brasilien, Daniel Berg und Ivar Vingren[14], durch Theorie und Praxis von Manoel de Mello[15] sowie durch die packende Gründungsgeschichte der indianischen Otomí-Pfingstler in Mexiko[16].

Ein französischer Zigeuner
Bevor ich die Funktion mündlicher Religion zusammenfasse, möchte ich die Dokumentation über die mündliche Religion durch

---

11. Curry, 416.
12. Schaman ist kein pejorativer Begriff. Schamane sind keine Neuropathen, wie Eliade (Myths, 77), Nadel (A Study of Shamanism, 478) und Jennings (An Ethnological Study of Glossolalia) gezeigt haben. Vgl auch PGG, 541ff.
13. María Isaura Pereira de Queiroz, Movimentos Messiânicos, 453; zit. Curry, 429 (Unterstr. W. H.). Vgl auch von derselben Autorin, Classifications des messianismes brésiliens, und L'influence du milieu social interne sur les mouvements messianiques brésiliens.
14. Berg, Enviado por Deus; Vingren, Pionjärens dagbok. Diskussion in PGG, 79ff, ausführlicher inPGG (spanisch), 116ff.
15. M. de Mello, Ökumene und Pfingstbewegung; Pfk, 290–293; ders, Bread and Gospel. Diskussion in PGG, 106ff, ausführlicher in PGG (spanisch), 143–162.
16. Einzelheiten und Bibliographie in ChroSch, 30–48.

die Bekehrungsgeschichte eines französischen Zigeuners ergänzen[17]:

»Also, ich war in Paris. Ich liebte das Weltleben und ich muß zugeben, ich liebte das Tanzen. Es war nicht so sehr das Trinken, das mich anzog, obschon ich ein Glas oder zwei nicht verachtete. Aber um mich wirklich zu amüsieren, da mußte ich zuerst tüchtig einheizen. Und dann war ich nicht am Tanzen interessiert. Vielmehr wollte ich Aufsehen erregen und die Leute in Aufregung versetzen (faire des misères). Ich wollte sie zum Lachen und in Verwirrung bringen. Das gefiel mir. Ich hörte von einer gewissen Versammlung. Meine Schwiegermutter ging dorthin. Sie sagte mir: ›Mein Schwiegersohn, du solltest zur Versammlung kommen. Du wirst sehen, wie gut ‚Barodével‘[18] ist. Du weißt ja, er rührte mich an. Es ist dir ja bekannt, wie krank ich war.‹ Ich sagte: ›Du bist fünfzig Jahre alt. Du hast nichts Besseres zu tun. Dein Leben ist beinahe fertig. Aber ich bin erst fünfundzwanzig, und ich will das Leben noch genießen. Und übrigens habe ich vielleicht mehr Gottvertrauen als du.‹ Ich wollte wirklich das Leben genießen und so um zwei oder drei Uhr morgens nach Hause kommen, das war wirklich leben. Aber dann ging ich auf meine Knie und betete: O mein Gott, jetzt ist's fertig. Ich werde es nie mehr tun. Und dann schwur ich die besten Schwüre, die ich kannte. Und am Morgen sah ich meine Freunde wieder und konnte nicht widerstehen. Und dann sagten sie mir, Erzengel [franz. Archange, Name seines Freundes] predige. Das sagten sie mir. Merkwürdig, daß Erzengel das Wort Gottes predigte. Nun gut, wenn ich Erzengel predigen sehe, dann glaube ich, vorher nicht. Ich kannte ja Erzengel gut genug. Was wir nicht alles für Streiche zusammen verbrochen haben! Wenn ich ein schlechter Kerl war, dann war er erz-schlecht. Er hatte ja immer die Ideen. Ich war immer mit ihm zusammen. Und nun, so sagte man, sei er verwandelt. Sie sagten, du wirst es sehen, sein Leben ist verwandelt. Wie sollte ich das glauben? Unmöglich! Man erwartete, daß er in No. 12, rue du Renard, auftauche, für eine Versammlung, zusammen mit Bruder Mandz und Bruder Jean Nédélec. Nun gut, ich wartete bis Sonntag. Aber am Sonntag kam niemand. Wie erwartet. Erzengel war kein Jünger des Wortes Gottes geworden. Sind doch alles Lügner. Am nächsten Sonntag war ich in der Versammlung. Er las aus der Bibel. Was? Aber Bibellesen, das geht bei mir zum einen Ohr rein und zum andern raus. Ich wollte nachher mit ihm reden. Und dort sah ich ihn. Er war nicht mehr der gleiche. Er war nicht mehr der gleiche Mensch. Ich mußte mir sagen, er war nicht mehr der gleiche. Ich mußte mich fragen, wenn Barodével das für ihn tun kann, könnte er es nicht auch für mich tun? Und als Erzengel mit seinem Wagen nach Beauvais wegfuhr, fühlte ich etwas wie eine Kraft. Ich kehrte zu meiner Frau heim. Ich hatte nie in meinem Leben geweint. Selbst nach dem Tode meiner Mutter ging ich auf ein Tanzfest. Ich konnte nicht weinen. So bin ich eben. Aber auf dem Heimweg in meinem Wagen begann ich plötzlich zu weinen. Und was sagte ich zu meiner Frau? Morgen werde ich mich taufen lassen. Sie sagte: ›Was ist mit dir los?‹ Ich wußte nicht, was mit mir los war und warum ich so weinte. So passierte es. Etwas war anders. Ich war verwirrt. Ich verließ alle meine Freunde. Erzengel hatte versprochen zu telephonieren nach drei Tagen. Ich wartete während diesen drei Tagen, aber Erzengel telephonierte nicht. Was ist denn da los? Sie versprechen etwas, und dann telephonieren sie nicht? Ich nahm meinen Wagen und fuhr mit Coquolo nach Beauvais. Ich

---

17. R. Durig, Ce que fut la convention des Tziganes; Pfk, 349f. Vgl auch T. A. Acton, The Romani Evangelical Church.
18. Barodével = para-diable = Gott (?).

ging nach Beauvais und kehrte wieder nach Paris zurück. Am Abend ging ich wieder
nach Beauvais. Sie hatten dort eine Versammlung mit Mandz, Erzengel und Nédélec.
Ich kannte das Wort Gottes nicht. Sie lasen in der Bibel. Sie predigten das Wort und
dann beteten alle. Ich fühlte, wie die Kraft von einem zum andern sprang, zu allen.
Ich sagte mir: ›Mutter Gottes, wenn die nicht aufhören zu beten, dann falle ich zu
Boden.‹ Ich sagte: ›Bitte, bitte, stoppe ihr Beten. Wenn die nur aufhörten!‹ Endlich
merkte ich, daß es die Kraft Gottes war, welche von einem zum andern ging. Ich
sagte: ›Da bist du wieder, Herr, gerade über mir.‹ Und ich merkte, wie gut das Wort
Gottes war. Ich konnte mich nicht ändern. Von da an ging ich regelmäßig zu den
Versammlungen. Mein Leben wurde verwandelt und die Vergnügungen dieser Welt
bedeuteten mir nichts mehr. Er hat das alles weggenommen. Ich kehrte zu den
Tanzanlässen zurück, aber sie sagten mir nichts mehr . . .«

Der Zigeuner erzählt nicht, was für ein neues Vergnügen er
gefunden hat. Er hat einen Kreis neuer Freunde gefunden. Er tanzt
neue Tänze. Er singt neue Lieder. Er hat eine neue Geschichte. Die
Qualität seines emotionalen Beziehungsnetzes, seiner individuellen
und gesellschaftlichen Beziehungen, hat sich verändert. Nicht verändert aber hat sich die Struktur seiner Kultur. Er ist von einer
mündlichen Kultur zu einer anderen mündlichen Kultur übergetre-
ten. Er hat sich Kultur aneignen können, ohne seine eigene Kultur
zerstören zu müssen. Er hat Bildung erworben, ohne Leser werden
zu müssen. Bibellesen sagte ihm nichts. Aber die mündliche Kommunikation Erzengels und seiner Freunde war die ihm gemäße
theologische Hermeneutik.

3.4   Soziales, politisches und theologisches Gewicht

Im folgenden begründe ich die These, daß die mündliche Religion
ein soziales und theologisches *Potential* enthält, das wir noch nicht
genügend beachtet haben.

Ich beginne mit dem letzten Punkt, dem Beitrag der mündlichen
Religion zur *theologischen Wissenschaft.* Er läßt sich selbstverständlich nicht aus den gedruckten Dokumenten der Anhänger der
mündlichen Religion erheben. Wenn man die Menschen mündlicher
Religion zum Schreiben zwingt, dann können sie ebensowenig
schwimmen wie ein Fisch auf den Champs Elysée. Ihren Beitrag zur
Theologie erfährt erst, wer nicht ihre Inhalte, sondern ihren Modus
der Kommunikation beachtet. Wer diese Möglichkeit ernst nimmt,
entdeckt in ihr eine Weise des Theologisierens in einer mündlichen
Kultur, in der das Medium der Kommunikation – ähnlich wie in
biblischen Zeiten – nicht die Definition ist, sondern die Deskription,
nicht die These, sondern der Tanz, nicht die Lehre, sondern das

Lied, nicht das gelehrte Buch, sondern Geschichte und Gleichnis, nicht das Formulieren von Konzepten, sondern das Feiern von Banketten. Wer bestreitet, daß man in diesen Kategorien anständig Theologie betreiben kann, muß beweisen, daß die Bibel kein theologisches Buch ist. Vielleicht wäre Descartes dieser Meinung gewesen, was ja nur beweist, daß unsere Weise der Theologie kulturell parteiisch ist (und dies in unserer Kultur sein muß!).

Die mündliche Religion bietet uns Rohmaterialien und Elemente für eine alternative Methode an. Eines ist gewiß: Wenn die Theologie universal sein will (und sie muß es per definitionem sein wollen), dann muß sie die Beschränkungen einer schriftlichen Kultur überwinden. Und dies betrifft in gleichem Maße jegliche Ideologie oder Grundlagentheorie, die den kleinen Kreis der Leser überschreiten will, zum Beispiel den Marxismus, die Erziehungswissenschaften und die Gruppentheorien (franz.: théories d'animation).

Nur eine Weise der Theologie (oder Ideologie), die das Gleichnis, den Tanz, das Lied, die Pantomime als gleichberechtigtes Medium der Kommunikation und Reflexion anerkennt, kann das Prädikat »ökumenisch« oder »universal« für sich in Anspruch nehmen. Das ökumenische Problem der Zukunft wird nicht die Diskussion zwischen Katholiken und Protestanten sein (von einem internationalen Gesichtspunkt aus gesehen ist das ein Nebenproblem). Das Problem der verschiedenen Erziehungs- und Gruppentheorien besteht nicht in den Differenzen zwischen den einzelnen Theorien, sondern vielmehr in der Frage, ob es je gelingen wird, einen Dialog zwischen den mündlichen und schriftlichen Theorien einzuleiten. Diese Frage wird verschärft durch die Tatsache, daß die mündlichen Theologen und Theoretiker meist, aber nicht immer, arm und schwarz und ihre schriftlichen Partner meist, aber nicht immer, weiß und wohlhabend sind. Mir scheint, daß die kulturellen Differenzen in dieser Frontstellung so gewichtig sind wie die wirtschaftlichen.

Die Konsequenzen der mündlichen Kultur für *Entwicklungsprogramme* sind erst von ganz wenigen Leuten gesehen worden, obschon die Resultate jedermann sichtbar sind. Das Selbsthilfe-Programm der Kimbanguisten oder der Indianerpfingstler in Mexiko mag in den Augen eines Experten der UNO oder von »Brot für die Welt« primitiv erscheinen. Aber der Vorteil ist, daß sie es selber finanziert haben und daß sie nicht von Information, Experten und Ersatzteilen aus dem Ausland abhängig sind. Wenn ein Christ aus der Dritten Welt sich seiner Menschenwürde bewußt wird durch die Demokratisation des Wortes im Rahmen einer mündlichen Liturgie, so hat das weitreichende Konsequenzen für seine soziale und politische Alphabetisation. Diese sind wichtiger als der Einfluß von sogenannten »pressure groups«, die oft nichts anderes sind als eine neue Form ausländischer Ideologie, die sich auf kleine Gruppen aus dem Bürgertum stützt. Die Revolution der letzteren ist meist sowieso nur eine Papierrevolution und wird sich auf die Länge als reaktionär erweisen, da sie mit den überwältigenden technischen Mitteln der internen und externen Kolonialmächte nicht konkurrieren kann.

Bevor ich zu den Folgerungen der mündlichen Kultur für die Politik übergehe, muß ich anmerken, daß ich mündliche Religion und mündliche Kultur nicht als universales Heilmittel betrachte. Dies wäre ein Mißverständnis. Ich will hier nur plädieren für diejenigen, die sich in unseren Kommunikationsmitteln nicht ausdrücken können. Und doch haben sie wichtiges beizutragen, denn sie haben diejenigen zum Sprechen gebracht, die bis jetzt zum Schweigen verurteilt waren. Sie haben die zum Nachdenken gebracht, die wir bis jetzt für dumm und ungebildet hielten. Sie haben die zum Handeln gebracht, die wir bis jetzt für Fatalisten hielten.

Endlich komme ich zur *politischen Bedeutung*[19]. Es ist mir aufgefallen, daß in der Studientagung über die »cultures populaires« das einzige politische Beispiel – jedenfalls nach dem Programm zu schließen – aus der Schweiz kommt[20]. Und das ist natürlich kein Zufall, denn die politische Tradition der Schweiz ist eine Bauerntradition; das heißt in unserem Kontext eine mündliche Tradition. Die Grundlage dieser Bauernpolitik war nie die höfische Kultur noch diejenige der Universität, sondern das Gespräch und die Debatte in der Dorfkneipe, in der Gemeindeversammlung und in der Landsgemeinde. Diese politische Tradition hat auch sonst in Europa Spuren hinterlassen, zum Beispiel im Elsaß, wo sie sich – wie in der Schweiz – nicht in der Literatursprache, sondern in der mündlichen Sprache ausdrückt, im Chanson zum Beispiel. Und aus eben diesen Gründen wird sie auch außerhalb des Wirkungs- und Verstehensbereiches dieser mündlichen Sprache ignoriert. In den elsässischen Chansons hört man die »contestation« gegen die Dekrete von Paris, gegen die Demütigung durch eine zentralisierte und unmenschliche Technokratie, die Klage gegen eine herrschende Kultur, die diejenige der Herrschenden von Paris ist. Und all dies gefärbt und gemildert durch einen typisch elsässischen Humor:

19. Vgl dazu auch L. P. Gerlach / V. H. Hine, People, Power, Change. Man erinnert sich auch, daß Plato die Gefahr neuer Lieder für den Staat erkannte (Gesetze 798Dff).
20. M. Bassand, Le séparatisme jurassien.

»Trotzdem welle mir nit klaawe;
schließlich sinn mir doch guet dran!
Immerhin: mir derfe saawe,
daß mir nix ze saawe hann!«[21]

Diese Beispiele wären zu erweitern durch weitere Belege aus dem
Bereich des katalonischen[22] und baskischen Chansons, die gleichzei-
tig politisch und religiös sind. Die Beispiele zeigen aber auch die
Begrenzung der mündlichen Religion. Ihre Sprache, die die Unwis-
senden einen Dialekt nennen, ist für den in dieser Sprache nicht
Gebildeten schwer zu verstehen.

Ich schließe mit einem Beispiel aus einer religiösen mündlichen
Kultur, deren Sprache während Jahrhunderten als unbedeutender
Dialekt verkannt wurde. Ich meine die böhmische Kultur. Sie hat
eine lange Tradition von Hus über Komensky bis zu Hromádka,
Machoveč, Dubček, Jan Palach[23] und der Charta der 77. In dieser
Tradition war das religiöse Chanson immer auch ein politisches
Medium. Das hat seine Gründe. Man hat nämlich bis jetzt keine
Methode erfunden, um Lieder zu verbrennen. Und das ist in der
Unterdrückungssituation entscheidend. Man kann Bücher konfis-
zieren, Autoren zum Tode verurteilen, aber Lieder, gerade weil sie
zur mündlichen Kultur gehören, entgehen den Verfolgungen eines
modernen Unterdrückungsmechanismus.

Dezember 1968. Die russischen Panzerwagen sind in der Stadt
Prag. Aber im »poetischen Weinkeller« trifft man sich regelmäßig.
Man rezitiert Gedichte. Hana Pazeltová[24] singt ein Adventslied, das
gleichzeitig ein politisches Chanson ist:

---

21. H. Mertz, Kuddelmuddel üs'em Elsaß, 59.
22. Vgl dazu S. 145, S. 148f in diesem Band.
23. Vgl dazu S. 151f in diesem Band.
24. »Přichází doba tajných přání
    zázraků a nadějí,
    přichází divná doba tání,
    kdy se všichni mají raději.
    Přichází dítě, které v dlani
    nese lidem hvězdu hvězd.
    Přichází dítě, jež nás chrání
    a chce nás dobrou cestou vést.
    To není jen tak samosebou,
    to musel někdo způsobit,
    že ruce, které jindy zebou,
    mají znendání cit.«
    (Text und Musik: *L. und Z. Svoboda,* gesungen von Hana Pazeltová auf Panton
    04 0138 h, Prag).

»Es kommt die Zeit der geheimen Wünsche,
der Wunder und Hoffnung.
Es kommt die wunderbare Tauwetterzeit,
in der sich alle mehr lieben.

Es kommt ein Kind, das in seiner offenen Hand
den Menschen den Stern der Sterne bringt[25].
Es kommt ein Kind, das uns schützt
und uns auf den guten Weg führen will[26].

Das kommt nicht von selbst.
Das muß jemand verursachen[27],
daß die Hände, bislang verkrampft,
sich wieder öffnen.«

---

25. Anspielung auf die »roten Sterne«, die überall in Prag zu sehen sind.
26. Man wird den Refrain »a chce nás dobrou cestou vést« beachten.
27. Hana Pazeltová unterstreicht das »verursachen« (způsobit) auf der Platte.

4. Tanz und Dokumentation

Das abendländische Christentum und das Judentum tradieren ihre Geschichte schriftlich. Wir können uns kaum andere Formen von Traditionsvermittlung und -bewahrung denken. Und doch gibt es große Kirchen, die Musik und Tanz als Traditionsträger kennen. Zwei solcher Kirchen werden in diesem Kapitel[1] vorgestellt. Der erste Teil beschreibt den Tanz in den schwarzen Pfingstkirchen der Vereinigten Staaten, der zweite bei den chilenischen Pfingstlern in seiner Funktion als Traditionsträger und Artikulationsmedium einer mündlichen Kultur. Im dritten Teil wird die unvermeidliche Frage nach den Bedingungen der Verständigung zwischen diesen und unseren Sprachen, nach den Brücken und Dolmetschern zwischen den beiden Kulturen gestellt.

4.1 Afro-amerikanisch

Der Gottesdienst am Sonntagmorgen begann damit, daß Bruder Elisha sich ans Klavier setzte und einen Choral anstimmte. Es schien John, als hätte ihn dieser Augenblick und dieser Klang von seinem ersten Atemzug an begleitet. Es war, als hätte es nie eine Zeit gegeben, da ihm dieser Augenblick des Wartens, während es in der überfüllten Kirche ganz still wurde, nicht vertraut gewesen wäre – die Schwestern in Weiß, mit erhobenen Köpfen, die Brüder in Blau, die Köpfe zurückgeworfen; in der erwartungsvollen Stille leuchteten die weißen Hauben der Frauen wie Kronen, und die krausen, schimmernden Häupter der Männer schienen emporgerichtet – das Rascheln und Flüstern hörte auf, und die Kinder verstummten; jemand hüstelte vielleicht noch, oder man hörte von der Straße her ein Auto hupen oder jemand fluchen: dann griff Elisha in die Tasten, begann zu singen, und alle fielen ein, klatschten in die Hände, erhoben sich und schlugen die Tamburine.

---

1. Unter dem Titel »Danced Documentaries: theological and political significance of Pentecostal dancing« veröffentlicht in: J. G. Davies (Hg), Worship and Dance (University of Birmingham, Institute for the Study of Worship and Religious Architecture) 1975, 76–82, und teilweise in Pfk, 15–18; ins Deutsche übertragen vom Vf.

Seit ich erlöst von Sündenmacht
Seit Jesus Freiheit mir gebracht,
Da frag ich nicht nach Erdenleid,
Mir strahlt des Himmels Herrlichkeit[2].

Sie sangen mit aller Kraft, die in ihnen war, und klatschten freudig
in die Hände. Nie hatte John die Fröhlichkeit dieser frommen Leute
anders als mit Schrecken und Staunen im Herzen betrachten können. Ihr Gesang ließ ihn an die Gegenwart des Herrn glauben; ja, es
war nicht einmal mehr eine Frage des Glaubens, denn sie machten
Seine Anwesenheit leibhaftig. Die Freude, die sie empfanden,
konnte er selbst nicht teilen, und doch zweifelte er nicht, daß dies
für sie das wahre Brot des Lebens war – konnte nicht daran
zweifeln, bis es für Zweifel zu spät war. Etwas verwandelte ihre
Gesichter und Stimmen, die rhythmischen Bewegungen ihrer Körper und die Luft, die sie atmeten; es war, als öffne sich, wo immer
sie sich befanden, der Himmel[3], und der Heilige Geist schwebe über
ihnen. Das Gesicht seines Vaters, ohnehin streng, wurde furchterre-
gend; der Alltagsgrimm seines Vaters steigerte sich zu propheti-
schem Zorn. Seine Mutter, den Körper in wiegender Bewegung, die
Augen zum Himmel erhoben, die Hände vor der Brust aneinander-
gelegt, gab ihm einen Begriff von jener Ergebenheit, Geduld und
Beharrlichkeit, über die er in der Bibel gelesen hatte und von denen
er sich nur schwer eine Vorstellung machen konnte.

Am Sonntagvormittag schienen alle Frauen demütig und alle
Männer mächtig zu sein. John sah, wie dann die *Kraft* einen der
Männer oder eine der Frauen überkam; sie schrien auf, es war ein
anhaltender, unartikulierter Schrei; die Arme wie Flügel ausgebrei-

---

2. Anstelle der Übersetzung eines amerikanischen Liedes wird ein ebenfalls aus
dem angelsächsischen Raum kommendes ähnliches Lied aus dem Pfingstjubel
zitiert (C. E. Butler, Pfingstjubel, 354).
3. Englisch: »Something happened to their faces and their voices, the rythm of
their bodies, and to the air they breathed; it was as though wherever they might
be became the upper room, and the Holy Ghost were riding in the air.« Der
deutsche Text übersetzt hier »upper room« mit Himmel. Der »upper room«
(Apg. 1,13: hyperoon; Luther: »Söller«) ist der Ort, wo die ersten Jünger
Pfingsten erlebten. Im pfingstlichen Selbstverständnis wurde das Pfingstereig-
nis von Apg. 2 in der Erweckung in einer Negerkirche in Los Angeles (1906)
und wird es im persönlichen Pfingsterlebnis jedes Pfingstlers wiederholt. Vgl
die großartige Interpretation dieses Geisterlebnisses durch Mahalia Jackson, In
the Upper Room With Jesus (Metronome, Decca, MEP 1099, NCB). Upper
Room ist daher *nicht* der Himmel, sondern derjenige Ort, wo der Himmel auf
die Erde kommt und Menschen verwandelt, bis hin zu jener Bemerkung in
Apg. 2,45: »und sie verkauften die Güter und die Habe und verteilten sie unter
alle, je nachdem einer es nötig hatte«.

tet, begannen sie mit der Anrufung. Jemand rückte einen Stuhl
etwas zur Seite, um ihnen Platz zu machen, die Begleitung brach ab,
der Gesang setzte aus, und nur das Füßestampfen und Händeklat-
schen war weiter zu hören; noch ein Aufschrei, noch ein Tänzer;
dann setzten die Tamburine wieder ein, der Gesang begann von
neuem, und die Musik wogte auf, wie Feuer, wie eine Flutwelle, wie
das himmlische Strafgericht. Die Kirche schien anzuschwellen von
der Kraft, die sie erfüllte, und wie ein Planet im Weltraum bebt, so
bebte der Tempel unter der Kraft Gottes. John schaute, schaute in
die Gesichter, auf die schwerelosen Körper, und er vernahm die
Rufe, die sich aus Raum und Zeit lösten. Auch ihn, sagten sie alle,
würde diese *Kraft* eines Tages überkommen; er würde singen und
schreien wie sie und vor seinem König tanzen. Er beobachtete, wie
die junge Ella Mae Washington, die siebzehnjährige Enkelin von
Mother Washington, der Vorbeterin, anfing zu tanzen. Und dann
tanzte Elisha.

Eben noch saß er singend und spielend am Klavier, den Kopf
zurückgeworfen, die Augen geschlossen, Schweiß auf der Stirn;
plötzlich erstarrte er und begann zu zittern wie eine große schwarze
Katze, die im Dschungel in Todesnot gerät. Er schrie auf: »Jesus,
Jesus, o Herr Jesus.« Er schlug auf dem Klavier einen letzten
gewaltigen Akkord an, dann spreizte er die Arme und warf sie hoch,
die Handflächen nach oben gerichtet. Die Tamburine rasten, um die
Leere, die dem Verstummen des Klaviers folgte, auszufüllen, und
sein Aufschrei wurde von den Schreien der andern beantwortet.
Dann stand er aufrecht, begann sich zu drehen, blind, das Gesicht in
Ekstase verzerrt, die Adern traten ihm an den Schläfen hervor, und
die Muskeln an seinem langen schwarzen Hals schwollen an und
zuckten. Es war, als bliebe ihm der Atem weg, als könne sein
Körper diese Leidenschaft nicht mehr fassen, als werde er gleich,
vor aller Augen, in der Luft zerbersten. Seine Hände, erstarrt bis in
die Fingerspitzen, holten weit aus und fielen wieder zurück auf seine
Hüften, seine blicklosen Augen waren emporgerichtet, und er begann zu tanzen. Dann ballten sich seine Hände zu Fäusten, und der
Kopf fiel nach vorn. Die Pomade, die sein Haar glätten sollte, löste
sich im Schweiß, und die Bewegungen der andern wurden schneller,
um sich dem Rhythmus Elishas anzupassen; der Stoff seiner Hose
spannte sich über den fieberhaft arbeitenden Schenkeln, seine Ab-
sätze hämmerten auf den Boden, und seine Fäuste bewegten sich an
seinem Körper auf und ab, als schlage er eine Trommel. Und so ging
es eine ganze Weile weiter, inmitten der Tanzenden; den Kopf
gesenkt, trommelte er mit den Fäusten unablässig, unerträglich, bis
das Dröhnen die Wände der Kirche schier bersten ließ; und dann

plötzlich ein Schrei – er riß den Kopf hoch, reckte die Arme empor, der Schweiß floß ihm von der Stirn, und sein ganzer Körper geriet in tanzende Bewegung, als könne er nie mehr aufhören. Manchmal brach er erst ab, wenn er röchelnd aufs Gesicht fiel – zu Boden stürzte wie ein vom Hammer getroffenes Tier. Und ein gewaltiges Stöhnen erfüllte die Kirche[4].

Diese Beschreibung eines pfingstlichen Negergottesdienstes im »Tempel der Feuergetauften«[5] wurde dem Roman von J. Baldwin »Gehe hin und verkünde es vom Berge« entnommen. Baldwin beschreibt darin einen Teil seiner eigenen Lebensgeschichte. Als Sohn eines Negerpredigers war er selber Prediger in einer schwarzen Pfingstgemeinde geworden. Er gab jedoch sein Christentum bald auf, weil er sich die Frage nicht beantworten konnte: Warum kommt meine Mutter »Abend für Abend hierher, um einen Gott anzurufen, der sich nicht um sie kümmert – falls es über jener abblätternden Decke überhaupt einen Gott gibt?[6]« Er revoltierte gegen seinen Vater, der die Sünde für alles Elend der Neger verantwortlich machte, für Arbeitslosigkeit und Krankheit, für den Unfrieden in den zerrissenen Familien des Negerghettos. »Es war die Sünde«, so predigte sein Vater, »die den Sohn des Lichts aus dem Himmel, die Adam aus dem Garten Eden getrieben hat, Sünde, die Kain seinen Bruder erschlagen ließ, Sünde, die den Turm zu Babel gebaut hat, Sünde, die den Feuerregen auf Sodom herabzog – Sünde, seit die Welt geschaffen wurde. Sie lebt und webt im menschlichen Herzen, sie ist schuld, daß die Frauen ihre Kinder in Schmerzen und Finsternis zur Welt bringen, sie ist es, die die Rücken der Männer in furchtbarer Mühsal beugt, die den hungrigen Leib hungrig, den Tisch leer läßt, und die unsere Kinder, in Lumpen gehüllt, hinaus in die Hurenhäuser und Tanzsäle der Welt schickt.«[7] Baldwin läßt darum eine der Hauptpersonen des Romans sagen: »Ich werde mein Kind zur Welt bringen und es zum Mann erziehen. Und ich werde ihm aus keiner Bibel vorlesen, und ich werde ihn nicht in die Kirche schicken und Predigten hören lassen. Und selbst wenn er sein Leben lang nichts als billigen Schnaps trinkt, wird er

---

4. J. Baldwin, Go Tell It On the Mountain, 14–16; deutsch: Gehe hin, 15–18.
5. Pfingstkirchen mit diesem Namen gibt es in USA mehrere: Fire Baptized Holines Church (Wesleyan) (mein Handbuch 02a.02.025; 02.02.110a), Pentecostal Fire Baptized Holiness Church (02a.02.107). Zu den schwarzen Pfingstkirchen 02a.02.051 und passim sowie ChroSch.
6. Baldwin, englisch, 81; deutsch, 97.
7. Baldwin, englisch, 104; deutsch, 125.

immer noch ein besserer Mensch sein als sein Vater«, der ein Prediger war[8].

Baldwin bezeichnet sich als »einen der Menschen, die immer außerhalb des Glaubens stehen, auch wenn sie versuchen, in ihm zu arbeiten«[9]. Das hinderte den Ökumenischen Rat der Kirchen nicht, ihn an die Vierte Vollversammlung nach Uppsala einzuladen, wo er – hors programme – ein stark beachtetes Referat hielt. Es ist das Bekenntnis eines ehemaligen pfingstlichen Negerpredigers, der im Evangelium immer noch die weltverwandelnde und rassenversöhnende Kraft erkennt, aber den Eindruck bekommen hat, daß dieses Evangelium von den Kirchen, vor allem von seiner eigenen Kirche, schmählich verraten worden sei.

»Schließlich habe ich gesehen«, sagte Baldwin in Uppsala, »was die christliche Kirche meinem Vater angetan hat, der sein Leben lang auf der Kanzel stand. Ich habe die Armut, die hoffnungslose Armut gesehen, die nicht ein Werk Gottes, sondern ein Werk des Staates war, und gegen die er und seine Kinder kämpften. Ich habe vor allem, und dies ist das Entscheidende, gesehen, auf welche Weise weiße Macht schwarzen Geist zerstören kann, und wogegen schwarze Menschen heute kämpfen, genau das.«

Nach einem Rückblick auf die leidvolle Geschichte seiner Vorfahren erwähnte er den Black-Power-Führer St. Carmichael. Die Presse bezeichne ihn als gefährlichen Radikalinski.

»Aber jedermann übersieht die Tatsache, daß etwa St. Carmichael sein Leben als Christ begann und, ohne daß es die Weltpresse bemerkte, im tiefen Süden meiner Heimat die Straßen auf und ab gezogen ist. Viele Jahre hat er damit verbracht, blutig geschlagen und ins Gefängnis geworfen zu werden. Dabei hat er ›We shall overcome‹ gesungen und meinte es auch und glaubte es auch. Tag für Tag und Stunde für Stunde hat er genau das getan, was die christliche Kirche tun sollte: von Tür zu Tür gehen, die Hungrigen speisen, mit den Unterdrückten reden und die Tore der Gefängnisse all derer öffnen, die gefangen sind. Aber notwendigerweise kam der Tag, an dem dieser junge Mann es leid war, eine gedankenlose Bevölkerung zu bitten, und er sagte als Konsequenz das, was alle Revolutionäre immer gesagt haben: Ich habe euch gebeten und gebeten – und man kann für eine lange, lange Zeit bitten. Aber es kommt der Augenblick, wenn ein Bittsteller nicht mehr länger ein Bittsteller bleibt, sondern zum Bettler wird. Nun, in diesem Augenblick kommt man zu dem Schluß: Ihr werdet es nicht tun, ihr könnt es nicht, ihr bringt nicht die Voraussetzungen mit, es zu tun, und darum muß *ich* es tun.«

Baldwin sieht im Tanz des Negergottesdienstes lediglich Zerstreuung und Sicherheitsventil, eine Liturgie, welche die Christen narkotisiert, so daß sie sich ihrer gesellschaftlichen Verantwortung entschlagen und sich dem Diktat der Weißen beugen.

---

8. Baldwin, englisch, 135; deutsch, 165.
9. Baldwin, White Racism; deutsch: Weißer Rassismus.

Nun hat aber die Geschichte der Schwarzen in den Vereinigten Staaten seit 1968 bewiesen, daß Baldwin wenigstens teilweise unrecht hatte. Jene Schwarzen, die als Sklaven nach Amerika verfrachtet worden waren, hatten zwar ihre Tradition, ihre Sprache und Kultur verloren, nicht aber ihre Lieder (die Spirituals) und ihre Tänze. Diesen Teil ihrer heidnischen Vergangenheit brachten sie in die christliche Kirche ein. Tanz und Lied waren die einzigen Traditionsträger, die sie mit ihrer Geschichte verband, von der sie grausam abgeschnitten worden waren. Aber die Reste erwiesen sich als lebensfähig. Aus ihnen entstand eine mächtige christliche Protestbewegung. Da für die Schwarzen Tanz und Musik gleichzeitig profan und religiös sind, mußten sie nicht ihre religiöse Tradition aufgeben, als ihre Tänze sich in politische Demonstrationen und ihre Kirchenlieder sich in Protestsongs verwandelten. Ihre kirchliche Liturgie enthielt immer Elemente der profanen, alttestamentlichen irdischen Wirklichkeit, und ihre politischen Innovationen – auch und gerade in der Form von Black Power – enthielten immer noch Elemente biblischer, transzendenter Hoffnung. Das ist auch der Grund, warum die schwarzen Protestbewegungen der Vereinigten Staaten weniger von den bei uns gängigen falschen Alternativen geplagt wurden: entweder eine rein religiöse, jenseitsorientierte Liturgie oder dann harter, sogenannter pragmatischer realpolitischer Opportunismus.

Es war eine Selbstverständlichkeit für die schwarzen Pfingstler, daß sie Martin Luther King unterstützten. Es war auch kein Zufall, daß die pfingstliche Church of God in Christ ihm als Operationszentrum während seines letzten politischen Auftritts in Memphis diente, bevor er erschossen wurde. Der Tod Martin Luther Kings hat den schwarzen Pfingstlern einen Schock versetzt. Aber er hat die erstaunliche Kraft ihres Tanzes nicht gebrochen. Wohl aber hat er sie veranlaßt, nun auch in Worten zu sagen, was sie schon in Tänzen ausdrückten: »Die schwarze Pfingstbewegung hält an dem biblischen Dogma fest, daß die Befreiung immer eine Konsequenz des Wirkens des Heiligen Geistes ist. Authentische Befreiung kann gar nicht außerhalb einer echten Pfingsterfahrung stattfinden. Gleicherweise kann es keine echte Pfingsterfahrung geben, ohne daß Befreiung daraus folgt. Mit anderen Worten, niemand kann die Fülle des Heiligen Geistes erfahren und mit gutem Gewissen ein Rassist bleiben.«[10] Das ist ein Angriff auf die landläufige Pneumatologie

---

10. L. Lovett, Perspective on Black Pentecostalism. Vgl auch ders., Black Origins of the Pentecostal Movement.

der Weißen. Es wird hier die Überzeugung ausgedrückt, daß der gleiche Geist, der die religiösen Erweckungen bewirkt, verantwortlich ist für die politische Befreiung, wenn und wo sie sich realisiert.

4.2 Indianisch

Die chilenische Pfingstbewegung beschreibt ihre Entstehung als Absplitterung von der von nordamerikanischen Missionaren dominierten Methodistenkirche im Jahre 1909 folgendermaßen: »Die Brüder wurden vom Tanz ergriffen. Sie hatten geistliche Gesichte, sprachen in Engelszungen und weissagten über die große geistliche Erweckung. Der Heilige Geist warf sie in den Straßen zu Boden. Die Behörden warfen sie in die Gefängnisse wie Verbrecher, aber in den Gefängnissen tanzten sie weiter, sprachen in Zungen und prophezeiten vor denselbigen Behörden.«[11]

Heute haben die Pfingstler die Methodisten in Chile zahlenmäßig weit überholt. Vierzehn Prozent der Bevölkerung (eine Million) sind Pfingstler. Dies entspricht ungefähr einem Fünftel oder einem Viertel der Stimmberechtigten, da die Pfingstler gewöhnlich Kinder in ihren Statistiken nicht berücksichtigen. Ein geschulter Soziologe würde das Verschwinden des gottesdienstlichen Tanzes im Laufe einer siebzigjährigen Geschichte einer Kirche erwarten. Dies ist aber in Chile nicht der Fall. Der Tanz ist liturgisch integriert worden, wie folgende Beschreibung zeigt:

Ich sitze vorn auf dem Podium neben dem Prediger auf dem einzigen, für Ehrengäste reservierten roten Plüschsessel. Vor mir wogt ein Menschenmeer von Gläubigen. 2000 oder 3000. Da sitzen sie mit ihren erdfarbenen, beinahe leblosen Gesichtern, einige mit alten Autopneus an den Füßen statt Schuhen. Aber kaum spielt die Solotrompeter die erste Melodie, kommt Leben in diese müden Gesichter, die die Furchen jahrhundertelanger Unterdrückung tragen . . .

Langsam beginnen sie zu tanzen. Sie tanzen die Tänze ihrer indianischen Vorfahren im Kreise herum. Die Nichttanzenden stehen ergriffen da und klatschen langsam. Eine Frau prophezeit mit beinahe unheimlich tiefer, durch Mark und Bein gehender Stimme. Plötzliche Stille: Alle sinken auf die Knie und danken Gott für den Tanz, den er ihnen geschenkt hat. Links oben auf der Galerie beten fünfzig oder hundert Cyclistas in grauen Blusen. Es sind die Radfahrerevangelisten, die nach dem Gottesdienst in die umliegenden Dörfer fahren und während des ganzen Sonntags im Freien singen, beten, predigen und Kranke heilen.

Am Abend kommen sie wieder, mit lautem »Gloria a Dios« von der Gemeinde begrüßt, einen Schwanz Neugieriger mit sich ziehend, die sich heute abend bekehren werden. »Tanzen Sie auch?« werde ich gefragt. Das ist die Testfrage. Man will wissen, ob ich sie verachte oder mit ihnen solidarisch sei. »Ich möchte gerne«,

---

11. Chile Pentecostal, Sept. 1954; zit von I. Vergara, Protestantismo de Chile, 111.

antworte ich wahrheitsgetreu, »aber ich kann eure Tänze nicht tanzen.« Damit sind sie zufrieden, tanzen doch ihre eigenen Prediger auch nicht. Deren Aufgabe ist nicht das Tanzen, sondern dessen Interpretation.

Es scheint mir, der Tanz der chilenischen Pfingstler übe eine ähnliche Funktion aus wie derjenige der schwarzen Pfingstkirchen in den Vereinigten Staaten. Die chilenischen Pfingstler sind die Nachkommen von Incas und Machucas, die sich mit der eingewanderten europäischen Bevölkerung vermischten; ferner trifft man bei den Pfingstlern viele reinrassige Indianer oder Mischlinge mit starkem indianischem Einschlag. Wie im Falle der nordamerikanischen Neger ist die Kultur der Indianer zerstört worden, nicht aber ihre Tänze und ihre Musik. Darum ist der Tanz die Brücke zu ihrer Geschichte, zu ihrer Vergangenheit. Die Schriftstücke ihrer Vorfahren sind nur den europäischen und amerikanischen Gelehrten zugänglich. Die Denkmäler ihrer vergangenen Kulturen werden ausgegraben und untersucht von den Amerikanisten der ganzen Welt. Für die chilenischen Pfingstler sind sie lediglich Denkmäler einer vergangenen und versunkenen Geschichte. Nicht so aber die religiösen Tänze ihrer heidnischen Vorfahren. Sie tauchen in der pfingstlichen Liturgie wieder auf, allerdings christlich gezähmt und getauft.

Die Pfingstler selber sind kaum in der Lage, diese Zusammenhänge zu artikulieren[12]. Der Tanz ist ein lebensnotwendiger Ausdruck für ein Volk, das gezwungen ist, die Sprache seiner Unterdrücker zu sprechen, die Sprache jener, die sie beinahe ausgerottet haben. Mir erscheinen daher Tanz und Musik theologisch und politisch bedeutungsvoller für die chilenischen Pfingstler als Exegese und Systematische Theologie. Tanz und Musik erfüllen die Funktionen einer lebenerhaltenden und sinngebenden Grundstruktur[13], einer Hermeneutik, die ihnen die Türe zu ihrer ihnen sonst verschlossenen Vergangenheit offen hält. Selbst wenn diese Pfingstler uns a-historisch erscheinen, sind sie es nicht. Ihr Geschichtsbewußtsein wird nicht in geschriebenen, sondern in getanzten und gesungenen Dokumenten ihrer Vergangenheit ausgedrückt.

---

12. Die Chilenen erwähnten allerdings oft die Sprache der Machucas, die in einigen ihrer Gemeinden noch gesprochen wird. Zur chilenischen Pfingstbewegung im allgemeinen vergleiche man Chr. Lalive d'Epinay, Haven of the Masses, und ders, Chile, Pfk, 96–114; J. A. B. Kessler, Study; W. J. Hollenweger, Methodism's past in Pentecostalism's Present. A Case Study of a Cultural Clash in Chile. Zur politischen Analyse: ders., Invasion Chiles, und ders, Pfingstler, Katholiken und Politik in Lateinamerika.
13. Englisch: »supporting and synthesizing system«.

Einer ihrer Führer, Alfredo Ramírez-Ramírez, nahm an der Vollversammlung des Ökumenischen Rates der Kirchen in Uppsala (1968) teil. Nach seiner Rückkehr nach Santiago stattete er den Pfarrern seiner Kirche, der Iglesia Metodista Pentecostal, Bericht ab. Verwundert äußerte er sich über die Tatsache, daß in Uppsala die Predigten *gelesen* worden waren: »Die Predigt wurde verlesen, wie es üblich zu sein scheint. Sie predigen nämlich anders als wir. Wir predigen mit der Hilfe des Herrn in großer geistlicher Freiheit und nach den Eingebungen des Heiligen Geistes, denn nur Er weiß, wessen jede Seele bedarf.«[14] Beeindruckt war er vom gemeinsamen Gesang in den Gottesdiensten: »Der vielsprachige Gesang in den Gottesdiensten war überwältigend. Der ganze Gottesdienst wird mir unvergeßlich bleiben, und niemals werde ich den Jubel der einhundertzwanzig Posaunen vergessen; sie intonierten die Choräle so gewaltig, daß ich, vom Geist des Herrn bewegt, hätte tanzen mögen. Doch ich stellte mir die Frage, was wohl die anderen Brüder dazu sagen würden, die nicht an die Manifestationen des Heiligen Geistes glauben. Vielleicht hätten sie Anstoß daran genommen, wenn sie mich zu Ehren des Lammes Gottes hätten tanzen sehen. Gott sei Dank kam es nicht zur Manifestation des Heiligen Geistes in mir.«

4.3 Zwischen geschriebenen und getanzten Dokumenten

Die letzte Bemerkung zeigt, daß der gottesdienstliche und selbst der ekstatische Tanz unter der Kontrolle des Tänzers steht, auch wenn – und vielleicht gerade weil – die chilenischen Pfingstler ihre Tänze als vom Geist Gottes inspiriert betrachten. Tatsächlich werden sie liturgisch diszipliniert und kontrolliert. Die nächste Parallele zu diesem Phänomen, das ich mir denken kann, ist das Spiel eines Jazzpianisten, der die Technik der Improvisation beherrscht. Die Technik ist eine Sache von jahrelanger Übung und Disziplin. Was er aber damit macht, ist eine Sache der augenblicklichen Inspiration. Die Technik des spontanen Tanzens ist eine Fähigkeit, die die Chilenen (und die Schwarzen der Vereinigten Staaten) seit Generationen geübt haben. Was sie daraus machen, was sie damit ausdrükken, ist eine Sache der augenblicklichen Inspiration. Jazzmusiker und Tänzer lernen Grammatik, Aussprache und Wortschatz einer Sprache, damit sie – wenn der Augenblick kommt – das ausdrücken können, was sie sagen wollen. Selbstverständlich gibt es in beiden

---

14. A. Ramírez-Ramírez, Ich hätte tanzen mögen, KBB, 115–121.

Bereichen Könner und Stümper (nicht zu vergessen das große Feld
der durchschnittlich Begabten), genau wie in den übrigen menschlichen Sprachen.

Was aber soll man von seiner anderen Bemerkung halten: »Vielleicht hätten einige der Brüder Anstoß genommen ...« Alfredo
Ramírez-Ramírez mußte seinen Kollegen erklären, warum er sich
nicht in seiner Sprache, in der Ausdrucksform des Tanzes an einer
Vollversammlung des Ökumenischen Rates der Kirchen äußern
konnte. Dies machte mich traurig. Vielleicht hatte er recht. Vielleicht hätten sich einige wirklich geärgert. Aber warum sollte es
anstößiger sein, wenn die Chilenen und Neger ihre Liturgie in die
ökumenische Bewegung einbringen, wenn sie in ihrer Sprache Gott
preisen, als wenn wir unsere Liturgien und Sprachen einführen?
Diese Einseitigkeit der ökumenischen Liturgie ist meines Erachtens
im tiefsten Grunde verantwortlich für die labilen Beziehungen
zwischen den mündlichen Kirchen der Dritten Welt und den historischen Kirchen. Die dogmatischen und politischen Gründe, die meist
von den Kirchen der Dritten Welt angegeben werden, scheinen mir
eher auf Mißverständnissen und Fehlinformationen zu beruhen.

Nun bin ich allerdings nicht der Meinung, daß die Einführung des
Tanzes in unsere Liturgien das Problem lösen würde. Mich beschäftigt vielmehr die Frage, wie es zu einem ökumenischen Austausch
zwischen den beiden Ausdrucksformen kommen kann. Wie können
wir eine katholische und ökumenische Kirche werden, die über die
kulturellen Abgründe hinweg Brücken baut? Gewiß werden einige
der jüngeren Christen des Westens an der Liturgie der mündlichen
Christen teilnehmen. Um so besser. Aber das ist nicht die Hauptsa-
che. Wichtiger ist, daß ein Spielraum der Toleranz entsteht, damit
die mündlichen Christen sich selber bleiben, in ihrer Sprache reden
können, wenn sie sich mit uns zusammensetzen. Ohne solche Freiheit kann die Kirche nicht katholisch werden.

Ein Versuch, solche Toleranz und Freiheit zu üben, wurde an der
Weltmissionskonferenz in Bangkok (1972/73) inszeniert[15]. Dies
ärgerte einige Theologen und Laien aus dem Westen, weil sie
spürten, daß sie einige ihrer kulturellen Vorrechte verloren. Ich
werde die Worte eines Afrikaners nie vergessen, nachdem er eine
Zeitlang den Versuchen eines Amerikaners, mit einem zierlichen
Thai-Mädchen zu tanzen, zugeschaut hatte: »Wer Mitleid mit einem
Europäer (oder Amerikaner) fühlen will, muß ihn tanzen sehen.«

---

15. Zu Bangkok vgl Ph. Potter (Hg), Das Heil der Welt heute, und GGG, 7–36
   (Bibl.).

5. Kultur und Subkultur

Kulturen sind heute nicht mehr geographisch eingrenzbar. Es gibt eben nicht die Kultur Großbritanniens, Japans, Rußlands, die amerikanische, deutsche oder französische Kultur. Mindestens muß man – wenn man von der Vorstellung einer dominanten Kultur ausgeht – die Subkulturen der betreffenden Regionen miteinbeziehen. Dasselbe trifft auch auf die konfessionellen und territorialen Kirchen zu. In allen Kirchen, auch in der römisch-katholischen Kirche, gibt es neben der dominanten sub-dominante theologische Kulturen.

In der Bestimmung des Verhältnisses zwischen Spannung und Auflösung, Kreativität und Gesetzmäßigkeit, Dominante und Sub-Dominante besteht die Kunst der interkulturellen Theologie. Wo dieses Problem verdrängt wird, verkümmert die Theologie.

Die folgenden Seiten beleuchten das Problem in zwei Kulturkreisen, in den Vereinigten Staaten von Amerika und in der Sowjetunion[1].

Layton P. Zimmer erzählt von einem Gespräch, das er unmittelbar nach seiner Priesterweihe mit einigen Pfarrherren gehalten hatte. »Sie baten mich, ihnen offen zu sagen, was ich vom ›Sonntagmorgen‹ halte. Ich nahm meine ganze Ehrlichkeit zusammen und gab zu, daß für mich der Sonntagmorgen trotz der Augenblicke feierlicher Schönheit persönliche Hölle sei, wegen der zur Schau gestellten Fassade, die jedem einen Gefallen tun muß, auch denen, die von ›Niggern‹ redeten, die die Armen sterilisieren wollen und eine präventive Bombardierung Rußlands mit Wasserstoffbomben befürworten. Stille! Ich fürchtete, daß ich meine älteren Kollegen beleidigt hatte. Dann lächelte ein alter Priester etwas traurig. Ich faßte Mut und fragte – vermutlich zu laut –, was *sie* denn vom Sonntagmorgen hielten. Wieder Stille! Ein Hüsteln und einer sagte: ›Für mich ist dann Kirche, wenn ich mit einer kleinen Gruppe von Freunden zusammen esse. Das ist wenigstens wirklich und hilft uns

---

1. Gedruckt unter dem Titel »Das Suchen nach Solidarität und Authentizität in sogenannten Solidaritätsgruppen und Subkulturen«, in: Concilium 1972, 349–355 (auch französisch, englisch, holländisch, spanisch, italienisch, portugiesisch, japanisch und kroatisch).

weiter. Der Sonntagmorgen hilft oft niemandem, oder etwa nicht?«»[2]

Das ist eine Analyse, die viele Pfarrer und Priester kennen. Die Untergrundkirchen, die Solidaritätsgruppen – oder wie sie sich in den Vereinigten Staaten neuerdings nennen, die »freien Kirchen«, nicht zu verwechseln mit den Freikirchen – versuchen, das *auch theologisch* Kirche zu nennen, was für sie in der Erfahrung die Qualität von Kirche hat. Das Schlüsselwort ist Gemeinschaft, aber Gemeinschaft für ein Ziel, nicht um der Gemeinschaft willen, denn »eine kleine Gemeinde bringt Menschen so nahe zusammen, daß die zerstörerischen Kräfte in ihnen sich voll entfalten und die Gemeinschaft wie in einer Atomexplosion in die Luft sprengen können. Sie muß für ein Ziel, für eine gemeinsame Arbeit existieren, für welche die freiwerdenden seelischen Kräfte eingesetzt werden können.«[3]

Diese Gemeinde umfaßt auch Menschen außerhalb der institutionellen Kirchen, »aber immer unter der Autorität Jesu«. Es sind Gruppen, in denen die Dämonen der Gewalt und der Ausbeutung ausgetrieben werden. »Wenn wir sehen, daß Dämonen ausgetrieben werden, so spielt es keine Rolle für uns, in wessen Namen dies geschieht . . . Wenn wir sehen, daß die dunklen Mächte überwunden werden, so wissen wir, daß nichts anderes als der Finger Gottes am Werk ist. In diesem Sinne – aber nur in einem radikal geschichtlichen Zusammenhang – sagen wir, daß das Reich Gottes nahe gekommen ist.«[4] Ein solches Zeugnis bedeutet (in den USA, in Rußland und andernorts) *martyria* im doppelten Sinne des Wortes. Tatsächlich sind viele Christen der Untergrundkirchen eingesperrt oder getötet worden. Anderen wird mit Folter und Entführung ihrer Kinder gedroht[5]. Sie aber wollen lieber Narren sein in den Augen der Welt als Erfolgsmenschen.

5.1   Die Untergrundkirche in den USA

Die beste Einführung in die Untergrundkirche in den USA bietet ihre Liturgie, bezeichnenderweise »Friedensbund« (Ez. 34,25) genannt. Was Liturgiker schon lange gefordert hatten, nämlich ein »Fürbittengebet, das die Gläubigen beim Gottesdienst aufhorchen

---

2. L. P. Zimmer, The People of the Underground Church, 24.
3. J. P. Brown, The Liberated Zone, 161.
4. J. P. Brown, aaO, 196.
5. L. P. Zimmer, aaO, 26.

läßt, weil es konkret zur Sprache bringt, was sie im Augenblick bewegt«[6], wird in diesem Liturgiebuch methodisch durchgeführt, indem die Gebete, Formulare und Lesungen in ständigem Austausch mit dem missionarischen Volk Gottes entstehen und darum auch in Zukunft ständiger Veränderung unterworfen sein werden, was allerdings nicht die Preisgabe der biblischen und kirchlichen Tradition impliziert. So heißt zum Beispiel die Taufliturgie »ein Kind in den Bund aufnehmen« oder (im Falle einer Erwachsenentaufe) »durchs Wasser gehen«. Diese Taufe symbolisiert das »Abwaschen der Zahl des Tieres«[7], was dann konkret durch das Verbrennen des militärischen Stellungsbefehls bezeugt werden kann (nicht muß). Die Karfreitagsliturgie heißt »Klage für Opfer und Henker«, die Weihnachtsliturgie »Friedenstempel«, die eucharistische Feier »Freiheitsmahl«. Die Anrufung der Heiligen beginnt mit »dem Bräutigam der Armut, unserem Bruder Franziskus, Nachfolger Jesu und Freund der Schöpfung«. Sie schließt unter anderen ein: Gandhi, »den Apostel der Gewaltlosigkeit und Vorwurf an die Kirchen«; den »lieben Papst Johannes, den Freund der Armen, der sich nach der Einheit aller Menschen sehnte«; die »Friedensstifter« Dag Hammarskjöld und Albert John Luthuli; Buddha Gautama, »Maske Christi« und »Brunnen der Barmherzigkeit«; Johannes von Patmos, »den Seher und Apostel, Widerstandskämpfer gegen das Tier«; Dante, Bunyan und Isaac Watts, »die Seher und Dichter, Pilger des inneren Lichtes«; Maria Magdalena, »die getreue Hure und erste Zeugin des neuen Lebens«; Bach, Mozart und Beethoven, »die die Sprache der Seele sprechen«; Darwin und Teilhard de Chardin, »Erforscher der Erde, der Vergangenheit und Zukunft«; Einstein, Marx und Freud, »Kinder der Synagoge«; Menno Simons und George Fox, »Erforscher des Evangeliums und Generäle im Krieg des Lammes«; die Bekenner Afrikas (Augustinus), Rußlands (Pasternak), Amerikas (King), Deutschlands (Bonhoeffer) und die »Bekenner der Flammen« (Alice Hertz, Jan Palach, Thich Quang Duc); die Unschuldigen von Coventry, Dresden und Hiroshima; Sokrates, den Hippie aus Athen; die »ledige Mutter, die heilige Maria, Quelle unserer Befreiung«. Die Litanei kulminiert im Preis auf »unseren Held und Führer, Jesus, den Handwerker, Wurzel unserer Würde, den Propheten, der dem Establishment widerstand, den Befreier, der ein König war, weil er zuerst ein Diener war, den Dichter, der eine neue Sprache schuf, Jesus, den Gottessohn, den

6. Th. Klauser, Kleine abendländische Liturgiegeschichte, 59.
7. J. P. Brown, aaO, 191.

glänzenden Eckstein unserer neuen Einheit«[8]. Die Verfasser schreiben: Wir wollten »vermeiden, daß wir die falschen Dinge feierten (wie zum Beispiel Cranmer) oder (noch schlimmer) daß wir überhaupt nichts feierten (wie die Group-Sensitivity Liturgien einerseits und die Liturgien der amerikanisch-ökumenischen Kommission COCU andererseits)«[9].

Von sich selber sagen die »freien Kirchen«: »Wir wollen uns nicht als Kirche *über* den Parteien bezeichnen. Wir wollen uns aber auch nicht als politische Gruppe bezeichnen. Ein Ziel dieses Buches ist, die Gültigkeit dieser Alternative in Frage zu stellen. Die Kirche in unseren Gruppen besteht ohne zentrale Administration, ohne Budget, ohne Mitgliederregister. Es ist eine Bewegung in den Kirchen und findet sich überall dort, wo der Heilige Geist wirkt.«[10]

5.2   Eine Theologie in Moll

Die politischen Themen, die im Liturgiebuch vorkommen, sind Anlaß »für eine Mischung von Feier und Buße«[11]. Keine Spur von naiver optimistischer Weltanschauung! Keine Neuauflage eines liberalen social gospel! Es ist – wie die Verfasser selber sagen – »eine Theologie in Moll«[12], aber immerhin in einer Moll*melodie*. Es ist eine durch und durch eschatologische Liturgie, die *im Angesicht der Wirklichkeiten* es sich versagt, diese (kirchlichen und politischen) Wirklichkeiten zum Grund ihres Glaubens zu machen. Der Grund ihres Hoffnungsliedes ist »Jesus, der Handwerker«, der sie zu einem Glauben inspiriert, der mehr für möglich hält, als was wir sehen. Ihre eigenen Möglichkeiten überschätzen sie dabei nicht und rechnen damit, »daß die wirklichen Träger der Versöhnung vielleicht von ganz unerwarteter Seite kommen, von einer kleinen neutralen Macht; aber unsere Pflicht ist es, sie zu erkennen, wenn sie auftauchen«[13].

Es ist eine Kirche für solche, die gemerkt haben, daß wir hier Fremdlinge sind, daß unser Bürgerrecht anderswo ist. Hier leben

---

8. J. P. Brown / R. L. York (Hg), The Covenant of Peace, 33–35; vgl auch: Win With Love! A Directory of the Liberated Church in America (laufend, erhältlich von Free Church Publications, Box 9177, Berkeley, CA 94709); GGG, 37ff.
9. J. P. Brown / R. L. York, The Convenant of Peace, 8.
10. AaO, 5.
11. AaO, 9.
12. J. P. Brown, The Liberated Zone, 7.
13. AaO, 118.

wir »im besetzten Territorium« und halten darum Ausschau nach einer »Widerstandsgruppe«[14]. Sünde wird genau bezeichnet, zum Beispiel als der Mangel an Bescheidenheit jener Wirtschaftsspezialisten, die »noch nicht von den Ökologen gelernt haben, daß eine sich unbeschränkt aufblähende Wirtschaft mit einer beschränkten Erdoberfläche in Konflikt geraten muß«[15]. Oder: »Was wir die Freie Welt nennen ist der Einflußbereich der amerikanischen Geschäftsleute.«[16]

Der etablierten Kirche gegenüber hat man ein zwiespältiges Verhältnis. Die neutestamentliche ekklesia wird definiert als der Raum, in dem keine Kompromisse nötig sind. Im Staat hingegen sind Kompromisse nötig. »Aber *ein* Staat genügt uns. Die Heiligen haben nicht so viele Mühe angewandt (als sie die Kirche gründeten), um eine kleine Tyrannei im Rahmen der großen (staatlichen) Tyrannei zu gründen.«[17] Aber die etablierte Kirche darf von den Solidaritätsgruppen nicht aufgegeben werden. Das stünde im Gegensatz zu ihrer Friedens- und Versöhnungspolitik[18]. Darum kann auch ein Bischof die Notwendigkeit und den Dienst der Untergrundkirche anerkennen[19].

Da die Vereinigten Staaten und Rußland in ihrem Hegemoniebestreben und in ihrer Kriegspolitik konvergieren, sind in den Augen der Untergrundkirche ähnliche Friedensbewegungen in Rußland nötig[20]. Gibt es solche? Es gibt sie, wenn auch in anderer Form als in den Vereinigten Staaten.

5.3 Die Untergrundkirche in der UdSSR

Es ist bekannt, daß von Tolstoi über Dostojewski bis zu Pasternak und Solschenizyn die im vorherigen Abschnitt beschriebenen Gedanken der »Friedensstifter«, eines »Raumes, in dem keine Kompromisse nötig sind«, in Rußland lebendig waren. In den Vereinigten Staaten beanspruchten die Kirchen für sich das Monopol, diese Friedensbotschaft zu repräsentieren, in Rußland spielt diese Rolle die Kommunistische Partei. In beiden Fällen verbanden sich die

---

14. AaO, 13.
15. AaO, 20, 29.
16. AaO, 30.
17. AaO, 163.
18. AaO, 183.
19. P. Moore, A Bishop Views the Underground Church.
20. J. P. Brown, The Liberated Zone, 106.

Ideologien der Partei (resp. der Kirche) mit dem Machtapparat des Staates. In beiden Fällen aber entstehen Protestgruppen, die diese »Tyrannei innerhalb der staatlichen Tyrannei« ablehnen. Die hand- und maschinengeschriebene Literatur zu dieser Thematik, die in Rußland seit einiger Zeit zirkuliert, ist auch im Westen bekannt. Die Solidaritätsgruppen umfassen in Rußland, wie auch in den USA, Gruppen von Christen (Orthodoxe[21] und Protestanten), wie auch Menschen, die sich zu keiner Kirche bekennen, aber doch Bekenner und Märtyrer dieses Friedensbundes sind und sich oft expressis verbis auf das Evangelium berufen.

Zu diesen Solidaritätsgruppen kann man auch die sogenannte Initiativ-Gruppe oder Initiativniki zählen, eine Protestgruppe, teils innerhalb, teils außerhalb der staatlich anerkannten Allunion der Evangeliumschristen/Baptisten/Pfingstler. Ein großer Teil der Initiativniki sind Pfingstler[22]. Sie reden in Zungen und beten mit den Kranken und versuchten, auf öffentlichen Plätzen (einmal sogar vor dem Kreml) und in öffentlichen Verkehrsmitteln Freiversammlungen durchzuführen – in Amerika würde man dies Demonstrationen nennen. Sie kamen nicht nur mit dem russischen Staat, sondern auch mit dem kirchlichen Establishment in Konflikt. Für die betagten Leiter der Baptistenunion ist der jetzige Zustand im Vergleich zu früher ein Fortschritt, den sie nicht mutwillig aufs Spiel setzen wollen. Die jungen Enthusiasten aber vergleichen nicht mit früher, sondern mit dem, was die Väter des Kommunismus versprochen haben. In der westlichen Literatur wurde die Frage viel verhandelt, ob in der baptistischen Führungszentrale Agenten des staatlichen Rates für religiöse Angelegenheiten (CARC) oder gar der russischen Geheimpolizei tätig seien. Das erstere ist aufgrund eines Interviews mit Michael Schidkov – immerhin der zweitwichtigste Mann in der Organisation – möglich[23]. Aber auch ohne direkte staatliche Intervention beim kirchlichen Establishment müssen die Initiativniki in Rußland für ihr Zeugnis bezahlen. Die Unterdrük- kung kann aber ihr Zeugnis nicht auslöschen.

So wurden zum Beispiel vom 24.–27. Dezember 1963 vier Christen vor Gericht gestellt. Sie wurden verurteilt, weil sie Minderjähri- ge in ihre Solidaritätsgruppe gezogen und Gläubige dazu verführt

21. Vgl zum Beispiel den sehr schönen Brief von A. E. Levitin-Krasnow an Papst Paul VI; russisch: religija i ateizm v SSSR, März 1970, 1–17; deutsch: in G. Simon, Die Kirchen in Rußland, 167–178, und in KBB, 61–78.
22. Nachweis in PGG, 303–318; erweitert und auf den neuesten Stand gebracht in PGG (englisch), 267–87.
23. St. Durasoff, The Russian Protestants; ders, Sowjetunion, Pfk, 50–60.

hatten, ihre bürgerlichen Pflichten zu vernachlässigen, der Hilfspolizei nicht zu gehorchen, der Gewerkschaft nicht beizutreten, illegale Gebetsstunden in der Nacht abzuhalten unter ungesunden Bedingungen und in Anwesenheit von Minderjährigen. Auf Intervention der Baptistenzentrale hatten sich zwar die älteren Gemeindeglieder gefügt, die jüngeren aber hielten weiterhin geheime Versammlungen ab. Sie wurden daher zu drei bis fünf Jahren Gefängnis verurteilt[24].

Einer der Verurteilten, Nikolai Kusmitsch Chmara, starb nach zwei Wochen Haft an den Folgen der Folter. »Seine Handflächen, seine Zehen und Fußsohlen waren verbrannt. Im Unterleib hatte er tiefe Wunden, die von scharfen Gegenständen herrühren mußten. Sein rechtes Bein war geschwollen. Die Knöchel beider Füße schienen geschlagen worden zu sein. Schwarze und blaue Beulen bedeckten seinen Körper.«[25]

Die 120 Gemeindeglieder, die die oben zitierte Beschreibung des toten Körpers von Chmara unterschrieben hatten, drückten ihre Trauer über den grausamen Tod ihres Mitbruders aus, der sich erst im Sommer 1963 von einem Leben »ununterbrochener Trunkenheit« bekehrt hatte. Aber sie hatten auch die Kraft, am Grab von Chmara zu singen und zu bekennen: »Fürchte nicht die, die nur den Leib, nicht aber die Seele töten können.« Das Dokument der 120 Gemeindeglieder enthält aber noch eine wichtige Einzelheit aus der Anklageschrift. Es wurde den Initiativniki nämlich vorgeworfen, daß »sie die verschiedenen Bibeltexte einseitig und unkorrekt auslegten, daß sie die Baptistenzentrale kritisierten und deren neue Verfassung nicht angenommen hätten«[26]. Sie fragen zu Recht: »Man hätte annehmen können, die Zeugen (vor Gericht) seien Mitglieder der Heiligen (Orthodoxen) Synode, Leute mit höherer theologischer Ausbildung gewesen, die in Kenntnis der biblischen Wahrheit deren Reinheit zu verteidigen berufen seien. Aber nichts von alledem ... Da das Strafgesetz keinen Artikel über unkorrekte Auslegung der Bibel enthält, nannten die Ankläger den erhobenen Tatbestand einfach reaktionäre Tätigkeit, die der Gesellschaft schade.«[27]

---

24. Sovetskaya Yustitsia 9, 1964, 27; englisch: M. Bourdeaux, Religious Ferment, 77f.
25. Vervielf. Brief von 120 Brüdern und Schwestern aus Barnaul und Kulunda (Sibirien) vom 16. 2. 1964; englisch: Religion in Communist Dominated Areas 3/16, 30. 9. 1964, 122–125.
26. Ebd.
27. Ebd.

Sagt auch der obige Text nichts Direktes aus über die Art der von
den Initiativniki vertretenen Bibelauslegung, so ist doch klar, daß
sie sich unter Lebensgefahr die Freiheit nehmen, ihre eigene Bibelauslegung zu entwickeln. Vermutlich ist für die Erfassung der
theologischen Dimension dieser Solidaritätsgruppe – ähnlich wie bei
den unabhängigen Zionisten Südafrikas und den Pfingstlern Lateinamerikas – die mündliche Tradition wichtiger. Und diese mündliche Tradition läßt sich auch literarisch nachweisen, nämlich in
ihren Liedern. Einige davon sind uns erhalten. Als Beispiel zitiere
ich ein Lied, das beim heutigen, der Technologie ausgesetzten
Menschen beginnt:

Mensch

Mensch, dessen Leben ein ständiger Kampf ist,
der du dein Leben stets neu verdienen mußt,
du hast dir die Welt erobert.
Aber dich selbst hast du nicht erobert.

Du bist berühmt geworden als Herrscher des Landes.
Du bist in die tiefste See vorgedrungen.
Du bist in die höchsten Höhen gestiegen.
Und dennoch bleibst du Sklave deiner Leidenschaften.

Du hast das unsichtbare Atom gespalten.
Du hast den Weltenraum erobert.
Du lebst im Zeitalter der Entdeckungen.
Aber dich selbst hast du nicht entdeckt.

Ja, du bist gleichzeitig stark und schwach.
Du bist groß und unbedeutend.
In der Kraft deiner Vernunft bist du ein Gott,

aber in der Leidenschaft bist du ein Sklave.
Du warst hoch erhaben, aber wie tief bist du gefallen!
. . .

Ohne deine Raumschiffe und deine Technik
wird der Herr deinen Leib verwandeln.
In der Ersten Auferstehung wird er
den treuen Heiligen einen unsterblichen Leib geben.

Gott ist Geist und der ewige Herrscher der Sterne.
Und wenn du den Sternenhimmel erreichen willst,
mußt du, Erdenkind, vor ihm niederfallen
und zuerst dich selbst erobern[28].

---

28. M. Bourdeaux, aaO, 64f.

Man begreift den jungen Komsomolzen, der zu den Initiativniki übergeht, weil es ihm langweilig wird im Komsomol[29]. Das hängt nicht nur mit den neuen Liedern zusammen, die ganz ähnlich wie in der amerikanischen Untergrundkirche mit Gitarren begleitet werden[30], sondern ebensosehr daran, daß in diesen Liedern versucht wird, die Sinnfrage nach dem Leben, der Technik und der Kultur zu stellen: »Wozu dient all diese moderne technische und wirtschaftliche Erkenntnis? ... Wir sind trotzdem Irrläufer, sich selbst überlassen, konfrontiert mit dem Schrecken der Leere und der Sinnlosigkeit.«[31] Dabei ist sicher zuzugestehen, daß im zitierten Lied ein merkwürdiges Ineinander von existentialistischer und pietistischer Interpretation, von modernen anthropologischen Fragen und mythologischen Bildern anzutreffen ist. Aber vielleicht besteht gerade darin deren Anziehungskraft?

5.4 Differenzierte Kritik

Es ist verständlich, daß die Mehrheit der Christen in Rußland (wie übrigens auch im Westen) apolitisch sind und sich für eine »Radieschenexistenz« entscheiden, das heißt außen und offiziell sind sie rot, innen aber weiß. Daneben gibt es aber eine nicht unbedeutende Zahl von Christen, die diese Haltung ablehnen. Die zur Verfügung stehenden Dokumente lassen allerdings nicht auf einen undifferenzierten Anti-Kommunismus schließen – ähnlich wie die amerikanischen Untergrundkirchen nicht undifferenziertes Anti-Establishment predigen. Im Gegenteil, schon früh ist aus den Reihen der russischen Pfingstbewegung ein eindeutiges Bekenntnis zur Sowjetunion abgelegt worden[32], sehr zum Unwillen der amerikanischen Pfingstler. Der Kommunismus, so sagten sie, sei »kein Hindernis für das Werk der Evangelisation«. Sie unterstützten die sozialwirtschaftlichen Grundsätze des Kommunismus, »die nicht im Widerspruch zu den Lehren Jesu stünden«[33]. Diese Aussagen dürfen keineswegs als russisches Propagandamanöver abgetan werden, wenn man auch bei gewissen politischen Erklärungen – zum Beispiel im Zusammenhang mit dem Koreakrieg – den Eindruck nicht

29. S. Chudiakov, Molodoy Kommunist No. 3 (1957), 118–121.
30. Sovetskaya Moldaviya, 15. 9. 1966, 4.
31. Yu. Kruschilin / N. Schalamova, Pravda Vostoka (Taschkent), 22. 10. 1966, 4; englisch: M. Bourdeaux, aaO, 137.
32. Resolution von G. Ponurko und I. E. Voranaev am Zweiten Gesamtukrainischen Pfingstkongreß, 1927; zit. F. I. Fedorenko, Sekty, ich vera i dela, 180f.
33. Bratskiy Vestnik (Moskau), No. 4, 1947, 7; englisch: St. Durasoff, The Russian Protestants, 243.

los wird, hier werde einfach die offizielle Linie nachgebetet[34].
Andererseits aber haben sich die Initiativniki mit den Grundlagen
der marxistischen Religionskritik auseinandergesetzt. Ein erstes
Indiz einer solchen Auseinandersetzung ist der Brief[35], den sie an
den Generalsekretär der UNO, U Thant, gerichtet hatten. Sie
beschreiben darin Unterdrückung und Folter aufs genaueste und
bitten U Thant um Hilfe. Interessant an diesem Dokument ist
erstens die Tatsache, daß diese Christen sich an den Buddhisten
U Thant wenden (parallel dazu geht die Einbeziehung buddhisti-
schen Gedankengutes in den amerikanischen Untergrundkirchen)
und nicht an ihre Mitchristen im Westen, noch weniger an die
Baptisten und Pfingstler Amerikas. Zweitens fällt ihr Mut auf. Sie
wissen, daß ihre Forderungen zum Teil über das hinausgehen, was
die russische Verfassung ihnen zugestehen will. Darum appellieren
sie gegen die russische Verfassung an ein höheres, menschliches
Recht und zitieren ausdrücklich die »Erklärung der Menschenrech-
te«, die 1960 von den Vereinten Nationen ratifiziert und am
2. 11. 1962 in der Sowjetunion veröffentlicht wurde.

Das Dokument zeigt, daß die Initiativniki nicht ungelehrte,
schlecht beratene Fanatiker sind, obschon die Baptistenzentrale sie
so darstellen will[36]. Sie betonen in einem anderen Zusammenhang:
»All dies geschieht nicht in irgendeiner unterentwickelten ehemaligen Kolonie und nicht unter einem faschistischen Regime, sondern
in einem Land, das seit fünfzig Jahren behauptet, die gerechteste,
menschlichste und demokratischste Gesellschaft aufzubauen, das
sich für die Gleichheit aller Menschen, unabhängig von Rasse und
Glauben, verpflichtet hat.«[37]

Ihre Kenntnis der russischen Verfassungsgeschichte zeigt sich
übrigens schon in einer Petition vom 14. April 1965 an den Genossen L. I. Breschnev. Darin zitieren sie die Väter der russischen
Verfassung, Lenin und Bontsch-Bruevitsch, gegen deren jetzige
Interpreten[38], ein Vorgang, der seine Parallele in der Berufung der
amerikanischen Untergrundkirche auf Jesus gegen dessen offiziellen
Statthalter hat.

Die erwähnte Untergrundliteratur der Orthodoxen, der Initiativniki und der »latenten Christen« (in Ermangelung eines besseren

---

34. Bratskiy Vestnik, No. 1, 1953, 4f.
35. Auf englisch zugänglich in: Religion in Communist Dominated Areas 7/4–5,
    15./29. Febr. 1968, 1160–1165.
36. Bratskiy Vestnik Nr. 5, 1967.
37. Zit. in: M. Bourdeaux, aaO, 122.
38. Russisch in: Posev (Frankfurt am Main), 5. 8. 1966; deutsch in: Reformatio
    16/5, Mai 1967, 315–324.

Terminismus verwende ich diesen etwas unglücklichen Begriff) hat bereits Rückwirkungen gezeigt auf die offizielle Religionskritik. Dies betrifft zum Beispiel das Verhältnis zur modernen protestantischen Theologie, die als »eine der eindrucksvollsten ideologischen Erscheinungen der westlichen Gegenwartsliteratur« bewertet wird[39]. H. Bräker referiert eindrücklich die anhebende Auseinandersetzung mit Bultmann, Tillich und vor allem Bonhoeffer, fügt aber die Frage bei, warum diejenigen Theologen – zum Beispiel die Theologen der amerikanischen Untergrundkirche –, die sich nicht nur dem atheistischen Humanismus, sondern auch und nicht zuletzt dem Marxismus, zumindestens aber dem jungen Marx weit öffnen und es sich gefallen lassen, in diesem Sinne als »Marxisten« bezeichnet zu werden, nicht im einzelnen analysiert werden. Bräker vermutet, daß die Diskussion über diese Erscheinung protestantischer Theologie – ohne literarisch faßbar zu sein – bereits eingesetzt habe, daß aber ihre Publikation gegenwärtig als inopportun angesehen wird, weil eine solche Theologie dem sowjetischen Leser ein christliches Selbstverständnis vermitteln würde, »in dem es nicht mehr einen unbedingten und abgrundtiefen Widerspruch zwischen Marxismus und Christentum, Marxismus und Religion zu geben braucht, ein Modell also, das vor allem für die Zweifelnden und ihrer ›Sache mit dem historischen und dialektischen Materialismus‹ gar nicht mehr so sicheren Intellektuellen einige Attraktion bekommen könnte«[40].

Der Raum erlaubt es nicht, ähnliche Solidaritätsgruppen in Lateinamerika (vor allem in der Zusammenarbeit zwischen der Pfingstbewegung und dem Reformkatholizismus), in Afrika (zum Beispiel bei den unabhängigen Kirchen), in Asien (vor allem in den inter-religiösen Gesprächsgruppen und in den Aktionsgruppen Urban and Industrial Mission) sowie in der Tschechoslowakei, in der DDR, in der Bundesrepublik, in Holland und in Frankreich zu beschreiben[41]. Sie sind unter sich sehr verschieden. Gemeinsam ist aber den besten unter ihnen, daß sie Revolution nicht als Anti-Establishment verstehen, sondern, der franziskanischen Tradition folgend, in ihrer Solidarität mit den Schwachen und in einer Liturgie, die in der Kunst der Armen ihre Wurzeln hat – was nicht eine »arme Liturgie« impliziert! –, ihre Stärke sehen.

---

39. V. M. Boriskin, Krisis christianstva i ego otraschenie v evangelitscheskoy teologii; deutsch in: H. Bräker, Die religionsphilosophische Diskussion in der Sowjetunion, 132; alle russischen Zitate ausführlich in PGG, 303–318, und PGG (englisch), 267–87.
40. H. Bräker, aaO, 148.
41. Einiges davon in KBB und ChroSch.

6. My Fair Lady

Interkulturelle Theologie hat es nicht nur mit der Konkurrenz zwischen dominanter und sub-dominanter, zwischen schriftlicher und mündlicher Kultur zu tun, sondern auch mit der Spannung zwischen der Kultur der Frauen und derjenigen der Männer. Der Film »My Fair Lady« wird im folgenden als theologisches Gleichnis interpretiert[1], das das Verhältnis zwischen Mann und Frau zum Thema hat.

»My Fair Lady, diesen amerikanischen Millionenschmachtfetzen sollen wir uns ansehen?« fragte mich ein deutscher Notar mißtrauisch, als ich einer Gruppe Gäste aus Deutschland an der Evangelischen Akademie Boldern bei Zürich den Vorschlag machte, sich diesen Film anzuschauen. »Genau diesen meine ich«, antwortete ich. »Nanu, wenn's halt sein muß . . .« – Die Fortsetzung der Geschichte folgt am Ende dieses Beitrags, denn ich will zuerst versuchen, einige wesentliche Aussagen dieses Filmes ins Begriffliche zu übertragen.

Ein weltliches Gleichnis

Es handelt sich um ein weltliches Gleichnis. Immerhin aber kann es für die in ihm liegende theologische Aussage transparent gemacht werden. Die Gleichnisse Jesu waren ja meist auch völlig weltliche Geschichten, die erst durch die Erzählung Jesu, dadurch, daß *er* sie erzählte, und durch die Weise, *wie* er sie erzählte, für seine Botschaft durchsichtig wurden. Man sollte sich nicht abschrecken lassen, den theologischen Hintergrund solcher Gleichnisse aufzusuchen, durch die Tatsache, daß vordergründig die Kirche in ihnen oft schlecht wegkommt. Das ist auch bei »My Fair Lady« der Fall. Ich meine die Szene, in der Elizas Vater, Herr Doolittle (was für ein Name!), beschließt, zu heiraten. Doolittle sieht in der Kirche jene Institution, die seinen Tod zelebriert: vorerst seinen psychischen

---

1. Unter dem Titel »My Fair Lady – ein theologisches Gleichnis« gedruckt in: Kunst und Kirche 1976/4, 161–164. Texte: A. J. Lerner, My Fair Lady. Ebenso Auszug auf CBS 70005 (englisch) und Philips 840411 SY (deutsch).

Tod, später dann auch seinen leiblichen Tod. Er wird in horizontaler Lage in die Kirche getragen, wie in einem Sarg. Das Leben hört auf. »Get me to the church on time« heißt für Doolittle: alle seine Freunde, seine Musik, seine Vergnügen aufgeben. Es bedeutet gezähmt, auf das Maß der von Higgins und der Zuschauer des Ascott-Rennens tolerierten und zensurierten Lebensäußerungen zurechtgestutzt zu werden, sich nach ihrem Bild eines »anständigen Bürgers« zu richten. Und die Zelebration dieses Dompteuraktes wird dem Priester übertragen. Welche Parodie auf die Kirche! Nur kann man ja nicht gut bestreiten, daß viele die Kirche genauso erleben. Und es tut uns gut, wenn wir uns im Spiegel unserer Kritik betrachten, auch wenn wir uns darin schlecht wiedererkennen.

Zwei archetypische Konflikte

Der Film – ich spreche ausdrücklich von der Filmversion – zeigt uns zwei archetypische Konflikte. Einmal den Konflikt, man möchte schon fast sagen: den Streit zwischen Mann und Frau, zwischen dem sogenannten männlichen und dem sogenannten weiblichen Prinzip. Dieses Thema ist in England, dem Land der Sufragetten, auch und gerade heute noch ein besonders heißes Eisen. Ich kenne kein Land Europas, in dem Männer und Frauen so segregiert sind wie in England. Als ich meine Studenten zu dieser Thematik befragte, antworteten sie mir: Ja, wir haben Angst voreinander. Wir gehen bis zur Universität an getrennte Knaben- und Mädchenschulen. Darum behalten wir auch an der Universität unsere gegenseitigen Geheimnisse für uns. Bei einem Dinner an einem reputierten College in Oxford, wo das Tischgebet auf lateinisch gesprochen wurde, aber im übrigen alle Anwesenden nach ihrem eigenen Urteil Agnostiker waren, wurde ich allen Ernstes darüber belehrt: Es gebe zwei Sorten Frauen. Die erste Sorte sei häßlich und gescheit. Von diesen hätten sie genug an der Universität. Man brauche sie nicht noch extra zum Dinner einzuladen. Die zweite Sorte sei hübsch und dumm. Es genüge, wenn man die zweite Sorte zweimal pro Jahr einlade. Auf diesem Hintergrund ist auch das Auftreten von Higgins, dieses Paradigma von Irrationalität unter dem Deckmantel der Ratio, erst recht verständlich.

Der zweite Konflikt, der in dem Film zur Darstellung kommt, ist der Streit zwischen den Klassen. Dieser Satz ist nicht marxistisch als »Klassenkampf« zu verstehen. Der englische Streit zwischen den Klassen ist meines Erachtens überhaupt nicht in marxistischen Kategorien zu interpretieren. Darum verstehen wahrscheinlich die

Engländer Karl Marx nicht. Oberklasse und Reichtum decken sich
keineswegs. Hingegen ist die Sprache immer noch ein eindeutiges
Klassenmerkmal. Darum kann auch Higgins zu Eliza, dem Mädchen, das außerhalb Covent Garden Blumen verkauft, sagen:»Eine
Frau, die so schreckliche und ekelerregende Laute von sich gibt, hat
kein Recht hier zu sein. Sie hat überhaupt kein Recht zu leben.
Vergessen Sie nicht, Sie sind ein Mensch, begabt mit der göttlichen
Gabe der Sprache. Ihre Muttersprache ist die Sprache Shakespea-
res, Miltons und der Bibel (!). Gurren Sie nicht wie eine übelgelaun-
te Taube!« Und er beschreibt sie folgendermaßen:

»Sehen Sie sie, verludert und verlottert,
gestraft durch jede Silbe, die sie stottert.
Erhängen sollt' man sie, und zwar sofort
für kaltblütigen Muttersprachenmord.
Ihr ›ei‹ und ›doof‹ kennzeichnet sie sozial,
nicht der Hals, der dreckige Hals, ihr Schal.
Die Sprache macht den Menschen,
die Herkunft macht ihn nicht.«

Die englische Fassung bringt dies eleganter zum Ausdruck:»An
Englishman's way of speaking absolutely classifies him. The mo-
ment he talks he makes some other Englishman despise him.« Die
Sprache klassiert – und deklassiert – einen Engländer gesellschaftlich. Wer richtig ausspricht, ist jemand. Wer nicht richtig spricht,
wird geduldet, allenfalls wird er »gebildet«. Zu diesen Menschen,
die »gebildet« werden sollen, die die rechte Sprache lernen sollen,
gehört auch Eliza.

Professor Higgins

Der Lehrer in diesem Prozeß ist Professor Henry Higgins. Er ist
einer jener Erzieher, die diejenigen, die in der Gosse und in den
Niederungen des Lebens hausen, auf ihre Höhe emporziehen wollen. Er will ihnen Zivilisation und Kultur durch seine Sprachlehre
beibringen.
Ich will diesen Erzieher, diesen Missionar, etwas genauer unter
die Lupe nehmen: ein rüstiger Vierziger, äußerst interessiert an
allem, was wissenschaftlich untersucht werden kann, ohne Rücksicht sich selber und anderen gegenüber, aber direkt und offenher-
zig. Er beschließt, aus Eliza, dieser »Schlampe« (wie er sie nennt),
diesem »stinkenden Straßenkehrer«, dem »Lumpenpack« aus den
Slums von London, eine Dame zu machen. Er bittet seine Haushäl-

terin, ihr die Kleider abzunehmen, sie zu schrubben – wenn nötig mit Glaspapier – und telephonisch neue Kleider für sie zu bestellen. Bis diese kommen, möge sie sie in Packpapier wickeln und in eine Mülltonne stecken. Auf die Vorhalte seines Freundes Pickering, er möge doch die Gefühle des Mädchens schonen, antwortete er verwundert: »Gefühle? Gefühle hat sie nicht. Jedenfalls keine, auf die wir Rücksicht zu nehmen brauchen.«

Mit Pickering schließt er eine Wette ab. Pickering bezahlt Higgins alle Spesen, plus ein Honorar, wenn es diesem gelingt, binnen sechs Monaten Eliza in eine Dame zu verwandeln. So beginnt Higgins seine Arbeit. Eliza muß zum Beispiel das »h« aussprechen lernen. Zu diesem Behuf wird eine Kerze aufgestellt und sie muß mit jedem »h« die Kerze ausblasen. Sie muß Murmeln in den Mund nehmen und vorne, mit den Lippen, sprechen lernen. Aber Higgins erreicht sein Ziel nicht mit seinen Sprachlehrmethoden. Erst als er Eliza als Frau ernst nimmt und nicht nur als Objekt seiner erzieherischen und evangelistischen Tätigkeit, macht sie Fortschritte. Er spricht freundlich mit ihr und macht sie auf die Großartigkeit ihrer gemeinsamen Aufgabe aufmerksam. Es geht darum, »die Majestät der englischen Sprache«, »das größte Erbe, das wir besitzen«, zu begreifen. »Die edelsten Gefühle, die je in eines Menschen Herz keimten, sind eingeschlossen in dieser außerordentlichen, einfallsreichen und musikalischen Mixtur von Tönen. Das, Eliza, wollen Sie sich aneignen«, erklärt er ihr. Und nun gelingt es. Es folgt jene packende Szene, in der Higgins mit Eliza tanzt. In diesem Tanz, in dem sie Partner, Mensch, Frau ist, versteht sie, wer sie ist. Ihr Himmel, ihr Heil ist gekommen. Sie tut, was sie vorher nie tat. Flügel wachsen ihr, und sie entdeckt eine neue Welt, weil sie jemand ist. Das ist das Glück der Bekehrung, das zu werden, zu was sie schon immer bestimmt war, ein neues Leben, ein neues Geschöpf. Das Alte ist vergangen. Siehe, es ist neu geworden.

Aber – nach der Bekehrung kommt die Enttäuschung. Eliza hat sich getäuscht. Sie wußte ja nicht, daß Higgins all das nur getan hat, weil er die Wette gewinnen wollte, weil er Pickering beweisen wollte, was für ein Experte in Sprachlehre und Phonetik er war. Er brauchte seine Konvertitin hauptsächlich, um seinem Gefährten zu zeigen, wie gediegen, einflußreich und fähig er war. Was für eine Karikatur eines Evangelisten, Pfarrers, Missionars, Lehrers . . . »Ich habe eine Frau gemacht aus den zerquetschten Kohlblättern, die außerhalb von Covent Garden verfaulten«, prahlt er gegenüber Pickering. Und Pickering bestätigt ihm: »You did it. Sie sind's, der es geschafft hat.«

Aber Eliza hat dieses Gespräch gehört. Sie ist tief verwundet und beschließt, Higgins zu verlassen. Sie sagt ihm: »Ich habe zwar Blumen verkauft. Ich habe aber nicht mich selber verkauft. Nun, da Sie eine Dame aus mir gemacht haben, bin ich unfähig, fürderhin Blumen auf der Straße zu verkaufen. Ach Gott, ich wollte, ich wäre tot. Ich hörte Ihr Dankgebet: ›Gott sei Dank, ist alles vorbei.‹ Was soll ich jetzt tun? Was kann ich tun? Wohin soll ich gehen? Was wird aus mir? Ich habe die Wette für Sie gewonnen, nicht wahr? Das genügt Ihnen. Auf mich kommt es nicht an, vermutlich? Oh, ich könnte Sie umbringen, Sie brutaler Egoist. Warum ließen Sie mich nicht, wo ich war – warum haben Sie mich aus der Gosse geholt?«

Freddie

Nun aber haben Higgins und Pickering einen Konkurrenten. Ein anderer Mann ist auch an Eliza interessiert. Es ist Freddie. Im Gegensatz zum sprachgewaltigen Higgins ist Freddie nur Gefühl, schlechthin inniges Gefühl. Man kann Higgins vielleicht mit einem Lutheraner oder Reformierten vergleichen und Pickering mit einem etwas farblosen, vermittelnden Anglikaner. Dann müßte Freddie ein Pfingstler oder ein Anhänger der Jesus People sein. Auch er will Eliza gewinnen. Und er fällt dabei ins gegenteilige Extrem. Er lebt in Trance, völlig überschwemmt von dem, was er Liebe und Zuneigung nennt. Aber Eliza weist auch ihn zurück: »Quatsch, Worte und weiter nichts. Sprich nicht vom Mond, den du mir schenkst. Tu's doch! Wenn du mich liebst, tu's doch! Halt doch den Mund und halt mich fest. Tu's doch!«

So verläßt Eliza beide Evangelisten, Higgins und Freddie. Dabei kommt etwas von der revolutionären Eliza zum Vorschein. Sie sagt: »Ich kann leben ohne Freddie und ohne Higgins. Sie, Professor Higgins, Ihr Lehrer und Doktoren, seid *nicht* Anfang und Ende. *Ich bin – ohne euch.*«

Darauf singt Higgins melancholisch: »Warum können denn die Frauen nicht ihren Vätern, statt ihren Müttern nachschlagen? Warum können Sie nicht so anständig, redlich und vernünftig sein wie wir zwei, Pickering und ich. Ja, warum können sie nicht sein – wie ich? Aber wenn der Sauerstoff Higgins' die Lungen der Eliza verbrennt, dann soll sie eben in ihren Mief zurückkehren. Sie ist eine Eule, die geblendet wurde von einigen Tagen meines Sonnenscheins. Na, gut, sie soll gehn. Ich kann auch ohne sie leben. Ich brauche überhaupt niemanden. Ich habe ja meine eigene Seele, meinen eigenen Funken göttlichen Feuers.«

Nur eben – darin täuscht sich Higgins. Er genügt sich selber nicht.

»Ich bin gewöhnt, fast wie ans Licht, gewöhnt an ihr Gesicht«, singt er. Als er zu Ende ist, kommt Eliza zurück. Könnte er ihr nur sagen, wie's um ihn steht! Aber nein, das tut Professor Higgins nicht. Er lehnt sich zurück in seinen Korbstuhl, bedeckt sein Gesicht mit seinem Hut und sagt: »Eliza, wo zum Teufel sind meine Pantoffeln?«

Das Gleichnis begreifen

Ich habe diese Erzählung mit der Frage begonnen: Wie kann das in dem Gleichnis Versteckte begriffen werden? Und ich will die Frage beantworten, indem ich die Reaktion des deutschen Notars auf den Film beschreibe. Er eröffnete die Diskussion über den Film am andern Tag mit der Bemerkung: »Also hören Sie mal, das ist ein ganz und gar unlogischer Film.« Der Gesprächsleiter fragte ihn, wie er das meine. »Also, das ist doch klar. Eliza hat gesagt, sie wolle Higgins verlassen. Und doch kehrte sie zu ihm zurück. Das ist doch unlogisch. Ergo ist der Film ein Schmarrn.« Der Gesprächsleiter bohrte weiter: »Wie hätte denn Eliza nach Ihrer Meinung handeln sollen?« – »Eben logisch.« Und nun gab's ein großes Gelächter bei den Frauen . . . Der Notar schaute höchst verwundert in die Welt hinaus und ohne Überleitung fragte er: »Ja denken Sie denn, ich sei ein Higgins?«

Hier hatten alle begriffen, worum es ging. Und sie hatten es besser begriffen, als wenn ihnen das Gebot »Du sollst dir kein Bildnis machen . . .« bis ins einzelne erklärt worden wäre. Es war ein Erlebniszusammenhang, ein Gleichnis, das sie selber durchlebt hatten, das nun durchsichtig wurde auf seinen biblischen Gehalt.

Solches »Begreifen« hat man nicht im voraus im Griff. Es gibt natürlich gewisse Kontexte, in denen es leichter ist. Dazu gehört zum Beispiel eine bestimmte Weise der Gesprächseröffnung. Und wirkliche Startfragen sind bekanntlich nicht die ersten besten, die dem Gesprächsleiter einfallen. Fragen ist nicht einfach. Die Teilnehmer werden zum Beispiel kaum zum »Begreifen« kommen, wenn eine reine Wissensfrage oder gar eine Definitionsfrage am Anfang des Gespräches steht. Solche Fragen lähmen das »Begreifen« oder frieren es gar ein. Aber das sind eigentlich alles längst bekannte Trivialitäten aus dem Abc der Gesprächsführung. In dem beschriebenen Fall hieß die Startfrage: »Warum versteckte sich Higgins unter dem Hut?« Und die Antwort war der oben beschriebene Ausruf des Notars. Völlig unlogisch – und doch führte er zum »Begreifen« sowohl der Frage, wie auch des Films.

7. Ave Maria

»*Daß eine seriöse Mariologie zum Glaubensverständnis eines ernst-haften Christen gehört, ist eine relativ neue Einsicht, ausgenommen natürlich für die katholischen Christen, die orthodoxen Ostkirchen und den anglo-katholischen Flügel in der Anglikanischen Kirche.*«[1] *So beginnt der anglikanische Theologe, John de Satgé, sein Buch über Maria und das Evangelium. Dagegen ist festzustellen, daß das in dem Zitat ausgedrückte Mißverständnis so falsch wie verbreitet ist. Im allgemeinen wird angenommen, ein echter Protestant könne in Maria lediglich die Mutter Jesu, ein besonderes Glied der communio sanctorum, ein Vorbild sehen. Sie sei keiner besonderen Verehrung würdig und solle in Liturgie und Gebet nicht erwähnt werden.*

Diese These stimmt für die Reformatoren nicht! Luther, Zwingli, Calvin und Bullinger schrieben ausführlich über die Verehrung der Maria. Luther hat verschiedene Liedstrophen zu Ehren der Maria gedichtet, die übrigens in unseren Kirchengesangbüchern bis auf diesen Tag enthalten sind. Zwingli und Bullinger hielten berühmte Predigten über Maria, und sogar Calvin hat recht auffällige Dinge über Maria zu sagen[2].

Auch in den Schriften moderner Theologen wird Maria keineswegs übergangen, sowohl bei den Reformierten wie auch bei den Luthera-nern. Man braucht nur an Adolf Schlatter[3] *und Karl Barth*[4] *zu*

---

1. John de Satgé, Mary and the Gospel, 1.
2. Einige Monographien und Artikel zum Thema: St. Benko, Protestants, Catho-lics and Mary (Bibl.); deutsch: Protestanten, Katholiken und Maria; J. Cadier, La Vierge Marie dans la dogmatique réformée; W. Delius, Luther und die Marienverehrung; K. Federer, Zwingli und die Marienverehrung; E. Künzli, Zwingli und die Mariologie; G. W. Locher, Huldrych Zwingli in neuer Sicht, 127–135; I. V. Pollet, Recherches sur Zwingli; R. Schimmelpfennig, Die Geschichte der Marienverehrung; W. Tappolet, Das Marienlob der Reforma-toren; L. Vischer, Maria, Typus der Menschheit und Typus der Kirche; G. Wainwright, Mary in Relation to the Doctrinal and Spiritual Emphases of Methodism. Dazu vgl neuerdings Una Sancta 32/4, 1977, mit Beiträgen von Mary Condren (Für die verbannten Kinder Evas. Eine Einführung in die feministische Theologie), Aloys Funk (Mann und Frau in den Briefen des hl. Paulus), Catharina J. M. Halkes (Eine »andere« Maria) und Gerd-Klaus Kaltenbrunner (Ist der Heilige Geist weiblich?).
3. A. Schlatter, Marien-Reden.
4. K. Barth, KD 1/2, 151ff; vgl John de Satgé, aaO, 60.

erinnern. Die folgenden Seiten resümieren einen Vortrag, der 1977 vor der »Ecumenical Society of the Blessed Virgin Mary« in Birmingham gehalten wurde[5]. *Er faßt protestantische Positionen zu wichtigen Punkten der Mariologie und Marienfrömmigkeit zusammen und stellt die Frage nach der Funktion (oder Nichtfunktion) der Marienfrömmigkeit in der Spannung zwischen männlichen, rationalen, linearen und weiblichen, intuitiven, multidimensionalen Kulturelementen.*

Jungfraugeburt

Da die Jungfraugeburt im Apostolikum und im Neuen Testament bezeugt wird, hielten die Reformatoren es für selbstverständlich, daß Jesus von einer Jungfrau geboren wurde. Unter den modernen Theologen verteidigte Karl Barth diese Position ebenso heftig[6], wie sie Emil Brunner bestritt[7]. Wenige der modernen Exegeten halten die Jungfraugeburt für eine historische Tatsache, und es scheint, daß sich auch unter den katholischen Exegeten ähnliche Tendenzen beobachten lassen. Das Argument gegen die Jungfraugeburt lautet: Die ältesten Dokumente des Neuen Testamentes (die Briefe des Paulus, das Evangelium Markus, aber auch das Evangelium Johannes) erwähnen sie nicht. Sogar wo man eine Erwähnung der Jungfraugeburt erwartete, nämlich dort, wo explizit von der Geburt Jesu geredet wird (Röm. 8,3; Phil. 2,6; Joh. 1,14; Gal. 4,4), wird nichts von einer Jungfraugeburt gesagt. Man sagt, daß Paulus entweder die Tradition von der Jungfraugeburt nicht kannte, oder wenn er sie kannte, war sie ihm nicht so wichtig, daß er sie erwähnt hätte. In beiden Fällen kann man fragen: Wenn Paulus ein Apostel der Kirche Jesu Christi sein konnte, ohne explizit die Jungfraugeburt zu bezeugen, warum können wir es ihm nicht gleichtun?

Semper Virgo

Die Lehre von der ewigen Jungfrauschaft Mariens besagt, daß sie virgo ante partum, in partu et post partum war, das heißt, daß sie

---

5. Veröffentlicht unter dem Titel »Ave Maria: Mary, the Reformers and the Protestants«, in: One in Christ 13/4, 1977, 285–290; deutsche Übertragung vom Vf.
6. KD 1/2, 202ff.
7. Dogmatik II, 413ff; Wahrheit als Begegnung, 46; Der Mittler, 288–292.

vor, während und nach der Geburt Jesu Jungfrau war. Alle vier Reformatoren, Luther, Calvin, Zwingli und Bullinger, betonten diese Lehre.

Keiner der modernen protestantischen Theologen verteidigt, soweit ich sehe, diese Position. Die meisten weisen auf die explizite Erwähnung der Brüder Jesu in den Evangelien hin und lehnen die katholische Auslegung und diejenige Zwinglis ab, die besagt, daß adelphoi (Brüder) auch Verwandte bedeuten könne.

Conceptio immaculata

Diese Lehre besagt, daß Maria »unbefleckt empfangen« wurde, das heißt, daß sie nicht teilhat an der sündigen Natur der gesamten Menschheit. Da diese Lehre erst unter Pius IX. im Jahre 1854 zum Dogma erklärt wurde, konnte sie von den Reformatoren noch gar nicht verteidigt werden.

Sie hätte im übrigen auch der Tendenz ihrer mariologischen Schriften widersprochen. In ihren Augen war die Jungfrau Maria groß, verehrens- und anbetungswürdig (und in einigen Fällen auch Adressat von Fürbitten) um Christi willen, weil sie heilig und fleckenlos gemacht worden war durch Christus und durch Christus allein. Deswegen konnte sie nicht aus sich selber heilig und sündlos sein vor oder unabhängig von Christus. Es gibt natürlich katholische Theologen, die sagen, die Aussage, Maria sei in sich selber sündlos, sei ein grobes Mißverständnis der Lehre von der unbefleckten Empfängnis. Sie ist, sagen sie, nicht in sich selber, sondern um Christi willen sündlos. Und das beziehe sich auch auf ihre unbefleckte Empfängnis. In diesem Falle muß man aber fragen, welche Funktion dann die Lehre von der unbefleckten Empfängnis noch hat.

Anbetung und Verehrung der Maria

Sehr zur Verwunderung vieler Protestanten und Katholiken äußern sich die Reformatoren deutlich zur Verehrung und Anbetung der Maria. Alle waren sich darin einig, daß sie wegen ihres Vorbildes, ihrer Reinheit und ihres Gehorsams gelobt werden müsse. Zwingli hielt es für eine besonders schlimme Verleumdung, als seine Marienfrömmigkeit in Zweifel gezogen wurde.

Luther schreibt in seiner Auslegung des Magnifikats: »Auß dem mugen wir lernn, wilchs die rechte ehre sey, damit man sie ehren und yhr dinen solle. Wie muß man sagen zu yhr? Sihe die wort an ßo lerenn sie dich alßo sagen. O du selige iunpfraw unnd mutter gottis, wie bistu ßo gar nichts unnd gering voracht geweßen, und got hat dich doch ßo gar gnediglich und reychlich angesehen, und groß dinck in dyr gewirckt, du bist der selbe yhe keyniß wirdig geweßen, und ist ubir alle dein vordienst, weyt und hoch, die reyche ubirschwencklich gnade gotis in dyr. O wol dyr, selig bistu von der stund an biß in ewickeit, die du einen solchen got funden hast. Darffist nit dencken das sie das ungerne hore, das man si unwirdig solcher gnade nennet. Den sie hat on zweyffel nit gelogen, da sie selb bekennet yhr unwirdickeit und nichtickeit, wilche got gar nichts auß yhrem vordienst ßondern auß lautter gnaden hab angesehen.«[8]

Calvin spricht von dem Lob, das Maria gehört, und fügt bei: Das größte Marienlob ist, wenn wir ihr in ihrer Jüngerschaft nachfolgen und sie als Vorbild und Lehrerin annehmen[9].

Der artikulierteste und feurigste Marienverehrer unter den Reformatoren war zweifellos Huldrych Zwingli. Nach ihm ist Ave Maria (Luk. 1,28f) nicht ein Gebet, sondern ein Gruß. Er heißt: »Gott grütz dich, du volle gnaden; der herr ist mit dir; hochgelobt bist du über all frowen.«[10] Die Worte bedeuten keineswegs, sagt er, daß wir etwas von Maria erbitten. Sie heißen nur: Bhüeti Gott, Gottes Segen sei mit dir, liebe Maria. Gott sei mit dir. Du »bist mir eine fine frow«[11]. Etwas modern gesagt: »Du bist wahrhaftig meine first Lady.« Nach Zwingli sollen wir Maria loben und ehren. Darum sorgte er dafür, daß die großen Marienfeste, wie Mariae Lichtmeß, Mariae Verkündigung und Mariae Himmelfahrt[12] in Zürich gefeiert wurden. Diese Feste waren öffentliche Feiertage in Zürich wie Weihnachten, Ostern, Pfingsten und Allerseelen.

Moderne katholische Theologen würden sich für einen typisch Zwinglischen Aspekt seiner Mariologie interessieren. Unter den Reformatoren war Zwingli derjenige, der die politische und soziale

8. M. Luther, Das Magnificat verdeutsched und ausgelegt, WA 7, 540–604; Zitat, 568; vgl. dazu Flanagan, Luther on the Magnificat.
9. Eine mariologische Anthologie von Calvin in: W. Tappolet, 163–220. Die meisten Zitate aus: Johannis Calvini Opera, Bd 45 (Commentarius in Harmoniam evangelicam) und Bd 46 (Sermons sur l'Harmonie évangélique).
10. Aus der berühmten »Predigt von der ewigreinen Magd Maria, der Mutter Jesu Christi«, Z I, 385–428; Zitat, 406, 15–16.
11. Z I, 409, 1.
12. Zwingli und die übrigen Reformatoren waren der Meinung, Maria befinde sich im Himmel. Zwingli stellte sich vor, daß die Seele Marias durch Engel in den Himmel getragen worden war.

Dimension des Evangeliums am stärksten herausarbeitete[13]. Wie loben wir Maria richtig? fragte er. Seine Antwort muß als Ergänzung, und nicht als Gegensatz, zu seiner Marienfrömmigkeit gesehen werden. Er sagte: Nicht mit Kerzen, Weihrauch, Liedern und dergleichen. Maria ist gar nicht arm. Sie braucht unser Geld nicht. Sie ist in mancher Hinsicht sogar sehr reich. Sie braucht unseren Reichtum nicht. Sie braucht keine Schätze und nicht einmal besondere Marienkirchen. Sie will aber in den Frauen und Töchtern dieser Welt geehrt und gelobt werden. Wir loben sie, indem wir das Geld, das wir für Kerzen ausgaben, nun zur Förderung der Würde der armen Töchter und Frauen ausgeben, deren Schönheit durch die Armut gefährdet ist. Was für eine interessante und vorzeitige Verteidigung der Emanzipation der Frau!

Maria als Fürbitterin

In den frühen Schriften Luthers gibt es Stellen, in denen Maria als Fürbitterin erscheint. Er beschließt zum Beispiel seine Auslegung des Magnifikats mit den Worten: »Das verleyhe unß Christus durch furbit und willen seiner lieben mutter Maria. Amen.«[14] Die übrigen Reformatoren allerdings diskutierten die Möglichkeit der Maria als Fürbitterin nicht, und es scheint, daß Luther diese Position später in seinem Leben aufgegeben hat.

Folgerungen

Die Marienfrömmigkeit der Reformatoren kann am besten in den Worten Zwinglis zusammengefaßt werden: »Denn je mehr die Ehre und Liebe Christi Jesu wächst unter den Menschen, desto mehr wächst die Würde und Ehre der Maria, da sie uns den großen, jedoch gnädigen Herrn und Erlöser geboren hat.«[15]

Zur Zeit der Reformation war dies allgemein akzeptierte Lehre. Es bestand kein grundlegender Unterschied zwischen den Reformatoren und den progressiveren katholischen Theologen ihrer Zeit. Beide protestierten gegen Mißbräuche in der Marienfrömmigkeit,

---

13. Vgl dazu das Kapitel über Zwingli in diesem Band, S. 299ff.
14. WA 21, 601.
15. Z I, 426, 19–21: »Dann ie me die eer und liebe Christi Jesu wachsst under den menschen, ie me das werd und eer Marie wachsst, das sy uns den großen doch gnädigen herren und erlöser geborn hat.«

aber nicht gegen die Marienfrömmigkeit als solche. Sie appellierten an ein ökumenisches Konzil, das die Differenzen hätte bereinigen sollen, und bestritten, daß ein Mensch, und sei er der Papst, ex sese et non ex consensu ecclesiae neue Lehre einführen könne. Das bedeutet aber nicht, daß sie das Petrusamt als solches in Frage zogen. Ein Papst als Sprecher der Kirche, das heißt des ganzen Volkes Gottes, und als Vorsitzender eines ökumenischen Konzils hätte ihre volle Unterstützung gefunden. Damals, so scheint es, war das nicht möglich. Meines Erachtens waren dafür aber eher machtpolitische als theologische Gründe verantwortlich.

Später entwickelte sich die Marienfrömmigkeit nach verschiedenen Richtungen. Die Protestanten reduzierten sie, die Katholiken stützten sie durch die Einführung neuer mariologischer Dogmen, die die Differenzen unterstrichen.

Ich kann nicht für die Katholiken sprechen. Ich kann nur als Protestant sprechen, der glaubt, daß in diesem Prozeß etwas verlorenging. Für einen Protestanten leidet es keinen Zweifel, daß alle mariologischen Bekenntnisse von der Alten Kirche bis zu Karl Barth indirekte christologische Bekenntnisse waren. Maria hat keine Würde aus sich selbst. Aber das heißt nun nicht – und hier haben wir Protestanten geirrt –, daß sie überhaupt keine Würde hat, nicht zu sprechen von dem christologischen Defizit, das entsteht, wenn das Gefäß, durch das Christus in die Welt kam, ignoriert wird.

Daß dieses Gefäß eine Frau war, ist wichtig für den christlichen Glauben. Es ist doppelt wichtig für eine Kirche wie die protestantische, die so stark von Männern dominiert ist. Aber ebenso wichtig ist es für die katholische Kirche, die in dieser Hinsicht der protestantischen in nichts nachsteht. Beide Kirchen werden von dem beherrscht, was man »das männliche Prinzip« nennt. Genauso wie Christus vere deus vere homo ist, genauso ist der Mensch nur Mensch, wenn er Mann und Frau ist. Und es ist ja auch interessant für unsere gegenwärtige Geisteslage, daß viele Sprachen für »Mann« und »Mensch« das gleiche Wort haben, als ob das dasselbe wäre. Da sind wir im Deutschen besser dran. Der Mensch ist Mann und Frau. In jedem Mann steckt etwas von einer Frau. Und es ist äußerst gefährlich für den Mann, die Frau in sich zu unterdrücken. In jeder Frau steckt etwas von einem Mann. Und es ist gefährlich für die Frau, diesen Teil ihrer selbst zu unterdrücken. Der Kürze halber möchte ich das männliche Prinzip »rational«, »vernünftig«, »logisch« und »linear« nennen (in Tat und Wahrheit ist es gar nicht so vernünftig[16]) und das weibliche Prinzip »intuitiv«, »meditativ« und

---

16. Vgl. dazu GGG, 19–20, und K.-W. Bühler (Hg), Vernunft ist weiblicher Natur.

»vielschichtig« oder »multidimensional«. Wie immer wir es nennen, die Tatsache bleibt bestehen, daß eine Überschätzung des rationalen Prinzips über das Intuitive beides verkrüppelt, den Mann und die Frau[17]. Diese Verkrüppelung ist der Preis, den wir für die Überbetonung des männlichen Prinzips zu zahlen hatten in der protestantischen Kirche (nicht nur, aber auch) *wegen* der Unterdrückung der Marienfrömmigkeit und in der katholischen Kirche – merkwürdigerweise, aber ebenso tragisch – *trotz* der Marienfrömmigkeit[18].

---

17. Dazu besonders Tappolet, 339–356.
18. Zum Verhältnis zwischen »männlich« und »weiblich«, animus und anima vgl
    unten die Kapitel »Barbara« (S. 188ff) und »Rumpelstilzchen« (S. 200ff).

II.
DIALOGFELDER

8. Evangelisation

Das folgende Kapitel begründet die These, daß die Evangelisten des Neuen Testaments Evangelisation nicht als Weitergabe des »schon Gewußten« verstanden. Vielmehr war für sie Evangelisation ein Entdeckungsprozeß, in welchem der Evangelist durch das Geschehen der Evangelisation etwas über das Evangelium vernahm, das er vorher nicht wußte. Evangelisation ist also neutestamentlich nicht der Gegenbegriff zu Dialog, sondern der theologisch verantwortete Vollzug des Dialogs.

Diese Evangelisation bedingt eine reife Form des Zeugnisses (martyria), weil sie ja ständig ihr kulturell und gesellschaftlich geprägtes Gottes- und Menschenbild in Frage stellen lassen muß, ohne dadurch Gottes Freundschaft zum Menschen, seine Offenbarung, in Frage zu stellen. Schließlich führt diese Evangelisation notwendigerweise zu verschiedenen Inkulturationen des Evangeliums und kulturell bedingten Theologien. Ihr Stachel ist, daß die interkulturelle Verschiedenheit schon in der Evangelisationsweise Jesu angelegt ist und hiermit zum Evangelium selber gehört[1].

8.1 Dialogische und situationsbedingte Evangelisation

»Was muß ich tun, damit ich das ewige Leben ererbe? Wo finde ich Lebensqualität?« Dies fragte Jesus ein Gesetzeskundiger, ein bibelfester Theologe oder Missionar vielleicht. »Daß ein studierter Theologe einen Laien nach dem Weg zum ewigen Leben fragt, war damals genauso ungewöhnlich, wie es das heute wäre.«[2] Vielleicht

---

1. Bader Smith Memorial Lecture, November 1973, Birmingham; gedruckt unter dem Titel »Evangelism – Bone of Contention or Good News« in: »Contemporary Evangelism« (Birmingham, Overdale College) 1973, 62–76, und in: W. J. Hollenweger, Evangelism Today (Belfast, Christian Journals Ltd.), 1976, 76–97. Auf deutsch Vortrag vor der Mitarbeiterkonferenz der Evangelisch-methodistischen Kirche der Schweiz (Luzern 1974); gedruckt unter dem Titel »Evangelisation: Frohbotschaft oder Stein des Anstoßes« in: Der Mitarbeiter 22/4, Nov. 1974, 4–16, und unter dem Titel »Ausschau nach dem Gemeinsamen. Zur Kontroverse der Evangelikalen mit den Ökumenikern« in: Luth. Monatshefte 13/7, Juli 1974, 338–342. Vgl auch mein »Evangelisation«.
2. J. Jeremias, Die Gleichnisse Jesu, 169.

wußte der Mann die Antwort im voraus und wollte Jesus nur auf die Probe stellen. Vielleicht aber war er wirklich von Jesus beeindruckt und wollte ihm seine Lebensfrage stellen!

Wer ist mein Bruder?
Jesus antwortete ihm: Das weißt du doch. Tu, was du schon weißt. Aber der Fragesteller wollte sich rechtfertigen und fragte zurück: Wer ist mein Nachbar? Diese Frage war zur Zeit Jesu verständlicher als heute, denn es war unter den Juden damals strittig, wer solch ein »Gefährte«, ein Nachbar, war. Die Pharisäer wollten die Nichtpharisäer von der »Gefährtschaft«, der Nachbarschaft, ausschließen[3], andere wieder wollten alle Juden, auch die Proselyten, einschließen. Die Essener forderten, daß man alle »Söhne der Finsternis« hassen solle[4]. Eine rabbinische Richtung lehrte, daß man Häretiker, Denunzianten und Abtrünnige in eine Grube »hinabstoße und nicht heraufziehe«[5]. So ist die Frage verständlich: Wer ist mein Nachbar, mein Mitmensch? Bis zu welcher Grenze hin soll man lieben?

Es ist äußerst aufschlußreich, *wie* Jesus diese Frage beantwortet. Nämlich nicht mit einer klaren Definition des Wortes »Nachbar«, nicht mit einem scharfen Begriff, sondern mit der Geschichte vom barmherzigen Samariter[6]. In der Nacherzählung dieser Geschichte sollte man Priester und Leviten nicht als grausame und herzlose Menschen darstellen, die gleichgültig am Notleidenden vorübergehen. Beide hatten nämlich ihre theologischen und biblischen Gründe für ihre Handlungsweise. Hätten sie einen Halbtoten (und wer weiß, vielleicht war er schon ganz tot?) berührt, so wären sie unfähig zum Tempeldienst geworden.

Zu diesem Schluß mußten sie auf Grund ihres Verständnisses der unfehlbaren Offenbarung Gottes in seinem Wort kommen. Aus Treue ihrem Missionsverständnis gegenüber mußten sie sich dem Ruf ihres Herzens nach Barmherzigkeit verschließen. Wahrscheinlich taten sie dies mit großem Bedauern. In ihren Augen war es wichtiger, Gott zu gehorchen, als den Menschen Barmherzigkeit zu erweisen. Gottes Wort war wichtiger als Dienst am Menschen[7].

Nach Priester und Leviten erwarteten die Zuhörer – den Regeln orientalischer Geschichtenerzähler folgend – den Dritten. Vielleicht stellte man ihn sich als Laien vor, als frommen Juden, denn bis zu

---

3. Strack-Billerbeck II, 515ff.
4. IQS 1,10, Vgl 9,16, 21f; 10,21.
5. b'A.Z. 26a (Bar), vgl Abh. R. Nathan 16,7. Zum Ganzen: Jeremias, 169ff.
6. Luk. 10,25–37.
7. Lev. 21,1ff; J. Mann, Jesus and the Sadducean Priests; Jeremias, 203.

diesem Punkt hatte die Geschichte eine leicht antiklerikale Spitze. Aber nun überraschte Jesus die Zuhörer mit dem Samariter. Heute hätte er vielleicht einen Mohammedaner oder einen Agnostiker eingeführt. Nun hatten allerdings die Juden Grund genug, die Samariter zu hassen, hatten diese doch zwischen dem Jahr 6 und 9 nach christlicher Zeitrechnung den Tempelplatz während eines Passahfestes um Mitternacht durch Ausstreuen menschlicher Totengebeine verunreinigt[8].

Wer ist mir Gefährte?

Die Geschichte endet hier noch nicht. Der Bibelkundige muß erleben, wie ihm seine Frage umgedreht wird. Er hatte gefragt: Wer ist mein Nachbar, Mitmensch, Gefährte? Nun fragte ihn Jesus: Wer ist der Mitmensch dessen, der unter die Räuber fiel? Das ist die Evangelisation Jesu! Des Fragers Frage wird umgedreht. Anstatt zu fragen: *Wen* muß ich lieben?, fragt er: Wer liebte das Opfer? In anderen Worten: Wer ist der Mensch der Liebe?

Karl Barth hat vielleicht nicht unrecht, wenn er die Auslegung der Kirchenväter dieser Geschichte wieder aufnimmt[9]. Barth sieht in dem Gleichnis eine indirekte Christologie. Durch das Gleichnis fragt Jesus den Gesetzeskundigen:

»Siehst du nicht, daß du selber halbtot bist. Du weißt alles und weißt doch nichts. Du fragst: Wen muß ich lieben? Und ich frage dich: Siehst du denn nicht, wer dich liebt? Du fragst: Wer ist mein Gefährte? Und ich frage dich: Wer ist dir Gefährte?
Vielleicht der, der jetzt vor dir steht und mit dir spricht? Dieser selbe, der als Irrlehrer gehaßt, als Fresser und Säufer, als Freund der Sünder und Zöllner, als Sabbatschänder und Gotteslästerer verleumdet wird? Dieser selbe, der bereit ist, sein Leben für seine Freunde, seine Gefährten, seine Mitmenschen zu geben?«

All dies wird in dem Gleichnis nur angedeutet. Aber eines will Jesus dem Gesetzeskundigen gewiß sagen: Gib es auf, die Definition des »Nächsten« zu suchen. Diese Frage führt auf einen Holzweg. Nimm die Liebe an, die dir geboten wird – nur dann kannst du den anderen Liebe geben.

Dialogische Evangelisation in den Evangelien
Diese dialogische und situationsbedingte Weise der Evangelisation ist für Jesus charakteristisch. Nehmen wir zum Beispiel einige

---

8. Josephus, Ant., 18,30.
9. KD1/2, 468ff.

Perikopen aus dem Matthäus-Evangelium. Ein Aussätziger kommt
zu Jesus und ruft:»Wenn du willst, kannst du mich rein machen«
(8,2). Ein Hauptmann bittet um Hilfe für seinen Diener (8,5ff). Die
Schwiegermutter des Petrus ist krank (8,14ff). In allen drei Fällen
erfolgt eine Heilung. Ein Schriftgelehrter will ein Jünger Jesu werden und sagt:»Ich will dir nachfolgen« (8,19). Er wird in eine
Reflexion über Nachfolge verwickelt. Die Jünger fürchten sich vor
dem Sturm (8,23ff). Sie bekommen eine praktische Glaubenslek-
tion. Zwei Dämonenbesessene schreien, als Jesus vorübergeht
(8,25ff). Sie werden gereinigt. Ein Lahmer wird durch das Dach
hereingelassen. Ihm werden die Sünden vergeben (9,1ff). Dann
folgt eine der kürzesten Evangelisationspredigten, die je gehalten
wurde. Dem Matthäus wird gesagt:»Folge mir nach!« Matthäus
steht auf und lädt alle seine Freunde zu einem Fest ein. Das aber
macht die Pharisäer zornig[10]. Die Jünger stellen eine Frage in bezug
auf das Fasten (9,14ff). Sie wird beantwortet. Der Synagogenvorsteher bittet um Hilfe für seine Tochter (9,18ff). Ihr wird geholfen.
Zwei Blinde bitten um Hilfe (9,27ff). Sie werden geheilt. Dann
kommt das berühmte zehnte Kapitel im Matthäusevangelium, wo
der Missionsbefehl folgendermaßen formuliert wird:»Predigt: Das
Himmelreich ist genaht!« Und wie sollen sie es predigen? Der
nächste Satz macht es klar:»Heilet die Kranken, weckt die Toten
auf, reinigt die Aussätzigen, treibt die Dämonen aus! Und wenn
man euch in einer Stadt nicht aufnimmt, drängt euch nicht auf. Geht
fort!«

Und weiter: Eine Frage von Johannes dem Täufer veranlaßt Jesus
zu einer Erklärung (Matth. 11). Später verursacht die Kritik der
Pharisäer an den Ähren raufenden Jüngern Jesus zu einem Kommentar über den Sabbat (Matth. 12). Ein Mensch mit einer verdorr-
ten Hand bittet um Hilfe. Er wird am Sabbat geheilt. Dies verursacht weitere kontroverse Kommentare von Jesus. Die Heilung
eines besessenen Mannes löst eine Auslegung Jesu über seine
Heilungskraft aus.

Man könnte in diesem Stil weiterfahren. Fast überall finden wir
das gleiche Muster: Die Evangelisation Jesu wird meistens (wenn
auch nicht immer) durch eine Frage oder eine bestimmte Situation
seiner Zuhörer ausgelöst. Mir sind nur zwei Beispiele im Neuen
Testament bekannt, wo die Verkündigung Jesu mit einem Bibeltext
beginnt. Das eine ist die sogenannte Antrittspredigt Jesu in der
Synagoge von Nazareth, wo er eine kurze Perikope aus dem Pro-

---

10. Matth. 9,9ff. Vgl die hervorragende Interpretation von D. Mendt:»Da stimmt
was nicht« auf Christiana CSG 12004.

pheten Jesaja liest:»Der Geist des Herrn ruht auf mir, weil er mich
gesalbt hat . . .« Und die folgende Predigt ist noch kürzer:»Heute
ist dieses Schriftwort erfüllt vor euren Augen. Amen«[11]. Das zweite
Beispiel betrifft den schwarzen Minister aus Äthiopien, der eine
Jesaja-Rolle in der Missionsbuchhandlung in Jerusalem gekauft
hatte. Auf dem Heimweg las er sie, und Philip, der Evangelist,
fragte ihn:»Verstehst du auch, was du liesest?«[12]

Man kann hier einwenden: Die biblischen Geschichten sind keine
exakten Wiedergaben der Evangelisationsmethoden Jesu. Gewiß
hat er mehr und länger gepredigt. Sie sind lediglich Zusammenfas-
sungen. Das ist richtig. Aber es ist ein merkwürdiges Argument von
seiten der Evangelikalen, die sonst immer die Zuverlässigkeit und
Genauigkeit der Schrift unterstreichen. Wie schwach muß es um
ihre Argumente bestellt sein, wenn sie ihre Evangelisationsmethoden auf etwas stützen müssen, das gerade nicht im Neuen Testament
steht. Und selbst wenn das Argument richtig ist, dann muß man sich
fragen: Warum beschreiben die vier Evangelisten die Evangelisation Jesu vorwiegend als dialogische und situationsbedingte? Es
leidet keinen Zweifel, daß für sie diese Evangelisationsweise dem
Inhalt der Frohbotschaft genau entsprach.

Diese dialogische und situationsbedingte Evangelisationsweise ist
verantwortlich für zwei grundlegende Charakteristika biblischer
Evangelisation.

(1) Die neutestamentlichen Evangelisten verkündigten die Frohbotschaft nicht in Thesen und Definitionen. Gewiß, man kann im
Neuen Testament den Beginn eines Destillationsverfahrens biblischer Geschichten beobachten. Es gibt schon einige bescheidene
Anfänge der Abstraktion[13]. Aber wo wir den Prozeß der Evangeli-

---

11. Luk. 4,21.
12. Apg. 8,30.
13. Der Vorgang, der hier zu betrachten ist, heißt mit dem fremden Namen
abstrahieren, »abziehen, absehen von etwas«. Wir können dafür auch sagen:
»es ist der leere Blick« (F. Melzer, Unsere Sprache, 222). Melzer nennt das
Abstraktum auch ein »Dörrwort« und vergleicht es mit einem Gespenst.
»Ohne Fleisch und Blut schleicht es einher. Mehr noch, es ist einem Vampyr zu
vergleichen, der im Dienste eines lebensfremden und eigenmächtigen Verstandes der lebendigen Sprache das Blut aussaugt. Denn das Dörrwort lebt nur von
den lebendigen Wörtern der Sprache. Solange diese das Dörrwort ertragen und
ihm Sinn und Kraft leihen, bleibt es im Satz, bleibt damit die ganze Sprache
noch verständlich und lebendig. Erst wenn die Wörter der lebendigen Sprache
ganz ausgesogen, blaß und leer geworden sind, wird die ausgedörrte Sprache
völlig unverständlich« (aaO, 223). Und da wundert man sich noch, daß
Theologen schlechte Evangelisten sind!

sation verfolgen können, vollzieht sich dieser fast immer in Form von Geschichten, die durch die Situation der Zuhörer ausgelöst wurden und mit ihnen im Gespräch erarbeitet wurden. Die Zuhörer kommen in der Geschichte vor.

(2) Weil die Zuhörer in der Geschichte vorkommen und weil die Geschichte manchmal mit den Zuhörern zusammen erfahren wird (Heilungen!), gibt es im Neuen Testament sehr verschiedenartige Evangelisationsgeschichten. Das Neue Testament bevorzugt eine pluralistische Evangelisation. Vielleicht kann man hinter den verschiedenen Evangelisationsweisen eine allen gemeinsame These entdecken. Aber die neutestamentliche Evangelisation beginnt nicht mit dieser These. Sie beginnt mit der Situation.

Diese pluralistische Evangelisationsweise ist der Grund für den Streit zwischen den sogenannten Evangelikalen und den sogenannten Ökumenikern. Es ist nicht der Gegensatz zwischen »horizontal« und »vertikal«. Die Kontroverse über diesen Punkt ist ein gegenseitiges Mißverständnis.

Aber ob ein Hauptmann[14] anders evangelisiert wird als ein Aussätziger, ob man in der Synagoge anders evangelisiert, als wenn ein Lahmer durchs Dach eines Privathauses heruntergelassen wird, ob ein Jude anders auf die Frohbotschaft antworten darf als ein Hellenist,

ein deutscher Akademiker anders als ein Kimbanguist[15],
ein tschechischer Marxist[16] anders als ein indianischer Pfingstler
    aus Mexiko[17],
ein französischer Zigeuner[18] anders als Huldrych Zwingli[19],
ein brasilianischer Tagelöhner[20] anders als Martin Luther[20],
Chloe anders als Erastus,
Tertius anders als Paulus[21],
eine Frau anders als ein Mann,
das ist die kontroverse Frage interkultureller Theologie. Und ihr Stachel ist, daß die interkulturelle Verschiedenheit schon in der Evangelisationsweise Jesu angelegt ist.

---

14. Vgl unten, S. 127ff.
15. Zu den Kimbanguisten, oben, S. 57ff und S. 75f.
16. M. Machoveč, unten, S. 285f.
17. ChroSch, 30–48.
18. Oben, S. 78ff.
19. Unten, S. 299ff.
20. Oben, S. 76ff.
21. Oben, S. 38ff.

Dialogische Evangelisation in der Apostelgeschichte
Bevor ich die Frage der interkulturellen Theologie weiter verfolge
und untersuche, ob sich denn in den verschiedenen Evangelisationsweisen heute und im Neuen Testament überhaupt etwas Gemeinsames feststellen lasse, möchte ich noch einmal zum Neuen Testament
zurückkehren und fragen, ob das, was wir in den Evangelien gefunden haben, auch in der Apostelgeschichte zutrifft.

Evangelisation in der Apostelgeschichte beginnt mit Pfingsten.
Das Pfingst*ereignis* verursacht die Frage: »Was soll das bedeuten?«[22] Und auf *diese* Frage antwortet Petrus. Es hat keinen großen
Sinn, Leute evangelisieren zu wollen, bevor diese fragen: »Was soll
das bedeuten?« Dabei setze ich voraus, daß es in der Kirche
»etwas« gibt, das die Bedeutungsfrage herauslockt. Aber nun geht
das Fragen weiter. Diesmal tiefer: »Männer und Brüder, was sollen
wir tun?« fragen die Zuhörer[23]. Im nächsten Kapitel kommt die
Geschichte des lahmen Mannes an der Tempeltüre. Er wird geheilt,
und Petrus und Johannes werden vor Gericht zur Rechenschaft
gezogen. Auch hier wieder Fragen und Antworten.

Ich übergehe einige Perikopen und komme zu einem der wichtig-
sten Texte über Evangelisation im Neuen Testament, nämlich der
Geschichte, die normalerweise »Die Bekehrung des Hauptmanns
Kornelius« heißt, die man aber ebensogut »Die Bekehrung des
Petrus« nennen könnte.

8.2 Die Bekehrung eines Evangelisten

Das erste, was uns von Kornelius berichtet wird, ist, daß er ein
Kompagnieführer in einem römischen Bataillon in Cäsarea war. Er
galt als fromm und gottesfürchtig[24] und unterstützte die jüdische
Synagoge mit Beiträgen. Er betete regelmäßig. Als Erhörung seiner
Gebete (so ausdrücklich im Text, Apg. 10,4) wurde ihm Petrus
zugeschickt.

Petrus selbst hatte durch eine Vision auf die Begegnung mit dem
Heiden vorbereitet werden müssen. Nach dreimaliger Aufforderung
begann Petrus seine Rolle als Evangelist zu verstehen und richtete
seine Botschaft[25] bei Kornelius aus. Der Text der Apostelgeschichte

---

22. Apg. 2,12.
23. Apg. 2,37.
24. phoboumenoi ton theon; vgl F. J. F. Jackson / K. Lake, Beginnings V, 88, und
    Mülheimer Testament z. St.
25. Zu den grammatikalischen Schwierigkeiten von Apg. 10,36f vgl U. Wilckens,
    Kerygma und Evangelium bei Lukas; C. F. D. Moule, H. W. Moule on Acts
    6,25; J. D. A. Macnicol, Word and Deed; F. F. Bruce, Acts, 225.

bemerkt dann: »Noch während Petrus diese Worte redete, fiel der Heilige Geist auf alle, die das Wort hörten . . .«

Petrus geht also zu einem Menschen anderen Glaubens, nämlich zu einem gottesfürchtigen Heiden, und gewinnt im Umgang mit diesem entscheidende Einsichten, die im Widerspruch zu dem standen, was er bis jetzt als unaufgebbares Fundament des Evangeliums betrachtet hatte. Petrus weiß, daß es für ihn »streng verboten« ist[26], mit einem Heiden zu verkehren. Aufgrund einer Vision – nicht etwa aufgrund eines erneuten Studiums des Alten Testamentes – übertritt er dieses Verbot. Im Verlauf seiner Evangelisation lernt er Entscheidendes über das Evangelium: nämlich, daß es nicht auf Juden beschränkt ist und die für ihn bis jetzt selbstverständlichen Kultgesetze des Judentums für die Heiden nicht verpflichtend sind.

Vor diesem Hintergrund kann man nur Peter Beyerhaus zustimmen, wenn er schreibt: »Man muß sich fragen, wie viele Missionare heute tatsächlich im grundsätzlichen Sinne Grenzen überschreiten.«[27] Das eigentliche Risiko des Evangelisten besteht nicht darin, daß er Gefahren und Mühsal auf sich nimmt, sondern daß er das, was er als das Fundament des Evangeliums betrachtet, aufs Spiel setzen muß. »Billiger geht es nicht« (Philip Potter)[28]. »Dialogisch leben heißt gefährlich leben. Gleichzeitig aber heißt es auch schöpferisch leben« (J. Gordon Davies)[29]. Lesslie Newbigin stimmt dem zu: Wir sind verpflichtet, das Evangelium zu verkünden. Aber *wie* diese Verkündigung beim Zuhörer ankommt (»comes alive«), haben wir nicht in der Hand. Alle Versuche, die Ankunft des Evangeliums beim Hörer zu fixieren, »enden in gesetzlichen Entstellungen des Evangeliums«[30].

Der Text der Apostelgeschichte erregt weitere Bedenken, die ich in meinem »Evangelisation gestern und heute« im einzelnen untersuche. Da wird zum Beispiel eine Taufformel gewählt, die die meisten heutigen Theologen als häretisch verurteilen[31]. Es steht nichts in unserer Geschichte über Buße, Reue, Sündenerkenntnis des Kornelius. An dieser Stelle wird ganz einseitig alle Initiative Gott zugeschrieben. In der Tat, einige Kommentare bezeichnen die

---

26. So die Übersetzung von U. Wilckens (Neues Testament). Luther: »unerlaubtes Ding«; Zürcher Übersetzung: »ungehörig«; Loisy, »interdit«. Zur Übersetzung von athemitos (ungehörig) vgl Beginnings IV, 117.
27. P. Beyerhaus, The Ministry of Crossing Frontiers, 44f.
28. Philip Potter in einem Interview »zur sogenannten Grundlagenkrise in der Mission«.
29. J. G. Davies, Dialogue With the World, 55.
30. J. Newbegin, Call to Mission, 260.
31. Nach Beginnings (IV, zu Apg. 10,48) eine der ältesten Taufformeln.

theologische Tendenz in dieser Geschichte als einseitig. Lukas schalte die menschliche Entscheidung so gut wie aus[32]. Mir scheint allerdings, so ganz ohne persönliche Entscheidung geht es in unserer Geschichte nicht ab. Nur liegt der Schwerpunkt der Entscheidung nicht beim Heiden Kornelius, sondern beim Evangelisten Petrus. Dieser mußte sich entscheiden, ob er das Geschehen im Hause des Kornelius als legitime Herausforderung an seine bisherige Auffassung des Evangeliums betrachten wollte oder nicht.

Als Petrus nach Jerusalem zurückkehrte, »stritten die aus der Beschneidung Stammenden«[33] mit ihm. Wenn wirklich evangelisiert wird, wenn Grenzen überschritten, neue Dimensionen des Glaubens entdeckt werden – vor allem wenn diese im Widerspruch zu bereits Geglaubtem stehen –, scheint es in der Kirche regelmäßig Streit zu geben. Das war schon in der Urgemeinde nicht anders[34]. Der Streit gehört zur Kirche. Das heißt nicht notwendigerweise, daß die Streitenden einander unlautere Motive vorwerfen. Nach der Darstellung des Lukas ließen die Jerusalemer jedenfalls Petrus vorerst einmal seine Geschichte erzählen. Und nun geschieht das Merkwürdige. Sie lassen sich von den Tatsachen – nicht vom Schriftbeweis! – des Petrus überzeugen. Petrus begründet sein ungehöriges Betragen und sein Abweichen von der Jerusalemer Norm damit, daß Gott den Heiden »die gleiche Gabe wie auch uns«[35] gegeben habe – eine höchst gefährliche theologische Argumentation. Aber Evangelisation ist höchst gefährlich, weil sie neue Weisen des Christseins entdeckt. Petrus hat sie gewagt. Und die Jerusalemer haben sie angenommen[36]. »Als sie das hörten, wurden sie still und priesen Gott, sagend: Also hat auch den Heiden Gott die Buße zum Leben gegeben.«[37]

Das Aufregende an dieser Geschichte ist gerade dies, daß ein

---

32. E. Haenchen, Apostelgeschichte 308. Vgl auch W. Beyer (Apostelgeschichte 68): Das Geschichtsbild der Apostelgeschichte ist falsch; sowie A. Loisy: Gott hat dem Kornelius das Heil aufoktroyiert (Actes, 434). Die Haltung des Petrus ist vom jüdischen Standpunkt aus »complètement inacceptable et l'on peut douter que Pierre eût osé la formuler«. Selbst für Paulus ist Petrus – nach Loisy – zu weit gegangen und sicherlich für die Urchristenheit im Ganzen (Actes, 442).
33. Apg. 11,2.
34. Der Evangelikale J. C. King (The Evangelicals, 121) warnt davor, die Urchristenheit zu idealisieren.
35. Apg. 11,17.
36. So die Darstellung des Lukas. Inwieweit hier Lukas die urchristliche Wirklichkeit idealisiert, beschäftigt uns hier nicht.
37. Apg. 11,18.

Apostel, der zum Felsen der Kirche berufen war, im Verlauf seiner Evangelisation etwas über das Evangelium lernte, das er vorher nicht nur nicht gewußt hatte, sondern das im Widerspruch zu seinem vorherigen Evangeliumsverständnis stand. Aber geschieht Evangelisation heute anders? Natürlich gibt es Redner, die vor jedem Publikum das gleiche Sprüchlein wiederholen und nicht damit rechnen, von den Heiden, den Agnostikern, den Gleichgültigen etwas Neues über Christus zu lernen. Evangelisten sind das aber nicht – höchstens Propagandisten. Der wahre Evangelist geht bei seinem Zeugendienst immer wieder das Risiko ein, daß sein Christusbild von seinem Hörer korrigiert wird oder sogar daß er »unrein« wird in den Augen seiner Mitchristen, ein Risiko, welches weder der Priester noch der Levit eingehen wollte.

8.3   Wieviel Pluralismus?

Doch zurück zur Frage des Pluralismus. Ich versuchte zu zeigen, daß echte Evangelisation eine genuine Antwort erfordert. Diese Antworten sind nicht nur voneinander verschieden, sondern sie stellen auch die Gültigkeit jener Form des Evangeliums in Frage, auf die sie antworten. Ein Blick auf die Kirchengeschichte zeigt dies klar. Die klassischen Erweckungen (Methodisten, Heilsarmee, Pfingstler) haben diejenigen Auslegungen des Evangeliums in Frage gestellt, denen sie ihre Entstehung verdanken. Die Methodisten zum Beispiel wurzeln in der anglikanischen Tradition. Aber in ihrer Antwort auf diese Tradition entwickelten sie ein Verständnis der Frohbotschaft, das verschieden war vom anglikanischen. Die Heilsarmee verdankt ihre Entstehung den Methodisten. Aber in ihrer Antwort auf die Methodisten entwickelte die Heilsarmee ein von den Methodisten verschiedenes Verständnis des Evangeliums. Das gleiche gilt für die Pfingstler und in noch höherem Maße für die unabhängigen Kirchen Afrikas.

Man sollte dabei allerdings nicht übersehen, daß es Formen von Antworten gibt, die als nicht-christlich und falsch zu qualifizieren sind. Dieser Punkt wird erreicht, wenn eine Gruppe in ihrer eigenen kirchlichen Organisation, in ihrer eigenen Theologie, in ihrer eigenen Glaubenserfahrung Gottes Wille unfehlbar erkennt, wenn ihre eigenen Gedankengebäude oder Glaubenserfahrungen zur Konkurrenz zum einmaligen »Fleisch gewordenen Wort« werden. Wer immer seine Gottesdienstform, seine Theologie dazu braucht, um anderen Christen das Christsein abzustreiten, macht seine Weise des Christseins zum Maßstab der Frohbotschaft und verleugnet damit

die Gültigkeit des ein für allemal gegebenen Maßstabes, die Einzig-
artigkeit der Inkarnation des Zimmermanns aus Nazareth[38].

Aber abgesehen von solchen Gruppen, die behaupten, sie allein
hätten das Evangelium richtig verstanden und die sich dergestalt
selber aus der Gemeinschaft der Christen ausschließen, gibt es ein
breites Spektrum von Möglichkeiten des Christseins in der universalen Kirche. Die Frage ist daher unvermeidlich: Haben diese verschiedenen Weisen des Christseins etwas miteinander gemeinsam?
Eine erste Antwort lautet: Sie haben eine gemeinsame Geschichte,
nämlich diejenige von Jesus von Nazareth. Auf diesen Brennpunkt
beziehen sie sich alle. Einige von ihnen – aber nicht alle – haben
Abendmahl und Taufe gemeinsam. Die Mehrheit glaubt an die
Zusammengehörigkeit ihrer verschiedenen Weisen des Christseins,
an die communio sanctorum, auch wenn diese Zusammengehörigkeit nicht in befriedigenden Konzepten ausgedrückt werden kann.
Das ist der Motor hinter den verschiedenen Formen der ökumenischen Bewegungen, daß sie Ausschau halten nach Begebenheiten
und Sprachformen, die diese geglaubte Zusammengehörigkeit sichtbar machen, wenn auch nur in fragmentarischer Weise.

Ich versuche nun, einen Punkt dieser Zusammengehörigkeit weiter auszuführen. Er leitet sich aus den verhandelten Bibelstellen ab.
Er muß aber paradox formuliert werden: Die Frohbotschaft ist
essentiell ein Stein des Anstoßes, nicht nur zwischen Christen und
Nichtchristen, sondern auch zwischen Christen. Das muß so sein,
weil die Frohbotschaft in einer Reihe von Ereignissen und nicht in
einer Reihe von Thesen geschieht. Da diese Ereignisreihe unabge-
schlossen ist, war die Debatte zwischen den Jerusalemer Aposteln
und Petrus nötig – *nicht* eine Debatte *über* die Wahrheit, sondern
auf die in der Ereignisreihe verborgene Wahrheit *hin*.

Die Frohbotschaft ist gut, weil es in ihr um Gottes Güte geht. Der
Mensch, auch der wiedergeborene und geheiligte Mensch weiß im
Grunde genommen nicht, was gut ist. Das zeigt sich mit besonderer
Deutlichkeit, wenn wiedergeborene und geheiligte Menschen an
Konferenzen zusammenkommen und in wichtigen Punkten diver-
gieren, wenn sie die Güte der »Guten Nachricht« definieren wollen.
Es gehört zur Güte dieser Frohbotschaft, daß der Mensch im
Grunde nicht zwischen gut und böse zu unterscheiden vermag.
Schließlich ist die Erkenntnis des Guten und Bösen eine Folge des
Falles. Vor dem Fall unterschied der Mensch nicht zwischen gut und
böse. Darum beginnt Bonhoeffer seine Ethik mit den erstaunlichen

---

38. Weiter ausgeführt in »Sekten«, unten, S. 234f.

Sätzen: »Das Wissen um gut und böse scheint das Ziel aller ethischen Besinnung zu sein. Die christliche Ethik hat ihre erste Aufgabe darin, dieses Wissen aufzuheben ... Die christliche Ethik erkennt schon in der Möglichkeit des Wissens um gut und böse den Abfall vom Ursprung. Der Mensch im Ursprung weiß nur eines: Gott.«[39] Besonders zu bemerken ist hier ebenfalls, daß für Paulus die letztgültige Erkenntnis nicht eine objektive Erkenntnis oder Wahrheit ist, sondern Erkenntnis »von Angesicht zu Angesicht«, Gott sehen und erkennen, wie er mich erkennt[40]. Jetzt kennt uns Gott grundlegend. Wir kennen ihn nur von ungefähr. Das ist die Anwendung der »theologia crucis« bei Paulus auf die Erkenntnistheorie. So wie wir aus Gnaden gerechtfertigt sind, so erkennen wir auch aus Gnaden allein. Und so wie unser Heil von Gottes Seite her vollendet, aber nicht vollkommen ist, bis wir ihn von Angesicht zu Angesicht sehen, so ist Gottes Erkenntnis von gut und böse vollendet – aber die unsrige vorläufig und bruchstückhaft.

Das ist wahrscheinlich ein grundlegender Unterschied zwischen den Christen einerseits und Marxisten und Mohammedanern andererseits. Für einen Christen ist die Frohbotschaft immer (noch) im Werden, grundsätzlich im Werden.

8.4   Wer ist ein Zeuge?

Daraus sind nun einige Folgerungen zu ziehen. Zuerst einige negative. Eine falsche Folgerung wäre es, unsere relative und bruchstückhafte Erkenntnis der Frohbotschaft für nichts zu achten. Sie ist nicht nichts, weil sie alles ist, was wir haben. Es ist nicht nichts, wenn einer weiß, daß seine Schuld vergeben ist. Aber es ist nicht alles und vielleicht für bestimmte Menschen nicht einmal die wichtigste Erkenntnis der Frohbotschaft (bezeichnend ist, daß in den untersuchten Texten »Sündenvergebung« eine untergeordnete Rolle spielte). Es ist nicht nichts, wenn jemand weiß, daß das Evangelium den ganzen Menschen, Leib und Seele, betrifft. Aber es ist nicht alles und für bestimmte Menschen vielleicht nicht der wichtigste Teil des Evangeliums.

Ebenso wäre es verkehrt zu schließen, daß wir nicht für unsere bruchstückhaften und einseitigen Überzeugungen einstehen sollen. Es ist ein Zeichen des Glaubens, wenn einer es wagt, seine Überzeu-

---

39. D. Bonhoeffer, Ethik, 19.
40. 1. Kor. 13,12.

gungen anderer (christlichen und nichtchristlichen) Überzeugungen zur Kritik auszusetzen. Als Christen sind wir im besonderen dazu berufen, unsere Überzeugungen anderen auszusetzen, denn wir sind ja nicht gerechtfertigt aufgrund unserer Überzeugungen. Überzeugungen gehören zu dieser vergehenden Welt. Sie mögen sich ändern im Laufe eines Lebens. Unser Heil beruht nicht auf Überzeugungen, sondern auf der unveränderlichen Freundschaft Gottes mit uns, die uns in der Geschichte seines Sohnes offenbart ist. Die Güte der »Guten Nachricht« hängt nicht von unserem Verständnis der »Guten Nachricht« ab.

Unsere Versuche, unser Verständnis der Frohbotschaft vor dem Wind der Kontroverse zu schützen, stehen grundsätzlich im Widerspruch zum Wehen des Geistes in eben dieser Frohbotschaft, gleichgültig ob wir diesen Schutz durch äußere Gewalt oder durch inneren Rückzug in »windstille Winkel unserer Seele« bewerkstelligen.

Zum Schluß einige positive Schlußfolgerungen. Man könnte einwenden, daß dieses Verständnis des Evangeliums, das immer kontrovers bleiben wird und bleiben soll, einen reifen Typus eines Evangelisten voraussetzt. Das ist nun allerdings meine Meinung. Im Neuen Testament wird ein Zeuge Märtyrer genannt. Christliches Zeugnis ist Martyria. Es ist höchst gefährlich. Evangelisation ist eine gefährliche Aufgabe. Sie verlangt eine lebenslange Übung im Gottvertrauen, ohne dabei meinem Gottesverständnis zu vertrauen, eine lebenslange Übung in der Fähigkeit, zu meiner Überzeugung zu stehen in der Erkenntnis, daß ich sie vielleicht zu ändern habe. Mit anderen Worten: Es ist eine lebenslange Abhängigkeit von der Zusicherung der Vergebung Gottes, seiner Liebe und seiner Erlösung unseres Falles (in welchem wir versuchen, zwischen gut und böse zu unterscheiden). Wir können diesen Fall nicht verhindern. Wir können nicht anders, als zwischen gut und böse unterscheiden zu wollen, obschon wir wissen, daß wir dabei immer der Genauigkeit ermangeln werden, die vor Gott gilt[41].

Ich habe versucht, die Lehre von der Rechtfertigung des Sünders von der rein moralischen Ebene (wo sie natürlich ihre Gültigkeit hat) auf die Ebene der Erkenntnistheorie zu übersetzen. Da es meine Überzeugung ist, daß die große Sünde heute von erkenntnistheoretischer Art ist (und nicht in erster Linie zur Kategorie der normalerweise »moralisch« oder »unmoralisch« genannten Taten gehört), muß der Evangelist sich auf diesem Gebiet, dem Gebiet der Erkenntnistheorie, besonders vorsehen. Darum auch ist der Evan-

---

41. Röm. 3,23.

gelist ständig in Versuchung, die »Gute Nachricht« in eine »alte Geschichte« zu verdrehen. Will er dies vermeiden, so kann er die Kontroverse nicht vermeiden. Er muß täglich beten: »Vergib uns unsere Schulden, wie wir unseren Schuldnern vergeben.«

Ich habe lange genug in der Ökumene gearbeitet, um ein Geheimnis verraten zu können: Wenn Menschen so anfangen zu beten und zu handeln, gibt es Überraschungen. Unüberwindliche Mauern verschwinden. Sie entdecken Gemeinsames, wo sie vorher nur Differenzen sahen. Pfingstler und Katholiken, Kimbanguisten und Reformierte, Anglikaner und Cherubim und Seraphim, Lutheraner und Methodisten entdecken auf einmal durch die Güte und Gnade Gottes, daß »in, mit und unter« diesen Differenzen viel Gemeinsames verborgen liegt.

9. Säkulare Liturgien

Wenn Evangelisation der theologisch verantwortete Dialog ist, so gilt es, nach den Dialogpartnern Umschau zu halten. Traditionellerweise ist der Dialogpartner der Theologie die Philosophie, von Aristoteles bis Heidegger. Neuerdings treten auch Medizin, Sozialwissenschaften, Marxismus, nichtchristliche Religionen und Psychologie als Dialogpartner in Erscheinung. Der Dialog mit diesen Disziplinen konzentriert sich notwendigerweise auf ihre artikulierten Theorien, das heißt, es ist trotz des interdisziplinären Charakters des Dialogs ein Dialog unter solchen, die sich vornehmlich in Begriffen, in »Dörrwörtern« ausdrücken; es ist ein Dialog unter schriftlichen Menschen.

Im folgenden versuche ich eine Auslegung dessen, was ich säkulare Liturgien nenne[1]. Die anvisierten Dokumente (ein Film Fellinis, ein Roman Bölls, Chansons aus der europäischen Tradition) sind mehr oder weniger gelungene Kunstformen der mündlichen Tradition, obschon sie eindeutig zur europäischen Geschichte gehören, was nur zeigt, daß die Mündlichkeit auch im Abendland eine nicht unbedeutende Rolle spielt.

Säkulare Liturgien haben zuweilen eine unheimliche Ähnlichkeit mit den kirchlichen. Jeder, der schon eine Jugendweihe mit anschließendem Essen mit Eltern, Tanten und Onkeln erlebte, wird den peinlichen Eindruck billiger Imitationen nicht los. Ähnliches ließe sich von säkularen Totenfeiern[2], den Liturgien des Fahneneides – überhaupt ist das Militär reich an kirchlichen Nachahmungen, oder ist es gar umgekehrt? –, der Prozession des Chefarztes von Bett zu Bett mit seinen Ministranten sagen.

Doch nicht von solchen Imitationen soll hier die Rede sein. In der Fülle versteinerter und phrasenhafter Liturgien gibt es durchsichtige Stellen, Schaufenster, die uns, die wir wissen, daß der Auferstandene uns in die Welt Galiläas vorangegangen ist (Mark. 16,7), Einblicke in

---

1. Gedruckt in: Areopag, Mainzer Hefte für internationale Kultur 6/2. 1971, 120–143. Ein Teil der im Text erwähnten Beispiele und viele andere wurden verwendet für eine Sendung des Schweizer Radio (»Ich glaube . . .«, Radio Zürich).
2. R. H. Oehninger, Die Bestattung des Oskar Lieberherr (Roman, der die Problematik sowohl der kirchlichen wie auch der säkularen Bestattung behandelt).

*theologische und christologische Zusammenhänge unserer Welt ge-
statten. Solche Einblicke in die* Gegenwart des Menschen, *in die*
Ankunft des Christus *und in die* Zukunft des Menschen *habe ich in
den »säkularen Liturgien« gesucht. Erst nach der Beschreibung
dieser Fenster ist die* theologische Frage nach der Interpretation
*dieses Phänomens, nach dem »Christus extra muros ecclesiae«[3] zu
stellen.*

9.1   Von der Gegenwart des Menschen

Ein Gleichnis für das, was die bekannte und teilweise umstrittene
Studie des Ökumenischen Rates der Kirchen über »die missionarische Struktur der Gemeinde«[4] mit »Christus extra muros ecclesiae«
meinte, gibt uns Heinrich Böll in seinem Roman »Und sagte kein
einziges Wort«[5]. Das Titelmotiv ist die deutsche Übersetzung des
die Kreuzigung beschreibenden Negro Spirituals ». . . and he never
said a mumbaling word.« Käte, eine junge Mutter, hört eine Neger-
stimme dieses Spiritual singen. Sie hört den heiseren Schrei des
»Niggers« »durch zwei wässerige Predigten hindurch«, und sie
spürt, wie ihr Haß hochsteigt, Haß gegen diese Stimmen, »deren
Gewäsch in mich eindringt wie Fäulnis«[6]. Gegenüber dem faden
Gerede der Predigten, den Leuchtreklamen der Drogisten, der
Konversation der Frommen gibt es nichts, »kein einziges Wort« zu
sagen, man kann sie nur erleiden.

»Und sagte kein einziges Wort« ist die Leidensgeschichte einer
Ehe. Fred, vom Krieg bös mitgenommen und zerrüttet, fristet ein
kärgliches Angestelltendasein als Telefonist in der Kanzlei des
Bischofs. Die ringhörige Einzimmerwohnung bringt Fred zur Verzweiflung. Er zieht aus und besucht seine Familie nur noch von Zeit
zu Zeit. Einmal nach einem solchen Besuch sieht er auf einem
Botengang eine Frau.

»Die Frau war nicht mehr jung, aber schön, ich sah ihre Beine, den grünen Rock,
die Schäbigkeit ihrer braunen Jacke, sah ihren grünen Hut, vor allem aber sah ich ihr
sanftes, trauriges Profil, und für einen Augenblick – ich weiß nicht, wie lange es war
– setzte mir das Herz aus; ich sah sie durch zwei Glaswände hindurch, sah, daß sie auf
die Kleider blickte, zugleich aber an etwas anderes dachte – ich spürte mein Herz
wieder schlagen, sah immer noch das Profil dieser Frau, und plötzlich wußte ich, daß

3. MaSt, 53ff; Kfa, 14ff.
4. Die wichtigste Literatur darüber in MaSt, Kfa und bei W. J. Hollenweger, Die
   Kirche für andere – ein Mythos.
5. H. Böll, Und sagte kein einziges Wort.
6. AaO, 41.

es Käte war . . . meine Frau, mit der ich die ganze Nacht zusammengewesen war, mit der ich fünfzehn Jahre verheiratet war.«[7]

Die erwähnte ökumenische Studie nimmt diese Begebenheit als Gleichnis zum Ausgangspunkt der Frage: »Wie können wir den Christus, an dessen Tisch wir beim Abendmahl geladen waren, im Bürgerrechtskampf, bei den Wissenschaftlern und Schauspielern, in den Slums der Großstädte und im politischen Verwaltungsapparat wieder erkennen?«[8] Wo ist der »Christus draußen«, der uns vorangegangen ist?

In dem erwähnten Roman wagt Fred allerdings nicht, seine Frau Käte anzusprechen, obschon ihn mit ihr etwas verband, »was Menschen mehr verbindet als miteinander schlafen: es hatte eine Zeit gegeben, in der wir zusammen gebetet hatten«[9].

Ich sah »meine Frau, die ich unzählige Male umarmt hatte, ohne sie zu erkennen. Sie ging schnell, schien unruhig zu sein, drehte sich immer um, und ich duckte mich, bückte mich, spürte Schmerz, wenn ihr Hut für einen Augenblick untertauchte, und als sie an der Gerstenstraße an der Haltestelle der Zwölf stehenblieb, sprang ich schnell in eine kleine Kneipe, die der Station gegenüberlag. ›Schnaps‹, sagte ich in das runde und rote Gesicht des Wirts hinein. ›Einen großen?‹ ›Ja‹, sagte ich, und sah, wie draußen die Zwölf vorfuhr und Käte einstieg.«[10]

Böll ist der Meinung, auch die Kirche könne Fred nicht helfen, seine Frau wieder zu erkennen, wieder zu beten. Die Wohnung von Fred und Käte gehört einer kirchentreuen Frau Franke. Wenn in dieser Wohnung gebetet wird, so ist es nicht wegen, sondern trotz dieser devoten Frau.

»Frau Franke wird nur bei seltenen Gelegenheiten sanft: zunächst wenn sie von Geld spricht. Sie spricht das Wort mit einer Sanftmut aus, die mich erschreckt, so wie manche Leute Leben, Liebe, Tod oder Gott aussprechen, sanft, mit einem leisen Schrecken und einer großen Zärtlichkeit in der Stimme. Der Glanz ihrer Augen wird matter, und ihre Züge werden jung, wenn sie von Geld und ihrem Eingemachten spricht, beides Schätze, deren Verletzung sie nicht zuläßt. Schrecken ergreift mich, wenn ich manchmal unten im Keller bin, um Kohlen oder Kartoffeln zu holen, und ich höre sie nebenan die Gläser zählen: mit sanfter Stimme murmelnd, singend die Zahlen wie die Kadenzen einer geheimen Liturgie, und ihre Stimme erinnert mich an die Stimme einer betenden Nonne – und ich lasse oft meine Eimer im Stich, fliehe nach oben und drücke meine Kinder an mich, weil ich spüre, daß ich sie vor etwas behüten muß. Und die Kinder blicken mich an, die Augen meines Sohnes, der erwachsen zu werden beginnt, und die sanften dunklen Augen meiner Tochter, sie blicken mich an, begreifend und nicht begreifend – und nur zögernd fallen sie in die Gebete ein, die ich zu sprechen beginne, die berauschende Eintönigkeit einer Litanei oder die Sätze des Vaterunsers, die spröde aus unseren Mündern fallen.«[11]

---

7. AaO, 146.
8. Kfa, 6.
9. Böll, aaO, 147.
10. AaO, 149.
11. AaO, 22.

Aber nicht nur die kleinbürgerliche Liturgie der Frau Franke, sondern auch die Telefonate der Bischofskanzlei lassen das Beten vertrocknen. Fred hört als Telefonist manchmal den Gesprächen zu. Dabei stellt er fest, daß der kirchliche Wortschatz nicht viel größer ist als derjenige der Offiziere im Krieg – auch dort war er Telefonist –, schätzungsweise einhundertfünfzig Worte.

»Das am meisten gebrauchte Wort ist Vorsicht. Immer wieder taucht es auf, schlägt durch das allgemeine Gerede. ›Die Linkspresse hat die Rede von SE angegriffen. Vorsicht.‹ ›Die Rechtspresse hat die Rede von SE totgeschwiegen. Vorsicht.‹ ›Die christliche Presse hat die Rede von SE gelobt. Vorsicht.‹ ›Soden fehlt unentschuldigt. Vorsicht.‹ ›Bolz hat um elf eine Audienz. Vorsicht.‹ SE ist eine Abkürzung für Seine Eminenz, den Bischof. Die Scheidungsrichter sprechen auch am Telefon Latein, wenn sie fachlich miteinander reden: ich höre ihnen immer zu, obwohl ich kein Wort verstehe: ihre Stimmen sind ernst, aber es ist seltsam, sie über lateinische Witze lachen zu hören.«[12]

Weder der Bischof noch die über ihre lateinischen Witze lachenden Juristen, noch der Priester, noch ehrliche und fromme Gemeindeglieder – solche kommen in Bölls Roman auch vor – können die strukturell bedingte Hoffnungslosigkeit dieser Ehe retten. In der Umkehrung des romantischen Liebesideals wird sie zum Gleichnis einer hoffnungsleeren Gegenwart. »Glücklicher waren die, die sich nicht liebten, als sie heirateten. Es ist schrecklich, sich zu lieben und zu heiraten.«[13] »Immer noch träumte ich von diesem ehelosen Leben, das uns verheißen ist, hörte den Rhythmus liturgischer Gesänge, sah mich mit Männern zusammen, mit denen ich nicht verheiratet war und von denen ich wußte, daß sie nicht begehrten, in meinen Schoß zu gelangen.«[14] Aber in der wilden Schrecknis des Lebens, in den Klüften dreckiger Mietskasernen stirbt das Gebet, übrigens eine Erfahrung, die die meisten Arbeiterpriester und -pfarrer auch gemacht haben[15]. »Du solltest beten«, sagte Käte zu ihrem Mann. »Wirklich. Es ist das einzige, was nicht langweilig sein kann.« »Bete du für mich«, sagt Fred, »früher konnte ich beten, ich kann es nicht mehr gut.«[16]

Wie in Bölls Roman scheint auch in Fellinis berühmtem Film »La Strada« die Vermutung ausgedrückt zu sein, im Raum des Gebets gebe es Hoffnung. Zwar sind die drei Hauptpersonen des Films,

12. AaO, 141.
13. AaO, 133.
14. AaO, 132.
15. Darüber zusammenfassend H. Schaefer, Kirche und verwissenschaftlichte Welt.
16. Böll, aaO, 125.

Zampanò, il matto und Gelsomina unterwegs auf einer Straße, die nirgendwohin führt. Zampanò (eigentlich der Tätzerich) ist ein Muskelprotz und fahrender Künstler, der mit seinem Motorrad, dem ein Ungetüm von einem Anhänger angebaut ist, durch Italien zieht. Die zweite Hauptperson des Films, il matto (der Narr) ist Seiltänzer. Gelsomina wurde von Zampanò, als sie fast noch ein Kind war, ihrer Mutter für tausend Liren abgekauft. Sie muß mit ihm gehen, den Clown spielen, trommeln und ausrufen: »Arrivato è Zampanò!«

Zampanò ist kein böser, aber ein schwerfälliger und unvernünftiger Mensch. Er stellt seine Frau Gelsomina jeweils mit den Worten vor: »Das ist meine Frau. Bevor sie zu mir kam, konnte sie kaum gacksen. Alles, was sie kann, habe ich ihr beigebracht.« Mit dieser Vorstellung trifft er Gelsomina im Innersten, ja, er bestreitet, daß sie eine eigene Person sei. Alles, was sie ist, ist sie aus Zampanòs Gnaden.

Gelsomina versucht, Zampanò zum Verstand zu bringen, und fragt ihn: »Woher kommst du?« – »Aus meinem Dorf.« – »Wo bist du geboren, ich kenne dich ja kaum?« – »Im Hause meines Vaters.« – »Zampanò, liebst du mich ein wenig?« – »Quatsch keinen Unsinn. Welch schwacher Geist in diesem Schädel!« – »Zampanò, bist du einer von denen, der andern Frauen nachläuft?« – »Eines mußt du lernen und verstehen, den Schnabel zu halten!«

Eines Tages bricht Gelsomina in den verzweifelten Ausruf aus: »Non pensa.« Er denkt nichts, versteht nichts. Fellini läßt dieses Urteil eines schwachbegabten, ungeschulten Mädchens über den sich gescheit vorkommenden Mann fällen, der im Grunde das Wichtigste nicht weiß. Er ist unverständig und schwerfällig. Er merkt nicht, wer da mit ihm auf der Landstraße zieht. Alle unangenehmen Fragen, die ihn zum Nachdenken über sich selber und sein Verhältnis zum Mitmenschen bringen sollten, schlägt er nieder. Im Rausch ruft er darum aus: »Ho bisogno di nessuno.« Ich brauche niemanden. Das ist der Rausch des Tätzerichs, der meint, auf niemanden angewiesen zu sein.

Auch Matto, Seiltänzer in einem fahrenden Zirkus, benutzt seine Intelligenz dazu, um sich von den Menschen abzuschirmen. Auch er will auf niemanden angewiesen sein. Auch er ist ein Solist, bei aller Geschwätzigkeit und trotz seiner geistreichen Witze.

Eines Tages hat Matto eine Panne mit seinem Wagen. Das gibt's bei den intelligentesten Menschen. Auch ihnen kann einmal der Karren steckenbleiben. In dieser Situation begegnet ihm Zampanò. »Bitte hilf mir, ich helfe dir dann auch einmal.« Aber er kann es sich nicht verkneifen, mit dieser Bitte eine spöttische Bemerkung über Zampanòs plumpe Zirkusvorstellungen zu machen, über die der

intelligente Matto hoch erhaben ist. Matto ist trotz aller Geschlif-
fenheit ein unverständiger Mensch. Selbst in der Panne findet er den
Weg zum Mitmenschen nicht, kurz, die Begegnung zwischen Matto
und Zampanò endete mit einer Schlägerei, in der der fragile Matto
das Leben verliert.

Die eindrücklichste Gestalt in dem Film ist die einzigartige,
äußerlich häßliche, aber menschliche Gestalt der Gelsomina. Sie
kann nichts, weder kochen noch nähen, noch sonst was. Niemand
hat sie je etwas gelehrt. Sie hat nur ein feines Ohr für die menschlichen Töne und ein empfindsames Herz für den groben Spott des
Zampanò und den feinen des Matto, die sich über ihr Artischocken-
gesicht und ihre Unbeholfenheit lustig machen. Einmal kann sie
nicht mehr weiter: »Ich bin zu nichts nütze. Niemand will mich.« Es
ist Matto, der ihr antwortet! »Siehst du diesen Stein? Er ist zu etwas
nütze.« »Zu was?« fragt Gelsomina erstaunt. »Das weiß ich nicht,
sonst wäre ich Gott«, bekennt Matto. »So bist auch du zu etwas
nütze. Du kannst mit mir kommen, wenn du willst. Ich lehre dich
seiltänzern und Posaune spielen. Aber vielleicht bist du nötig für
Zampanò. Wenn du nicht bei ihm bleibst, bleibt niemand bei ihm.«

Gelsomina steckt den Stein in die Tasche und wartet vor dem
Gefängnis, in dem Zampanò wieder einmal steckt. Als er heraus-
kommt, begrüßt sie ihn mit den Worten: »Zampanò, ich hätte mit
dem Zirkus mitfahren können, aber ich komme mit dir.« Er aber
brummt: »Wärst du doch!« Und Gelsomina: »Früher wollte ich
nach Hause weglaufen, aber jetzt will ich nicht mehr.« Zampanò:
»Begreiflich, dort würdest du Hunger leiden.« Da nimmt Gelsomina
den Stein aus der Tasche und betrachtet ihn. Sie erinnert sich, daß
sie trotz allem zu etwas nütze ist.

Gelsomina ist die einzige auf dieser Straße, die das Entscheidende
versteht, obschon sie schwachbegabt ist. Sie glaubt und liebt, bedin-
gungslos. Sie glaubt, daß Gott auch sie zu etwas nütze gemacht
habe. Der Film läßt es offen, ob dieser Glaube der Gelsomina
Zampanò verändert. Manchmal scheint es. Einmal wenigstens stellt
er sie nicht mehr als diejenige vor, die alles von ihm gelernt habe,
sondern schlicht: »Dies ist Gelsomina, meine Frau. Sie hilft mir. Sie
spielt Trompete und Trommel.« Fellini stellt diese Szene nicht von
ungefähr in einen Klosterhof. Er weiß zwar etwas von der Verlogen-
heit vielen christlichen Getues, läßt er doch die Prozession des
Bischofs an einem riesigen, aufgehängten halben Schwein vorbei
photographieren und segnet doch der Bischof die ehrfürchtige
Menge zur allerdings raffiniert orchestrierten Zirkusmelodie des
unvernünftigen Zampanò.

Aber es scheint doch, Fellini sei der Ansicht, daß es zur Begegnung, zur Erkenntnis des Menschen in seinem Gegenüber, zum Mitmenschen, eines besonderen Raumes bedürfe. Man kann diesen Raum den Ort des Gebetes oder den Raum nennen, der unter dem Zeichen dessen steht, der uns lehrt, was wahres Menschsein ist. Fellini sagt das allerdings sehr verhalten und indirekt: Die einzige Szene, in der Gelsomina ihre berühmte Trompetenmelodie bis zum Ende spielt und dafür Applaus bekommt, verlegt er in ein Nonnenkloster.

Nicht nur die wilde Schrecknis des Lebens in den Klüften dreckiger Mietskasernen und die Einsamkeit eines auf sich selbst bezogenen Tätzerichs gehört zur Gegenwart des Menschen in den säkularen Liturgien. Man trifft auch Ansätze zur Umkehr, wie zum Beispiel in gewissen französischen Chansons. So bittet Jacques Brel in seinem Chanson »Pardon«[17] um Verzeihung

> »für das Mädchen, dem die Tränen in die Augen getrieben wurden;
> für den Blick, der lachend übergangen wird;
> für die Häuser, in denen ein Mensch umsonst auf uns wartet;
> für die Worte, die Worte der Liebe genannt werden und die wir
>   wie Kleingeld ausgeben;
> für die ›niemals‹ und die ›immer‹;
> für die Weiler, die niemals singen;
> für die Dörfer, die in Vergessenheit versinken;
> für die Städte, in denen keiner den anderen kennt;
> für die von Unteroffizieren ›gemachten‹ Länder;
> dafür, daß mir alles egal ist;
> daß ich es nicht jeden Tag neu versuche.«

Zum Schluß bittet er besonders um Verzeihung, »daß wir niemals wissen, wer *uns* eigentlich zu vergeben hat«. Wer der ist, den wir verletzt haben, ohne es zu wissen, wird nicht gesagt. Es gehört zum Stil des Chansons, daß der Zuhörer sich selber predigt, wie auch alle

---

17. Pardon pour cette fille que l'on a fait pleurer
Pardon pour ce regard que l'on quitte en riant
Pardon pour ces maisons où quelqu'un nous attend
 et puis pour tous ces mots que l'on dit »mon amour«
 et que nous employons en guise de monnaie
 et pour tous les serments qui meurent au petit jour
Pardon pour les »jamais«, pardon pour les »toujours«
Pardon pour les hamaux qui ne chantent jamais
Pardon pour les villages que l'on a oubliés
Pardon pour les cités où nul ne se connaît
Pardon pour les pays faits de sous-officiers
Pardon d'être de ceux qui se foutent de tout
 et de ne pas avoir chaque jour essayé
Puis pardon encore et puis pardon surtout
 de ne jamais savoir qui doit nous pardonner.
(Jacques Brel, Philips P 77 861 L.)

verallgemeinernden Urteile und Superlative dem echten Chansonnier verhaßt sind (»pardon pour tous les ›jamais‹ et pour tous les
›toujours‹«). Ein Christ wird an den denken, von dessen Vergebung
wir täglich leben. Ein Nichtchrist wird an Menschen denken, die er
aus Gedankenlosigkeit beleidigt hat. Aber in beiden Fällen befinden
wir uns in »Fellinis Klosterraum«. In beiden Fällen werden wir an
die Notwendigkeit der Vergebung erinnert, und zwar unabhängig
davon, ob sich Brel als Christ bezeichnet oder nicht.

Man könnte vielleicht diesen Gebeten – ein ähnliches Chanson
von Georges Brassens, das auf S. 143f zitiert wird, steht unter dem
Titel »Prière« – vorwerfen, daß es sich um eine Art säkularisierten
Pietismus handelt. Die strategischen Strukturprobleme von Politik
und Wirtschaft würden ignoriert. Und mit Bonhoeffer könnte man
sagen: »Nur wer für die Juden schreit, darf gregorianisch singen«[18],
darf lyrische oder witzige Chansons machen. Nun aber gehören
gerade Bänkelsänger und Kabarettisten zu den Menschen, die un-
überhörbar »für die Juden schreien«.

Unter anderem kann man diesen Schrei bei Wolf Biermann
hören, zum Beispiel in seiner »Soldatenmelodie«[19]:

»Die Welt hat einen tiefen Sprung
Soldat, am Rand stehst du . . .
Soldaten sehn sich alle gleich
lebendig und als Leich.«

In seinem Lied über den »Drainage-Leger Fredi Rohsmeisl aus
Buckow«[20] antwortet Biermann auf die Frage, ob es etwas nütze,
wenn sich Menschen ändern – wenn auch zögernd und zurückhal-
tend – mit »Ja«.

»Das ist die Ballade von Fredi Rohsmeisl
Drainage-Leger auf den Äckern um Buckow
Gummistiefel hoch bis zum Bauch
Sein Häuschen links am Fischerkietz.
Bei Lene Kutschinsky war Tanz
Er hat auseinandergetanzt
Mit seiner Verlobten – das war verboten
Na schön . . .

Junge, ich hab Leute schon tanzen sehn
Junge, das war manchmal schon nicht mehr schön.
Aber schadet uns das?
Nein.«

18. E. Bethge, Bonhoeffer, 685.
19. W. Biermann, Mit Marx- und Engelszungen, 36; auch auf Philips, Twen-Serie
    42, 843742 PY (Wolf Biermann, Ost, zu Gast bei Wolfgang Neuss, West).
20. W. Biermann, Die Drahtharfe, 10–13 (auch auf der Anm. 19 erwähnten
    Platte).

Weil Rohsmeisl auseinandertanzte, wurde er am Arm gepackt, über den Lattenzaun geschmissen und verprügelt »und hatte den hellblauen Anzug an«.

»Junge, ich habe Leute schon schlagen sehn
Junge, das war manchmal schon nicht mehr schön.
Aber nützt uns das?
Nein.«

Die Buckower Männer sahen zu bei dieser Schlägerei »und auch die Buckower Frauen«.

»Junge, ich hab Leute schon zusehn sehn
Junge, das war manchmal schon nicht mehr schön.
Aber nützt uns das?
Nein.«

Fredi wurde der Prozeß gemacht als Konterrevolutionär. Und wie er seine Geschichte erzählt »von hinten und auch von vorn«, da weint und flucht er.

»Da gingen einige Jahre ins Land
Da gingen einige Reden ins Land
Da änderte sich allerhand
Daß mancher sich nicht wiederfand
Und als der zehnte Sputnik flog
Da wurde heiß auseinandergetanzt
Der Staatsanwalt war selbst so frei
Und Fredi sah ihm zu dabei
Junge, ich hab Leute sich ändern sehn
Junge, das war manchmal schon einfach schön.
Aber nützt uns das? (Ja)«

Bei den Balladen Biermanns muß man die Melodie im Ohr haben, um den Text richtig zu verstehen: Die eintönige Marschmelodie des Soldatenliedes, das harte, fast brutale »Nein!« auf die Frage »aber nützt uns das?«, das dann durch das äußerst zurückhaltende, nur noch angedeutete »Ja« der letzten Strophe kontrastiert wird.

Es geht nicht darum, in diesen Chansons die moderne Welt zu entdecken, der dann in einem zweiten Schritt das Evangelium zu verkündigen wäre, noch weniger geht es darum, etwa das biblische Menschenbild oder gar Christus *aus* diesen Chansons zu entdecken. Aber darum geht es, ihn *in* dieser Welt zu entdecken, ihn, der uns dorthin vorangegangen ist und dem wir nur zu folgen brauchen. Georges Brassens, ein weiterer französischer Chansonnier, bringt diesen Gedanken in einem mariologischen Kontext zum Ausdruck. Er grüßt Maria

»Im Knaben, der neben seiner Mutter stirbt
während die übrigen Kinder sich im Freien tollen;

im verletzten Vogel, der nicht weiß,
warum er plötzlich mit verletztem Flügel abstürzt;
im Durst, im Hunger und im brennenden Schmerz;
Sei gegrüßt Maria!

In den vom heimkehrenden betrunkenen Vater geschlagenen Kindern;
im Esel, der in den Bauch getreten wird, und
in der Demütigung des unschuldig Bestraften;
in der verkauften, entblößten Jungfrau;
im Sohn, dessen Mutter beleidigt wird;
Sei gegrüßt Maria!

In der Alten, die unter einer allzu großen Holzlast schwankt
    und ausruft: Mein Gott!
Im Unglücklichen, der sich nicht auf menschliche Liebe stützen konnte
wie das Kreuz des Sohnes auf Simon von Kyrene;
im Pferd, das unter dem Wagen, den es ziehn muß, zusammenbricht;
Sei gegrüßt Maria!

In der Mutter, die vernimmt, daß ihr Sohn geheilt worden ist;
im Vogel, der das aus dem Nest Gefallene zurückruft;
im dürstenden Gras, das den Regenguß aufsaugt;
im weggegebenen Kuß, in der wiedergefundenen Liebe;
im Bettler, der seinen verlorenen Groschen wiederfindet;
Sei gegrüßt Maria!«[21]

---

21. Par le petit garçon qui meurt près de sa mère,
        tandis que les enfants s'amusent au parterre,
        et par l'oiseau blessé qui ne sait pas comment
        son aile tout à coup s'ensanglant et descend,
        par la soif et la faim et le délire ardent,
        je vous salue, Marie.
        Par les gosses battus, par l'ivrogne qui rentre,
        par l'âne qui reçoit des coups de pied au ventre,
        et par l'humiliation de l'innocent châtié,
        par la vierge vendue qu'on a deshabillée,
        par le fils, dont la mère a été insultée,
        je vous salue, Marie,
        Par la vieille qui trébuchant sous trop de bois
        s'écrie: »Mon Dieu!«, par le malheureux dont les bras
        ne pûrent s'appuyer sur une amour humaine,
        comme la croix du fils sur Simon de Cyrène,
        par le cheval tombé sous le charriot qu'il traîne,
        je vous salue, Marie.
        Par les quatre horizons qui crucifient le monde,
        par tout ceux dont la chair se déchire au succombe,
        par ceux qui sont sans pieds, par ceux qui sont sans mains,
        par le malade que l'on opère et qui geind
        et par le juste mis au rang des assasins,
        je vous salue, Marie.
        Par la mère apprenant que son fils est guéri,
        par l'oiseau rappelant l'oiseau tombé du nid,
        par l'herbe qui a soif et recueille l'ondée,

Dieser Text gibt nur einen schwachen Eindruck von der Intensität des auf französisch gesungenen Chansons. Hier wird die Welt, und zwar die kleine, von uns täglich erlebte Welt beschrieben. In eben dieser Alltagswelt, in der Grausamkeit der Natur und in der Ungerechtigkeit und Gedankenlosigkeit der Menschen, aber auch in der Schönheit der Natur und im verschenkten Kuß, grüßt Brassens Maria, das heißt Brassens erkennt Maria in der *Zweideutigkeit* unserer Welt.

Ganz ähnlich findet der spanische Student Raimon in der Nacht die Zweideutigkeit unserer Welt:

»Für die einen ist die Nacht eine Festnacht,
für die anderen eine Schmerzensnacht,
für andere eine Liebesnacht,
für andere die Todesnacht,
Dämonen- oder Götternacht, Nacht der Kinder oder Weihnacht.«[22]

Obschon das Leben dunkel wie die Nacht ist und im faschistischen Spanien ein großes Weinen anhebt, halten wir – wir Katalanen! – Herz, Gesicht und Hände in den Wind der Welt, der über Kataloniens Hügelzüge streicht, weil wir in diesem Wind Licht und Frieden, ja Gott zu finden hoffen[23].

9.2   Von der Ankunft des Christus

Besonders aufgefallen ist mir die christologische Dimension des Chansons in einer Weihnachtssendung der kabarettistischen Sendereihe »Jetzt schlaht's drizähni« (Jetzt schlägt's dreizehn) des Schweizer Radios. Bekannte Kabarettisten versuchten, zu Weihnachten 1966 neue Weihnachtslieder zu komponieren und zu dichten. So sang zum Beispiel Margrit Rainer eine Art Wiegenlied auf den kleinen Jesus im Stall:

»Schlaf noch eine kleine Zeit,
schlaf noch diese Nacht!«

denn morgen schon mußt du fliehen und übermorgen in den Staub knien; das Gesicht wird dir bespien. Unterdessen »schlaf noch eine

---

par le baiser perdu, par l'amour redonnée,
et par le mendiant retrouvant sa monnaie,
je vous salue, Marie.
(Georges Brassens [Musik] und Francis Jammes [Text], Prière, Philips 844.752 BY)
22. Raimon, La nit, Discophon S-5040.
23. Raimon, Al vent, Edigsa, C.M.14.

kleine Zeit . . .« Aber nun wird das Krippenkind zum Symbol aller
geschändeten Menschen:

»Bald schon, bald mein Schmerzenskind
trifft dich arge Not.
Wo auch immer Menschen sind
färbt die Erd' sich rot.
Täglich wird dein Ebenbild
ruchlos umgebracht.
Täglich wird der Mensch zum Wild,
das man niedermacht.
Krieg wird groß und Streit gedeiht.
Friede wird verlacht.
Schlaf noch eine kleine Zeit,
schlaf noch diese Nacht!«

Das stärkste Lied in dieser Sendung war vermutlich das von Ines
Torelli gesungene Krippenlied. Über ein hartes Orgel-Ostinato
erhebt sich die klagende Stimme der bekannten Kabarettistin. Das
Lied wird schweizerdeutsch gesungen, das Bibelzitat »Fürchtet euch
nicht!« jedoch hochdeutsch zitiert. Das ist Absicht: Der Alltags-
sprache von Handel und Geschäft (Angst, daß die Konjunktur
sinkt; Angst, daß der Zinsfuß hinkt; man will sein Geld in sicherem
Gewahrsam), Sorge und Angst (Angst vor Krieg, Angst es gebe
schon morgen kein Brot mehr, Angst vor der Zukunft, Angst vor
der eigenen Mutlosigkeit, Angst vor dem eigenen Gejammer) wird
die Sonntagssprache der Kirche, der Spruch der Engel »Fürchtet
euch nicht!« gegenübergestellt. Jedoch ist das kein billiger Spott.
Das Chanson überläßt es dem Zuhörer, wie diese Gegenüberstel-
lung zu interpretieren sei, als Ausdruck der uns von außen, extra
nos, zugesprochenen Zuversicht oder als Indiz der Weltfremdheit
kirchlicher Sprache:

»Wienachtszyt, o Wienachtszyt
Es Chind, wo i de Chrippe lyt.
Und Angscht vo dere Erde,
Angscht vor Chrieg und großer Not,
Angscht es gäb scho morn kei Brot,
Und s'well nie Friede wärde.

Wienachtszyt, de Himmel singt.
En Engel frohi Botschaft bringt.
Sisch vomene Chrieg kei End in Sicht.
›Fürchtet euch nicht!‹

Wienachtszyt, o Wienachtszyt
Es Chind, wo i de Chrippe lyt.
Und Angscht und Gschtürm und Lärme,
Angscht, daß Konjunktur nöd sinkt,
Angscht, daß ja kein Zinsfueß hinkt.
Me wott sys Gäld am Schärme.

Wienachtszyt und Liechterglanz,
um's goldig Chalb der ewig Tanz.
Nur d'Engelschar verchündet schlicht:
›Fürchtet euch nicht!‹

Wienachtszyt, o Wienachtszyt
Es Chind, wo i de Chrippe lyt.
Und Angscht i jeder Chammer,
Angscht wies ächt i Zuekunft gat,
Angscht will eim de Muet verlat.
Mer fürcht sys eige Gjammer.
Wienachtszyt, es schynt en Stern.
Und s'Chind hät alli Mänsche gern.
Es bringt en hoffnungsvolle Bricht:
›Fürchtet euch nicht!‹

Daß die schweizerdeutsche Umgangssprache sich für den Ausdruck unbestimmter, aber wirklicher, emotionaler Untertöne eig-
net, hat Kurt Marti in seinen Gedichten in Berner Umgangssprache
bewiesen[24]. In einem dieser Gedichte beschreibt er die Gleichgültigkeit, die sich durch zur Schau gestellten Optimismus tarnt:

»Wo chiemte mer hi
wenn alli seite
wo chiemte mer hi
und niemer giengti
für einisch z'luege
wohi daß me chiem
we me gieng.«[25]

9.3 Von der Zukunft des Menschen

Schon bei Wolf Biermann haben wir Hoffnungszeichen des »Christus draußen« entdecken können, wenn er auf die Frage »nützt es
etwas, wenn sich ein Mensch ändert« zögernd mit »Ja« antwortet[26].
Er nahm das Thema wieder in seinem Chanson »Noch«[27] auf. Er
schaut aus dem Fenster des fahrenden D-Zuges in der DDR:

»Das Land ist still
Der Krieg genießt seinen Frieden
Still. Das Land ist still. Noch.«

Es ist die Stille der Gleichgültigkeit und der Langeweile, die
Häuser stehen wie Grabsteine.

---

24. Kurt Marti, Rosa Loui.
25. Marti, aaO, 22.
26. Vgl oben, S. 143.
27. W. Biermann, Mit Marx- und Engelszungen, 79; auch auf Wagenbachs Quart-
    platte 3 (GEMA T 76038).

> »Dann hing ich im D-Zug im Fenster, und
> Der Fahrtwind preßte mir Wind in' Mund
> Die Augen gesteinigt vom Kohlenstaub
> Ohren von kreischenden Rädern taub
> Hörte ich schwingen im Schienenschlag
> Lieder vom Frühling im roten Prag
> Und die Gitarre im Kasten lag
> Das Land ist still
> Die Menschen noch immer wie tot
> Still. Das Land ist still. Noch.«

»Noch«, das heißt: Es darf nicht so bleiben, es kann nicht sein. Das ist auch das Thema eines der Preisträger am Festival de la Canción Latina in Mexiko vom März 1969. An diesem Chansonwettbewerb haben zwei ausgesprochen theologische Chansons die ersten Preise gewonnen: das eine »no puede ser«[28], glaubt nicht, daß die Welt in Arme und Reiche, in Farbige und Weiße zerteilt bleiben muß. Es ist keines der üblichen Protestlieder, viel eher ein Hoffnungslied, ein Erwartungslied, das in der Erwartung des Kommenden die Gegenwart verändern will, weil »es nicht so sein kann«. Was aber ist der Grund dieser Hoffnung? Darüber werden in dem Chanson nur Andeutungen gemacht. Das am gleichen Wettbewerb preisgekrönte Chanson »Genesis«[29] hält »die Liebe« für den Grund dieser Hoffnung:

> »Wenn auf der Erde nichts übrigbliebe als eine lauwarme Sonne,
> wenn auf der Erde keiner übrigbliebe, um Gott anzurufen,
> wenn es nicht einmal mehr Schmerz auf der Erde gäbe,
> dann bliebe nur ein einziges Licht, und das wäre die Liebe,
> um von neuem anzufangen.«

Ähnliche Themen finden sich in den schon erwähnten katalanischen Chansons Raimons. Es ist erstaunlich, wie sich in diesen Liedern die alte freiheitliche Tradition Kataloniens mit dem modernen Chanson verbindet. In seinem »Lied vom Leben« singt er:

> »Wir betreten das Feld der Hoffnung,
> jenes uns immer wieder entrissene und verwüstete Land der Hoffnung.
> Ja, wir werden die Hoffnung zu einem freien Leben in Frieden
> zurückgewinnen.«[30]

---

28. José Louis, No, no puede ser, Philips Ph-0978 (Mexiko).
29. Lucecita, Genesis, RCA Victor 76-2831 (Mexiko); Text und Musik von Guillermo Venegas Lloveras, in: Estudios Ecuménicos 1969/3, Juni 1969, 50: »Cuanda nada en la tierre quede que tibie el sol, cuanda nadie en la tierra que evoque a Dios, cuanda sobre la tierra no haya ya ni dolor, sólo habrá una lumbre y esa será el amor, el amor, el amor para empezar.« Man vergleiche dazu auch die »Salmos« von Ernesto Cardenal; deutsch: Zerschneide den Stacheldraht.
30. Raimon, Cantarem la vida, Discophon S-5037.

Wenn wir auch den »Kleinglauben« beklagen, eines wissen wir: »Wir glauben nicht an die Macht der Pistolen«[31].

»Wir haben das Gesetz der Angst gesehen.
Wir haben das Blutvergießen, das zu immer neuem Blutvergießen führt, gesehen.
Wir haben dieses Gesetz der Welt gesehen.
Und wir sagen ›nein‹ dazu,
denn wir sind nicht von dieser Welt.«[32]

Am eindrücklichsten läßt sich dieses Hoffen wider das normalerweise zu Erwartende an den tschechischen Chansonniers zeigen. Dieses tapfere Volk machte sich auf, um herauszufinden, wo man hinkäme, wenn man ginge, um mit den Worten Kurt Martis[33] zu reden.

Lange bevor die Tschechoslowakei in den Brennpunkt der Weltpolitik getreten war, waren Christen und Marxisten in Prag jede Woche zum Gespräch zusammengekommen. Den Marxisten war bekannt, daß Karl Marx viele seiner Ideen aus dem Alten Testament bezogen hatte. Um ihn besser verstehen zu können, hielten sie es für nötig, sich mit dem Alten Testament zu befassen. Was lag da näher, als die Christen zu bitten, mit ihnen zusammen das Alte Testament zu lesen? Dabei wurde zum Beispiel auch das Bilderverbot ausgelegt. Wir haben, so bekannten die Marxisten, uns ein Bildnis, eine Ideo-logie vom Marxismus gemacht. Dadurch haben wir uns selber in einem Gefängnis eingesperrt. Wir zogen aus, um

---

31. Raimon, D'un temps, d'un pais, Discophon S-5039 (I plore la poca fe. No creguem en les pistoles).
32. Raimon, Ahir, Discophon S-5038.
    »Ara que som junts
    diré el que tu i jo sabem
    i que sovint oblidem.
    Hem vist la por
    ser llei per a tots.
    Hem vist la sang
    – que sols fa sang –
    ser llei del món.
    No.
    jo dic no,
    diguem no.
    Nosaltres no som d'eixe món.
    Hem vist la fam
    ser pa per a molts.
    Hem vist que han fet callar
    a molts homes
    plens de raó.«
33. Vgl oben, S. 147.

den Menschen zu befreien, und haben ihn im System, das zu seiner Befreiung bestimmt war, gefangen. Ihr Christen habt dasselbe getan im Lauf eurer Geschichte. Wie aber ist es euch gelungen, das Befreiende eures Glaubens wieder zu gewinnen, ohne eurer Tradition untreu zu werden? Wir wollen nicht Christen werden, sondern Marxisten, die sich nicht mit Gewalt durchsetzen müssen, die die Zukunft des Menschen nicht hindern. Könnt ihr uns helfen, solche Marxisten zu werden?[34]

Gesprächspartner waren auf der einen Seite Christen, Theologen und Laien, auf der anderen Seite die später bekanntgewordenen Theoretiker des Reformkommunismus. Dieses Gespräch konnte unmöglich innerhalb der traditionellen Strukturen, in den gewohnten Liturgien der Kirche stattfinden. Es hat eine Bewegung unter Schriftstellern, Dichtern und Journalisten zum Teil begleitet, zum Teil ausgelöst, deren Bedeutung kaum unterschätzt werden kann. Selbst wenn die mutigen Stellungnahmen der Gewerkschaftsführer und kirchlichen Behörden verboten, Politiker abgesetzt und Journalisten mundtot gemacht werden, geht dieses Gespräch weiter. Es hat seinen Niederschlag in einer zwar wenig bekannten, aber bedeutsamen modernen, und gleichzeitig von den breiten Massen verstandenen Literatur gefunden. Wer kann diese Lieder und Gedichte verbieten? Selbst wenn sie nicht mehr gedruckt, nicht mehr durch die Massenmedien verbreitet werden können, so gehen sie doch von Mund zu Mund. Ohne große Geste greift ein Student in der Prager Innenstadt zur Guitarre, zitiert eine Verkäuferin ein Gedicht. Wem geht die Stimme der Hegerová nicht durch Mark und Bein, wenn sie das Lied der jiddischen Mamma[35] singt, die jedes Mal, wenn sie das Gas unter ihrer Teekanne anzündet, durch das Geräusch des ausströmenden Gases an das Schreckliche erinnert wird, das über sie und ihr Volk gekommen ist. Zwar ist das schon lange her. Doch hört der Zuhörer in der Klage der jiddischen Mutter unvermittelt die Trauer des tschechischen Volkes mitschwingen. Plötzlich aber schlägt Hana Hegerová freche, fast übermütige Töne an. Sie beschreibt den Tanz auf dem zugefrorenen Fluß, der durch ihre Stadt fließt. Wird das Eis brechen? Niemand weiß es, aber bis jetzt hat es gehalten. Doch wie lange noch?[36] Gewiß, keine spezifisch christliche

34. Vgl dazu Miroslav Heryán, Der Dienst des Gesprächs, und Bé Ruys / Josef Smolik (Hg), Stimmen aus der Kirche der CSSR.
35. »Meine jiddische Mamma« (J. Jellen / L. Pollack / W. Brandin), auf Philips 843.955 PY.
36. »Meine Stadt« (P. Thomas nach Motiven von Smetana, G. Francopolus), auf Philips 843.955 PY.

Hoffnung, aber der Aufbruch zur selbstverständlichen Ehrlichkeit in der tschechischen Dichtung schafft Raum für das Lied der das Vorfindliche transzendierenden Hoffnung. Das ist der Hintergrund zum schon erwähnten Adventslied des Pfarrers Luboš Svoboda. Inmitten der roten Sterne singt Hana Pazeltova in der »Poetischen Weinstube« von dem Kind, »das in seiner offenen Hand den Menschen den Stern der Sterne bringt«[37].

In Prag wird Pavličeks »Himmelfahrt des Narren Christi« aufgeführt, das »im Widerstreit des Kampfes zwischen dem Bolschewismus und der reaktionären Kirche ein Drittes als beispielhaftes aufzeigt: den vom Dogma unabhängigen, durch die Tat gelebten Glauben«[38]. Peter Lotar[39], der Interpret und Kenner dieser Literatur, schreibt dazu: »Doch am unwahrscheinlichsten: keine Silbe in all unserer Flut von Druckerschwärze und tönendem Wort über das größte Ereignis der modernen Theatergeschichte, über das zuerst verbotene, dann die Bühnen wie ein Dammbruch überwältigende ›Passionsspiel‹ von Jan Kopecky. Es heißt nach seinem alten Vorbild ›Spiel von der Marter und glorreichen Auferstehung unseres Herrn und Heilands Jesus Christus‹. Zehntausende strömten von weit und breit zu den Aufführungen, und ich habe es in Prag miterlebt, wie die Jünger auf der Bühne grüßten ›Gelobt sei Jesus Christus‹ und das Publikum hundertstimmig antwortete: ›In Ewigkeit. Amen.‹ Und das in einem kommunistisch regierten Lande.«[40]

Man wird einwenden: Diese Aufführungen werden doch wohl jetzt der Vergangenheit angehören. Vielleicht. Aber weitergetragen werden von Mund zu Mund die »Zeichen der Hoffnung«, die von unzähligen und manchmal anonymen Bänkelsängern geschaffenen Zeugnisse für die Wahrheit.

In diesem Zusammenhang muß auch der Student Jan Palach erwähnt werden. Jan Palach gehörte nicht zur sogenannten Kerngemeinde. Er stammt zwar aus einer christlichen Familie, war aber seinerzeit nicht konfirmiert worden. An Weihnachten 1968 hatte er mit seiner Mutter den Gottesdienst besucht. Der Pfarrer hatte über den Text des Johannesevangeliums gepredigt: »Ich bin gekommen, von der Wahrheit Zeugnis abzulegen.« Am anschließenden Abendmahl konnte Palach nicht teilnehmen, weil er ja nicht konfirmiert war. Er führte aber ein ausführliches Gespräch über den Predigttext mit dem Gemeindepfarrer nach dem Gottesdienst. »Das ist es, was

---

37. Zum Text siehe oben »Das mündliche Buch«, S. 83f, Anm. 24.
38. P. Lotar, Tod und Auferstehung.
39. P. Lotar (Hg), Prager Frühling.
40. P. Lotar, Tod und Auferstehung.

ich hoffe für unser Volk, daß wir nicht in Resignation versinken, daß
wir weiter für die Wahrheit zeugen, auch wenn die Situation uns
ständig Anpassung oder offene Revolte predigen will«, sagte er dem
Pfarrer. Er wußte damals noch nicht, daß wenige Wochen später das
Los auf ihn fallen und er als Fackel der Wahrheit den Wenzelsplatz
erleuchten werde. Auch eine Bestätigung seiner Taufe, eine Konfirmation.

Kurz vor seinem Tode erklärte er seinen Freunden: »Wenn nur
meine Tat richtig verstanden wird. Nicht als Tat der Verzweiflung
und der Resignation, sondern der Hoffnung und der Wahrheitslie-
be. Es gilt zu beweisen, daß das Unmögliche möglich ist, ohne die
Gewalt, gegen die Gewalt.« Nach Palachs Tod ging es darum, dieses
Zeichen als Hoffnungszeichen zu verstehen und zu interpretieren.
Über Nacht entstanden verschiedene Requien für Jan Palach. Christen und Nichtchristen, Marxisten, Protestanten und Katholiken
fanden sich in der gemeinsamen Zelebration ihrer Hoffnung, im
Zeugnis zur Wahrheit.

Bevor man Palach bestattete, trug ihn das Volk zum Denkmal
von Jan Hus, der auch um der Wahrheit willen den Flammentod
erlitten hatte. Jaroslav Putík berichtete darüber in den »Listy«:
»Wie ein gekenterter schwarzer Kahn schwankt der Sarg heran
durch die unendliche Flut der Menschen. Er hält an unter dem
Hus-Denkmal, das bis zu seinem Gipfel bedeckt ist mit Leibern. Die
Glocken der Tein-Kirche, die so lange geschwiegen haben, beginnen zu dröhnen. Schwärme von Tauben fliegen auf und lassen sich
wieder nieder. Nun, da die Gebärde des Meister Johannes den Sarg
umfaßt, seine Hand auf ihn weist, da gibt es keinen Zweifel, daß
dieser Augenblick groß ist, groß für alle Zeiten. Jetzt verstummen
die Glocken, die Männer nehmen Mützen und Hüte ab, Dächer und
Wangen werden feucht vom Regen und von Tränen, man hört nur
den Flügelschlag der Tauben, die aufgeschreckt sind durch die große
Stille.«

In dieser großen Stille ist die Osterbotschaft zur unerschütterlichen Wirklichkeit geworden: »Es wird gesät verweslich, und wird
auferstehen unverweslich. Es wird gesät in Unehren, und wird
auferstehen in Herrlichkeit. Es wird gesät in Schwachheit und wird
auferstehen in Kraft. Der Tod ist verschlungen in den Sieg. Tod, wo
ist dein Stachel, Hölle, wo ist dein Sieg.«[41]

---

41. P. Lotar, Tod und Auferstehung.

9.4 Zur theologischen Interpretation

Beim letzten Zitat handelt es sich nicht um eine Predigt, sondern um einen Artikel in einer kommunistischen Zeitschrift. Es zeigt, wieviel die kirchliche Liturgie von den säkularen Liturgien lernen kann, wenn sie will. Und erstaunlicherweise will sie. Es gibt eine Fülle bemerkenswerter Versuche hierzu aus der Bundesrepublik Deutschland[42], aus Frankreich[43], Großbritannien[44], der Schweiz[45], Polen[46], der Tschechoslowakei[47], den Vereinigten Staaten von Amerika[48] und Lateinamerika[49]. Dabei treffen sich die Heilsarmee[50], die Katholische Kirche[51] und die Pfingstbewegung[52] in liturgischen Elementen, die viel Ähnliches haben. Das geht übrigens auch aus der umfangreichen Literatur hervor, die in letzter Zeit über dieses Thema veröffentlicht wurde[53]. Die Annäherung zwischen »säkula-

42. Ernst Lange (Text) und Helmut Barbe (Musik), Halleluja-Billy, Cantate 72096 F; Weil Du ja zu mir sagst . . ., Electrola SME 83512 (Texte und Noten bei Gustav Bosse, Regensburg; »moderne« Songs von sehr unterschiedlicher Qualität); Choräle, Songs und neue Lieder, 11. Deutscher Ev. Kirchentag, Dortmund 1963, Philips P 48 049 L; Ausführliche Plattenliste in: H. G. Schmidt, Zum Gottesdienst morgen.
43. Viele Lieder von Père Duval, insbesondere: Rue des Longues Haies, Edition studio SM 54-11b, BIEM Pep 842.
44. Sydney Carter, Songs of Faith and Doubt, Ausführung: Donald Swann, Argo EAF 48.
45. Paul Burkhard, D'Zäller Wiehnacht, Columbia BIEM XZ 1041 (schweizerdeutsch).
46. Katarzyna Gärtner, Pan przyjacielem moim, Msza beatowa, Muza M 3 XW 981 (Warschau).
47. Verschiedene tschechische Lieder auf Supraphon (Prag 0 39 9886; Texte und Noten in: Krest'anské songy, psincky do kapsy 42, Prag, Panton.
48. Paul Horn, Jazz Suite on the Mass Text, RCA LSP 3414 (Leitung Lalo Schifrin); Duke Ellington's Concert of Sacred Music, RCA LSP 3582.
49. Neben der berühmten Misa Criolla gibt es viele weitere Messen, zB Vicente Bianchi, Misa a la Chilena, Odeon LDC-36521 (Santiago), sowie verschiedene Platten von Disco Bonum, Cantando nuestros Salmos, Buenos Aires, Bonum (dort auch Texte und Noten erhältlich).
50. Joy Webb, It's An Open Secret. Ausführende: The Joy Strings (Heilsarmee Regal Zonophon, Salvation Army Record, RZ 501).
51. Vgl oben, Anm. 49, sowie L. Zenetti (IIg), Heisse (W) Eisen.
52. PAN-AM (C.P.4501, São Paulo) LP 102: Recordação da 8a Conferência Mundial Pentecostal.
53. W. Hanft, Theologie und Schwarze Kunst; G. Hegele (Hg), Warum neue religiöse Lieder?; D. Trautwein, Mut zum Fest; H. G. Schmidt (Hg), Zum Gottesdienst morgen (wichtiges Arbeitsbuch); G. Rutenborn, Beiträge zur Theologie des Jazz (Reaktionen dazu in Musik und Kirche 28/4, Juli/Aug. 1958, 169ff); K. Jungk, Religiöse Lieder; G. Schnath, Fantasie für Gott; ders, Fantasie für die Welt; ders (Hg), Werkbuch Gottesdienst; W. Schneider, Musik

rer« und religiöser Liturgie würde allerdings voraussetzen, daß die
Kirche sich nicht mehr als Mittelpunkt der Welt versteht, von dem
aus die Welt interpretiert wird, sondern daß sie – im Interesse ihrer
kritischen Funktion – die ihr zugewiesene »exzentrische Position«[54]
einnimmt. Die Vermutung liegt nahe, daß die seinerzeit von Bonhoeffer geforderte[55], vielleicht ganz unreligiöse, aber befreiende Sprache einer neuen Gerechtigkeit und Wahrheit von den »säkularen
Liturgen« erarbeitet wird. So wie viele der größten Passagen in der
Bibel entweder aus babylonischen, spätjüdischen oder hellenistischen »Liturgien« übernommen und durch die biblischen Redaktoren in einen christologischen Kontext gestellt wurden, so können
auch heutige säkulare Liturgien in eine christologische Beleuchtung
gestellt werden, was ihnen möglicherweise noch andere Perspektiven abgewinnt, als die von den Verfassern ursprünglich beabsichtigten.

Um kein Mißverständnis aufkommen zu lassen, muß betont werden: Es geht hier nicht um das Konzept »Gottesdienst einmal
anders«. Insofern es sich dabei um das Auswechseln von Musikinstrumenten handelt, um einen etwas veränderten Stil, um die Verteilung von Predigt und Liturgie auf mehrere Sprecher, so stehen
diese Dinge hier nicht zur Diskussion: Ob sie im einzelnen Fall
angebracht und sinnvoll sind, kann und soll hier nicht erörtert
werden. »Wer Gottesdienst einmal anders zelebriert, hat noch nicht
alles getan, was wir schuldig sind. Er macht es sich noch zu leicht
– und ebendarum schwer. Denn die Laien sind nicht Objekte des
Gottesdienstes, nicht Gehilfen des Pfarrers, sondern wenn schon
Gehilfen, dann wie dieser ›Gehilfen der Freude‹. Sie sind Zuträger
der Wirklichkeit.«[56] Und eben solche Zuträger der Wirklichkeit
sind die säkularen Liturgen. Es waren zum größten Teil Laien (und
möglicherweise auch Nichtchristen), die nach dem Tod Martin
Luther Kings in ihrem Beruf als Journalisten, Redaktoren, Programmdirektoren an den Massenmedien, Martin Luther Kings
Zeugnis verbreiteten. Während einer ganzen Woche berichteten

---

des Protests; J. H. E. Koch, Variationen über »Musik des Protests«; Dorothee
Sölle / Fulbert Steffensky (Hg), Politisches Nachtgebet. Einzelne Liedertexte
und Liturgien: Risk 2/3, 1966 (Genf, Ök. Rat der Kirchen) (New Hymns For
a New Day); Risk 5/1, 1969 (Living: Liturgical Style); Image, Songs of the
Spirit Movement, Ecumenical Institute, Chicago, 1967; Verschiedene Hefte
von Bosse, Regensburg; P. Burkhard, »Feuer auf Erden«.

54. Kfa, 21.
55. D. Bonhoeffer, Widerstand und Ergebung (Mai 1944), 327f.
56. G. Schnath in einem Vortrag über »Gottesdienst in neuer Gestalt« in der Ev.
Akademie Hamburg vom 5. 3. 1968.

diese »säkularen Liturgen« über diesen Zeugen Jesu Christi. Jedermann konnte wissen, daß er ein unanfechtbarer Zeuge seines Glaubens war, bei dem Beten und Kämpfen, Fasten und politische Aktion, Bibel und soziale Wirklichkeit nicht nur gedanklich, sondern liturgisch – um nicht zu sagen sakramental – aufeinander bezogen waren. Siebzehnmal wurde er verhaftet, und bei jeder Verhaftung betete und fastete er so lange, bis sein Herz vom Haß gereinigt war. Erst dann war er fähig, weitere Aktionen klar und objektiv zu planen.

Man kann dieses Phänomen in zwei verschiedenen theologischen Denkmodellen interpretieren. Beide Modelle gehen von der Vorstellung aus, daß Christus (die Lutheraner würden präzisieren: Gott) auch außerhalb der Kirche wirkt. Aber wie ist das Verhältnis zwischen dem »Christus draußen« und dem »Christus drinnen« zu bestimmen und wie ist Christus überhaupt außerhalb die Kirche getreten?

Darauf kann man entweder mit den Katholiken und Orthodoxen antworten: Christus ist nach dem Kolosser- und Epheserbrief Mitschöpfer. Er war also schon vor der Kirche da, und er ist schon immer größer gewesen als die Kirche. Die Kirche ist lediglich das Zentrum seiner irdischen Aktivität. Die säkularen Liturgien haben in dieser Konzeption ihre relative Bedeutung. Vollwertig können sie aber deshalb nicht sein, weil ihnen das liturgische Zentrum, die Eucharistie fehlt.

Man kann aber auch mit vielen protestantischen Theologen, denen sich eine Reihe Naturwissenschaftler anschließen, antworten: Das Christentum hat unsere Welt, inklusive die Chansonniers und Schriftsteller, derart geprägt, daß es höchst verwunderlich wäre, wenn diese nicht bewußt oder unbewußt wesentliche Elemente des Evangeliums verarbeiten würden. Ihre Liturgien sind nicht minderwertig, weil sie nicht mehr wissen – oder weil es ihnen die Kirche fast unmöglich gemacht hat, dies zu bekennen –, daß ihre Liturgien Wurzeln in *der* Liturgie haben.

Wie dem immer sei, man wird Bonhoeffer zustimmen, wenn er meint, daß wir Christus nicht *in* diese säkularen Liturgien zu tragen haben. Die Aufgabe des Theologen ist es vielmehr, sich auf den Weg zu machen, »um die Präsenz Christi in der heutigen Welt zu entdecken; nicht, die moderne Welt zu entdecken; auch nicht, ihn aus dieser modernen Welt zu entdecken; aber IHN in dieser Welt zu entdecken«. Mündigwerden ist die Erkenntnis, »die Gott dorthin nachkommen will, wo er schon vor uns anwesend ist«[57].

---

57. E. Bethge, Bonhoeffer, 971, 973.

10. Gespräch mit Silone

Ich hatte den Auftrag angenommen, an der Mailänder Universität vor italienischen Priestern, Missionaren und Missionswissenschaftern einen Vortrag über das protestantische Missionsverständnis zu halten[1]. Ich tat dies, indem ich einerseits auf die in der Nachfolge Bonhoeffers stehenden, anderseits auf die fundamentalistisch orientierten Missionare hinwies; zusätzlich war der Zusammenprall der beiden Ansichten in Uppsala zu beschreiben.

Im letzten und wichtigsten Teil nahm ich die Diskussion aus der Ebene der Konzepte heraus und verlegte sie mit Hilfe von Ignazio Silones Roman »Fontamara« in die Ebene der gelebten Sprache. Auf der Ebene des sprechenden Alltags, auf der Sprach- und Kulturebene der Cafoni von Fontamara (denn auch diese Bauern haben eine Kultur und eine Sprache!) wurde die Trennung zwischen »der Horizontalen« und »der Vertikalen« für die einen ein unerlaubter Luxus, für die andern überhaupt gegenstandslos. Das wird insbesondere bei einem Vergleich der Interpretation der Eucharistie durch Silone und den katholischen Liturgiewissenschaftler Klauser deutlich.

Das heutige Missionsverständnis im Protestantismus kristallisiert sich in zwei Lager. Auf der einen Seite haben wir Denker, die von dem evangelischen Theologen und Widerstandskämpfer Dietrich Bonhoeffer beeinflußt sind, auf der andern Seite die hauptsächlich von den Vereinigten Staaten, aber auch von namhaften Kreisen in Europa unterstützten fundamentalistischen Missionen[2], übrigens eine Polarisation, die sich seit dem Vatikanischen Konzil in der Katholischen Kirche – allerdings in etwas anderer Färbung – ebenfalls nachweisen läßt[3].

---

1. Veröffentlicht italienisch und deutsch unter dem Titel »Protestantisches Missionsverständnis« in: Le Missioni e l'Unità dei Cristiani, Atti della Decima Settimana di Studi Missionari, Milano, 8–12 settembre 1969, hg von der Università Cattolica del Sacro Cuore. Mailand, Editrice Vita e Pensiero, 1970, 45–58, 171–183.
2. Dazu neuerdings N. Bloch-Hoell, De »konservative evangeliske«; W. J. Hollenweger, Die Kirche für andere – ein Mythos, und ders, Evangelisation.
3. Vgl dazu die Dokumente einer missionswissenschaftlichen Konsultation in Rom, 27.–31. März 1969 (Dokumente auf italienisch erhältlich von SEDOS, Via dei Verbiti 1, Rom). Ein weiteres Beispiel ist die Debatte, die am Dienstagabend, 9. 9. 1969, an der X Settimana di Studi Missionari stattfand.

10.1 Zu Bonhoeffer

Im Mai 1944 schrieb Bonhoeffer aus dem Gefängnis in Berlin-Tegel einen Brief an seinen Neffen anläßlich dessen Taufe. In diesem Brief heißt es:

»Du wirst heute zum Christen getauft. Alle die alten großen Worte der christlichen Verkündigung werden heute über Dir ausgesprochen, ohne daß Du etwas davon begreifst. Aber auch wir sind wieder ganz auf die Anfänge des Verstehens zurückgeworfen. Was Versöhnung und Erlösung, was Wiedergeburt und Heiliger Geist, was Feindesliebe, Kreuz und Auferstehung, was Leben in Christus und Nachfolge Christi heißt, das alles ist so schwer und so fern, daß wir es kaum mehr wagen, davon zu sprechen.

In den überlieferten Worten und Handlungen ahnen wir etwas ganz Neues und Umwälzendes, ohne es noch fassen und aussprechen zu können. Das ist unsere eigene Schuld. Unserer Kirche, die in diesen Jahren nur um ihre Selbsterhaltung gekämpft hat, als wäre sie ein Selbstzweck, ist unfähig, Träger des versöhnenden und erlösenden Wortes für die Menschen und für die Welt zu sein . . . Bis Du groß bist, wird sich die Gestalt der Kirche sehr verändert haben. Die Umschmelzung ist noch nicht zu Ende und jeder Versuch, ihr vorzeitig zu neuer organisatorischer Machtentfaltung zu verhelfen, wird nur eine Verzögerung ihrer Umkehr und Läuterung sein. Es ist nicht unsere Sache, den Tag vorauszusagen – aber der Tag wird kommen –, an dem wieder Menschen berufen werden, das Wort Gottes so auszusprechen, daß sich die Welt darunter verändert und erneuert. Es wird eine neue Sprache sein, vielleicht ganz unreligiös, aber befreiend und erlösend, wie die Sprache Jesu, die Sprache einer neuen Gerechtigkeit und Wahrheit.«[4]

Der Neffe, an den Dietrich Bonhoeffer diese Zeilen 1944 schrieb, ist heute 25 Jahre alt. Das »Neue und Umwälzende« in der Kirche, von dem der Brief spricht, hat er kaum erlebt. Oder doch? Gibt es denn nicht Menschen, Laien und Pfarrer, vornehmlich viele Laien, die auf neue Weise anfangen, Zeugnis abzulegen? Man denke nur an die Journalisten, Redaktoren, Programmdirektoren, die die »martyria« Martin Luther Kings, sein Zeugnis, in alle Welt verbreiteten, oder an den tschechischen »Laienevangelisten« Jan Palach, der in seinem Tod Zeugnis für die Wahrheit, ohne Gewalt gegen die Gewalt ablegte[5].

Man ging von der gemeinsamen Frage aus: Wie finden wir Wahrheit? Die einen meinten, *zuerst* sei die Wahrheit theoretisch zu klären und dann praktisch zu applizieren – eine Methode, die den erkenntnistheoretischen Prämissen des Fundamentalismus entspricht –, die anderen waren der Meinung, daß Wahrheit nur im Vollzug, als aktionsbezogenes theologisches Nach-Denken gefunden werden könne.

4. Bonhoeffer, Widerstand und Ergebung (Mai 1944), 327f. In der Diskussion wurde von einem indischen Teilnehmer darauf aufmerksam gemacht, daß dieses unreligiöse Konzept in Indien sehr schwer verständlich sei, ein Einwand, der auch von protestantischen Indern gemacht wird.

5. Ausführlicher im Kapitel »Säkulare Liturgie«, S. 151f.

10.2 Zum Fundamentalismus

Neben dieser neuen, »vielleicht ganz unreligiösen, aber befreienden
und erlösenden Sprache«, der »Sprache einer neuen Gerechtigkeit
und Wahrheit«, die das Zeugnis der Laien heute ausmacht, gibt es
aber in der protestantischen Mission heute noch einen starken
fundamentalistischen Flügel. Man wird den fundamentalistischen
Missionen nicht gerecht, wenn man nur auf ihre weltfremde Evangelisation und ihre mit der modernen exegetischen Foschung im
Widerspruch stehende Verkündigung hinweist. Mit James Barr
halte ich »die Kritik am Fundamentalismus, die sich weithin einge-
bürgert hat, für falsch«. »Der Schriftgebrauch im Fundamentalismus sollte darum besser als ritueller Vorgang anstatt als philosophi-
scher Prozeß[6] beschrieben werden. Er hat poetische Form, er ist ein
fast ästhetischer Ausdruck des Einklangs mit dem wahren Glauben,
das heißt der Tradition.« Seine nächste Parallele hat er »in der
Funktion, die in manchen Schichten des Katholizismus der Gedanke
der Unbefleckten Empfängnis der Jungfrau Maria[7] erfüllt. Wie die
Jungfrau ist die Bibel das menschliche, sichtbare Symbol, das in der
Heilsgewinnung eine Rolle spielt. Und wie jene von aller Beschmut-
zung durch menschliche Unvollkommenheit frei ist, so hat die
Schrift eine Vollkommenheit und Erhabenheit an sich, die jede
Analyse und Kritik ihres nahtlosen Gewebes als Gotteslästerung
erscheinen lassen muß. Darum geht der fundamentalistische Widerstand gegen die historische Kritik weit über das Maß hinaus, das
aufgrund deduktiver Schlüsse aus dogmatischen Sätzen einsichtig
wäre.« »Das Maß, in dem gedankenlose und unkritische Einstellun-
gen zur Bibel, die wir als fundamentalistisch bezeichnen, einen
Schaden und eine Gefahr darstellen, hängt von den sozialen Gege-
benheiten ab. Es kann Situationen geben, in denen eine gewisse
derartige Naivität so natürlich scheint, daß sie unausweichlich ist.«[8]
Barr erklärt also den Fundamentalismus als Ritualismus. Wenn
dies richtig ist, wäre der Fundamentalismus der sehr bedeutenden
italienischen Pfingstbewegung[9] unter den in Süditalien herrschenden sozialen Verhältnissen als natürliche und unausweichliche Aus-
prägung des Bibelverständnisses zu verstehen. In einer Welt, in der

---

6. Englisch »propositional procedure«.
7. Zu Maria vgl oben das Kapitel »Ave Maria«, S. 112ff.
8. J. Barr, Old and New, 202–205; deutsch: Alt und neu, 199–201.
9. Vgl dazu W. J. Hollenweger, Il risveglio pentecostale, und PGG, 284–302.

»das überflüssige Denken abgeschafft werden muß«[10], in der es »auf Befehl des Podestà verboten ist, sich Gedanken zu machen«[11], verhilft das fundamentalistische Ritual vielen Süditalienern zur Menschwerdung des Menschen. In der Pfingstbewegung entdeckt der verachtete und ausgebeutete Italiener seine Menschenwürde. Er wird als Gotteskind neben anderen Gotteskindern ernst genommen. Er bekommt einen Auftrag (Missionierung seines Dorfes), den er nur ausführen kann, wenn er die jahrhundertealte hierarchische Struktur seines Dorfes zu relativieren den Mut hat. So vollzieht sich ein sozialpsychologischer Prozeß von weittragender Bedeutung. Mit einem auswendig gelernten Liedervers und einer Guitarre geht er ins Nachbardorf und singt: »Dimmi la storia di Gesù!«[12] Und nun wird die Verachtung Jesu, seine Verspottung, die »Jahre der Sorge«, »das Leid, das er trug«, seine Angst und Einsamkeit so beschrieben, daß der Zuhörer seine eigene Angst im Leiden Jesu wiedererkennt. Er kann in der Verherrlichung, Auferstehung und Herrschaft Christi seine eigene Menschwerdung und Auferstehung zu einem neuen Leben nachvollziehen. Eines ist dazu nötig: Die Türe des menschlichen Herzens ist nur von innen zu öffnen. Nach außen hat sie keine Türfalle. »Wenn du willst, daß Jesus zu dir kommt, öffne die Türe von innen!«[13]

10.3 Ökumenischer Rat der Kirchen

Der Ökumenische Rat der Kirchen umfaßt beide dieser Strömungen. Mit größter Heftigkeit prallten sie in Uppsala aufeinander und führten zu der von Bonhoeffer geforderten neuen Infragestellung dessen, was man bisher für gesichert hielt. Es waren Fragen wie:

---

10. I. Silone, Fontamara, 106; deutsch, 64. In der Diskussion wurde Kritik laut an Silones Darstellung der süditalienischen Verhältnisse. Mir ist natürlich bekannt, daß Silone seinen Roman Anfang der dreißiger Jahre (Erstausgabe deutsch; Zürich 1934) gegen den Faschismus schrieb. Mir geht es hier nicht um die Frage, ob Silones Darstellung im einzelnen den Tatsachen entspreche. Ich verwende ihn als Gleichnis für die Not, Entbehrung und Sprachlosigkeit aller Leidenden. Heute (1978) allerdings scheint es, daß Silone die Situation präziser analysierte als die Priester und Christen, die sich in Mailand über ihn aufregten.
11. Ebd.
12. »Bring mir die Kunde von Jesus!« Italienisch: Schallplatte »Uomini Nuovi«, BIEM UN 4501, gesungen von Remigio und Delia Nussio. Im Text zitiere ich aus der deutschen Fassung des gleichen Liedes (Pfingstjubel, 1956, 467).
13. H. A. Parli, Predigt, auf der Anm. 12 erwähnten Schallplatte.

Was heißt Bekehrung? Was ist wirklich Menschwerdung des Menschen? Worin besteht die Unterscheidung zwischen Entwicklungshilfe und Mission? Dabei wurde auch der unglückliche Versuch gemacht, die sogenannte Horizontale mit der sogenannten Vertikalen auszubalancieren. Man war sich einig, daß heute Mission in sechs Kontinenten geschieht, daß die Trennung zwischen sendenden und empfangenden Ländern unsachgemäß ist, wenn auch die Mission in Europa und Amerika sich von derjenigen in Afrika, Asien oder Lateinamerika unterscheidet[14].

Maßgebende protestantische Kirchenführer, wie zum Beispiel der Präsident der Eglise Réformée de France, bezeichneten Mission als jenen Prozeß, durch den Christen zusammen mit den Gleichgültigen und Ungläubigen das Evangelium entdecken. Dabei beruft man sich gelegentlich auf jene Stelle des Apostels Paulus (1. Kor. 14,24), wo er schreibt: Wenn ein »idiotes«, ein Ungläubiger oder Uneingeweihter, in eure Versammlung kommt, so wird nur dann das Verborgene seines Herzens offenbar, er wird nur dann überführt und auf sein Angesicht niedersinken und Gott anrufen, wenn die Korinther sich ihm verständlich machen können. Das heißt: Ob unser Zeugnis, unser »Reden aus Eingebung« verständlich ist, ob »Gott in Wahrheit in unserer Mitte ist« (1. Kor. 14,25), entscheiden nicht wir, sondern die von Paulus erwähnten Außenseiter[15].

10.4　Ein Beispiel aus Italien

Anstatt diesen Ansatz auf der theoretischen Ebene weiterzutreiben, will ich auf Grund eines berühmten literarischen Dokumentes aus Italien, dem Roman »Fontamara« von Ignazio Silone, versuchen, *mit Silone zusammen* das Evangelium zu entdecken.

Silone beschreibt darin sein eigenes Leben, das Leben eines Mannes, der sich – wie er selber schreibt – als »post-risorgimentale«[16] und vielleicht auch als »post-marxista« betrachtet, der aber trotz seiner Kritik an der Kirche nicht vom Evangelium loskommt und seinen neuesten Roman sogar als »eine Geschichte des italienischen Christentums« bezeichnet, »die nicht mit derjenigen der

---

14. Auswahl aus der Literatur: A. Comba, Reazioni italiane; Sondernummer von »Mondo e Missione«, La missione dell'era ecumenica 98/5, März 1969. Ferner MaSt (deutsch, französisch und englisch), KBB, Kfa, und neuerdings die wichtige Studie von J. Müller, Uppsala II.
15. Vgl oben das Kapitel »Interkulturelle Theologie«, S. 43.
16. Risorgimento, Kampf um die italienische Freiheit und Einheit, 1796–1870.

Hierarchie zusammenfällt«. »Da sie sich nicht in Büchern nieder-
schlägt, kennen auch die Gebildeten sie nicht. Darum auch fragten
sich viele, aus welchem Vakuum denn ein Papst wie Johannes
XXIII. mit seinem ihm eigenen Stil und seiner Begabung entstehen
konnte.«[17]

Sprache: Das Dorf Fontamara ist bestimmt durch seine sprachliche
Isolierung. Nicht nur gibt es kein Wort für »Nachtigall« im Dialekt
von Fontamara – denn dort singen weder Nachtigallen noch andere
Singvögel –, nicht nur ist italienisch für sie eine Fremdsprache, die
sie in der Schule lernen, eine Wörterbuch-Sprache; selbst wenn sie
sich des Italienischen bedienen, verstehen die Städter sie nicht. »Wir
reden, und wir verstehen einander nicht. Wir sprechen dieselbe
Sprache, und es ist doch nicht dieselbe Sprache . . . In meiner
Jugend bin ich in Argentinien gewesen, in den Pampas. Dort habe
ich mit Landarbeitern der verschiedensten Rassen gesprochen, mit
Spaniern, Portugiesen, sogar mit Indianern, und wir verstanden
einander, als wären wir in Fontamara. Mit einem Italiener vom
Konsulat dagegen, der jeden Sonntag aus der Stadt zu uns geschickt
wurde, konnten wir uns nicht verständigen. Auf unserer Hazienda
war ein taubstummer Portugiese, ein Peone, ein Cafone von dort;
mit dem verstanden wir uns sogar ohne Worte. Aber mit dem
Italiener vom Konsulat gab es keine Möglichkeit der Verständigung.«[18]
  Mission in dieser Situation heißt: einen Ort des Dialogs schaffen,
wo Städter und Cafoni miteinander ins Gespräch kommen. Kann
man angesichts der dramatischen, nicht nur die Existenz, sondern
die Seele eines Landes tötenden Sprachlosigkeit noch sagen, daß die
Ermöglichung des Dialogs nicht eine missionarische christliche Aufgabe ist?

Behörden: Die strukturelle Sprachlosigkeit zwischen Städtern und
Cafoni hat auch Rückwirkungen auf das Verhältnis zwischen den
Behörden und der Bevölkerung. Ein Sozialarbeiter aus Sizilien hat
ausgerechnet, daß, wollte man alle Formulare ausfüllen und die
Fristen abwarten, die zum Erhalt der Entschädigungen für die
Erdbebengeschädigten vorgeschrieben sind, man gegen fünfzig

---

17. Italienisch: »Poiché non si esprime sempre nei libri, anche i laici colti la
   ignorano. Per questo tanti si chiedono da dove sia uscito papa Giovanni, con
   quel suo estro e il suo stilo.« Silone, L'avventura d'un povero Cristiano, 11–12.
18. Fontamara, 28; deutsch, 16.

Jahre warten müßte. Es muß doch jedem einleuchten, daß eine
solche Situation tiefe *geistliche* – nicht nur materielle, wie wir oft in
oberflächlicher Verkennung der Lage sagen – Nöte mit sich bringt.
Begreiflich, daß die Cafoni sagen: »Jeden Tag geschieht etwas
Neues, aber befehlen tut immer derselbe. Die oberste Gewalt bleibt
immer die gleiche.« »Und von wem wird sie ausgeübt?« fragte der
Fremde. Michele, ein Bauer aus Fontamara, erklärte ihm geduldig,
wie sie sich die Rangordnung vorstellen:

> »Ganz oben über allen ist Gott, der Herr im Himmel. Das weiß jeder.
> Dann kommt der Fürst Torlonia, der Herr auf der Erde.
> Dann kommen die Aufseher des Fürsten Torlonia.
> Dann kommen die Hunde der Aufseher des Fürsten.
> Dann nichts.
> Dann immer noch nichts.
> Dann immer noch nichts.
> Dann kommen die Cafoni.
> Und dann, so könnte man sagen, ist es zu Ende.«

»Und die Behörden, wohin tust du die?« fragte noch gereizter der
Fremde. »Die Behörden«, übernahm Ponzio Pilato, ein weiterer
Landarbeiter aus Fontamara, die Erklärung, »kommen an die dritte
oder die vierte Stelle, je nach Entlohnung. An die vierte Stelle, die
der Hunde, gehören die allermeisten. Das ist bekannt.«[19]
Was heißt hier Mission? Es ist die Überwindung dieser lähmen-
den atavistischen Hierarchie. Die Überwindung dieses Fatalismus
schafft Hoffnung, gleichzeitig aber gefährdet sie politische und
wirtschaftliche Interessen. Darum schrieb Gaetano Salvemini vor
fünfzehn Jahren in einem Artikel über die italienischen Pfingstler im
»Mondo«: »Nun aber ist in Italien alles erlaubt. Aber das, was in
Süditalien heute vor sich geht, greift das Herzstück der führenden
Schicht Italiens an. Daß eine süditalienische Bevölkerung den Roten anhängt, ist schon schlimm genug. Aber es geht vorbei! Sie
werden trotzdem für den Advokaten, den Professoren stimmen. Sie
werden trotzdem noch kontrolliert von Elementen aus dem Bürgertum. Aber daß sie das Heft selber in die Hand nehmen und auf den
Advokaten und den Professoren pfeifen, ah, das ist in Wahrheit
etwas, das man in Italien nicht mehr zulassen kann.«[20]

Recht: Diese sozialpsychologische Situation hat ferner verheerende
Wirkungen auf die Rechtssicherheit. Obschon der Gemeindediener
den schönen Namen Innocenzo La Legge trägt, sagen die Cafoni:

---

19. Fontamara, 34f; deutsch, 20.
20. G. Salvemini, Protestanti in Italia.

»Es nützt nichts, daß man recht hat, wenn man zu unwissend ist, um sein Recht geltend zu machen.«²¹ »Die Gesetze sind von Städtern gemacht. Sie werden von Richtern angewandt, die alle Städter sind, und von Rechtsanwälten ausgelegt, die alle Städter sind. Wie kann ein Bauer da jemals zu seinem Recht kommen?«²²
Und die Kirche, was ist ihre Mission in dieser Situation? Wäre es nicht das, was gewisse Kirchen Nordamerikas tun, indem sie die Schwarzen lehren, ihr Recht geltend zu machen²³? Ist hier Mission nicht das, was Jesus tat, als er sich mit den Zöllnern, Sündern und Huren an einen Tisch setzte? Selbst wenn ihn dieses »unmoralische« Verhalten ans Kreuz brachte?

Ich hoffe, daß Silone unrecht hat in seiner Beschreibung der italienischen katholischen Kirche, denn hätte er recht, so heißt die erste Mission für die Kirche: »Buße tun von ihrem verkehrten Wesen.« Die Kirche wird bei Silone dargestellt als Verteidigerin des status quo, als Verteidigerin der bestehenden Ordnung²⁴ und nicht – wie sie uns das Neue Testament zeigt – als Anwalt des Kommenden. Gerade weil die Kirche weiß, daß die Pforten der Hölle sie nicht überwinden können, kann sie das Unmögliche riskieren. Weil sie weiß, daß einer versprochen hat »Siehe, ich mache alles neu!« ist sie »die beständige Unruhe in menschlichen Gesellschaften, die sich – wie die Kananäer und die Babylonier – zur ›bleibenden Stadt‹ stabilisieren wollen«²⁵. Wer weiß, daß Gott alle Tränen abwischen wird, wird nicht resignieren vor den Tränen der Gequälten und Gefolterten. Wer weiß, daß die Krankheit nicht mehr sein wird, kann schon jetzt eine vorläufige und zeichenhafte Überwindung der Krankheit des einzelnen und der Gesellschaft erwarten. Und wer weiß, daß der Feind der Menschen und Gottes, der Teufel, überwunden werden wird, wird ihm schon jetzt in seinen Machenschaften in Familie *und* Gesellschaft entgegentreten. Entweder Hoffnung auch für *dieses* von Gott geschaffene und geliebte Fontamara, oder überhaupt keine Hoffnung! Darum ist die christliche Mission nicht an der Bewahrung des Bestehenden in der Welt interessiert, sondern an dessen Verwandlung auf das Kommende hin. Die Verwandlung auf das Kommende hin bezieht den sozialen und politischen

---

21. »Non serve avere ragione, se manca l'istruzione per farla valere«. Fontamara, 67; deutsch, 40.
22. Fontamara, 87; deutsch, 52.
23. Kfa, 132ff; H. Hellstern, Mississippi-Delta-Dienst; B. Hilton, The Delta Ministry.
24. Fontamara, 116f; deutsch, 70f.
25. J. Moltmann, Theologie der Hoffnung, 17.

Aspekt der Hoffnung ein. Gerade in diesen Bereichen braucht es Menschen, die nicht von der Resignation verbittert, vom Zynismus verhärtet sind, denn Resignation ist nach Moltmann nur eine besondere Sorte von Stolz, der seine Verzweiflung tarnt, indem er lächelnd sagt: Bonjour tristesse! Ich schließe mich Moltmann an, wenn er nicht bereit ist, mit dem französischen Dichter Camus »klar zu denken und nicht zu hoffen«, »als gewänne das Denken Klarheit ohne die Hoffnung«[26]. Im Gegenteil, die »Verzweiflung, die meint am Ende zu sein, erweist sich als illusionär, solange noch nichts zu Ende ist, sondern alles noch voll von Möglichkeiten steckt«[27].

Auf diesem Hintergrund muß die Haltung des süditalienischen Establishment als gnostische Häresie beurteilt werden. Als nämlich den Cafoni der ihnen versprochene Lohn mit fadenscheinigen Gründen vorenthalten wurde, wehrten sie sich mit dem Hinweis auf das Gebot: »Du sollst nicht stehlen.« Aber ihnen wurde gesagt: »Das Gesetz Mosis gilt vor dem Gericht Gottes. Hier auf Erden gelten die Gesetze, die von der Regierung erlassen werden.«[28]

Wirtschaft: Der wirtschaftliche Aspekt ist bekannt und braucht hier nicht weiter ausgeführt zu werden. »Die Cafoni pflügten, ebneten das Gelände, hackten, ernteten, und wenn sie damit fertig waren, kam ein Fremder und strich den Gewinn ein. Niemand konnte dagegen Einspruch erheben. Alles war gesetzlich, nur unser Einspruch wäre ungesetzlich gewesen.«[29]

Was war die Mission der Kirche in dieser Situation?

»Ihr scheint zu vergessen«, bemerkte der Priester ärgerlich, »daß Gott selbst gesagt hat: ›Im Schweiß deines Angesichts sollst du dein Brot essen.‹«

Der unglückliche Priester ahnte nicht, daß er mit diesen Worten in ein Wespennest gestochen hatte. Fünf bis sechs von den Männern antworteten zugleich, bis schließlich Berardos Stimme alle anderen übertönte.

»Wenn es nur so wäre«, rief Berardo, »wenn es in der Welt nur nach diesem Spruche ginge!«

»Wieso?« fragte der Priester erstaunt. »Findest du, daß es nicht danach geht?«

»Wenn es nur so wäre«, wiederholte Berardo, »daß ich im Schweiße meines Angesichts mein Brot verdiente. In Wirklichkeit verdiene ich vor allem das Brot für die Leute, die nicht arbeiten.«

Dem Priester war nicht wohl zumute. »Man kann der Allgemeinheit dienen, auch wenn man nicht mit der Hacke arbeitet«, sagte er.

»Wie heißt es in der Heiligen Schrift?« fuhr Berardo hartnäckig fort. »Es heißt: du sollst dir dein Brot verdienen. Es heißt nicht: du sollst die Makkaroni, den Kaffee und den Likör für den Unternehmer verdienen, wie es tatsächlich geschieht.«

---

26. Ebd, 20.
27. AaO, 22.
28. Fontamara, 156; deutsch, 94.
29. Fontamara, 153; deutsch, 92.

»Ich habe mit Religion zu tun und nicht mit Politik«, sagte der Priester unwillig und wollte sich entfernen. Aber Berardo packte ihn am Arm und hinderte ihn unter allgemeinem Gelächter am Fortgehen. »Wie heißt es in der Schrift?« fragte Berardo weiter. »Es heißt: im Schweiße deines Angesichts. Es heißt nicht, wie es tatsächlich der Fall ist: mit dem Blut deiner Lungen, mit dem Mark deiner Knochen, um den Preis deines Lebens.«[30]

Begreiflich, daß die Cafoni eine gnostische, weltflüchtige Ekklesiologie entwickeln. Hören Sie den Traum, den einer von ihnen geträumt hatte:

»Als der Friede zwischen dem Papst und der Regierung geschlossen wurde, ihr erinnert euch, erklärte uns der Pfarrer vom Altar aus, daß nun auch für die Cafoni eine neue Zeit anbrechen werde. Der Papst würde von Christus viele Gnaden erhalten, die wir Cafoni bitter nötig haben. In der folgenden Nacht träumte ich, daß der Papst mit dem Gekreuzigten sprach. Der Gekreuzigte sagte: ›Um diesen Friedensschluß zu feiern, sollte man das Fucino-Land unter die Cafoni verteilen, die es bebauen, und auch die armen Leute von Fontamara nicht vergessen, die auf dem Berge leben und kein Land besitzen.‹ Der Papst antwortete: ›Herr, das wird der Fürst nicht wollen, und der Fürst ist ein guter Christ.‹ Der Gekreuzigte sagte: ›Um diesen Friedensschluß zu feiern, sollte man den Cafoni wenigstens die Steuern erlassen.‹ Der Papst antwortete: ›Herr, das wird die Regierung nicht wollen, und die Regierenden sind auch gute Christen.‹ Der Gekreuzigte sagte: ›Um diesen Friedensschluß zu feiern, wollen wir den Cafoni und den kleinen Besitzern eine besonders gute Ernte schicken.‹ Der Papst antwortete: ›Herr, wenn die Ernte der Cafoni reichlich ist, werden die Preise sinken, und das wäre der Ruin für viele große Kaufleute. Auch sie verdienen, daß man an sie denkt, denn sie sind gute Christen.‹ Der Gekreuzigte war sehr betrübt, daß er nichts für die Cafoni tun konnte, ohne anderen guten Christen Schaden zuzufügen. Da schlug der Papst ihm vor: ›Herr, lasset uns hingehen. Vielleicht wird es doch möglich sein, etwas für die Cafoni zu tun, was weder dem Fürsten Torlonia noch der Regierung, noch den Reichen mißfällt.‹ So besuchten Christus und der Papst in der Nacht alle Dörfer der Marsica rund um das Becken des Fucino. Christus ging voran, mit einem großen Sack auf dem Rücken. Der Papst folgte ihm und hatte die Erlaubnis, aus dem Sack zu nehmen, was den Cafoni nützlich sein könnte. Die beiden himmlischen Reisenden sahen in allen Dörfern dasselbe, und was hätten sie auch anderes sehen können? Die Cafoni klagten, fluchten, zankten sich, waren bekümmert und wußten nicht, was sie essen und womit sie sich kleiden sollten. Das tat dem Papst in tiefster Seele weh. Er nahm aus dem Sack eine Wolke von Läusen einer neuen Art, warf sie über die Häuser der Armen und sagte: ›Nehmt das, geliebte Kinder, nehmt es und kratzt euch. So werdet ihr in euren Mußestunden etwas haben, das euch von euren sündhaften Gedanken ablenkt.‹«[31]

Ja, was ist die Mission der Kirche, die nur Narcotica verteilt, aber gegen das strukturelle Böse machtlos ist und darum den Bauern verlegen erklärt: »Ihr seid zu unwissend, um diese heiligen Geheimnisse zu verstehen.«[32]

30. Fontamara, 165f; deutsch, 99f.
31. Fontamara, 31–33; deutsch, 18f.
32. Fontamara, 77; deutsch, 46.

Sakrament: Und doch liegt in der Botschaft des Evangeliums die Kraft zur Menschwerdung der Ausgebeuteten und der Ausbeuter. Sie liegt – darin sind sich alle Konfessionen, Protestanten, Katholiken und Orthodoxe, einig – im Sakrament des Heiligen Abendmahles. Davon weiß auch Silone etwas:

> »Das einzig wirklich Schöne in der Kirche von Fontamara war das Altarbild, das die Einsetzung des Heiligen Abendmahles darstellte. Jesus hatte ein Stück Brot in der Hand und sagte: *Nehmt hin, das ist mein Leib.* Das Brot ist er selber. Im Brot ist Gott, die Wahrheit und das Leben. Jesus meinte nicht das Maismehl, das die Cafoni essen, und auch nicht den geschmacklosen Brotersatz, aus dem die Hostie der Priester gemacht wird. Jesus hatte ein Stück echtes Weizenbrot in der Hand und sagte: *Dies hier –* das Weizenbrot – *ist mein Leib.* Und damit wollte er sagen: Wer das Weizenbrot hat, der hat mich, Gott. Wer es nicht hat, wer nur Maisbrot hat, ist nicht im Stande der Gnade, er kennt die Wahrheit nicht und hat nicht das wahre Leben. Seine Nahrung ist unrein wie die der Schweine, Esel und Ziegen. Wer nur Maisbrot hat, für den ist es, als hätte es den Heiland nie gegeben, als müßte die Erlösung noch kommen. Wie sollten wir nicht an unseren Weizen denken, an den wir die Mühe eines ganzen Jahres gewandt hatten und den der Unternehmer im Mai, als er noch grün war, an sich gebracht hatte, um ihn später teuer weiter zu verkaufen? Wir hatten im Schweiße unseres Angesichts das Feld bebaut, doch das Brot war nicht für uns bestimmt, für uns gab es Maisbrot. Aber der Christus am Altar zeigte auf ein schönes, zart gebräuntes Weizenbrot, und die Bitte im Vaterunser: *Unser tägliches Brot gib uns heute* bezieht sich bestimmt nicht auf Maisbrot, sondern auf Weizenbrot.«[33]

Ich bin mir wohl bewußt, daß diese Auslegung der Eucharistie theologisches Stirnrunzeln verursacht. Immerhin, die urchristliche Eurcharistie war nicht nur eine religiöse Feier, sie war die revolutionäre Vorwegnahme des eschatologischen Freudenmahles. Darum saßen an diesem Tisch – was in der römisch-hellenistischen Gesellschaft sonst nicht vorkam – die Sklaven und die Meister beieinander. Und Paulus wehrte sich ausdrücklich dagegen, daß dieser soziale Aspekt verlorenginge. »Wartet aufeinander«, rief er den Reichen von Korinth zu (1. Kor. 11,33). Was heißt das anderes, als daß die normalen Klassenunterschiede in der Realpräsenz des Christus belanglos werden?

Man kann sich nicht genug die neutestamentliche und altchristliche Eucharistie in Erinnerung rufen, wie sie uns zum Beispiel von dem katholischen Liturgiewissenschaftler Theodor Klauser beschrieben wird. Auf Grund des ältesten erhaltenen stadtrömischen Liturgiebuches beschreibt er die Schönheit des altkirchlichen Gottesdienstes: Die Gläubigen bringen ihre Gaben auf den Abendmahlstisch: Öl, Käse, Oliven, Brot, Wein, Früchte, Blumen. Der Bischof spricht das Dankgebet über diese Gaben, die Eucharistia. In der Anamnese erinnert er an den Tod und die Auferstehung des

---

33. Fontamara, 161f; deutsch, 97f.

Herrn. In der Epiklese ruft er den Heiligen Geist auf die Gaben
herab. Darauf teilt er Brot und Wein unter die Gläubigen aus. Der
große, übrigbleibende Rest wird für den Unterhalt des Bischofs und
für das Caritas-Programm der alten Kirche verwandt. Was keine
damalige Religion gewagt hätte, das wagte die junge Christenge-
meinde: Das Kostbarste, was sie hatte, der Leib des Herrn, wurde
zur Stillung von gewöhnlichem Hunger verwendet, so die unglückliche Scheidung von Politik und Religion, von Vertikal und Horizontal durch die Dimension des Sakramentalen überwindend.

»Das, was wir heute vor uns haben«, schreibt der erwähnte
Theodor Klauser, »ist nicht mehr das hoheitsvolle, harmonisch
gegliederte, krönende Allerheiligste der Meßliturgie von einst, sondern bestenfalls eine verwilderte, mit zahllosen bizarren Türmchen
und Erkern überladene Kapelle, deren Grundriß der Laie kaum
noch zu erkennen vermag«[34].

Ausführlich beschreibt Klauser, wie es zu dieser Verwilderung
gekommen ist. Trotz des Protests von Augustinus, Hilarius und
anderer wurde der Bischof von Rom der kaiserlichen Majestät fast
gleichgeordnet. Darum »hatte er wie der Kaiser Anspruch darauf,
sein Bild in den Amtsräumen, das heißt in den Gotteshäusern usw,
aufstellen zu dürfen; sowie darauf, sich bei seiner Ankunft im
Gotteshaus von einem Sängerchor begrüßen zu lassen – damit
beginnt die Geschichte des ›introitus‹ unserer Eucharistiefeier –, am
Thron und Altar mit verhüllten Händen und durch Kniefall und
Fußkuß geehrt zu werden«. Darum wird auch Jesus als Kaiser
dargestellt und Maria als Kaiserinmutter. »Aus den Aposteln wird
der Senat, die Engel bilden den himmlischen Hofstaat, und die
Heiligen stellt man sich als gabenbringende Audienzgäste vor.«
Man spricht vom himmlischen Hof *(curia)* und Palast *(palatium)*[35].

Dieser Eingriff hat aber nicht nur theologische, sondern eng
damit zusammenhängende sozialethische Folgen. Die Gemeinde
wird immer unmündiger, abhängiger und passiver. Sie wird vom
liturgischen Geschehen ausgeklammert. Der Priester kann sogar
ganz allein für sich die Messe halten (mit dem Aufkommen der
Klöster). Ja, diese Form der Messe soll höheren Wert haben als die
Teilnahme an einem Gemeindegottesdienst. Im Gemeindegottesdienst zelebriert der Priester in einer fremden Sprache, vom Volk
abgewendet. Die wichtigsten Worte werden geflüstert. Sie laut zu
beten wäre ehrfurchtslos. Mit der Verwendung von ungesäuertem

34. Th. Klauser, Kleine abendländische Liturgiegeschichte, 38.
35. AaO, 40.

Brot und Oblaten fällt auch der Opfergang weg. Kein Wunder, daß sich dieses zwar noch gegenwärtige, aber nicht mehr beteiligte Volk vom eucharistischen Geschehen abwendet und sich während des Gottesdienstes »subjektiven Frömmigkeitsübungen« hingibt[36]; das ist aber das genaue Gegenteil der Kommunion.

Schließlich wird sogar dann, wenn der Priester nicht zelebriert, Hofstaat gehalten in der Kirche. Der schlichte Tisch war längst dem Tabernakel gewichen, in dem Gott in der Gestalt der Hostie wohnt. Das Retabel wurde zum Thron, auf dem Gott saß. »Der ›Hof haltende‹ eucharistische Christus sollte eben genau wie ein Fürst behandelt werden.«[37] Er erhält ein Pagenkorps; dazu erklingt Hofmusik; kurz: die Kirche ist nicht mehr der Ort der Eucharistie, sondern der repräsentative Thronsaal.

Es dürfte nicht schwerfallen, festzustellen, in welchen Punkten Klausers Kritik an der Messe auch den evangelischen Abendmahlsgottesdienst trifft. Zwar kann man dem evangelischen Abendmahlsgottesdienst gewiß nicht den Vorwurf machen, er verwandle den Ort der Eucharistia in einen repräsentativen Thronsaal. Aber eine Eucharistia im ursprünglichen Sinne ist er schwerlich. Und geben sich nicht auch die evangelischen Christen während des Abendmahles »subjektiven Frömmigkeitsübungen« hin? Gibt es nicht auch Kirchengebäude, die in erster Linie Ort der Repräsentation und erst in letzter Linie Ort der Kommunion sind? Und inwiefern erfüllen die evangelischen Gottesdienstordnungen Klausers Kriterium: »Allein das gemeinschaftliche Tun (ist) der Liturgie gemäß«[38]?

Klauser sieht im Zweiten Vatikanum Anzeichen einer Rückkehr zum altkirchlichen Gottesdienst, zu einer von der Gemeinde mitgestalteten Liturgie. Das bedingt allerdings »größte Variabilität«. »Was wir brauchen, ist ein Fürbittegebet, das die Gläubigen beim Gottesdienst aufhorchen läßt, weil es konkret zur Sprache bringt, was sie im Augenblick bewegt.«[39]

Der Verlust der altkirchlichen Eucharistie ist etwas, das uns Protestanten mit den Katholiken verbindet. Beide Eucharistien sind mehr oder weniger eindrückliche religiöse Feiern – und als solche nicht bedeutungslos –, aber die Gemeinschaftswerdung, die altchristliche *agalliasis,* das Überschreiten der in unserer Gesellschaft unmöglich scheinenden gesellschaftlichen Segregation in der Realpräsenz des Christus, das wird bei uns und bei ihnen kaum noch

---

36. AaO, 100.
37. AaO, 139.
38. AaO, 154.
39. AaO, 59.

sichtbar. Und doch gibt es eindrückliche Ansätze von Eucharistien, die in heutigen Formen revolutionär wirken. Ich denke nicht nur an die Abendmahlsgottesdienste der Sjaloomgruppe in Holland[40], an die Feiern der Paroisse oecuménique des jeunes in Lausanne[41], an die Pfingsteucharistie von Paris im Mai 1968[42], sondern auch an das, was sich heute in Lateinamerika tut[43]. Dort hat die Liturgieform – im Gegensatz zu uns – einen missionarischen und sozialkritischen Aspekt. Der Bischof von Cuernavaca hat seine Kathedrale von allen Heiligen und allem Zierat gereinigt. Nur eine einzige Maria, die auf den Gekreuzigten zeigt, ist stehengeblieben. Der Altar ist ein Tisch, der nur zur Feier der Eucharistie hereingetragen wird. Die Liturgie besteht aus biblischen und mexikanischen Elementen. Am Ausgang der Kirche befindet sich ein Briefkasten, in dem die Cafoni von Mexiko ihre Kommentare über des Bischofs Liturgie einwerfen. Und der Bischof ist ein rechter Bischof. Er liest und berücksichtigt die Einwände der Indianer und Bauern von Cuernavaca, sie ernst nehmend und ihnen so das Mündigwerden ermöglichend. Dafür gehen die Arbeiter von Cuernavaca zu den Industriellen und Fabrikdirektoren, um mit ihnen über die Messe zu reden. Das Thema, das sie behandeln – sie wurden darauf in speziellen Kursen mit einem Arbeitspriester vorbereitet –, lautet: Wie kommt es, daß wir am Tisch des Herrn Brüder sind und am Konferenztisch werden wir nicht ernst genommen? Das heißt, sie wollen die Präsenz Christi in der Welt der Arbeit erkennen, und die Welt der Arbeit in die Realpräsenz Christi während der Eucharistie bringen, was schon immer das Hauptmotiv der protestantischen *und* katholischen Mission gewesen ist.

---

40. E. Kleine, Holland – Kirche contra Rom?; H. J. Herbort, Hollands Katholiken riskieren eine Menge; KBB, 156–166; W. J. Hollenweger, Der Gottesdienst, in: H. J. Girock (Hg), Notstand, 69–94.
41. J. Nicole / G. Kolb, Das Ja zum Risiko, KBB, 145–155.
42. Cl. Marquet, Pfingsten 1968; Interkommunion in Paris, KBB, 171–184 (Lit.).
43. Zum Ganzen vgl auch Simpfendörfer, Offene Kirche, 158ff.

11. Gottesdienst

Nirgends ist die interkulturelle Übung und Disziplin so wichtig wie im Gottesdienst, wo das ganze Volk Gottes *zusammenkommt, aus verschiedenen kulturellen und kirchlichen Traditionen (im folgenden dargestellt an den Ergebnissen einer Umfrage im ökumenischen Zentrum in Genf), mit verschiedenen konfessionellen und theologischen Voraussetzungen (dargestellt am ökumenischen Forschungsprogramm über den Gottesdienst) und mit individuell verschiedenen psychologischen Grundmustern (dargestellt an einem Taufgottesdienst: »Eine Gemeinde predigt sich selbst«)*[1].

Überraschend und theologisch nicht leicht einzuordnen war für mich das, was mir Kernphysiker aus dem Centre Européen pour la Recherche Nucléaire bei Genf sagten. Sie erklärten, nicht an Gott zu glauben, wollten jedoch beten lernen. Dies zeigte mir, wie unwichtig selbst für diese »exakten Wissenschafter« exakte Logik und klare Rationalität werden, wenn es nicht mehr um »Themen«, sondern um »Lebenszusammenhänge«, das heißt theologisch gesprochen, um Gebet und Gottesdienst geht.

11.1 Das Problem des Gottesdienstes bei den Christen

Ende 1968 führte der Gottesdienst-Ausschuß des Personals im ökumenischen Zentrum in Genf eine großangelegte Umfrage bei den im Hause arbeitenden Sekretärinnen durch, bei den leitenden Referenten, beim Hilfspersonal, das die Vervielfältigungsmaschinen bedient, bei den Putzfrauen und Buchhaltern, kurz bei der kulturell, konfessionell, sprachlich und altersmäßig gemischten Gesellschaft, die zudem in verschiedenen Organisationen arbeitet (Lutherischer Weltbund, Ökumenischer Rat der Kirchen, Reformierter Weltbund, Baptistenweltbund, Bibelgesellschaften usw.).

Die Reaktion auf diese Umfrage, die sich auf das gottesdienstliche Leben im ökumenischen Zentrum bezog, war außerordentlich lebhaft. Von etwas über 250 Personen füllten 143 den relativ

---

1. Veröffentlicht unter dem Titel »Der Gottesdienst – für die Welt so nötig wie das tägliche Brot« in: Das missionarische Wort 24/2, März/April 1971, 51–61.

komplizierten Fragebogen aus. Es scheint allerdings, daß die regelmäßigen Teilnehmer am Montagmorgen-Gottesdienst zahlreicher reagiert haben (103 von 143). Nur einer, der nie am Gottesdienst teilnimmt, hat den Gottesdienst-Ausschuß mit einem ausgefüllten Fragebogen beehrt! Trotzdem erwarten sowohl die regelmäßigen als auch die seltenen Gottesdienst-Teilnehmer viel vom Gottesdienst. Sie suchen Gemeinschaft. Sie wollen beten lernen. Sie verlangen nach Information. Sie suchen einen Weg zu Hilfsbereitschaft und Toleranz. Es handelt sich bei den zum Teil sehr kritischen Antworten keinesfalls um einen Einbruch des Säkularismus ins ökumenische Zentrum – die Leute wollen ja beten! – noch um eine Ablehnung des Evangeliums. Die meisten, die den Gottesdienstbesuch aufgegeben haben, begründen das damit, daß sie davon enttäuscht sind. »Ich erwarte nichts mehr davon«, wird lapidar festgestellt, »aber das Bedürfnis wäre da«.

Prüft man jedoch die konkreten Vorschläge und Kritiken, so hält es schwer, diese auf einen Nenner zu bringen – außer dem eindeutigen Wunsch nach gelegentlichen Orgelrezitals über Mittag, die unterdessen eingeführt wurden. Diese wollen mehr lutherische, jene mehr orthodoxe Gottesdienste. Andere wollen die lutherischen und katholischen (!) Liturgien überhaupt verbannen. Einige Mitarbeiter des Lutherischen Weltbundes beanstanden die Verwendung der französischen Sprache. Diese verstünden sie nicht. Andere wieder verlangen mehr französisch, damit das nur französisch sprechende Personal in der Vervielfältigungsabteilung in die Gottesdienstgemeinschaft integriert werden könne. Konfessionelle Gottesdienstformen sollen verwendet, aber den ökumenischen Bedürfnissen angepaßt werden. Dabei muß man berücksichtigen, daß keine konfessionelle Liturgie für eine Gottesdienstlänge von fünfundzwanzig Minuten (Dauer des Montagmorgen-Gottesdienstes) geschaffen worden ist. Darum verlangen wieder andere, daß wir eine eigene ökumenische Gottesdienstform gestalten, aber kein ökumenisches Tutti-Frutti, sondern eine aus *unserer Gemeinschaft* erwachsene Liturgie. Dem halten die Spötter und Skeptiker entgegen, daß wir gar keine Gemeinschaft seien, daß diese darum auch nicht gefeiert werden könne. Nicht nur kulturelle, sprachliche und konfessionelle Grenzen trennen uns, sondern vor allem soziale. Es fehlt nicht an harten Worten gegen die »Heuchelei« und die »Kälte«, gegen abgedroschene Phrasen und christliche Überkleisterungen, gegen die theologisch verbrämte Phantasielosigkeit, die nicht nur im Gottesdienst grassiere. Aber die Kritiken werden immer wieder aufgehoben durch Ausdrücke spontaner Dankbarkeit, daß wir aus allen Ecken der Welt kommend zusammen arbeiten und feiern können.

Selbst die vielgeschmähten Predigten werden gelegentlich als die besten gepriesen, die man je gehört habe.

Ein wunder Punkt sind die Gebete. Wir haben das Beten verlernt! Und mit vorgeschriebenen Gebeten, die man im Tempo des gehetzten Affen von einem Blatt ablesen müsse, entstehe keine Atmosphäre der Meditation, in der man seine Arbeit, seine Sorgen, seine Freuden und seinen Glauben (oder denjenigen seiner Kirche) finden und ausdrücken könne. Das scheint überhaupt der springende Punkt zu sein: Wie können wir gemeinsam beten, ohne uns gegenseitig theologisch belehren zu wollen? Wie kann eine erfüllte und gespannte Stille entstehen, aus der die Fürbitte und das Lob, die Feier und die Sorge füreinander, die Schwächen und Stärken unserer ökumenischen Gemeinschaft artikuliert werden können?

Einige konkrete Vorschläge sind gemacht worden. Sollten wir regelmäßig für bestimmte Zwecke Kollekten erheben? Die Kollekte ist ja ein Bestandteil des altchristlichen Sakramentes, das über alle Konfessionen, Sprachen und Kulturen hinweg verbindet. Bekanntlich hat das schon Paulus erlebt, und unsere Abteilung für Zwischenkirchliche Hilfe probiert das ebenfalls aus. Musik und Lieder scheinen eine verbindende Funktion zu erfüllen. Heißt das: mehr Musik (Instrumentalmusik und Chorlieder) hören, mehr singen, mehr beten, mehr geben und weniger reden?

Der Sektion V der Vierten Vollversammlung des Ökumenischen Rates der Kirchen in Uppsala war – zum ersten Mal in der Geschichte der ökumenischen Bewegung – die Suche nach zeitgemäßen Formen des Gottesdienstes aufgetragen worden. Diese Aufgabe hat sie nicht erfüllt. Im »Sektionsentwurf« (»Der Gottesdienst im säkularen Zeitalter«) wurde die offensichtliche Malaise mit dem Stabreim erledigt: »Der Gottesdienst ist für den Christen kein Problem, sondern ein Privileg.«[2] Das Dokument schlägt ferner »Schulen für Gottesdienst und Gebet« vor[3]. Der Abstand zwischen den Liturgien der Welt und denjenigen der Kirchen soll durch Ausbildung überwunden werden. Aber hier beginnen erst die Fragen: Wer bildet wen aus? Soll die Kirche von den »säkularen Liturgien« lernen oder die Welt von den »Liturgien der Kirche«? Oder beides? Ferner: Wird hier im modernen Sinn ausgebildet, das heißt, wird der Mensch zur rechten Auswahl geschult und angeleitet, damit er unter den verschiedenen Möglichkeiten jeweils die für

---

2. »Therefore worship, for a Christian, is not a problem but a privilege« (Drafts for Sections, 97). Die deutsche Übersetzung (Sektionsentwürfe, 102) gibt den Stabreim auf.

3. Drafts for Sections, 100; Sektionsentwürfe, 105.

ihn fruchtbarste auswählt? Oder wird er in ein bereits bestehendes Muster von Gebet und Gottesdienst »eingepaßt«, wobei die überschießenden Kanten und Ecken abgeschliffen werden, damit er im ausbalancierten System des jeweils vorherrschenden Gottesdienstes nicht stört?

Das endgültige Dokument der Sektion V strich im Titel die Worte »im säkularen Zeitalter« – ein Hinweis darauf, daß die Vollversammlung in Uppsala noch weniger als die Verfasser des Entwurfes bereit war, die Situation des heutigen Menschen und damit den Sendungsaspekt des Gottesdienstes als konstitutiv für die Gottesdienstgestaltung zu betrachten. Im übrigen bat die Vollversammlung das Sekretariat für »Glaube und Kirchenverfassung« (unter dem Titel »Hinführung zum Gottesdienst«), »eine Untersuchung über die im Gottesdienst und in der Gegenwartsliteratur[4] verwendeten Symbole (auch der Wortsymbole) durchzuführen. Einige von ihnen sind vielleicht zu einem Hindernis für die Verehrung Gottes in Jesus Christus geworden. Da christliche Symbole für die Kommunikation unerläßlich sind, muß unsere Zeit ihre eigenen Symbole beitragen«[5]. Ferner wird den Kirchen zu erwägen gegeben, »ob es nicht wünschenswert wäre, neue Formen der Abendmahlsfeier zu entwickeln«[6].

Im September 1969 führte »Glaube und Kirchenverfassung« in Genf die verlangte Konsultation durch. An dieser Konsultation, die von Protestanten, Katholiken und Orthodoxen, von Theologen aus der Dritten Welt und aus Europa und Amerika beschickt war, prallten die Gegensätze hart aufeinander. Der Schlußbericht dieser Konsultation[7] versucht, die verschiedenen Problemstellungen zu systematisieren, was aber nur auf Kosten des Profils der einzelnen Beiträge möglich war. Der Ausgangspunkt der Fragestellung wurde folgendermaßen charakterisiert:

»Die früheren Versuche befaßten sich vorwiegend mit einem Vergleich der verschiedenen Arten der Spiritualität und der Gottesdienstformen. Die Hauptfragen lauteten: ›Wie feiert man Gottesdienst?‹ und ›Wie feiert man gemeinsam Gottesdienst?‹ Die heutige Generation beschäftigt sich jedoch weniger mit der formalen Seite. Sie stellt vielmehr die radikalere Frage, ob Gottesdienst überhaupt möglich sei. Wie können wir als Menschen *von* Gott reden und, was

---

4. Eine solche Untersuchung der »Gegenwartsliteratur« versuchte ich oben, S. 135ff.

5. Uppsala (englisch), 82; Uppsala (deutsch), 88.

6. Uppsala (englisch), 82; Uppsala (deutsch), 87.

7. L. Vischer, Worship Today, deutsch: Bericht über die Konsultation.

noch schwieriger ist, *mit* Gott reden? Wie können wir sinnvoll beten? Alle Gottesdienstformen werden hiermit auf gleiche Weise in Frage gestellt, und es wird angesichts dieser neuen Herausforderungen deutlich, daß die Unterschiede in den verschiedenen Traditionen nur noch eine zweitrangige Bedeutung haben.«[8]

11.2   Das Problem des Gottesdienstes bei den Nichtchristen

»Die Kirche wurde mir allmählich zur Qual, denn dort wurde laut – ich möchte fast sagen: schamlos – von Gott gepredigt.«[9] Diese Worte stammen von dem berühmten Zürcher Psychologen C. G. Jung. Wer so redet, dem sind Gottesdienst und Gebet nicht gleichgültig. Der bestehende Gottesdienst wird ihm zur Qual, weil er die Hoffnung nicht aufgegeben hat, daß ein besserer Gottesdienst möglich sei.

Ich möchte diese Problematik anhand eines Erlebnisses beschreiben, dessen Bedeutung mir bis heute nicht ganz klar ist, aber die Chancen und Gefahren der Problemstellung noch verschärft. Eine Gruppe von agnostischen Naturwissenschaftlern wollte mit mir zusammen einen Gottesdienst vorbereiten. Die Themen, die ich ihnen vorschlug (»Glaube und Technik«, »Kunst und Technik« usw.) interessierten sie kaum. *Eine* Frage jedoch ließ sie nicht mehr los. »Wir glauben«, sagten sie, »nicht an Gott. Aber wir möchten wissen, wie wir beten lernen können.« Ich schrieb ihnen in etwas vereinfachter Sprache die berühmte Stelle Röm. 8,19ff mit Schreibmaschine ab. An diesem Text – von dem sie zu meiner Verwunderung annahmen, er stamme von mir – entzündete sich die Diskussion. »Klar«, sagten sie, »wenn wir Streit mit der Ehefrau oder mit Kollegen haben, dann können wir das meist mit gesundem Menschenverstand selber wieder in Ordnung bringen. Aber ob das Gebet diese weltweiten, geradezu kosmischen Auswirkungen hat, das möchten wir doch genauer prüfen und erfahren können.« – Ich übergehe die möglichen Interpretationen dieses Gesprächs. Die Naturwissenschaftler treffen sich ungefähr mit dem Zeugnis der Cembalistin Isabella Nef: »Ich betete, auch wenn ich glaubte, nicht zu glauben.«[10]

---

8. L. Vischer, Preface, in: W. Vos (Hg), Worship and Secularization, 1; deutsch: K. F. Müller (Hg), Gottesdienst, 7f.
9. C. G. Jung, Erinnerungen, 51.
10. Isabella Nef am französisch-schweizerischen Fernsehen, 19. 1. 1971.

Kehren wir zur Konsultation »Gottesdienst und Säkularisation« zurück. Die kritischen Äußerungen von Paul M. van Buren[11] und Charles Davis[12] bringen für unser Thema wenig ein, wohl aber müssen wir das Votum des indischen Theologen Raymundo Panikkar berücksichtigen. Er stellte seine Ausführungen unter einen Spruch aus Satapatha Brâhmana: »Gottesdienst ist vor allem Wahrhaftigkeit«[13] und vertrat die These: »Nur der Gottesdienst kann die Säkularisation vor der Unmenschlichkeit, und nur die Säkularisation kann den Gottesdienst vor der Bedeutungslosigkeit bewahren.«[14] »Wahrscheinlich liegt einer der Gründe (Ursache oder Wirkung, das lasse ich offen) für die schwere Krise der Vereinten Nationen darin, daß sie keine wirklich allgemeine und daher überall gültige und sinnvolle Liturgie, keinen Kult oder Gottesdienst zu entwickeln gewußt hat.«[15]

Panikkar sieht im Gottesdienst den Ort, wo das, was sich logischerweise ausschließt – das Irdische und das Himmlische[16], das Transzendente und das Immanente, das Menschliche und das Göttliche, die Rubriken und die Nigriken[17], das Prinzip der Martha und das der Maria –, nicht dialektisch formuliert, sondern in künstlerischer Form zusammengefaßt werden; Panikkar ist Inder!

Der Ort, wo das geschieht, ist weder die philosophische Akademie noch die theologische Fakultät, sondern das dialogische Zusammenkommen der Christen am Ort, mit Theologen und Künstlern, Bettlern und Kaufleuten, Ärzten und Hippies, Mathematikern und Sängerinnen. Aufgabe der Liturgie ist es, diesen Dialog zu ermöglichen und im Zusammenhang mit der Tradition der Kirche in diesen Widersprüchen die »Stimme des Geistes« zu vernehmen.

Ein solches Gespräch würde allerdings für die Pfarrer eine theo-

---

11. P. M. van Buren, The Tendency of Our Age and the Reconception of Worship; deutsch in: K. F. Müller (Hg), Gottesdienst, 9–20.

12. Ch. Davis, Ghetto or Desert: Liturgy in a Cultural Dilemma; deutsch in: K. F. Müller (Hg), Gottesdienst, 21–48.

13. »Satyam eva upacâra. Anbetung ist vor allem Wahrhaftigkeit.« Satapatha Brâhmana II,2,2,20; Raymundo Panikkar, Secularization and Worship, 28; deutsch in: K. F. Müller (Hg), Gottesdienst, 49.

14. Meine Übersetzung; Panikkar, Secularization and Worship, 28; deutsch in: K. F. Müller (Hg), Gottesdienst, 49.

15. Panikkar, Secularization and Worship, 53; deutsch in: K. F. Müller (Hg), Gottesdienst, 86.

16. Vgl dazu die Bemerkungen zu »Upper Room«, oben S. 86, Anm. 3.

17. »Rubrik« ist das, was in der Liturgie rot gedruckt wird. »Nigriken« wäre dann das schwarz Gedruckte. Nach Panikkar müssen sich beide tiefgreifende Umwandlungen gefallen lassen (Panikkar, Secularization and Worship, 56–70; deutsch in: K. F. Müller [Hg], Gottesdienst, 90–107).

logische Ausbildung bedingen, »in der die kritische Exegese gleichberechtigt neben der künstlerischen Intuition, die praktische Theologie neben dem Zeugnis in der Straßenversammlung, die soziologische Analyse neben der spontanen Improvisation, der Homiletikprofessor neben dem Drehbuchverfasser, der Liturg neben dem Regisseur[18], der Systematiker neben dem Choreographen und der Tänzerin (die nämlich auch zusammenfassen) stehen. Dies wird meist als unmöglich abgelehnt. Aber hat es denn schon einmal jemand versucht?«[19]

Der deutsche Theologe Will Adam geht das gleiche Problem von einer exegetischen Grundlage her an. Er bemerkt wie Davis, daß der oben erwähnte Stabreim von Uppsala das eigentliche Problem ausklammere. »Gottesdienst ist keine fraglose Angelegenheit mehr – und das nicht erst seit gestern.«[20] In profunder Kenntnis der modernen exegetischen Forschung zeigt er das Gottesdienstverhalten Jesu auf, das er für unser Verhalten für wegweisend hält. Jesus hat durch seinen Umgang mit Zöllnern, Dirnen und Sündern nicht nur damalige politische und soziale Tabus durchbrochen, sondern er hat – um den Willen Gottes zu tun – das verletzt, das man damals für den Willen Gottes hielt. Dadurch, daß er nicht kultfähige Personen zu seinen Mahlfeiern einlud, hat er neu bestimmt, was Gottesdienst ist.

Auch beim korinthischen Abendmahl kritisierte Paulus nicht die kultische Unwürdigkeit, sondern die Tatsache, daß die Reichen nicht auf die Armen warteten (1. Kor. 11,33), das heißt, er kritisierte eine religiös getarnte soziale Fehlhaltung. Daß hier in der urchristlichen Mahlgemeinschaft die Schranken zwischen Sklaven und Freien, zwischen Armen und Reichen, zwischen Männern und Frauen – weder logisch noch gesellschaftstheoretisch, aber im Vollzug des Gottesdienstes[21] – aufgehoben wurden, machte den Gottesdienst dieser Gemeinde zum wirksamsten Missionsinstrument, das sie hatte. Hier wird in der Feier eine Heilserfahrung vorweggenommen, die die Welt nicht kennt. Kein Mensch kann sich ausdenken, was für eine Dynamik von einem so verstandenen (und vor allem so gestalteten) Gottesdienst in der heutigen zerrissenen Welt ausgehen könnte.

---

18. W. J. Hollenweger, Der Regisseur als Liturg, KBB 103–114.
19. W. J. Hollenweger, Spiel als eine Form von Theologie.
20. W. Adam, Outdated and Modern Forms of Worship; deutsch in: K. F. Müller (Hg), Gottesdienst, 111–137. Wichtig auch die Originalfassung seines Vortrages (»Veraltete und moderne Gottesdienstformen«, vervielf. FO/69:31, Nr. 6). Das Zitat englisch, 97; deutsch in: Müller, 111.
21. Oben, S. 34ff.

Es könnte allerdings der Fall eintreten, daß ein so verstandener missionarischer Gottesdienst unsere gängigen Ekklesiologien zerbrechen würde. Das ist schließlich schon der Urgemeinde widerfahren. Der Erfolg der Missionspredigt unter den Griechen zwang die Urgemeinde, ihr Selbstverständnis zu relativieren. Auch heute könnten Gottesdienste, die mit der »liturgischen Alphabetisation« des Gottesvolkes ernst machen, zu schweren Erschütterungen unserer ekklesiologischen Konzepte führen. Und in der Tat, das geschieht auch bereits. In vielen ad hoc gebildeten ökumenischen Gottesdienstkreisen werden die künstlichen Schranken der Konfessionen beiseite geschoben, um die Überwindung der lebensmäßigen Schranken (Rasse, Gesellschaftsschicht, Bildung) in der eschatologischen Mahlfeier zu antizipieren.

Zu dem Gespräch, das über die menschlichen Schranken weg in diesen Gottesdiensten anhebt, bemerkt Adam zu Recht: Bei dem Menschen, mit dem ich reden will, darf ich keine immaculata conceptio spiritus voraussetzen. Er besitzt bereits Kriterien und vorgeformte Denkbahnen. Das heißt mit anderen Worten: Was ich sage oder predige, ist etwas anderes als das, was er hört. Ja, für den Prozeß der Kommunikation (und der Kommunion) ist in erster Linie nicht das entscheidend, was ich sage, sondern das, was der andere hört. Darum braucht es ein feedback im Gespräch. »Welchen ›Gottesdienst‹ schulden die Christen der Welt, für die ›Gottesdienst‹ so notwendig ist wie das tägliche Brot?«[22] fragt Adam am Schluß seines Votums. Antwort: Einen Gottesdienst, in dem das Postulat des allgemeinen Priestertums nicht deklariert, sondern vollzogen wird. Das ist – wenn ich recht verstanden habe – ein Teil der von Adam geforderten Ausdehnung der hermeneutischen Reflexion auf das gesamte Gottesdienstgeschehen, und nicht nur auf die Predigt.

Protestantische und katholische Theologen fordern darum heute eine Liturgie »gemeinsamen Tuns«[23]. Damit stehen sie in einer Linie mit der altchristlichen Eucharistiefeier und der Reformation. Nur eben, *wie kommt es zu gemeinsamem Tun, zu gemeinsamem Lobpreis* im Gottesdienst? Wir können kaum in die spontanen – aber keineswegs chaotischen, sondern durch liturgische Gesetzmäßigkeiten (was nicht identisch ist mit liturgischen Büchern) gegliederten – Gottesdienste der chilenischen Pfingstbewegung ausweichen[24]. Aber besteht die Alternative zum liturgisch-spontanen

---

22. W. Adam, in: Müller, aaO 135 (nicht im englischen Text).
23. Th. Klauser, Kleine abendländische Liturgiegeschichte, 154; oben, S. 168.
24. Oben, S. 91ff.

Tanz, zur Glossolalie und zum improvisierten Lied in unseren vorgedruckten und vorgedachten Formularen und Liedern? Ich glaube es nicht. Ich glaube es deswegen nicht, weil ich in vielen Versuchen die Gewißheit gewonnen habe, daß auch heutige landeskirchliche Gemeinden einen »vernünftigen«, gemeinsam verantworteten Gottesdienst feiern können[25]. Das folgende Beispiel ist zwar in liturgischen Einzelheiten durchaus unvollkommen, aber durch die meines Erachtens bedeutsamere volle Partizipation der Gemeinde charakterisiert.

11.3   Eine Gemeinde predigt sich selbst

In der reformierten Kirchgemeinde Arlesheim (Schweiz) findet ein Taufgottesdienst statt. Wie bei solchen Experimenten üblich[26], traf ich mich mit einer Vorbereitungsgruppe aus der Gemeinde. Eine solche Vorbereitungsgruppe muß so zusammengesetzt sein, daß sie einen Querschnitt durch die Wohnbevölkerung der Gemeinde (und nicht durch die Gottesdienstgemeinde) darstellt. Dann nämlich fungiert sie als weitaus wirksamere Einladung zu dem geplanten Gottesdienst als gedruckte Handzettel und Inserate. Unsere Gruppe wollte die Bibellese aus dem vorzubereitenden Gottesdienst verbannen. Ich hielt das für einen Fehler, teilte es der Gruppe auch mit, akzeptierte aber ihren Entschluß. Wenn die Leute Verantwortung übernehmen sollen, müssen sie auch einen Verantwortungsbereich haben[27] und Fehler machen können.

Als Thema wählten sie die Einsamkeit. Anhand von überdimensionalen Einmachgläsern, die verschiedenartig bemalt und abgefüllt waren, stellten sie die verschiedenen Menschentypen in der Gemeinde dar: den Steinharten (mit einem Stein im Glas), den mit dem hermetisch verschlossenen Deckel, den Nonkonformisten, ob er nun Abstinenzler, Kommunist oder Sektierer war (dieser wurde durch ein rot bemaltes Glas markiert), und andere mehr. Mir stellten sie die Aufgabe, in der Predigt zu zeigen, wie diese Menschen miteinander Gemeinschaft haben könnten.

Ich sagte der Gruppe, daß die Kirche auf diese interkulturelle Herausforderung nicht mit einer Predigt antworte, sondern mit den Sakramenten. Trotzdem akzeptierte ich die Aufgabe. Es fand nämlich an jenem Sonntag eine Taufe statt. Ein Arbeiterehepaar

---

25. Beispiele solcher Gottesdienste in diesem Band in 11.3 und S. 220ff., sowie in KBB.
26. Dazu oben, Anm. 18.
27. A. Rich, Verantwortlichkeit des evangelischen Erziehers, und ders, Verantwortliche Existenz in der technisierten Welt.

brachte einen zehnjährigen Knaben und ein Neugeborenes zur Taufe. Es handelte sich also um Menschen, die seit Jahren nicht mehr in der Kirche gewesen waren. Das erste, was ich tat, war die Abfassung einer Taufliturgie im kulturellen Medium des Arbeiterehepaars, das heißt auf schweizerdeutsch – keine leichte Aufgabe, wenn man bedenkt, daß die Begriffe »Gott«, »Gnade«, »Heil« im Schweizerdeutschen nicht existieren (wohl aber »Teufel«). Diese Konzepte sind entweder konkret zu beschreiben oder in ihre Funktionen aufzulösen; so spricht man zum Beispiel auf schweizerdeutsch entweder vom »Herrgott« oder vom »Liebgott«, aber nicht von Gott a se. Ferner beauftragte ich die Sonntagschüler, das Marienlied aus Paul Burkhards »Zäller Wiehnacht«[28] zu lernen. Dies schien mir ein geeignetes Tauflied für die Mutter zu sein. Bei der Taufhandlung versammelte ich alle Sonntagschüler um den Taufstein und erklärte ihnen auf schweizerdeutsch die Taufhandlung, während ich sie ausführte. Das ließ mich auch für die Erwachsenen verständlich reden.

Nach der Taufe erwartete man die Predigt. Ich kündigte diese auch an, teilte aber der Gemeinde gleichzeitig mit, daß sie die Predigt selber halten werde, denn da sie alle getauft seien, müßten sie in der Lage sein, sich und den Eltern der Täuflinge die Taufe zu beschreiben. Um dieses Gespräch sinnvoll in Gang zu bringen, erzählte ich von einer Frau in Genf, die in einer öffentlichen Diskussion gefragt hatte, ob die Getauften auch so einsam wären wie die Ungetauften. Das war meine Startfrage. Ich hatte sie angekündigt. Nachdem ich sie gestellt hatte, setzte ich mich in der Kirche auf den Boden. Damit wurde jedermann klar, daß von mir vorderhand nichts mehr zu erwarten war. Die Kirche war voll, etwa 200 bis 300 Personen waren versammelt. Der Gemeindepfarrer hatte mich gewarnt: »Bei uns spricht die Gemeinde nicht in der Kirche.« Ich aber wollte klären, ob diese Gemeinde wirklich nicht zu gemeinsamem liturgischen und theologischen Tun fähig sei. Ich habe noch nie erlebt, daß eine Gemeinde auf eine vernünftige Startfrage länger als eine Minute schweigt. (Um dies zu verifizieren, muß man die Uhr konsultieren, denn beim »Warten« werden die Sekunden länger.) Allerdings muß die Frage vorher gründlich überlegt werden. Anfängern ist zwecks Vermeidung von Fragen der Katechese, der Definition, des Wissens oder der Alternative[29] zu empfehlen, die Startfra-

---

28. P. Burkhard, D'Zäller Wiehnacht, Columbia BIEM XZ 1041.
29. Eine Startfrage soll nicht die Wissenden, die abstrakt denken Könnenden, »die Dörrmeister der Sprache« (Melzer, Unsere Sprache, 224) privilegieren, noch soll sie einfach mit »ja« oder »nein« beantwortbar sein.

ge vorher mit einigen Leuten auszuprobieren. Als erste Antwort
kam eine typische Reaktion gegen den Gesprächsleiter: »Da wir alle
getauft sind, können wir Ihre Frage nicht beantworten. Es fehlen die
Vergleichsmöglichkeiten.« Ein Gesprächsleiter, der auf eine solche
Reaktion eingeht, ist verloren. Er muß auf die Gültigkeit seiner
Frage vertrauen und warten, was weiter geschieht. Darauf kamen
die Antworten und Meinungen in rascher Folge, zum Teil theologisch erstaunlich klar durchdacht. Ich mußte nur nach den allgemein
bekannten Regeln der Gesprächsführung ordnen. Am Schluß faßte
ich die Predigt der Gemeinde in einigen Sätzen zusammen – wohl-
gemerkt: die Predigt der Gemeinde und nicht das, was ich mir bei
ihrer Predigt gedacht hatte.

12. Kirche und Städtebau[1]

Gottesdienst ist unter anderem die Feier des Zusammenhangs. Er ist auf Entdeckung und Zelebration des Zusammenhangs angewiesen. Im zweiten Band dieser interkulturellen Theologie werde ich die Artikulation dieses Zusammenhangs einen »wahren Mythos« nennen. Seine Entdeckung ist ein schöpferischer Vorgang. Er wird nicht durch Abstraktionen und Deduktionen entdeckt. Definitionen helfen hier nicht weiter, denn Definitionen sind »Spaltworte«, während Mythen »Zusammenhang-Worte« sind[2].

Gibt es heute noch schöpferische Vorgänge, die uns zum Staunen bringen, Fingerzeige auf das Wunder? Für die Theologen nicht, berichtet Heinrich Böll, wohl aber für die Botaniker, Biologen, Mediziner und Naturwissenschafter. An dieser Stelle soll uns die Ausblendung des Wunders durch die Theologen (sofern Böll recht hat!) nicht beschäftigen, wohl aber das Entdecken, der Einfall von »Zusammenhang-Worten« in der Naturwissenschaft, der Technik und selbst im Städtebau. Ohne solche Einfälle gehen diese in die Irre.

Heinrich Böll beschreibt in seinem Roman »Gruppenbild mit Dame« ein Wunder. Auf dem Grab einer vom jüdischen zum christlichen Glauben konvertierten Nonne wachsen auf unerklärliche Weise Rosen. Der Leichnam wird ausgegraben und anderswo beigesetzt. Aber auch dort wachsen Rosen und zwar im Dezember. Der Leichnam wird nochmals ausgegraben und kremiert – aber da wachsen die Rosen aus der Urne heraus. Der katholischen Kirche ist das peinlich. Man will doch aufgeklärt sein und dem »Aberglauben des Mittelalters« entrinnen. Die unerklärlichen Rosen auf dem Grab einer Nonne stören das Image der auf der Höhe der Wissenschaft sein wollenden Klostergemeinschaft. »Man hat Botaniker, Biologen und Theologen gebeten«, läßt Böll eine Akademikerin berichten, »sich das Phänomen bei Zusicherung absoluter Diskre-

---

1. Vortrag im März 1974 an der Evangelischen Akademie Tutzing, gedruckt unter dem Titel »Herausforderung der Kirche an die Stadt« in: Hefte für den Freundeskreis, Nr. 44, Dezember 1974, 22–27.
2. Vgl. dazu »Barbara« und »Rumpelstilzchen«, S. 188ff und 200ff.

tion anzuschauen. Wissen Sie, wer sich als bewegt erklärt, wer Übernatürliches ins Spiel gebracht hat: die Botaniker und Biologen, nicht die Theologen«[3].

Wunder

Der berühmte Zürcher Psychologe C. G. Jung beschreibt in seinen Erinnerungen ähnliche Wunder. Schon früh, noch in seiner Kindheit, hatte er Träume und Visionen, die ihm den Tod von Freunden und Bekannten ankündigten, gelegentlich auch andere Ereignisse, die er auf »normalem Wege« gar nicht wissen konnte. Er beschreibt auch, wie unter bestimmten psychologischen Bedingungen eine Tischplatte mitten entzwei sprang (ohne daß sie jemand berührte) und sogar wie bei einem Brotmesser, das in der Schublade lag, ohne ersichtlichen äußeren Einfluß die Klinge mit einem lauten Knall abgebrochen wurde. Ähnliche Ereignisse werden heute von der Parapsychologie festgestellt und untersucht. Selbst die russischen Forscher scheinen an der Tatsächlichkeit solcher Erfahrungen nicht zu zweifeln[4].

Erklären kann man diese Phänomene vorläufig nicht. Jung hielt sie für Fingerzeige auf eine Wirklichkeit hin, die wenigstens vorläufig jenseits der Erkenntnismöglichkeiten unserer exakten Wissenschaften liegt.

Selbstverständlich wäre es äußerst naiv, aus solchen Phänomenen auf einen direkten Eingriff Gottes (oder des Teufels, je nach Standpunkt) zu schließen. Aber man muß sie doch als Parabeln dafür betrachten, daß uns wesentliche Einblicke in die Wirklichkeit, in der wir leben, – noch und vielleicht für immer – versagt sind. Ob diese Phänomene gut, böse oder neutral sind, wird davon abhängen, ob sie die Menschen kindischer und abhängiger oder offener, bescheidener und kritischer oder gar neugieriger machen, um die Grenzen unserer exakten Wissenschaften zu sprengen, damit diese ein wenig exakter werden.

Einfälle zum Bodenrecht

Diese Einleitung zu unserem Thema ist nötig, denn wir haben es verlernt, uns zu wundern. Das »sich wundern« ist für unser Thema

---

3. H. Böll, Gruppenbild mit Dame, 329.
4. C. G. Jung, Erinnerungen, 112ff.

wichtig. Erstens für den Erkenntnisprozeß: Neue Erkenntnis entsteht weder durch Summierung bestehender Erkenntnisse noch
durch Deduktion. Zweitens ist das »sich wundern« eine Voraussetzung für das Wunder des Gesprächs. Wer sich wundert, ist verwundert und verwundbar. Verwundbarkeit, die Möglichkeit, psychisch
und physisch verändert zu werden, ist Voraussetzung für schöpferisches Gespräch.

Offensichtlich wird dieses »sich wundern« an vielen Stellen in
unserer Gesellschaft erschwert oder verunmöglicht. Wir können
auch verstehen, warum das so ist: Wer durch Veränderung Privile-
gien verlieren könnte, wird (bewußt oder noch gefährlicher unbewußt) Systeme aufbauen, die das Veränderung bewirkende Gespräch ausschließen. Das kann sich in der Form dessen zeigen, was
manche »Funktionalismus« nennen. Wo alles planmäßig funktionieren muß, darf nichts Schöpferisches passieren. Das trifft auf den
Gottesdienst, die politische Verwaltung, die Kunst, die Industrie
und die Architektur zu. Wer nicht mehr erstaunt sein kann, entdeckt
nichts. Er multipliziert nur Vorhandenes. Dabei sollten wir doch
wissen, daß die großen Entdeckungen (auch und gerade in den
Naturwissenschaften) nicht durch logische Deduktion, sondern
durch Inspiration gefunden wurden. Einfälle werden zwar gesucht,
aber sie können nicht geplant werden – sie fallen eben ein. So hat
zum Beispiel der Erfinder des Benzol-Rings seine Erfindung geträumt.

Woher kommt es nun, daß uns in den letzten Jahren zum Thema
Stadt wenig eingefallen ist und wir kaum etwas Schöpferisches
geträumt haben? Man hat auf diese Frage stark vereinfachend
geantwortet: Daran sind die Zwänge des Kapitalismus schuld. Untersuchen wir diese Antwort auf dem Gebiet, wo sie am ehesten
zutrifft, auf dem Gebiet des Bodenrechtes! Es kann nicht bestritten
werden, daß eine Ware, die, wie der Boden, nur beschränkt vorhanden ist, denen, die darüber verfügen, ein Monopol gibt. Dieses
Monopol wirkt sich nicht nur auf die Mieten, sondern – in der Form
eines Herrschaftsverhältnisses – auch auf die Lebensqualität der
Stadt aus. Eine Änderung dieses Bodenrechtes ist daher nicht nur
aus politischen oder sozialen Gründen, sondern im Interesse des
Menschen aus theologischen Gründen dringend nötig.

Gegen eine Änderung des Bodenrechtes wendet man ein: Der
Kommunismus ist noch schlimmer als der Kapitalismus. Diese Argumentation ist aber genau das, was ich als phantasieloses »Compu-
terdenken« bezeichnen möchte. Wer sagt denn, daß Kapitalismus
und Kommunismus die einzigen Alternativen sind? Um so mehr, als
es erprobte Alternativen aus der Geschichte und der jüngsten

Gegenwart gibt: das altgermanische Bodenrecht, die Allmend- und Waldkorporationen (die in den Alpen heute zT noch existieren), das alttestamentliche Bodenrecht und Baurecht auf Zeit, wie es in England praktiziert wird.

Ein weit schwerer wiegender Einwand visiert die Situation auf dem gesamten Kapitalmarkt, der vermutlich weitgehend verändert würde, wenn das heutige Bodenrecht, mit den dazu gehörenden Anlagemöglichkeiten, drastisch geändert würde. Man kann tatsächlich fragen: Wie soll das Geld der Pensionskassen, der Sparhefte und Kassaobligationen angelegt werden, wenn zu deren Deckung keine Liegenschaften mehr zur Verfügung stehen? Darauf ist zu antworten: Selbst wenn der Boden nicht mehr im gegenwärtigen Maße belehnt werden könnte, so können auf die Liegenschaften selber immer noch Hypotheken aufgenommen werden. Darüber hinaus gibt es für die Versicherungen, die Altersfürsorge und die Pensionskassen nicht nur die Möglichkeit, das Versicherungskapital anzulegen, um aus den Zinsen ihren Verpflichtungen nachzukommen. Eine alternative Möglichkeit wäre, wenigstens einen Teil ihrer Organisation auf das Umlageverfahren umzupolen.

Gleichnishandlung als Predigt

Wie soll nun die Kirche in dieser Situation eine theologisch intelligente Herausforderung bilden? Selbstverständlich kann sie Denkschriften und dergleichen publizieren. Das mag nützlich sein. Sie kann auch durch ihre Pfarrer über dieses Thema predigen lassen oder gar Demonstrationen vom Zaune brechen. Beides halte ich für wirkungslos und das letztere für kontraproduktiv, weil es nur Emotionen hochspielt und die Christen unnötig polarisiert. Die beste Predigt ist nach dem Vorbild des Neuen Testamentes immer noch die klug ausgewählte und einleuchtend kommentierte Gleichnishandlung. Da die Kirche ein wichtiger Faktor auf dem Kapital- und Bodenmarkt ist, kann sie hier ein Gleichnis sein. Das wäre zwar ein Wunder, aber warum soll es in der Kirche nicht Wunder geben? Die Kirche könnte sich nämlich auf diesem Gesellschaftssektor nach theologischen Kriterien (und nicht nach ihr fremden gesellschaftspolitischen) verhalten. Dies würde zwar den Boden- und Kapitalmarkt nicht erschüttern. Das ist vermutlich auch nicht erwünscht. Aber *diese* Predigt würde gehört werden. Sie würde wahrscheinlich nicht nur Verwunderung und Kopfschütteln, sondern vielleicht sogar Aufmerksamkeit verursachen. Es gibt nämlich Anzeichen dafür, daß der »aufgeklärte Egoismus« der Finanz- und Wirtschaftswelt

sehr wohl weiß, daß die heutige Bodenpolitik früher oder später zu
einem Kollaps führt. Es ist nicht wenigen bewußt, daß kooperativer
Bodenbesitz und ein soziales Bodenrecht weniger kostspielig sind
als ein Zusammenbruch des gegenwärtigen Liegenschaftenmarktes
oder gar ein Bürgerkrieg. (Wie froh wären heute die Nordirländer,
wenn sie vor zwanzig Jahren getan hätten, was sie heute bereit sind
zu tun! Und wie froh wären sie in zehn Jahren, wenn sie heute täten,
was sie in zehn Jahren gern täten, aber nicht mehr tun können!)

Bei allem relativen Recht der marxistischen (und reformatorischen!) Polemik gegen die heutige Bodenpolitik muß man aber auch
sehen, daß ein neues Bodenrecht nicht automatisch neue Städte
schafft. Der geist- und menschentötende Funktionalismus produziert nicht nur in kapitalistischen, sondern auch in sozialistischen
Gesellschaften »Wohnmaschinen« übelster Sorte.

Wohnen

Diese »Wohnmaschinen« werden für bestimmte Funktionen gebaut: schlafen, essen, fernsehen. Zum Wohnen gehört aber noch
mehr. Das Zufällige der menschlichen Beziehungen ist wesentlich
für die Wohnlichkeit des Wohnens: der Schwatz im Treppenhaus
oder im Stammlokal, der Turnverein, der Spielplatz der Kinder, die
Straßen als Ort der Öffentlichkeit. All das funktionell zu planen ist
insofern schwierig, als die von den Menschen selber erfundenen
Trampelpfade als die menschlichen Oasen im Funktionieren der
Stadt empfunden werden. Diese Trampelpfade werden zwar im
Selbstverständnis der Bewohner als zufällig sich ergebende Begegnungen empfunden. Sie sind aber wahrscheinlich nicht zufällig,
sondern bestimmten psychologischen Gesetzen unterworfen, die
aber kaum im voraus geplant und programmiert werden können,
weil sie ja dann das wesentliche Erlebnismoment der Zufälligkeit
entbehren.

Gegen dieses Plädoyer für einen Spielraum des Zufälligen wird
man einwenden: Alles gut und schön, leider aber utopisch und
unwirtschaftlich. Den Einwand lasse ich aus zwei Gründen nicht
gelten. Erstens ist die heutige Stadtbauweise aufs äußerste unwirtschaftlich. Zweitens hat man zu allen Zeiten behauptet, das Gute
und das Menschliche ließen sich nicht mit wirtschaftlichen Gesetzmäßigkeiten vereinbaren. Man hat zum Beispiel argumentiert, die
Mitbestimmung in der Industrie mache die Industrie unwirtschaftlich. Die vorliegenden Experimente in Mitbestimmung aber beweisen, daß es möglich ist, Mitbestimmung wirtschaftlich tragbar durch-

zuführen. Man hat in der Schweiz bei der Aufhebung der Kinderarbeit in den Fabriken behauptet, die schweizerische Industrie werde ohne billige Kinderarbeit Konkurs machen. Die Kinderarbeit wurde durch Gesetz verboten und siehe da, die Schweizer Industrie machte nicht Konkurs. Als Henri Dunant das Rote Kreuz gründete, sagten ihm die Fachleute:»Was du willst, ist zwar schön, aber undurchführbar. Eine Organisation, die mitten im Krieg Freund und Feind gleichermaßen betreut, ist ein logischer Widerspruch und ein Widerspruch gegen die Realität des Krieges.« Tatsächlich ist das Rote Kreuz im Rahmen eines logischen Systems und innerhalb der Wirklichkeit des Krieges dysfunktional. Und doch ist es eine Wirklichkeit. Warum? Weil Henri Dunant die Allgemeingültigkeit der logischen Systeme seiner Widersacher und des Krieges – mit Berufung auf das Evangelium notabene – bestritt.

Ich will nun diese Beispiele ins Prinzipielle umsetzen. Neue Wege werden gefunden, wenn wir das Risiko des Irrwegs in Kauf nehmen. Das bedeutet methodisch: Wir müssen uns der Gefährlichkeit der schöpferischen Suche aussetzen. Der Weg, den wir dabei betreten, mag tatsächlich ein Irrweg sein. Dann ist er zu verlassen. Aber ob er ein Irrweg ist, läßt sich im noch nicht kartographierten Gelände nicht im voraus sagen. Diese schöpferische Suche hat etwas Spielerisches, Künstlerisches an sich. Solche schöpferische, die Neugier weckende und sie leitende, die Grenzen explorierende gefährliche Planung brauchen wir heute.

Wer kann das bezahlen?

Den obligatorischen Einwand »Wer kann das bezahlen?« habe ich mir für den Schluß aufgespart. Hier scheint mir nämlich der eigentliche Einsatzpunkt für die Kirche zu sein. Die Kirche muß keine Wahlen gewinnen. Sie muß sich nicht selbst rechtfertigen. Sie ist schon gerechtfertigt, und zwar von der höchsten Instanz. Glaubten wir das nur! Sie hat darum die Freiheit, das Neue, das noch nicht Gesicherte zu wagen. Sie kann Experimentierfeld der Hoffnung, Laboratorium des Gesprächs werden und versuchen, etwas zur Heilung unserer kranken Rationalität beizutragen durch die Integrierung von »rational« und »prä-rational« in den Erkenntnisvorgang. Sie müßte ja von der Bibel her für diese Aufgabe bestens gerüstet sein. Und tatsächlich hat sie Ähnliches in der Kirchengeschichte oft getan. Man denke zum Beispiel an die revolutionäre Funktion der Klöster, sowohl für die Wissenschaft wie auch für Theologie und Kultur.

Im Raum der Stadt heißt das: Kirchliche Wohnbauten – aber nicht sie allein – können neue Wege zeigen, die in die Nähe dessen kommen, was in der Industrie »Mitbestimmung« heißt. Die Kirche kann Modelle für die Mitbestimmung beim Planen, Bauen und Bewirtschaften der Liegenschaften entwerfen. Hier müßte man nun im einzelnen darstellen, wie man *mit* einer Gemeinde (und nicht nur *für* sie) eine Kirche, ein Kirchgemeindezentrum oder gar ein Wohnhaus baut, vor allem wie die gesamte Wohnbevölkerung (und nicht nur die kirchlich interessierte) an diesem Prozeß beteiligt wird. Für solche partizipative Planung gibt es bereits Vorschläge, die das Stadium der ersten Experimente hinter sich haben, zum Beispiel folgendes Modell: Ähnlich wie beim Schwurgericht übernehmen fünfzig durch das Los zu bestimmende Leute während einer bestimmten Zeit Planungs- und Beratungsfunktion. Die beste Kommunikation dieses Partizipationsmodells ist die Durchführung in einer Gemeinde und die Beschreibung und Kommentierung des Modells.

Das alles würde natürlich bedeuten, sich auf beträchtliche Risiken einzulassen. Aber wer anders kann das riskieren, wenn nicht diejenigen, die wissen, daß sie ihr Tun nicht zu rechtfertigen brauchen, weil Gottes Freundschaft ihnen gilt, unabhängig von ihren Werken. Es scheint mir, das stehe irgendwo auch schon bei Luther.

13. Barbara

Im Januar 1976 sollte ich anläßlich einer Konferenz der katholischen und evangelischen Frauenverbände der Schweiz einen Vortrag über theologische Aspekte der Abtreibung, der Kriegsdienstverweigerung und der Euthanasie halten. Mir selber war klar, daß die Frage so falsch gestellt war, denn es ging damals nicht um theologische Urteile, sondern um Stellungnahmen zu eidgenössischen Abstimmungsvorlagen in dieser Sache. Die Frage, die dem Stimmbürger gestellt wurde, war nicht – wie die meisten fälschlicherweise meinten –, ob sie Abtreibung, Kriegsdienstverweigerung und Euthanasie für gut oder schlecht hielten. Sie wurden vielmehr gefragt, ob sie Menschen, die in dieser Sache eine von der Mehrheit abweichende Meinung und Praxis vertraten, als Kriminelle bestrafen wollten.

Die Fragestellung so zu vertreten, ohne auf die emotionalen und psychologischen Motivationen einzugehen, schien mir aber fruchtlos. Dazu kam noch, daß die Konferenz sehr gemischt war. Es kamen katholische und evangelische, deutsch und französisch sprechende Frauen, solche mit und solche ohne Hochschulbildung, Frauen, die zur Generation jener gehörten, für die das Evangelium eine klare Rechtsordnung enthielt, und solche, die Bonhoeffers Ethik gelesen hatten.

Ich mußte daher eine einfache interkulturelle Sprache finden, die es den Zuhörerinnen erlaubte, ihre eigenen Hoffnungen und Ängste in einer artikulierten, jedoch verfremdeten und darum der »Veröffentlichung« zugänglichen Form wiederzufinden. Ich mußte ferner rein linguistisch eine gemeinsame Sprache finden. Ich tat dies, indem ich meinen Vortrag in einem einfachen, narrativen Französisch hielt, von dem ich hoffte, daß es auch den Deutschschweizerinnen auf der Ebene des Erlebens – und nicht nur der Begriffe – zugänglich war.

Ich erfand daher den folgenden Briefwechsel[1], der natürlich Elemente enthielt, die ich erlebt oder beobachtet hatte. Das Resultat war erstaunlich. Da die Geschichte abbricht und nicht zu Ende erzählt wird, stellte sich eine lebhafte Kommunikation unter den Konferenzteilnehmerinnen ein (und nicht, wie dies meist der Fall ist, eine Referentenbefragung). Beide Sprachgruppen erfanden Briefe und

---

1. Original französisch, deutsche Übertragung vom Verfasser, unveröffentlicht.

*Antwortbriefe (auf deutsch und französisch, je nach Muttersprache),
die das Thema vertieften. In der Form des Briefwechsels brachten sie
ihre eigenen Fragen und Antworten ein. Vom Standpunkt der interkulturellen Kommunikation gelang das Experiment. Vom Standpunkt einer Klärung der Abstimmungsvorlagen allerdings mußte in
einem zweiten Schritt, nach zwei Tagen, das Erlebte nochmals – diesmal begrifflich – artikuliert werden. Diese begriffliche Artikulation[2]*

---

2. Überlegungen zum Thema »Rechtfertigung und Ethik«:
Christen sind Menschen, die gerechtfertigt sind, darum brauchen sie sich selber
nicht zu rechtfertigen. Christen sind Menschen, deren Leben einen Sinn
bekommen hat, darum brauchen sie sich nicht selber einen Sinn zu geben.
Wie man von dieser theologischen Position zu ethischen Aussagen kommt,
zeigt uns Paulus. Besonders wichtig sind dabei die Scharniere, wo er von den
theologischen zu den ethischen Aussagen übergeht, zum Beispiel am Anfang
des 12. Kapitels des Römerbriefes: Ich ermahne euch nun, ihr Brüder (Einleitung der ethischen Ermahnung), beim Erbarmen Gottes (Rückverweis auf die
Rechtfertigung), eure Leiber als ein lebendiges, heiliges, Gott wohlgefälliges
Opfer hinzugeben: das sei euer vernunftgemäßer Gottesdienst (das heißt:
christliche Ethik ist leiblich; liturgisches und alltägliches Handeln [»logike
latreia«] sind verknüpft). Und verhaltet euch nicht systemkonform, unterwerft
euch nicht den Verhaltens-Schemen dieser Welt, sondern wandelt euch um
durch die Erneuerung des Sinnes (paulinische Erkenntnistheorie), *damit* ihr zu
prüfen vermögt, was der Wille Gottes ist: das Gute und Wohlgefällige und
Vollkommene (oder Ganze).
Aus dieser Grundhaltung heraus kann das Neue Testament eine Pluralität von
Ethiken vertreten und auch in großer Freiheit, aber selektiv, ethische Grundsätze aus der heidnischen und jüdischen Umgebung übernehmen. Dieser
Pluralismus zeigt sich zum Beispiel am Problem der Ehescheidung, dem
Verhältnis zur Armut, dem Verhältnis zum Tempelkult, dem Gegensatz zwischen Heiden- und Judenchristen. In all diesen Situationen geht es darum,
situationsgerecht zu entscheiden (dokimazein), was der Wille Gottes ist, nämlich das Gute und Wohlgefällige und Vollständige (oder Ganze).
Wie macht man das? Man macht das, indem man eine ethische Handlung auf
ihre Folgen für die Handelnden und Mitbetroffenen bedenkt. Hier treten nun
allerdings Schwierigkeiten auf. Gewisse Folgen (zum Beispiel beim Schwangerschaftsabbruch) sind strittig. In anderen Fällen (zum Beispiel bei der Kriegsdienstverweigerung) sind bestimmte Optionen gesellschaftlich blockiert. Ein
Christ in der Schweiz, der im Kriegsdienst keinen Beitrag zum Guten, Wohlgefälligen und Vollständigen sieht, kommt in Konflikt mit dem Staat.
Mehr und mehr Christen sagen darum: Wir müssen an der Mitgestaltung der
staatlichen und wirtschaftlichen Normen teilhaben. Das ist schwierig, erstens,
weil das, was christlich vertretbar ist, unter Christen selber strittig ist, und
zweitens, weil wir Normen in der Gesellschaft finden müssen, die es möglich
machen, daß Menschen mit verschiedenen ethischen Überzeugungen zusammen leben können. Das heißt, es muß ein tragbarer Kompromiß gefunden
werden.
Angewandt auf das Problem des *Schwangerschaftsabbruchs* bedeutet das: Die
Folgen der heutigen Gesetzgebung sind, daß Frauen und Ärzte, die an einer
nicht-medizinisch indizierten Abtreibung beteiligt sind, ins Gefängnis kommen.

wurde dann allerdings von einer katholischen Juristin als genauso
»vage« wie die narrative bezeichnet, weil es nach ihrer Ansicht zur
Erarbeitung »einer christlich fundierten Vernehmlassung an die eid-
genössischen Behörden« zu den erwähnten Sachproblemen nicht
genügt, »sich biologische, existenzphilosophische und allgemein ethi-
sche Kenntnisse und Wegleitungen zu erarbeiten. Zu einer begründe-
ten Entscheidung gehören ganz sachbezogene Informationen, die
auch den Kontext sozial-politischer Situationen umfassen.«[3]

Mit anderen Worten, hier wird die Problematik einer interdiszipli-
nären und interkulturellen ethischen Meinungsbildung erneut ins
Licht gerückt. Auf welchem Wege Frauen von so verschiedenem
Hintergrund zu einer »christlich begründeten Vernehmlassung an die
eidgenössischen Behörden« kommen, wenn das, was sie für christlich
halten, zuerst erarbeitet werden muß, wird auch durch die Berufung
auf die »ganz sachbezogene Information« nicht klarer, insbesondere
wenn die »ganz sachbezogene Information« in »den Kontext sozial-
politischer Situationen« gestellt wird, denn eine solche Sachinforma-
tion ist notwendigerweise konfessionell und kulturell gefärbt.

Zum ersten Mal sah ich Barbara Müller bei einer kirchlichen
Konferenz in Istanbul. Ihr Gatte war ein Schweizer Pfarrer, der vom

---

Ein Christ, der findet, daß diese Gesetzgebung ein Beitrag zum Wohlgefälligen,
Vollständigen und Guten ist, wird sie unterstützen. Wer in der Bestrafung
dieser Menschen nicht den Willen Gottes sehen kann, wird eine Änderung der
Gesetzgebung anstreben. Wichtig ist dabei zu bemerken, daß wir *nicht* gefragt
sind, ob wir die Abtreibung für gut oder schlecht halten, ob wir persönlich eine
solche befürworten oder nicht. Wir sind nur gefragt, ob diejenigen, die an einer
Abtreibung teilhaben, bestraft werden sollen oder nicht.
Man wird einwenden: Ist denn ein Schwangerschaftsabbruch nicht Mord?
Darauf kann ich nur antworten: In einem gewissen Sinne ja. Nur wird in
unserer Gesellschaft nicht jeder Mord bestraft. Ganz abgesehen von der
Situation eines Krieges, würden wir uns wundern, wenn wir wüßten, wie viele
Kinder in der Dritten Welt einen qualvollen Tod sterben, damit unsere eigenen
Kinder Nahrung, Kleidung, Erziehung und ein gutes Leben haben. Die Morde,
an denen wir durch unsere Lebenshaltung beteiligt sind, werden durch unser
Gesetz nicht bestraft. Es gibt also hier einen wichtigen Präzedenzfall für
straffreien Mord.
Angewandt auf die *Euthanasie* heißt die Grundfrage: Halten wir es für wohlge-
fällig, gut und vollständig, daß ein Arzt oder ein Angehöriger, der unter genau
zu diskutierenden Bedingungen einem Menschen passiv oder aktiv zum Sterben hilft, vom Staat bestraft wird? Wer diese Frage mit nein beantwortet, wird
sich für eine Lockerung der Gesetzgebung einsetzen.
Es war nicht meine Absicht, mit dieser kurzen ethischen Besinnung bestimmte
Verhaltensweisen als christlich, andere als unchristlich zu bezeichnen. Vielmehr kommt es mir darauf an, daß wir uns auf die rechte Frage konzentrieren.
3. L. C. Wenzinger, »Leben«, in: Schritte ins Offene 6/2, März/April 1976, 30.

Kirchlichen Außenamt der EKD in diplomatischer Mission in die Türkei gesandt worden war. Die Delegierten der deutschsprachigen Kirchen zwischen Athen und Kabul hatten sich in Istanbul versammelt, um über ihre Rolle als deutschsprachige evangelische Kirche im Nahen Osten nachzudenken.

Einer von ihnen, der Pfarrer von Istanbul, hatte Schwierigkeiten mit dem deutschen Konsulat bekommen, weil er Studienzirkel über den Marxismus mit seinen Gemeindegliedern, hauptsächlich Mittelschullehrer am deutschen Gymnasium von Istanbul, organisiert hatte. Sie fürchteten, daß der deutsche Konsul sie in Bonn angeschwärzt hatte.

»Sie wollen ein Diener der Kirche Jesu Christi sein«, rief eine junge Österreicherin, Deutschlehrerin am Gymnasium, dem Schweizer Pfarrer zu. Ein geheimnisvolles und gefährliches Feuer funkelte in ihren Augen. »Sie wollen ein Diener der Kirche Jesu Christi sein«, wiederholte sie, »und sind doch nur ein religiöser Paladin der Bundesregierung in Bonn.« – »Nein, eher noch ein unkundiger, von unbewußten Nazigefühlen verführter Funktionär«, fuhr einer ihrer Kollegen fort. »Gehören Sie etwa auch zu jenen, die glauben, wer immer etwas Intelligentes zur Lage zu sagen habe, müsse notwendigerweise Kommunist sein?«

Der Schweizer Pfarrer verteidigte das Außenamt und sagte: »Man kann eben nicht immer alles sagen. Die Ethik eines Diplomaten – auch eines Kirchendiplomaten – kann nicht an seinen mutigen oder weniger mutigen Worten gemessen werden, sondern an den Resultaten, die er erreicht. Ich verspreche Ihnen, daß wir eine Lösung finden werden, die alle Gemeindeglieder der deutschen Gemeinde in Istanbul befriedigen wird.«

»Das heißt doch«, interpretierte die Österreicherin, »daß Sie ihrem Status als Diplomat Priorität geben vor ihrer Berufung als Christ und Pfarrer.« Der Schweizer Pfarrer schüttelte den Kopf und sagte nichts. Seine Frau saß neben mir und sagte halblaut: »Ich hab's ihm ja gesagt. Ich hab's ihm ja gesagt. So geht's nicht.«

13.1   Im russischen Restaurant

Glücklicherweise war es Zeit zum Essen. Wir gingen in ein türkisches Restaurant. Man wird es mir erlassen, die Hors d'œuvres, die Fischspeisen und Krustentiere, die Weine und Spirituosen zu beschreiben. Aber eines muß ich unbedingt erwähnen. Das sind die beiden russischen Großherzoginnen, Besitzerinnen und Kellnerinnen in einer Person: zwei riesengroße Frauen von zwei Meter Höhe und fast ebenso breit, trotzdem aber behende in ihren Bewegungen. Sie sprachen ein gewähltes Französisch, vielleicht etwas altmodisch, aber sympathisch und mit starkem russischen Akzent.

Ich saß der Frau des Schweizer Pfarrers gegenüber und konnte sie gut beobachten. Wie viele Schweizer Frauen beschnitt sie ihr Essen, um nicht ihre schlanke Figur zu verlieren. Infolgedessen verschenkte sie einige der Delikatessen auf ihrem Teller an die Herren am Tisch, die keine Bedenken gegen Übergewicht hatten. Ich bedauerte, daß ich mich nicht an der allgemeinen Schmauserei beteiligen konnte. Aber da war ein anderer Schweizer, Leiter eines Waisen- und Flüchtlingsheimes für Armenier in Beirut. Dieser konnte buchstäblich alles essen. Er erklärte mir, mit Knoblauch und einigen Gläsern Schnaps – vorzugsweise Eukalyptus-Schnaps – sei alles eßbar.

Der Schweizer Pfarrer saß in einer anderen Ecke des Restaurants. »Mein Mann denkt, daß ich seine diplomatischen Geheimnisse ausplaudere«, sagte sie. »Sehen Sie nur, wie er zu mir herüberschaut.« – »Zu Unrecht«, antwortete ich. »Gewiß, zu Unrecht«, fuhr sie fort, indem sie sagte, was ich schon dachte, »meine eigenen Geheimnisse sind interessanter als diejenigen meines Mannes.« – Ich lächelte. »Vielleicht ist der Unterschied zwischen den Ihren und den seinen nicht so groß.« – »Mein Herr«, und sie erhob die Stimme, »ein typisches Männervorurteil. Im übrigen haben Sie mich überhaupt nie gefragt, wo ich herkomme.« – »Gewiß«, antwortete ich höflich, »Sie sprechen akzentfreies Hochdeutsch. Sie haben dunkelblondes Haar und grüne Augen, und einen sehr hellen Teint. Sie sind vermutlich keine geborene Schweizerin. Vielleicht kommen Sie aus Ostpreußen oder sogar von Riga oder Tallin.« – »Nein«, antwortete sie, »ich komme noch von weiter östlich. Ich bin nämlich Russin.« Während sie dies sagte, beobachtete sie mich, um das Erstaunen auf meinem Gesicht zu genießen.

Es war nicht aus Höflichkeit, daß ich mich verwunderte. Zwar wußte ich, daß es blonde Russinnen gibt – aber ob diese akzentfrei deutsch sprechen? »Ja«, sagte sie, wie wenn sie meine Gedanken erraten hätte, »ich bin Russin. Ich erinnere mich, wie ich mit meiner Mutter in die russisch-orthodoxe Kirche ging. Ich rieche noch den Weihrauch. Ich sehe noch die Frauen in ihren Tüchern auf dem Kopf. Ich verspüre noch das mystische Gefühl des Geborgenseins in der kleinen Kirche. Und ich verstehe auch noch russisch. Die Großherzoginnen in diesem Restaurant sprechen das gleiche orthodoxe Russisch wie meine Mutter. Aber sprechen kann ich fast nichts mehr.«

»Aber jetzt sind Sie die Gattin eines Schweizer Pfarrers?« fragte ich. – »Ja, dafür kann ich wirklich nichts«, sagte sie. »Die deutsche Wehrmacht hat mich von meiner Mutter getrennt, als ich erst sechs Jahre alt war. Man hat uns in ein Lager gesteckt, um – wie sie sagten – uns vor den Kriegsfolgen zu schützen. Und dann wurde ich mit anderen Kindern nach Deutschland gebracht. Das deutsche Fernsehen hat kürzlich einen Dokumentarfilm über diese Ereignisse gebracht. Darin habe ich einige der Lager und Bahnhöfe meiner Durchreise wiedererkannt.«

Der Schweizer aus Beirut bat um einen weiteren Nachtisch, eine Art Himbeer-Dessert, bleich und chinesisch, Lychies hießen sie. Wir gaben ihm unseren Teil und wandten uns dem türkischen Kaffee zu.

Sie fuhr fort. »In Deutschland wurde ich Pflegeeltern übergeben. Mein Pflegevater war mir unsympathisch, und meine Pflegemutter war eine Rabenmutter. Sie waren überzeugte Nazis, und ich glaube, daß ich aus Protest gegen meine Pflegeeltern in die evangelische Kirche ging, wo ich anläßlich eines ökumenischen Jugendaustausches meinen jetzigen Mann antraf.«

Vielleicht, dachte ich bei mir selber, hat sie auch aus Protest einen Pfarrer geheiratet. Aber dies ging mich schließlich nichts an. Laut jedoch sagte ich: »Und da meint man immer, die ökumenische Bewegung sei eine unpraktische Angelegenheit.« Der Scherz gefiel ihr nicht, und ich hörte sie weitererzählen: »Ich kenne daher meine wirkliche Mutter nicht. Ich kenne nicht einmal meinen Namen. Man nennt mich Barbara, die Fremde, und durch Heirat heiße ich Müller.«

13.2 Mein Sohn will nicht Soldat werden

Einige Monate später bekam ich einen Brief von ihr.
»Es sind erst einige Monate vergangen, seitdem ich Sie in Istanbul getroffen habe. Was hat sich unterdessen nicht alles ereignet! Ich sende Ihnen beiliegend einen Artikel aus dem Tagesanzeiger von Zürich[4]. Es handelt sich um einen jungen Schweizer, der zum zweiten Mal ins Gefängnis gesteckt wurde, weil er keinen Militärdienst leisten wollte. Er war schon zu viereinhalb Monaten in La Chaux-de-Fonds verurteilt worden. Aber das hat seinen Widerstand nicht gebrochen. Er war ein Jünger der Gewaltlosigkeit. Darum wurde er ein zweites Mal verurteilt. Diesmal zu sieben Monaten.

---

4. Tagesanzeiger Zürich, 12. 12. 1975, 6: Tod eines Militärdienstverweigerers.

Man hat ihn in Bellechasse eingesperrt, zusammen mit gewöhnlichen Verbrechern. Dort hat er sich das Leben genommen.

Lieber Herr Hollenweger, das steht in der Zeitung. Aber Bernhard ist – oder vielmehr war – mein Sohn, ein sensibler Knabe, ein junger Mann, der sich nicht mit Gewalt verteidigen wollte. Weil er nicht töten wollte, wurde er zum Schluß dazu gebracht, sich selber zu töten. Und was für ein gut aussehender junger Mann war er! Er hatte schwarze Augen, fast wie ein Araber, und einen Lockenschopf, fast wie ein Ovambo. Niemand konnte ihn kämmen. Er sah aus wie Struwwelpeter. Unzähmbar war er. Und diese schwarze Lockenpracht umrahmte ein feines Gesicht, eine weiße Haut, wie diejenige der Esten.

Manchmal habe ich eine wahnsinnige Wut gegen die Männer, insbesondere gegen die Pfarrer, wie Sie einer sind. Ihr Pfarrer predigt von der Höhe der Kanzel herab, insbesondere in der Adventszeit, wie wir sie jetzt feiern, über die Liebe Gottes und der Menschen. Ihr sagt uns, daß Christus uns den Frieden gebracht habe. Und doch gibt es keinen Frieden, weder unter den Menschen noch unter den Christen, nicht einmal unter den Christen in der Schweiz. Also . . .

Was für eine Weihnacht wird das sein für uns? ›Oh, Heiland reiß' den Himmel auf! Herab, herab vom Himmel lauf!‹ Aber der Himmel Gottes und das Herz der Männer bleiben verschlossen. Insbesondere für eine Ausländerin in der Schweiz. Denn ich bin vierfach entfremdet, als Russin in Deutschland, als Deutsche in der Schweiz, als Frau in einer Männerwelt und als Christin in einer pseudochristlichen Gesellschaft.

Warum machen die Männer immer die Politik, für die wir, die Frauen, den Preis zahlen müssen? Denken Sie nicht, daß unsere Politik etwas realistischer wäre, wenn die Frauen in der Politik mehr zu sagen hätten? Verstehen Sie denn nicht, daß nach all dem, was ich erlebt habe, ich stolz war auf die Dienstverweigerung meines Sohnes? Nur, jetzt wird es schwierig für mich, an diesem Stolz festzuhalten. Und doch gehört der Stolz einer Frau – im allgemeinen und im besonderen auf ihre Kinder – wesentlich zu ihrem Leben.

Ihre Barbara Müller.«

Die beinahe aggressive Leidenschaft, von den konventionellen Höflichkeiten nur knapp überdeckt, beeindruckte mich. Selbst wenn ich diesen Brief jetzt, einige Jahre später, lese, fühle ich mich gleichzeitig zu stärkstem Widerspruch provoziert von einigen ihrer Aussagen und schmerzhaft bewegt von den Wunden, die Barbara in ihrem

Brief aufdeckte. Hier ist die Antwort, die ich in meinen Papieren fand:
»Mit tiefem Schmerz habe ich die traurige Nachricht über Ihren Sohn vernommen. Ich hatte davon übrigens schon im Tagesanzeiger gelesen. Ich kann Sie nicht trösten.

Wenn Sie aber meine Meinung über die Kriegsdienstverweigerung in der Schweiz interessiert, hier ist sie:

Ich selber habe freiwillig Militärdienst geleistet. Aber die Anfrage der Dienstverweigerer erscheint mir lebensnotwendig für die politische Gesundheit unseres Landes. Die Art und Weise, wie sie momentan behandelt werden, kann ich nur als unvernünftig und undemokratisch bezeichnen[5]. Daß die Schweizer immer noch keine bessere Lösung als Bellechasse und Witzwil für dieses Problem gefunden haben, ist ein schlechtes Zeugnis für ihren politischen Durchblick. Ich kann beim besten Willen weder politische noch militärische Gründe entdecken, die es rechtfertigen würden, junge Menschen zu einem Militärdienst zu zwingen, den sie gewissensmäßig ablehnen. Da muß ein irrationales, aber um so stärkeres Motiv dahinterstecken.

Vielleicht hat die Schweizer Armee eine Entlastungsfunktion für die Schweizer Ehemänner, die gleichzeitig – jedenfalls wenn man ihre Militärabenteuer so auslegen darf – in einem juristischen Patriarchat und einem de facto Matriarchat leben. Der Militärdienst gibt ihnen eine plausible und ehrenvolle Ausrede, der Herrschaft der Frauen während dreier Wochen pro Jahr zu entfliehen. Haben Sie nie die glänzenden Augen der Schweizer Männer gesehen, wenn sie davon erzählen, wie sie den letzten Krieg gewonnen haben? Sie können sogar behaupten, sie hätten es für Frau und Kinder, für das Vaterland, getan. Heil dir, Helvetia, hast noch der Söhne ja, wie sie Sankt Jakob sah . . . In dieser Vermutung wurde ich bestärkt durch die Beobachtung, daß viele überzeugte ›Militärköpfe‹ zu Hause gehorsame Pantoffelhelden sind. Darum sagt man vielleicht in der Schweiz ›Frau Oberst‹ und nennen die Waadtländer ihre Frauen ›mon gouvernement‹.

Und noch etwas. Irgendwo habe ich gelesen, daß die Schweizer Soldaten in der Zeit vor der Französischen Revolution Jünglinge im Alter von vierzehn bis zwanzig Jahren waren. Das trifft auf die Befreiungskriege der Schweiz wie auch auf die Söldnerheere zu.

5. Vgl die Dokumentation: »Militärdienst, Zivildienst, Gewissensverpflichtung« sowie das Heft Nr. 9 (Nov. 1977) von »Offene Kirche« und das Arbeitsdokument »The Right to Refuse Military Service and Orders«, hg vom International Peace Bureau, Genf.

Und oft haben dann diese Armeen einen Krieg nach ihrem eigenen
Gutdünken vom Zaun gerissen[6]. Damals brauchte man keine Ju-
gendclubs und Pfadfinder. In der französischen Armee war sogar
das Durchschnittsalter eines Generals einundzwanzig Jahre. Man
sieht, damals hatte der Militärdienst eine ganz andere Funktion in
der Gesellschaft als heute.«

Hier bricht der Brief ab. Es wurde mir klar, daß ich ihn Barbara
Müller nicht schicken konnte. »Eine Abhandlung über die Geschichte des Militärdienstes in der Schweiz ist kaum das, was sie
braucht«, hatte ich darunter geschrieben. Darum entwarf ich einen
zweiten Brief.

»Mit tiefem Schmerz habe ich die traurige Nachricht über Ihren
Sohn vernommen. Ich kann Sie nicht trösten.

Ihr Brief zeigt mir, daß es heute noch ganz andere Grenzen zu
verteidigen gilt als die Grenzen der Schweiz. Ich schreibe Ihnen
diesen Brief im Zug von Zürich nach Bern. Dabei denke ich an
meine kleine Schwester. Sie hatte blonde Haare wie Sie, aber viel
länger. Sie war der Sonnenschein der ganzen Familie. Ein wenig
Künstlerin war sie, begabt für Musik und Tanz. Dazu von einer
geradezu gefährlichen Liebenswürdigkeit. Sie konnte es nicht ertragen, wenn andere litten. Als sie verstand, daß das Leben – nicht die
Gesellschaft, wie man oft fälschlicherweise sagt – von uns verlangt,
daß wir anderen Leiden zumuten, um überhaupt existieren zu
können, warf sie sich unter einen Schnellzug. Auf ihre Weise hat sie
den Spiegel zerbrochen, hinter welchen sie nicht sehen konnte.
Mit herzlichen Grüßen,   Ihr Walter J. Hollenweger.«

13.3   Hinter dem Spiegel

Die Antwort kam postwendend:

»Besten Dank für Ihren Brief und dafür, daß Sie mir pfarrherrli-
chen Trost erspart haben. Ich mag ihn nicht, und trotzdem brauche
ich etwas, das von jenseits des nur Menschlichen kommt. Ich
widerstehe der Versuchung, den Spiegel zu zerbrechen, aber ich
versuche doch ständig, hinter den Spiegel zu gucken. Auf dieser
Seite des Spiegels bin nur ich. Aber auf der anderen Seite . . .
Wissen Sie, was dort ist?

Wenn Sie können, beten Sie bitte für mich. Mir ist meine Vergangenheit, meine Geschichte gestohlen worden. Nun habe ich auch

---

6. M. Haas, Huldrych Zwingli und seine Zeit.

noch einen Teil meiner Zukunft verloren. Und vielleicht ist dies
alles mein Fehler. Wo kann ich denn Wurzeln schlagen? Ich habe
noch zwei Töchter. Vor drei Jahren erwartete ich ein viertes Kind.
Mein Mann wußte davon nichts. Ich lehnte mich gegen eine vierte
Schwangerschaft auf. Noch einmal jede Nacht aufstehen, noch
einmal ständig ans Haus gebunden zu sein. Dieses vierte Kind hätte
mich daran gehindert, meinen Mann auf seinen Reisen zu begleiten.
Ich hätte nichts von dem erfahren können, was ich seither gesehen
und gehört habe. Ich hätte weder den Schweizer von Beirut, der alle
Reste aufaß, noch den Pfarrer von Istanbul, noch die Österreicherin, noch Sie, noch die übrigen Männer und Frauen kennenlernen
können. Kurz, ich bekam mein Kind nicht. Ich ging nach Genf. Alles
ging schnell, und ich war erleichtert. Aber jetzt denke ich, daß ein
Teil meiner Zukunft gestorben ist. Vielleicht wäre es ein Sohn
gewesen, ein Sohn, der mir Bernhard ersetzt hätte. Eine zweite
Chance? Jetzt ist es zu spät, noch einmal ein Kind zu haben. Wenn
ich es ausgetragen hätte, wäre es normal gewesen? Und welche
Zukunft hätte es gehabt? Denken Sie, daß in solchen Situationen
das Gebet etwas nützt?

Ihre Barbara Müller.«

Lange mußte ich über den Ausdruck »hinter den Spiegel gucken«
nachdenken. Was ist dort? Die Mauer oder nichts? Oder Gott?
Oder ich selber, aber verwandelt? Oder das, was die Theologen
Transzendenz oder ewiges Leben nennen? Oder das, was die Psychologen das Unbewußte nennen? Oder das, was die Soziologen
Hoffnung nennen? Oder das, was die Biologen das große Fragezei-
chen in der Entwicklung der Menschheit nennen? Oder einfach
»gefährlich leben«, das heißt, das zu leben, was noch nie gelebt
worden ist?

Ich wußte auf Barbaras Fragen keine Antwort. In bezug auf das
Gebet hatte ich eine Antwort. Wie konnte ich diese dem Briefpapier
anvertrauen? Konnte ich einer entwurzelten Pfarrfrau, die soeben
ihren Sohn verloren hatte, eine Ermunterung zum Gebet schreiben?

Ich konnte es nicht – oder vielleicht noch nicht. Ich beschloß
daher, über einen Umweg einen Blick hinter den Spiegel zu werfen.
Ich schickte ihr das Märchen vom Rumpelstilzchen.

Nach einigen Tagen erhielt ich eine Notiz von Barbara:
»Lieber Herr Rumpelstilzchen,
ich verstehe überhaupt nichts. Ich habe einen Brief an einen erwachsenen Menschen geschrieben, und Sie schicken mir ein altes
Kindermärchen. In der Erwartung einer Erklärung – sofern es
überhaupt eine gibt – verbleibe ich   Ihre Barbara Müller.«

Ich war stark mit den Vorlesungen an der Universität beschäftigt und hatte keine Zeit, sofort zu antworten. Im übrigen war ich enttäuscht, daß ich mit Rumpelstilzchen identifiziert wurde. Wenn jetzt – so fürchtete ich – Barbara Müller sich noch mit der Müllerstochter identifiziert, habe ich das Falsche getan. Verständlich wäre es allerdings, da die Animus-Personen im Märchen, der König und der Müller, den Animus-Personen im Leben Barbaras stark glichen, nämlich dem Richter, der ihren Sohn verurteilte, ihrem Pflegevater, den »Männern im allgemeinen«, wie sie schrieb. Nach einigen Tagen erhielt ich zum Glück einen zweiten Brief:

»Lieber Herr Hollenweger,

als die Müllerstochter den Namen des kleinen Männchens erriet, war die Macht Rumpelstilzchens gebrochen. Ein Übel definieren heißt, seine Grenzen, seine fines, erkennen. Den Zwerg beim Namen nennen heißt, seiner grenzenlosen Macht nicht mehr ausgesetzt sein.

Denken Sie, daß das Übel, das mir mein Kind zerstörte, weniger Macht über mich hätte, wenn ich es benennen könnte? Aber welches ist der Name dessen, der mir mein Kind genommen hat?

Ihre Barbara Müller.«

Mit dieser Frage bricht der Briefwechsel ab. Ich habe nicht mehr geschrieben, denn ich wußte keine Fortsetzung und wollte diese Sache nicht weiter auf dem Korrespondenzweg verfolgen. Später schrieb ich ein Gebet für Barbara[7]. Und im übrigen beschäftigte ich mich intensiv mit dem Rumpelstilzchen.

Gebet für Barbara

Herr,
kennst du Barbara, die Fremde,
die ihren Vater nicht kannte,
ihren eigenen Namen nicht weiß,
die Sprache ihrer Mutter nicht sprechen kann?
Sie wurde von der Wehrmacht aus Rußland verschleppt,
weil sie blond war und eine weiße Haut hatte
und erst sechs Jahre alt war.

Sie blieb eine Fremde.
Sie lernte die deutsche Sprache
und vergaß ihre Muttersprache.

---

7. Veröffentlichung in D. Cremer (Hg.), Sing mir das Lied meiner Erde. Bitten um den Geist (Würzburg und Calw 1978), 179.

Im deutschen Gottesdienst fand sie
ein Echo ihrer Kindheit,
Erinnerung an Weihrauch, Priester und Ikonen
aus den Klöstern Rußlands.
Sie wurde Volksschullehrerin,
heiratete einen Pfarrer,
gebar ihm drei Kinder
und wohnt in einem Einfamilienhaus.

Aber sie blieb eine Fremde.
Ihre Kinder lernen von Freunden
die Gesänge der Jugend,
die Schlagwörter von Marx, Lenin und Mao,
Echo der Revolutionsreden ihrer Kindheit,
Erinnerung an Rote Fahnen und Prozessionen.

Ihrer Heimat ist sie fremd.
Der Fremde ist sie fremd.
Ihren Kindern ist sie fremd.

Herr,
du bist ein Gott der Fremdlinge,
dein Sohn kam in die Fremde,
damit uns die Fremde Heimat werde.
Bist du Heimat für Barbara, die Fremde,
oder sind wir es?

14. Rumpelstilzchen

Rumpelstilzchen ist die Geschichte der Aufklärung. In dem Augenblick, in dem Rumpelstilzchen benannt, begriffen wird, verliert es seine Macht. Aber woher wissen wir denn, daß Rumpelstilzchen etwas Böses ist? Warum soll es durch Begreifen entmachtet und zerstört werden?

Im folgenden wird die heidnische Geschichte von Rumpelstilzchen[1], die das Unheimliche und Unbegriffene abspaltet, konfrontiert mit der Geschichte von Isaaks Opferung und mit Gethsemane. In den biblischen Geschichten, in denen es auch um Leben und Tod, um die Opferung des einzigen Sohnes geht, wird das Unheimliche nicht abgespalten. Es wird nicht begriffen, sondern einbezogen. Der kananäische Gott, der Menschenopfer verlangt, der grausame Gott, der Jesus in Gethsemane allein läßt, wird mit dem Gott der Liebe in eins gesehen. Der Schatten Gottes, die Elemente der Gegenkultur, werden nicht abgestoßen, sondern aufgenommen. Was muß das für ein Gott sein, der selbst sein Gegenteil in sich aufnimmt?

Es war einmal ein Müller, der war arm, aber er hatte eine schöne Tochter. Nun traf es sich, daß er mit dem König zu sprechen kam, und um sich ein Ansehen zu geben, sagte er zu ihm: »Ich habe eine Tochter, die kann Stroh zu Gold spinnen.« Der König, der das Gold lieb hatte, dachte, »das ist eine Kunst, die mir wohl gefällt« und sprach zum Müller: »Wenn deine Tochter so geschickt ist, so bring sie morgen in mein Schloß, da will ich sie auf die Probe stellen.« Und als das Mädchen kam, führte er es in eine Kammer, die ganz voll Stroh war, gab ihr Rad und Haspel und sprach: »Jetzt mache dich an die Arbeit, und wenn du diese Nacht durch bis morgen früh dieses Stroh nicht zu Gold versponnen hast, so mußt du sterben.« Darauf schloß er die Kammer selbst zu, und sie blieb allein darin[2].

Es war nicht nur einmal so – so leben sie noch heute, sagt Ottokar

---

1. Original englisch, ins Deutsche übertragen vom Vf, teilweise veröffentlicht unter dem Titel »Rumpelstilzchen beim Namen nennen« in: Ev. Kommentare 7/6, Juni 1974, 366–68 und die Auslegung von Matth. 26,36–46 in: Deutscher Ev. Kirchentag, Frankfurt 1975, 108–113.
2. Text des Märchens nach Brüder Grimm, Kinder- und Hausmärchen I, hg von Fr. von der Leyen, 6–8.

Graf von Wittgenstein[3], denn die Märchen verarbeiten archaisches Rohmaterial der Völker. Und er fährt fort: Es sind ähnliche Bilder wie diejenigen, die in unseren individuellen Träumen erscheinen. Das Märchen aber faßt die Träume der Völker zusammen und hebt sie – ohne zu abstrahieren – ins Allgemeine. Die Märchen sind Bilder von Kindern, die erwachsen werden wollen, von Jugendlichen, die sich suchen, und von jungen Menschen, die sich finden. In den Märchen lernen wir, was wir in der Schule nicht lernen können. In der Schule lernen wir zum Beispiel, wie und wo Kriege geführt wurden. Wie man sie vermeiden könnte, lernen wir nicht. Und vor allem lernen wir nicht, wie wir zu uns selber kommen.

Man kann nun allerdings sagen, das sei nicht die Aufgabe der Schule. Sei dem, wie ihm wolle, *die Kirche* jedenfalls kann sich vor dieser Aufgabe nicht drücken. Darum auch werden wir im Verlauf dieser Analyse das Märchen auf die Realgeschichte der Kirche anwenden. Vorerst aber müssen wir uns den Text noch etwas genauer ansehen. Das Märchen handelt davon, wie die Müllerstochter zu sich selbst findet. Sie ist nicht durch eigene Schuld in Todesnot gekommen. Ihr Vater, der Müller, manövrierte sie in diese Situation. »Von der Heldin aus gesehen sind Müller und König sie beherrschende Animusgestalten, die ihr eine Prahlerei eingeben; zwangsläufig führt die Hybris zu einer Notlage.«[4] Aber sie werden auch zu Katalysatoren für den Reifungsprozeß der Müllerstochter. Denn wie sie dasaß, um ihr Leben keinen Rat wußte, nichts davon verstand, wie man Stroh zu Gold spinnen konnte, wie ihre Angst immer größer wurde, bis sie endlich zu weinen anfing,

da ging auf einmal die Türe auf, und trat ein kleines Männchen herein und sprach: »Guten Abend, Jungfer Müllerin, warum weint sie so sehr?« – »Ach«, antwortete das Mädchen, »ich soll Stroh zu Gold spinnen und verstehe das nicht.« Sprach das Männchen: »Was gibst du mir, wenn ich dir's spinne?« – »Mein Halsband«, sagte das Mädchen. Das Männchen nahm das Halsband, setzte sich vor das Rädchen, und schnurr, schnurr, schnurr, dreimal gezogen, war die Spule voll. Dann steckte es eine andere auf, und schnurr, schnurr, schnurr, dreimal gezogen, war auch die zweite voll: und so ging's fort bis zum Morgen, da war alles Stroh versponnen, und alle Spulen waren voll Gold.

14.1 In der Schule des Fürchtens

»In der Ausweglosigkeit erscheint das Ganz-Andere. Reifungsnot in Todesfurcht kann Türen öffnen und Tore sprengen zum Ganz-

---

3. O. von Wittgenstein, Märchen, Träume, Schicksale, 5.
4. H. von Beit, Gegensatz und Erneuerung im Märchen, 537.

Anderen hin.«[5] Josephine Bilz, eine deutsche Nervenärztin, spricht hier in Anlehnung an C. G. Jung gar vom »Archetypus der Gottheit«, der in Rumpelstilzchen erscheint. Es ist allerdings eine alttestamentliche Gottheit. Es ist der Gott Hiobs oder des Jahwisten, in dem gut und böse noch ungetrennt beieinander sind. Für Josephine Bilz spricht das Märchen »von einer glücklich bewältigten Reifungsgeschichte in einer Bildabfolge von unerhörtem Phantasiereichtum«[6]. Das »Schwarze« und »Unheimliche« ist integrierender Bestandteil des im Märchen dargestellten Reifungsprozesses, denn es stellt »Schicksal« dar, nicht »Schicklichkeit«. Der Schatten, das Furcherregende ist nötig für die Menschwerdung des Menschen. Nur die Kinder eines bestimmten Alters sind vom Fürchten dispensiert. Das gibt ihnen die Möglichkeit, sich die Welt der Dinge zu erobern und die kühle Sachlichkeit zu erlernen. Damit erklärt sich »das Interesse dieser Kinder an den Ungeheuerlichkeiten des Lebens, an grauenvollen Straßenunfällen, an Totenaufbahrungen und Leichenzügen«[7].

Etwas von diesem »Gruselinteresse« ist uns auch als Erwachsenen geblieben. Wenn wir aber nie ausziehen, das Fürchten zu lernen, werden wir nicht erwachsen. Märchen und Träume, aber auch die Bilder der Bibel, helfen uns, das Fürchten zu lernen. Wer sie nicht kennt, wird vom Grauenhaften des Lebens unvorbereitet getroffen. Er weicht dem Rumpelstilzchen aus oder verfällt ihm. Beides sind Formen kindischer Unfreiheit. Ohne Furcht versinkt der Mensch in reine Sachlichkeit, im Extremfall in Barbarei. In unserem Märchen gehört die Kunst des Sich-fürchten-Könnens zum Reifungsprozeß einer Ehe, sozusagen als Mitgift der zukünftigen Königin.

> Bei Sonnenaufgang kam schon der König, und als er das Gold erblickte, erstaunte er und freute sich, aber sein Herz ward nur noch goldgieriger. Er ließ die Müllerstochter in eine andere Kammer voll Stroh bringen, die noch viel größer war, und befahl ihr, das auch in einer Nacht zu spinnen, wenn ihr das Leben lieb wäre. Das Mädchen wußte sich nicht zu helfen und weinte, da ging abermals die Türe auf, und das kleine Männchen erschien und sprach: »Was gibst du mir, wenn ich dir das Stroh zu Gold spinne?« – »Meinen Ring von dem Finger«, antwortete das Mädchen. Das Männchen nahm den Ring, fing wieder an zu schnurren mit dem Rade und hatte bis zum Morgen alles Stroh zu glänzendem Gold gesponnen. Der König freute sich über die Maßen bei dem Anblick, war aber noch immer nicht Goldes satt, sondern ließ die Müllerstochter in eine noch größere Kammer voll Stroh bringen und sprach: »Die mußt du noch in dieser Nacht verspinnen; wenn dir aber das gelingt, sollst du meine

---

5. Ch. Bühler / J. Bilz / H. Hetzer, Das Märchen und die Phantasie des Kindes, 137. Vgl auch Br. Bettelheim, Kinder brauchen Märchen.
6. Ch. Bühler, aaO, 97.
7. AaO, 132.

Gemahlin werden.« – »Denn«, dachte er, »eine reichere Frau kannst du auf der Welt
nicht haben.« Als das Mädchen allein war, kam das Männlein zum drittenmal wieder
und sprach: »Was gibst du mir, wenn ich dir noch diesmal das Stroh spinne?« – »Ich
habe nichts mehr, das ich geben könnte«, antwortete das Mädchen. »So versprich
mir, wenn du Königin wirst, dein erstes Kind.« – »Wer weiß, wie das noch geht«,
dachte die Müllerstochter und wußte sich auch in der Not nicht anders zu helfen; sie
versprach also dem Männchen, was es verlangte, und das Männchen spann dafür
noch einmal das Stroh zu Gold. Und als am Morgen der König kam und alles fand,
wie er gewünscht hatte, so hielt er Hochzeit mit ihr, und die schöne Müllerstochter
ward eine Königin.

Über ein Jahr brachte sie ein schönes Kind zur Welt und dachte gar nicht mehr an
das Männchen. »Da trat es plötzlich in ihre Kammer und sprach: »Nun gib mir, was
du versprochen hast.« Die Königin erschrak und bot dem Männchen alle Reichtümer
des Königreichs an, wenn es ihr das Kind lassen wollte: aber das Männchen sprach:
»Nein, etwas Lebendiges ist mir lieber als alle Schätze der Welt.« Da fing die Königin
so an zu jammern und zu weinen, daß das Männchen Mitleiden mit ihr hatte und
sprach: »Drei Tage will ich dir Zeit lassen, wenn du bis dahin meinen Namen weißt,
so sollst du dein Kind behalten.«

Zweimal war das Männlein bereits vergeblich gekommen. Die
Königin konnte seinen Namen nicht erraten. Das war ihre Schule
des Fürchtens. Es ging jetzt nicht mehr um Halsband und Ring,
sondern um ihr eigenes Kind. Das Männlein war Ursache ihres
Glückes und ihrer Trauer. Wie schon der Vater, so wirkte sich auch
das Männlein als Katalysator der Reifung aus. Die Königin erriet
letzte Bewandtniszusammenhänge. Allerdings, allein erriet sie sie
nicht. Der Diener, der ihr den Namen »Rumpelstilzchen« verriet,
»repräsentiert die instinktsichere Sphäre des einfachen Menschen,
welcher bekanntlich vielfach die Ränke des dunkeln Weltgeistes
klarer als der differenzierte, durch sein Wissen belastete Mensch zu
erkennen vermag«[8]. Der Diener ging bis zu den Grenzen seines
(Wissens)-Gebietes, bis dort, »wo Fuchs und Hase sich gute Nacht
sagen«, wo andere Welten beginnen. Dort hörte er das Männchen
singen:

Heute back ich, morgen brau ich,
übermorgen hol ich der Königin ihr Kind;
ach, wie gut ist, daß niemand weiß,
daß ich Rumpelstilzchen heiß!

Als die Königin beim dritten Besuch des Männleins Name wußte,
schrie dieses: »Das hat dir der Teufel gesagt!« und lief zornig fort
und kam nimmermehr zurück. Nach einer anderen Version »stieß es
mit dem rechten Fuß vor Zorn so tief in die Erde, daß er bis an den

8. H. von Beit, aaO, 538.

Leib hineinfuhr; dann packte es in seiner Wut den linken Fuß mit beiden Händen und riß sich selbst mitten entzwei«.

14.2   Analogisch und katalogisch

»Den richtigen Namen zu finden, heißt den Begriff entdecken, mit dem ein Mensch etwas begreifen kann. Durch richtiges Begreifen verliert das Unheimliche des namenlosen Dinges seine magische Gewalt. Durch die Namensfindung wird das Unheimliche – heimlich und dem Menschen zu eigen.«[9]

Nun hat aber das kleine Männlein, das Bettstroh zu Gold machen kann, das steif auf einem Bein steht und einher stolziert wie ein Storch, das ein Kind holen will, das backt und braut, das verspricht »Ich will es noch einmal tun«, viele Namen, wie auch Rumpelstilzchen in den verschiedenen Versionen des Märchens verschiedene Namen hat[10]. Oft wird er nur angedeutet, weil das Männchen ungern bei seinem richtigen Namen genannt wird. Solange aber das Rumpelstilzchen unbenannt und unbegriffen ist, hat es Macht über die Königin und ihr Kind. Die Namensgebung ist »ein merkwürdiger seelischer Akt«[11], der das Wesen des Rumpelstilzchens verändert. Wie eigentlich? Nach der einen Version läuft es davon, nach der anderen wird es zerrissen – analytisch in seine Komponenten zerlegt. Einer meiner Studenten kommentierte das Märchen folgendermaßen: »Durch die Namensfindung wurde Rumpelstilzchen zerstört. Gleicherweise, wenn wir Gott einen Namen geben, ihn begreifen und benennen – was den Hebräern nicht erlaubt war –, kann es geschehen, daß Gott ›davonläuft‹ oder ›gespalten wird‹. Stellt das nicht viele unserer theologischen Bemühungen in Frage?« Und nachdenklich fügte er hinzu: »Das Märchen hört nicht mit dem Schlußsatz auf: Und die Königin und der König lebten glücklich und zufrieden, und wenn sie nicht gestorben sind, dann leben sie noch heute.« Tatsächlich, durch die Namensgebung und die Eliminierung von Rumpelstilzchen ist das potentielle Wachstum der Königin zu einem Halt gekommen. Nicht nur war die Namensgebung das Ende

9. O. von Wittgenstein, aaO, 209.
10. Siehe die Literatur in: J. Bolte / G. Polívka, Anmerkungen zu den Kinder- und Hausmärchen der Brüder Grimm I, Nr. 55, und A. Aarne / St. Thompson, The Types of the Folktale, Nr. 500. Bibliographie zu Rumpelstilzchen in: M. Lüthi, Rumpelstilzchen. Vgl auch G. L. Fink, Les avatars de Rumpelstilzchen.
11. L. Wittgenstein, Philosophische Untersuchungen, 33.

für Rumpelstilzchen, sie brach auch den Reifungsprozeß, die schöpferische Weiterentwicklung von König und Königin ab.

Bisher wurde versucht, den Leser durch eine *analogische* Nacherzählung ins Bild zu setzen. Die analogische Denkweise ist diejenige der Kinder, der Primitiven und der Bibel. Es ist die Denkweise der Müllerstochter, bevor der Diener ihr den Namen Rumpelstilzchens verraten hatte. Diese Denkweise steht in einem gewissen Gegensatz zur begrifflichen, die Ottokar von Wittgenstein die *katalogische* nennt[12]. Das analogische Denken ist – vom katalogischen Denken her gesehen – unscharf. Aber kann denn jedes unscharfe Bild mit Vorteil durch ein scharfes ersetzt werden? Leben nicht gewisse Bilder davon, daß sie unscharf und mehrdeutig sind? Und hat nicht die katalogische Reduktion auf eine eindeutige Begrifflichkeit das Männlein zerrissen oder wenigstens vertrieben? Andererseits: Ein Verharren im analogischen Denken hätte die Königin an die magische Welt des Rumpelstilzchens verkauft. Aber ohne die Magie wäre sie nie Königin geworden.

Beide Denkweisen haben ihr Recht im Reifungsprozeß des Menschen. Die Frage ist, wie die beiden sich zueinander verhalten. Von Wittgenstein schlägt für die Integration der beiden Denkweisen den Terminus »dialogisch« vor. Die Institution in der dieser Dialog geschehen kann, ist für ihn das Paar, Mann und Frau. Darum kann er Rumpelstilzchen als ein Märchen beschreiben, in dem Konflikt und Reifungsprozeß der Ehe dargestellt werden. Das scheint eine auf der Hand liegende Interpretation zu sein. Es ist aber zu vermuten, daß darüber hinaus in diesem Märchen auf analogische Weise etwas von dem zur Sprache kommt, was wir heute in der Kirche erleben.

Die Kirche lebt aus einem analogischen Erbe. Dies zeigt sich vor allem in ihren Liedern, ihrer Sprache und ihrer Liturgie. Die großen Wörter der Kirche leben davon, daß sie mehrdeutig sind, daß sie nicht begriffen werden. Man kann geradezu sagen: Je weniger ein Mensch die christliche Sprache begreift, um so mehr ist er davon ergriffen und gepackt. Allerdings: Er ist dann der christlichen Sprache gegenüber in der Situation der Müllerstochter. Die analogische Sprache gibt ihm Halt und Zuversicht; sie verwandelt sein Stroh in Gold, sie »tut es noch einmal«; aber dafür muß er ihr alles, was er hat, ausliefern. Und wer würde bestreiten, daß viele unserer »Kerngemeinden« aus solchen »Müllerstöchtern« bestehen, die Halsband, Ring und Kind geopfert haben, um den König heiraten zu

---

12. O. von Wittgenstein, aaO, 281ff.

können? Und vielleicht ist die Situation der »Müllerstochter vor der Aufklärung durch den Diener« diejenige Situation, die vielen Menschen lebenslänglich entspricht.

Glanz und Gefahr solch voraufklärerischer Frömmigkeit wurden uns exemplarisch in der Jesusbewegung vorgeführt, jedenfalls in ihren genuinen Formen. Stroh wird in Gold verwandelt, Rauschgiftsüchtige in Jesusjünger. Aber der Preis für diese Befreiung ist Abhängigkeit vom Rumpelstilzchen, vom Unnennbaren und Unbenannten, dem man Ring, Halsband und Kind übergibt und das dafür verspricht, »es noch einmal zu tun«.

Aber nun kommt es vor, daß an einigen dieser Königshöfe Diener sind, die den Namen Rumpelstilzchens verraten. Und so verlieren die geheimnisvollen Wörter der Kirche ihren Zauber. Sie werden begriffen. Diese Aufklärung kann sowohl in den rationalistischen Formeln der Orthodoxie wie auch in denjenigen der sogenannten modernen Theologie geschehen. In beiden Fällen stellt sich die Frage, ob denn ein Mensch mit einem katalogisch definierten Christentum leben könne? »Der Teufel hat dir das gesagt«, sagte das Männlein zur Königin. Und vielleicht hatte es recht. Vielleicht ist die Aufklärung vom Teufel. Aber sie ist nun einmal da und kann nicht rückgängig gemacht werden. Und vielleicht hat auch der Teufel seinen Beitrag zum Reifungsprozeß der Christen zu leisten.

14.3   Rumpelstilzchen und die Kirche

Das Märchen ist noch für eine andere Fragestellung wichtig. Seit einigen Jahren beobachte ich Christen, die sich in die mir geläufigen Kategorien nicht einordnen lassen[13]. Es sind Christen, die nur selten am Sonntagmorgen in der Kirche erscheinen. In Deutschland oder in der Schweiz bezahlen sie Kirchensteuern, in England sind sie oft ohne irgendeine institutionelle Verbindung zur Kirche. Sie kennen aber die Bibel, und sie gehen einmal oder zweimal im Jahr in ein katholisches Kloster oder nach Taizé, um das Beten wieder zu lernen. Oft sind sie theologisch recht gut informiert. Die communio sanctorum und die Seelsorge kennen sie in der Form eines Freundeskreises, mit dem sie die wichtigsten Lebensentscheidungen besprechen. In der Ethik vertreten sie manchmal einige von der allgemeinen Kirchlichkeit leicht abweichende, liberalere Auffassungen. Die Mehrheit von ihnen aber fühlt sich in einem durchschnittli-

---

13. W. J. Hollenweger, The Christian and the Church of the Future.

chen Lebensstil wohl. Sie sind in der Lage, im Rahmen ihres Berufes oder ihrer Nachbarschaft intelligent und klar Auskunft zu geben über die Grundlage ihrer christlichen Überzeugung.

Diese Christen sind gute Evangelisten; man hört ihnen zu. Sie haben keine Partei, keine Kirche, keine Konfession zu verteidigen. Sie werden daher als zuverlässige Informationsträger geschätzt. Sie gleichen – von uns, den Kirchenchristen aus gesehen – dem Rumpelstilzchen. Damit hat sich die Beleuchtungsrichtung unserer Interpretation geändert. Haben wir vorhin den Reifungsprozeß der Müllerstochter im Brennpunkt gehabt, so versuchen wir jetzt unser theologisches Verhältnis zu diesem uns unbegreiflichen Rumpelstilzchen aufzuklären. Wir dürfen es aber nicht zu scharf in den Brennpunkt des Scheinwerfers kriegen, denn diese »frei flottierenden Christen« haben so lange Macht, als ihr Name nicht genannt wird und ihre Konturen nicht zu scharf erscheinen. Wo man versucht, sie kirchlich einzuordnen, verlieren sie ihre Fähigkeit, Stroh in Gold zu verwandeln. Trotzdem aber können wir es nicht lassen, ihren Namen zu suchen.

So fragen wir uns: Auf welchen Namen soll das Rumpelstilzchen getauft werden? Auf welche Namen sollen die vielen afrikanischen Christen getauft werden, die sich nur schwer in unser katalogisches System einordnen lassen? Auf welchen Namen soll jene Regisseurin vom BBC getauft werden, die mir sagte: »Seit zwei Jahren bin ich eine Christin, ich weiß aber nicht, zu welcher Kirche ich gehöre?« Auf welchen Namen sollen jene Naturwissenschaftler getauft werden, die sagen: »Wir glauben nicht an Gott, aber wir möchten, daß Sie uns beten lehren«[14]? Auf welchen Namen soll jene Studentin der Anglistik getauft werden, die bei mir, dem Missionswissenschaftler, eine Arbeit über die Evangelisation unter den Studenten schreiben will, selber Christin ist, aber nicht weiß, was für eine?

In England nennt man solche Menschen uncommitted Christians, nichtengagierte Christen, weil sie sich nicht für eine Konfession entscheiden und kaum in einer Ortsgemeinde mitarbeiten. Dabei sind viele in bezug auf ihr persönliches Zeugnis aufs äußerste committed.

Welches ist nun die Funktion dieses Rumpelstilzchens im Reifungsprozeß der Kirche? Vielleicht sollen diese Christen uns – wie das Rumpelstilzchen der Müllerstochter – das Fürchten lehren, so daß wir als Kirche zu jener »Hoch-Zeit« kommen, jenen Reifungsprozeß durchmachen, der Pflicht und Vorrecht der Königin ist.

---

14. Vgl in diesem Band, S. 174.

Müssen wir in diesem Reifungsprozeß »drei Nächte lang« mit diesen Christen reden? Gewiß, sie bringen uns durch ihre Andersartigkeit in Verlegenheit, wenn nicht in Zweifel. Aber »Todesfurcht kann Türen öffnen und Tore sprengen zum Ganz-Anderen hin«, zu einer ganz anderen Kirche vielleicht, von der wir heute noch wenig wissen. Öffnet die Furcht, der wir uns im Umgang mit Rumpelstilzchen aussetzen, weil wir es nicht einordnen können, solche Türen? Sprengt dieses Gespräch die Tore zu jener ganz anderen Kirche hin, die uns Bonhoeffer in seinen Briefen aus dem Gefängnis versprochen hat? Um das Nachtgespräch mit dem Rumpelstilzchen kommen wir nicht herum, wenn es im Königshaus zum Stimmen kommen soll – auch und gerade wenn das Resultat des Gespräches sein sollte, daß das Rumpelstilzchen zornig wird und davonläuft, um nimmermehr wiederzukehren.

14.4 Rumpelstilzchen und Isaaks Opferung

Ich muß noch einmal zur analogischen Methode zurückkehren und fragen: Warum gab denn die Müllerstochter ihr Kind dem Rumpelstilzchen nicht? Es war doch ein freundliches kleines Männchen. Es hatte ihr geholfen, hatte Stroh in Gold verwandelt, betrog sie nicht und verlangte nur, was sie ihm versprochen hatte. Stand eine Aufnahme des Männleins an den Königshof außer Frage? Ist der Vorschlag von Josephine Bilz, in Rumpelstilzchen den »Archetypus der Gottheit« zu sehen, außerhalb aller Möglichkeiten[15]? Hat am Ende die Müllerstochter mit dem Rumpelstilzchen auch den Gott des Alten Testamentes, den Gott Hiobs und Abrahams davongejagt oder gar zerstört?

Indem sie die meisten dieser Fragen bejahten, hielten einige meiner Studenten das Märchen für eine ganz und gar heidnische Geschichte. In der Bibel, so sagten sie, wird Rumpelstilzchen nicht weggejagt. Im Kreuz wird im grausamen und fordernden Gott, im Deus absconditus gleichzeitig auch der Gott der Liebe entdeckt. Seine »Grausamkeit« und seine »Liebe« sind zwei Seiten des einen Gottes. Im Alten Testament steht ja die Geschichte von Abraham und Isaak. Isaak war der verheißene Sohn. Durch ihn wird Jahwe den ganzen Erdkreis segnen. An Isaaks Überleben hing nicht nur das Glück Abrahams und Saras, sondern auch die Offenbarung der Zuverlässigkeit Gottes. Und dieser selbe Gott, der Abraham verhei-

---

15. Oben, Anm. 5.

ßen hatte, daß er durch seine Nachkommenschaft alle Völker segnen werde, dieser selbe Gott verlangte die Opferung Isaaks (Gen.
22). So wie Rumpelstilzchen nichts anderes als das erste Kind
wollte, so wollte der Gott Abrahams nichts anderes als den einzigen
Sohn.

Im allgemeinen wird in den Kommentaren angenommen, daß
hinter Abrahams »Schule des Fürchtens« eine alte kananäische
Tradition von Menschenopfern liege. Dasselbe trifft vermutlich
auch auf den germanisch-heidnischen Hintergrund von Rumpelstilzchen zu. Aber wie verschieden gehen die beiden Geschichten
mit dem archaischen Mythenmaterial um. Rumpelstilzchen ist die
Geschichte der Spaltung. Genesis ist die Geschichte der Integration:
die elementare, heidnische Vergangenheit Gottes und seine Zuverlässigkeit, seine Liebe, seine Treue werden nicht voneinander getrennt. Die Müllerstochter entdeckte »die andere Seite« Rumpelstilzchens nie. Abraham aber entdeckte die andere Seite Gottes,
indem er seinen Sohn aufgab und aus Gottes Hand zurückerhielt.

Das allerdings hätte weitgehende Konsequenzen für Theologie
und Kirche. Eine Kirche, die Gott nur katalogisch versteht und
definiert, wird ihn verlieren. Er läuft ihr davon. Eine Kirche, die die
Rechtfertigung Gottes – nicht nur kirchenpolitisch, sondern auch
erkenntnistheoretisch – eben diesem Gott überläßt, mag Aspekte
von ihm entdecken, von dem sie vorher keine Ahnung hatte.

14.5   Rumpelstilzchen und Gethsemane

Schließlich muß die Spaltgeschichte des Rumpelstilzchens noch mit
jener zentralen Integrationsgeschichte von Gethsemane verglichen
werden.

Drei Jahre lang hatten Jesus und seine Jünger die Schriftgelehrten, die religiösen und politischen Führer ihres Landes provoziert.
Jetzt wird ihnen die Quittung präsentiert. Sie werden mit der
Wirkungsgeschichte ihres Zeugnisses, ihrer Aufklärung, konfrontiert. Es wird Gericht gehalten. Es wird geprüft, wie ernst es ihnen
war. Jesus wird von den Tatsachen befragt, nicht nur von Pilatus und
dem Hohepriester. Er wird auf die Probe gestellt, ob er diesem
Gott, den er ausdrücklich und provozierend »seinen Vater« genannt
hatte, auch dann vertraut, wenn sich dieser Vater in Schweigen
hüllt. Wie absolviert er seine »Schule des Fürchtens«?

Der erste Eindruck ist niederschmetternd[16]. Jesus besteht die

---

16. Matth. 26,36–39.

Probe nicht. Er ist zu Tode bekümmert. Es ist die Rede von einem Entsetzen, das Jesus packte[17], von einer Angst, aus der es kein Entrinnen gibt, in der er keine Hilfe und keinen Trost sieht. Lukas spricht von einer Agonie, in der sein Schweiß wie Blutstropfen zur Erde fiel[18]. Eine Bedrückung, eine Bekümmernis, eine Betrübnis zum Tode, ein schwerer depressiver Angstzustand.

Wir kennen solche Zustände nicht nur aus dem Leben von Barbara[19] und der Müllerstochter: Angst vor der Krankheit, dem Leben, dem Tod, der Liebe, dem Haß und selbst noch Angst vor der Angst. Nur, von Jesus hätten wir eine andere Haltung erwartet. Von ihm, dem Anfänger und Vollender unseres Glaubens, hätten wir erwartet, daß er die Angst überwindet.

Wir kennen jene Märtyrergeschichten, angefangen von Stephanus, der den Himmel geöffnet sah in seiner Todesstunde, und Paulus und seinem Freund Silas, die mit blutendem Rücken im Gefängnis Loblieder sangen, über die Heiligen des Mittelalters bis zu den modernen Blutzeugen in Rußland und Afrika. Wir kennen die Berichte von denen, die getrost als Zeugen ihres Glaubens in den Konzentrationslagern starben. Wir haben gehört von den Kommunisten, die mutig für ihre Überzeugung in den Tod gingen. Wir haben selbst von dem deutschen General Jodl gehört, der in Nürnberg zum Tode verurteilt worden war. Auch er starb nicht in Verzweiflung. Bei Jesus ist das anders. Er zittert und zagt. Nichts von jener heiteren Gelassenheit des Philosophen Sokrates, der den Giftbecher ohne Zittern aus den Händen seiner Richter empfing.

Es gibt solche, die Jesus für eine Art Übermenschen und Vorbild halten. Hier erweist er sich weder als Übermensch noch als Vorbild. Hier erweist er sich als Mensch, der zittert und zagt. Ein gewöhnlicher Mensch, der Angst hat. Und vielleicht ist das Außergewöhnliche das, daß er trotz seiner Angst den ihm vorgezeichneten Weg zu Ende geht.

Es gibt solche, die Jesus für einen Schwächling und darum das Christentum für die Religion der Schwächlinge halten. Jedenfalls ist Jesus kein Held. Aber ein Schwächling ist er auch nicht. Zu diesem Schluß kann man nur kommen, wenn man annimmt, Jesus habe Angst vor dem Sterben gehabt. Davon lesen wir aber nichts im Neuen Testament. Etwas anderes muß der Grund für seine Angst sein.

---

17. Mark. 14,33.
18. Luk. 22,44.
19. Barbara, in diesem Band, S. 188ff.

Er hatte Angst, weil er allein war. Aber das wirft nun gleich eine Menge Fragen auf. Jesus betete allein. Seine Jünger schliefen. Es war niemand dabei! Keine Augenzeugen. Gerade das ist der Inhalt der Gethsemanegeschichte, daß niemand dabei war[20]. Daß seine Seele betrübt war bis zum Tode[21], sagte er nicht zu Gott, sondern zu den Jüngern. Er forderte sie umsonst auf, »mit ihm zu wachen«[22]. Er forderte sie umsonst auf, die Augen offen zu halten und mit ihm die Situation in ihrer Ausweglosigkeit zu sehen.

Nein, die Apostelschaft, die Christenheit, die Kirche schläft! Auch und gerade die Kerngemeinde. Sie ist zwar zugegen, aber sie ist nicht dabei. Sie läßt sich nicht darauf ein, jene Fragen des Fürchtens zu stellen, die Jesus stellt. So muß er es allein tun, stellvertretend für sie. Jesus hat sich eben zwischen alle Stühle gesetzt. Die religiösen Führer hat er erzürnt, weil er nicht mit ihnen zusammen für eine starke Synagoge, einen starken Tempel, eine eindeutige jüdische Religionsgemeinschaft kämpfte, in der die verängstigten und aufgescheuchten Juden einen sturmfreien Hafen, eine geistige Zufluchtsstätte hätten finden können. Ständig trug er den Sturm in den Hafen hinein.

Die Revolutionäre hat er erzürnt, weil er sich nicht für deren politische Zwecke mißbrauchen ließ, obschon er sich andererseits wieder so weit mit ihnen solidarisierte, daß man ihm daraus einen Strick drehen und ihn bei den Römern als Aufwiegler verklagen konnte.

Und alle, die er geheilt hat, für die er eingetreten ist: die Ehebrecherin, die die Pharisäer angeschleppt hatten; Zachäus, jener Finanzier, der so glücklich wurde, daß er seine Spekulationsgewinne verschenkte; Lazarus, den er vom Tode auferweckt hatte; die Epileptiker und Besessenen, die er befreit hatte – wo sind sie? Verschwunden! Jesus ist allein.

Aber da läßt sich eine Frage nicht unterdrücken. Wie können die Evangelien über Gethsemane, über das Gebet Jesu berichten, wenn niemand dabei war, wenn sie alle geschlafen haben, während er betete? Es gab keine Augen- und Ohrenzeugen, sagen die Texte. Ich weiß die Antwort auf diese Frage nicht. Es gibt darüber verschiedene beinahe lächerliche Theorien[23]. Alles, was wir sagen

---

20. Matth. 26,40.
21. Matth. 26,38.
22. Matth. 26,40.
23. »Ferner muß darauf hingewiesen werden, daß kein Augenzeuge über die Stunde berichten konnte, die Jesus im Gebet verbrachte. Über diese Frage hat man sich schon in der alten Kirche Gedanken gemacht und eine Antwort in der

können, ist dies: So berichtete die erste Gemeinde – und zwar durchwegs, Matthäus, Markus, Lukas, Johannes und selbst der Hebräerbrief[24] – von seiner Schule des Fürchtens und Glaubens. Sie berichtet in einer Form, die man heute »narrative Theologie« nennt. Sie will sagen, wie es mit Jesus, dem Menschen, und wie es mit Jesus, unserem Stellvertreter, war. Sie braucht aber diese Begriffe nicht. Tatsächlich vermeidet sie die Begriffe »menschliche Natur Jesu« oder »der Mensch Jesus«. Sie vermeidet auch den Begriff der »Stellvertretung«. Statt dessen *beschreibt* sie den Menschen Jesus, seinen Kampf, seine Angst, das, was er tut.

Diese analogische theologische Methode ist im Neuen Testament außerordentlich wichtig. Man kann das gar nicht genug unterstreichen. Die überwiegende Mehrheit der biblischen Theologie ist analogische, erzählende Theologie. Schade, daß die Fundamentalisten und Evangelikalen, die sonst so große Stücke von der Inspiration der Schrift halten, sie in dieser Sache nicht ernst nehmen. Ich bin der Meinung, daß die *Form* der Schrift, nämlich die erzählende Form, theologisch ebenso relevant ist wie der Inhalt. Und zwar aus folgenden Gründen:

Erstens macht die erzählende Form gewisse theologische Unterscheidungen und Distinktionen unmöglich. Das zeigt uns, daß es theologische Debatten gibt, die auf unseren eigenen *kulturbedingten Fragen* beruhen und darum kaum von der Schrift beantwortet werden können. Eine solche Frage ist zum Beispiel, wie sich denn die Gottessohnschaft Jesu zu seinem Menschsein verhalte. Diese Frage kann man nur stellen, wenn man die Erzählungen der Schrift

---

Vermutung zu finden gesucht, der Auferstandene habe hinterher den Jüngern den Inhalt der Gethsemaneszene mitgeteilt. Einige Exegeten haben dagegen die Behauptung aufgestellt, die Gethsemaneerzählung gehe auf die Petrusüberlieferung zurück; denn weder die Schlaftrunkenheit, die doch nicht unmittelbar in vollen Schlaf übergegangen sein müsse, noch die Entfernung von dem Betenden müsse die Jünger verhindert haben, einzelne Worte aus dem Gebetsringen Jesu zu vernehmen (vgl F. Hauck, Das Evangelium des Markus, Leipzig 1931, 172). Doch man wird schwerlich sagen können, daß diese Vermutung eine überzeugende Erklärung darstellt.« E. Lohse, Die Geschichte des Leidens und Sterbens Jesu, 66f.

Auf die Exegese der Gethsemanegeschichte kann hier nicht im einzelnen eingegangen werden. Wichtiges steht bei Lohse: »Deren Gehalt kann daher nicht auf einen historischen Bericht zurückgeführt werden, sondern ist vielmehr auf das engste mit der ältesten Christologie verbunden« (aaO, 68). Vgl auch K. G. Kuhn, Jesus in Gethsemane; M. Dibelius, Gethsemane; D. Bonhoeffer, Widerstand und Ergebung, zum 21. 7. 1944, und die Kommentare.

24. Matth. 26,36–46; Mark. 14,32–42; Luk. 22,40–46; Joh. 18,1, 12,27, 18,11; Hebr. 5,7.

durch die Konzepte[25] »Gottessohnschaft« und »Menschheit Jesu«
ersetzt. Ich will damit nicht sagen, daß diese Fragen nicht wichtig
seien. Ich will nur sagen, daß es Fragen aus unseren Denksystemen
und aus unserer Kultur sind und nicht Fragen, die die Verfasser der
Schrift in dieser Weise stellten.

Zweitens – und das ist fast noch wichtiger – baut die erzählende
Theologie die Vorrechte derer ab, die in einer Kultur, zum Beispiel
der westeuropäischen, besonders bewandert sind. Hier, nämlich vor
der Erzählung der Schrift, ist weder Akademiker noch Analphabet.
Beide können gleichermaßen teilhaben am Prozeß der theologischen Meinungsbildung.

Als hervorragendes Beispiel einer theologischen Aussage durch
eine Geschichte konzentrierten wir uns auf die Gethsemanegeschichte. Sie ist ein aus dem Reifungsprozeß des Fürchtens entstan-
denes Glaubensbekenntnis. Was bekennt sie?

Sie bekennt: Jesus ist nicht freudig in den Tod gegangen. Er war
ein Mensch, der Angst hatte. Er ist allein gewesen, obschon er die
Gemeinschaft mit seinen Jüngern gesucht hat. Seine Jünger konnten
die Fragen, die er zu stellen hatte, nicht aushalten und haben
abgeschaltet. Indem er diese Fragen stellte – auf die er keine
Antwort erhielt –, ging er durch einen entscheidenden Reifeprozeß.
Diesen letzten Punkt gilt es nun noch genauer zu bedenken.

Die Gemeinde, die diese Geschichte erzählt, bekennt nicht nur,
daß Jesus seine Jünger schlafend findet. Sie bekennt auch, daß er
von seinem Vater keine Antwort bekommt[26]. Nicht nur erhält er
kein Zeichen von seinen Jüngern, er bekommt auch kein Zeichen
von seinem Vater. Gott antwortet, indem er die Antwort verwei-
gert. Karl Barth geht sogar so weit, daß er sagt: »Der Wille Gottes
geschah, indem der Wille Satans geschah. Die Antwort Gottes war
identisch mit dem Tatwort Satans. Das war das Entsetzliche. Eben
dieses Zusammenfallen des göttlichen und des satanischen Willens,
Werkes und Wortes war das Problem dieser Stunde, war die Finsternis, in der Jesus Gott in Gethsemane anredete.«[27]

Darum betete Jesus: Es möchte doch der gute Wille, das heilige
Werk, das wahre Werk Gottes nicht zusammentreffen mit dem
bösen Willen, dem verkehrten Werk, dem lügnerischen Wort des
Verführers. Es möchte ihn doch Gott nicht der Macht dessen

---

25. Ein »concept« ist »conceived«, ein »Konzept« »konzipiert« worden. Wie ein
    derartig leibliches Bild zu einem gefrorenen Traum des Begriffes werden
    konnte, ist schwer verständlich.
26. Matth. 26,41–44.
27. KD IV/1, 295.

preisgeben, dessen Verführung er immer widerstanden hatte und unter allen Umständen widerstehen wollte! Es möchte sich doch die böse Bestimmung des Weltgeschehens an ihm, dem Gesandten Gottes, *um Gottes eigener Sache und Ehre willen* nicht zu Ende rasen dürfen! Gott möchte doch das nicht wollen und zulassen. So die nach Lukas einmal, nach Markus zweimal, nach Matthäus sogar dreimal gebetete Bitte Jesu[28].

Und die Antwort Gottes besteht in der Verweigerung der Antwort. Der Wille Gottes und der böse Wille des Satans werden ununterscheidbar eins in Gethsemane. Es ist fast, wie wenn die Supermächte sich einigen auf Kosten eines Kleinen. Gerade das aber will und kann Jesus nicht glauben. Gegen allen Schein will er es nicht glauben. Darum zittert und zagt er. Darum bittet er seine Jünger um Beistand. Darum bettelt er um ein Wort, ein kleines Wörtlein von Gott. Er bekommt es nicht. Er weiß nur, daß Gottes Sieg sich verbirgt in dem Triumph seines Widersachers.

Kann man so leben und glauben?

Kann man Gott ein ganzes Leben lang vertrauen und dann, wenn's wirklich draufankommt, wenn Gott Partei ergreifen sollte, bleibt er neutral, dann verbirgt er sich? Kann man so leben, ohne Erfahrung und Zuspruch der Nähe und Liebe Gottes? Darauf kann ich nur antworten: »Man« kann das nicht. Jesus selber zweifelte, ob er es könne. Und in diesem Zweifeln kann er es. Der Evangelist Lukas aber hat diese ungeheure Spannung nicht ausgehalten. Darum fügt er, und zwar er allein, ein Sätzchen bei: »Es erschien ihm aber ein Engel vom Himmel und stärkte ihn.«[29] Endlich ein menschlicher Zug in diesem schweigenden Gott! Er kommt zwar nicht selber. Aber er sendet einen Engel. Darum ist uns der Evangelist Lukas auch so sympathisch. Er löst das wahnsinnige Drama auf. Aber die übrigen Evangelisten sind mit dieser Auflösung kaum einverstanden. Das ist doch gerade der entscheidende Punkt, auf den es ihnen ankommt, nämlich daß Gott *nicht* antwortet.

Zusammenfassend können wir also sagen: Die Gethsemanegeschichte ist die Gegengeschichte zu Rumpelstilzchen. Das Unheimliche wird nicht abgedrängt. Das Schweigen Gottes wird nicht mit Reden ausgefüllt. Das Ineinander von Gott und Satan wird nicht aufgespalten. Im Glauben schauen die Verfasser dieser Geschichte durch das Werk des Teufels *hindurch* – nicht darum herum oder darüber hinweg oder indem sie ihn eliminieren –, durch den Teufel *hindurch* mitten in Gottes Werk hinein.

---

28. Luk. 22,42; Mark. 14,36,39; Matth. 26,39,42,44.
29. Luk. 22,43.

15. Wie praktisch ist die Praktische Theologie?

Ob ich nicht lieber an die theologische Fakultät der Universität Bern komme, als ins Ausland nach Birmingham zu ziehen, fragte mich einer der Kollegen in Bern. »*Warum nicht?*« *antwortete ich lachend.* »*Nur, was ich unter Praktischer Theologie verstehe, wird den Bernern so schnell nicht einleuchten.*« – »*Das wäre vorerst einmal abzuklären*«, *antwortete der Berner Kollege.*

Aus diesem Gespräch entstand die folgende Vorlesung[1], die den Bernern zu meiner großen Überraschung einleuchtete. Vor allem wollten sie das Üben der Feier und der Evangelisation mit Studierenden und Praktikern im Rahmen des Theologiestudiums möglich machen.

Nun kam ich in Schwierigkeiten. Wußte ich wirklich genug, um ein Leben lang an der gleichen Stelle und dazu noch in meiner engeren Heimat, wo mich alle kannten, Theologie zu lernen? War es nicht klüger, vorerst einmal im Ausland »*diese neuen Dinge*« *auszuprobieren und von der ganz anderen Weise der angelsächsischen Theologie zu lernen? Man könnte dann ja später immer noch in die Schweiz zurückkehren, dachte ich. Wenn Theologie wirklich interkulturell betrieben werden soll, dann mußte ich selber längere Zeit mit Menschen aus anderen Kulturen zusammenarbeiten und sich den Einfällen dieser ganz anderen Christen, vor allem aber den Problemen der Doktoranden aus Übersee aussetzen.*

Was soll ein zukünftiger Pfarrer in der Praktischen Theologie lernen? Gottesdienst halten, predigen, unterrichten, Seelsorge, ist die geläufige Antwort. Bei diesem Verständnis von Praktischer Theologie wird allerdings eine wichtige Tendenz an modernen angelsächsischen Universitäten vernachlässigt. Für viele Amerikaner und Engländer ist nämlich das Theologiestudium gar nicht Vorbereitung auf das Pfarramt, sondern auf einen nichtkirchlichen Beruf (Lehrer, Sozialarbeiter, Personalchef, Journalist, Regisseur, Bibliothekar). Diese wachsende Tendenz (die mit der Kritik der Theologiestudenten in der Schweiz am Pfarramt nichts gemein hat[2] und heute auch

---

1. Gekürzte Fassung einer am 15. 12. 1970 an der Universität Bern gehaltenen Gastvorlesung; veröffentlicht in: Reformatio 21/10, Okt. 1972, 542–554.
2. Y. A. Bebié, Ein Drittel will nicht ins Pfarramt.

die katholischen Studenten erfaßt hat) würde natürlich ein völlig anderes Verständnis von Praktischer Theologie fordern.

In den folgenden Ausführungen jedoch beschränke ich mich auf die Situation im deutschen Sprachgebiet, das heißt auf ein Verständnis der Praktischen Theologie als Berufsausbildung für den künftigen Pfarrer. Ich greife dazu eine seiner Tätigkeiten, den Gottesdienst, heraus. Allerdings ist zum Verständnis des *reformierten* Gottesdienstes ein kurzer Blick auf seine Geschichte nötig.

15.1 *Privater und öffentlicher Gottesdienst*

Im Mittelalter gab es zwei Typen des Gottesdienstes, den Predigtgottesdienst und den Meßgottesdienst. Der mittelalterliche Predigtgottesdienst hatte ursprünglich die Passion Christi oder den Aufruf zur Beteiligung an den Kreuzzügen zum Inhalt gehabt (Bernhard von Clairvaux). Seit dem 14. Jahrhundert wandte er sich dem Thema der Kirchenreform zu. Die Predigt trat dadurch in Konkurrenz zur vom Ortspriester abgehaltenen Pfarrmesse und wurde zu einem öffentlichen und politischen Faktor ersten Ranges. Bürgerschaft und Räte im süddeutschen Raum und in der Schweiz unterstützten diese Predigt. Man erstellte spezielle Predigtkirchen, sogenannte Hallenkirchen, mit seitlich angebrachten Kanzeln, im Gegensatz zum auf die Messe ausgerichteten Kirchenbau mit Altarraum. Die Prediger waren ursprünglich Bettelmönche. Im 15. Jahrhundert entschlossen sich vielerorts einzelne Gemeindeglieder oder Gruppen dazu, aus privaten Mitteln einen besonders ausgebildeten Prediger anzustellen, der die einzige Aufgabe hatte, etwa hundertmal im Jahre zu predigen[3].

Es ist darum begreiflich, daß für die Kirchenreform des 16. Jahrhunderts, die man später Reformation nannte, das damals modernste Massenmedium, eben der Predigtgottesdienst, sich als Verkündigungsträger anbot. Dieses Medium eignete sich nach Zwingli hervorragend, um die konkreten politischen und wirtschaftlichen Sachfragen in einen theologischen Kontext zu stellen. Der Schwerpunkt des kirchlichen Lebens verlagerte sich von der Zelebration des Altargeheimnisses auf die öffentliche Verkündigung und Auslegung biblischer Texte (predicatio continua). Hand in Hand ging damit der Besuch der Messen zurück. Immer mehr Priester weigerten sich, die Messe zu lesen. Der informative, öffentliche Charakter des Gottes-

---

3. W. Bernet, Zur Struktur des Predigtgottesdienstes.

dienstes wurde zu Lasten des Dramatischen und Geheimnisvollen der Messe in den Vordergrund geschoben. Es ist selbstverständlich, daß dabei das Latein, die Sprache der »wälschen Todtenpfyffer«[4], zugunsten der allgemeinverständlichen deutschen Sprache aufgegeben wurde. Das Informative ersetzte das Zelebrative, das Zwingli verächtlich »Zünslen, Reucken . . . Bladerbätt, Vigilyen, Hülen, Messenklang, Tempelschyn, Kappenzipfel der Theologen«[5] nannte. Ade »min Tempelgmürmel! Bis mir nun nit schad.«[6] Das »usswendig Böggenwerck der Kutten und Zeichen ist nüt denn ein Beschiß«[7]. »Hie hilfft kein Widerbefftzen mit Korgsang der Psalmen, das der Hundertest nit verstat; ich gschwig der Sengelnurren der Nonnen, die durch die gantzen Welt nit einen Verss der Psalmen, die sy mönend, verstond.«[8]

Die Frage ist berechtigt: Wo wird bei uns privat, unpolitisch, in kleinem Kreise, in besonderer Sprache, de facto – wenn auch nicht de iure – unter Ausschluß der Öffentlichkeit zelebriert? Wo versteht nur jeder Hundertste den Zusammenhang zwischen dem Kirchenlied und der eigenen wirtschaftlichen oder politischen Entscheidung? Wo muß die Predigt aus soziologischen Gründen so allgemein sein, daß sie kaum zu den entscheidenden Sachfragen durchstoßen kann? Wo wollen sich darum die Theologen nicht mehr zu Leutpriestern ordinieren lassen? Und wo stellen wir die gleiche Gottesdienstflucht fest wie bei den Messen zur Zeit Zwinglis? Und wo stellen wir eine ähnliche – gleichzeitig beunruhigende und erfreuliche – Tatsache fest, daß parallel mit dem Schwund des traditionellen Gottesdienstlebens ein Aufschwung des theologischen Interesses festzustellen ist[9]? Mehr junge Menschen studieren Theologie

---

4. Z II 149,2 (Auslegung und Gründe der Schlußreden, 1523). Zu Zwingli, siehe unten, S. 306f.
5. Z II 48,28 bis 49,1 (ebd).
6. Z II 353,16 (ebd).
7. Z II 270,15–17 (ebd).
8. Z II 349,11–14 (ebd).
9. »Die herkömmliche Theologie wird durch diese Welt zutiefst in Frage gestellt. Zugleich aber entdecken wir, daß es Fragestellungen der Theologie sind, von denen her diese Welt mit geprägt ist. Die Theologie hat etwas bewirkt, dem sie jetzt fremd und befremdet gegenübersteht. Die Theologie hat an Weltbezug verloren; aber die Weltbezüge haben an theologischer Relevanz gewonnen. Damit ist die Theologie in eine Lage geraten, die ihr unbekannt ist und auf die sie sich nicht leicht wird einstellen können. Sie sucht nach ihrer Funktion in einer Welt, von der sie sich nicht mehr so einfach wie früher distanzieren kann, sondern für die sie sich zu engagieren hat. Dabei begegnet ihr ein erstaunliches öffentliches Interesse. Aber was muß geschehen, damit sie auch von öffentlicher Tragweite wird?« H. J. Schultz, Tendenzen, 10.

und weniger wollen Gemeindepfarrer werden. Die Zeitungen berichten mehr über theologische Sachverhalte, und weniger Leute
gehen in die Kirche. Die Mission wird angegriffen, aber theologische Fragestellungen – auch spezifisch christliche – tauchen in der
Dritten Welt (zum Beispiel in Japan und Indien) und in den
sozialistischen Ländern[10] auf. Theologische Fakultäten werden in
Frage gestellt, aber säkulare Universitäten richten theologische
Lehrstühle ein.

Die Antwort liegt auf der Hand. Der Meßgottesdienst von damals
entspricht in hohem Maße unserem normalen Sonntagmorgengot-
tesdienst. Es wäre also mit Zwingli zu fragen: Wo sind heute die
modernsten Massenmedien, die gerade gut genug sind, um das
Evangelium im Kontext unserer Welt zu ver-öffentlichen? Welche
Medien entsprechen den beschriebenen, außerhalb der Parochie
durchgeführten Predigtgottesdiensten des Mittelalters? Welches
sind die fahrenden Bettelmönche, die Prädikanten, die Hallenkirchen von heute?

Hier ist die Antwort nicht so einfach. Erstens, weil sich eine
Vielzahl von Möglichkeiten anbietet, und zweitens, weil vermutlich
die heutige Reformation noch aussteht, das heißt, die heutigen
»Bettelmönche«, »Prädikanten« und »Hallenkirchen« sind noch
nicht resolut in den Dienst der theologischen Durchleuchtung der
Welt gestellt worden.

Sowohl gegen Zwinglis Reformation wie auch gegen die oben
angedeutete Weiterführung seiner Reformation kann man einwenden: Der Mensch braucht nicht nur theologische Interpretation der
Welt, in der wir leben, er braucht auch eine Art Heimat, einen Ort
des Feierns und Atemholens, wo wir nicht interpretieren und analysieren, sondern anbeten. Zwingli kennt dieses Bedürfnis sehr wohl
– damit der »menschlichen Blödigkeit auch etwas zugegeben
wurde«[11] – und antwortet mit seiner Abendmahlsliturgie, in der er
bekanntlich eine mit der Abendmahlstradition des orthodoxen
Ostens verwandte Auffassung vertritt: Transsubstantiation der
Leute und nicht der Elemente.

Das Öffentlichwerden der Verkündigung darf aber nicht mit dem
Hinweis auf die Notwendigkeit der Feier unterdrückt werden. Man

---

10. Oben, zu Kultur und Subkultur, S. 105. Zur Diskussion von Bultmann,
    Bonhoeffer, Tillich und Barth in der russischen philosophischen Literatur vgl
    H. Bräker, Die religionsphilosophische Diskussion in der Sowjetunion. Zum
    Gottesdienst vgl A. E. Levitin-Krasnow, Eine Entdeckung in Rußland, KBB,
    61–78. Zur Tschechoslowakei S. 83f und S. 150ff.
11. Z IV 14,9–10 (Aktion oder Brauch des Nachtmahls).

erinnert sich vielleicht in diesem Zusammenhang daran, daß Zwingli
die Feier, das Abendmahl, auf viermal im Jahre beschränkte, wäh-
·rend die öffentliche Interpretation der Welt von der Schrift her
täglich zu erfolgen hatte.

Damit glaube ich von der reformierten Reformation her zwei
Schwerpunkte der Praktischen Theologie skizziert zu haben:

(1) Suche und Entwicklung von Medien,die die Ver-öffentli-
chung des Evangeliums, die Evangelisation, ermöglichen.

(2) Suche und Entwicklung von Feiern, die diesen Namen verdienen.

15.2 Einübung in das Fest

Beginnen wir mit dem zweiten, mit der Feier. Vorerst aber ist ein
kleiner Einschub nötig. Alles, was bis jetzt gesagt wurde, hat nur
einen Sinn unter der Voraussetzung, daß die Kirche als Institution
– wenn auch gewiß nicht in der gegenwärtigen Form – eine Zukunft
hat; daß es sich lohnt, die Bibel und die Tradition dieser Kirche zu
studieren; daß der schwindende Einfluß der Kirche empirisch zwar
feststellbar ist, dies aber für den Glaubenden nicht bedeutet, sie sei
von Gott verlassen. Mehr noch: daß es immer noch Menschen gibt,
die beten, in welcher Form auch immer. Diese Sätze will ich nicht
beweisen. Es ist eine Arbeitshypothese, von der ich ausgehe und die
bis jetzt nicht falsifiziert wurde. Es ist bekannt, daß Lebensentschei-
de nicht auf Grund einsichtbarer Rationalitäten gefaßt werden,
sondern in einem bestimmten Klima und auf Grund bestimmter
Erfahrungen, was nicht bedeutet, daß diese Grundentscheide nicht
ständig jeglicher Kritik gegenüber offen sein müssen. Die Alten
nannten das die Anfechtung des Unglaubens, und insofern jede
Glaubensaussage der kritischen Gegenposition gegenüber offen sein
muß, insofern bleibt der Glaube, als Glaube, mit dem Unglauben im
Gespräch[12].

Und nun zur Einübung in die Feier, traditionell: zur Liturgiewis-
senschaft. Ich kann hier nicht auf die äußerst fruchtbaren Erfahrungen mit diesem Thema innerhalb der Ökumene eingehen: Paroisse
œcuménique des jeunes[13], kimbanguistische[14] und pfingstlerische
Gottesdienste, Abendmahl in Cuernavaca, freie Gruppen von Chri-

---

12. A. Rich, Glaube in politischer Entscheidung, 9–28.
13. J. Nicole und G. Kolb, Das Ja zum Risiko, KBB, 145–155.
14. Oben, S. 57ff und S. 75f.

sten in den USA, sogenannte free churches (nicht zu verwechseln mit unseren Freikirchen)[15], Gottesdienst- und Seelsorgeformen in Rußland.

Im Rahmen einer theologischen Fakultät müßte man unsere Aufgabe etwa folgendermaßen formulieren: Wie bildet man Liturgen, Feierer aus? Die Grundelemente dieser Ausbildung sind meines Erachtens:

(1) Nicht erst in den letzten Semestern beginnen. Die Praktische Theologie soll das ganze Studium begleiten.

(2) Feiern lernt man nur, indem man an Feiern in verschiedenen Rollen teilnimmt.

(3) Die säkulare Welt bietet uns Formen des Feierns an, die auf ihre Durchlässigkeit für die christliche Feier zu prüfen sind.

(4) Im besonderen ist die Abendmahls-*Feier* zu üben!

Will ich meinen eigenen Ansatz ernst nehmen, so müßte ich Sie nun zu einer Feier einladen. Das ist aber nicht vorgesehen. Sie wollen, daß ich darüber rede. Ein gewisser Ersatz ist die Erinnerung an eine Feier. Darum erzählt man von gelungenen Feiern noch lange. Ich denke jetzt zum Beispiel an jene Abendmahlsfeier in Genf, in der die italienischen und spanischen Kellner nicht nur Kaffee ausschenkten (am Eidgenössischen Dank-, Buß- und Bettag in der Kirche), sondern auch den Deutschschweizern das Abendmahl austeilten[16]. Oder ich erinnere mich an eine Feier im Ökumenischen Zentrum anläßlich eines Futuristenkongresses. Ein Drittel der Teilnehmer waren praktizierende Christen, ein Drittel sogenannte latente Christen, und ein weiteres Drittel gehörte entweder anderen Religionen an oder war religionslos. Wie gestaltet man eine ökumenische Feier mit einer derart gemischten Gruppe? Ich übergehe die recht komplizierte Vorbereitungsgeschichte und beschreibe nur das Resultat. Der Gottesdienst begann mit einem modernen tschechischen Chanson über Maria Magdalena[17]. Darauf eröffnete der Hussitische Bischof – auf seinem Talar leuchtete ein rotgestickter Kelch – den Gottesdienst. Die Predigt bestand in einem kurzen Gespräch dreier Kongreßteilnehmer über den Text Mark. 14,3–9 (Die Salbung in Bethanien). »Ein schlechter Text für einen wissenschaftlichen Kongreß«, eröffnete Harvey Cox das Gespräch. »Wir bekämpfen den Hunger mit besseren Anbaumethoden, die Armut mit besseren Schulen, die Bevölkerungsexplosion mit familienpla-

15. H. Kelly, Die Kirche ist tot, KBB, 206–218.
16. Ausführlich beschrieben in W. J. Hollenweger, Schöpferische Liturgie.
17. L. Svoboda / V. Zahradnik / P. Zachařová, Magdalena, Supraphon O 39 9886 (Prag). Text und Musik in Krest'anské Songy (Prag 1968), 8–10.

nerischen Maßnahmen. Und hier sanktioniert Jesus die Verschwendung: Die Armen hätten wir immer, aber Ihn nicht.« – »Das ist es eben«, widersprach ihm eine Frau, »nicht nur Geld und Wissen dürfen wir teilen miteinander, sondern auch Parfum, Freude (fun), Schönheit . . .« – »Teilen ist das Geheimnis der Freude«, nahm der Bischof den Faden wieder auf. Darauf lud er die Teilnehmer ein, irgendeinen Gegenstand, der für sie persönlich, für ihr Land oder ihre Kirche bedeutungsvoll sei, nach vorn zu tragen. Zu meiner großen Verwunderung erhob sich mehr als die Hälfte der Versammlung. Blumen, Äpfel, Dokumente, Bücher, eine Schildkröte, Tonbandgeräte, eine Lampe, ein Zigarettenetui, eine Brille, Kugelschreiber, eine japanische Luftpostzeitung und vieles mehr türmte sich auf dem Altar auf. Als sich alle wieder gesetzt hatten, ergriff der Bischof das Zigarettenetui. »Wer hat das gebracht? Warum?« – »Das ist meine letzte Erinnerung aus China.« – »Und diese Lampe?« Eine nichtchristliche anmutige Inderin erhob sich: »Ein Sinnbild des Lichts.« – »Und diese Brille?« Ein baumlanger schwarzer Westinder erhob sich und sagte mit geschlossenen Augen: »Ohne Brille kann ich Ihre Gesichter nicht sehen. Dank dieser Brille, die ich seit meiner frühesten Kindheit trage, kann ich überhaupt arbeiten.« – »Und diese Dokumente?« Ein Mitarbeiter des Ökumenischen Rates stand auf: »Darin sind zwölf Hilfsgesuche aus Afrika. Diese Woche müssen wir entscheiden, welche wir übernehmen und welche wir ablehnen werden.« Darauf zündete der Bischof den Weihrauchkessel an und beräucherte die Gegenstände. Der Gottesdienst schloß mit einem Kollektengebet, in dem die von den Teilnehmern ausgesprochenen Sorgen und Hoffnungen, ihre Dankbarkeit und ihre Erwartungen zusammengefaßt wurden. Nach dem Lobgesang aber diskutierten die Teilnehmer noch lange über die Feier.

Feiern muß man üben, sagten wir vorhin. Man wird nicht darum herumkommen, in Gemeinden, bei Tagungen, aber auch bei Großveranstaltungen, mit den Teilnehmern eines liturgischen Seminars und mit einer repräsentativen Gruppe der betreffenden Veranstaltung zusammen solche Liturgien zu entwerfen, durchzuführen und nachher kritisch zu analysieren. Dabei wird man erstaunliche Entdeckungen machen. Menschen werden in sich Potenzen und Begabungen, Geistesgaben, Charismen entdecken, von denen sie vorher keine Ahnung hatten. Man wird aber auch sogenannte weltliche Formen, wie zum Beispiel das Ballett, liturgisch für die Feier durchlässig machen können.

In einem solchen Seminar werden die Teilnehmer einzeln oder im Team in die Lage versetzt:

(1) Initiativen (nicht Direktiven) für solche Feiern zu geben;
(2) vorhandene Initiativen aufzunehmen und zu gestalten.
(3) Dabei ist wichtig, daß sie die Rolle des liturgischen Regisseurs lernen, das heißt, daß sie Freude daran bekommen, wenn andere ihre Begabungen entdecken, wenn andere im Scheinwerferlicht erscheinen, wenn sie zu dem werden, wozu sie berufen sind. Das ist ein schlechter Regisseur, der bei der Premiere (oder selbst bei der Probe) den Laienspielern ins Wort fällt.

Was nun, wenn es sich in einem solchen Seminar herausstellt, daß ein Teil der Seminarteilnehmer für diese Aufgabe ungeeignet ist? Damit ist zu rechnen. Dann können diese in der Kirche nicht die Funktion des Feierers, des Liturgen, übernehmen. Es gibt noch genügend andere Aufgaben für sie: Unterricht, Seelsorge, Verkündigung. Die Ausbildung zu diesen Aufgaben wäre analog der Ausbildung zum Feierer zu beschreiben. Ich übergehe dies aber zugunsten des bereits erwähnten ersten Schwerpunktes, der sich uns aus der Verarbeitung der reformierten Reformation ergab, nämlich: Suche und Entwicklung von Medien, die die Veröffentlichung des Evangeliums, die Evangelisation, ermöglichen. Die Aufgabe lautet hier: Wie bildet man Evangelisten (traditionell: Prediger) aus?

15.3 Einübung in die Evangelisation

Es dürfte aus dem Gesagten klargeworden sein, daß die Predigt nur in bestimmten Kontexten (zum Beispiel in noch intakten Landgemeinden, in Kathedralkirchen, bei besonderen Gelegenheiten) als die wesentliche öffentliche Verkündigung des Evangeliums gesehen werden kann. Welches aber sind die Alternativen?

Wir brauchen zum Beispiel in der deutschen Schweiz eine größere Anzahl von Theologen, die schreiben können, und zwar auf allen Ebenen. Sehr wichtig ist die kleine Lokalzeitung (die bekanntlich recht intensiv gelesen wird). Aber auch in den Regionalzeitungen und in den großen Blättern sowie in populären illustrierten Publikationen (»Silva«-Heft, »Annabelle«, »Nebelspalter«, »Blick«) sollten wir anwesend sein. Wie man das lernt, ist mir auch nicht ganz klar. Vermutlich müßte man mit einem journalistischen Institut zusammenarbeiten. Man müßte Redaktionen besuchen oder ins Seminar kommen lassen. Zeitungen gemeinsam analysieren und im Seminar für Zeitungen schreiben. Das Prinzip der Journalistik ist bekanntlich, daß man das, was die Leute bewegt (die Entführung Buchers, die Ausweisung der brasilianischen Exulanten aus Genf; die neue schweizerische Militärordnung; Brandt, der vor dem

Denkmal der polnischen KZ-Häftlinge niederkniet – um einige
Beispiele aus der jüngsten Zeit zu erwähnen), aufgreift und durch-
leuchtet. Schlechte Journalistik ist, wenn man diese Ereignisse nur
als Aushänger, als Illustration benutzt, um daraus eine sogenannte
geistliche Lektion zu ziehen. Solche Vorkommnisse sind nicht Illu-
strationen, sondern Texte, deren Hintergründe zu exegesieren sind.
Die hinter den Texten liegenden Fragen sind sichtbar zu machen.
Dabei ist es wichtig, diese Texte in informierende Erzählung aufzulösen. Voraussetzung ist natürlich, daß man mehr weiß als die Leser.
Und hier hapert es gelegentlich. An einem Seminar für Prediger für
das Fernsehprogramm »Wort zum Sonntag« stellte ich die These
auf: Wer am Samstag das »Wort zum Sonntag« spricht und darin ein
aktuelles Ereignis theologisch interpretieren will, muß in dieser
Woche regelmäßig vor dem Fernsehgerät sitzen. Dazu muß er sich
das kontroverse Hintergrundmaterial zum in Frage kommenden
Ereignis beschaffen. Die Teilnehmer glaubten, diese Forderung sei
erfüllt, wenn sie zum Beispiel eine sozialdemokratische und eine
freisinnige Schweizer Zeitung lesen. Sie hatten offenbar noch nicht
gemerkt, daß in bezug auf Auslandnachrichten in beiden meist
dasselbe steht und daß sie Nachrichtenquellen konsultieren müssen,
die noch andere Informationsquellen als UPI haben (»Le Monde«,
»Newsweek«, Pressedienste). Im übrigen kann man heute theologische Themen in der Zeitung verhandeln (Konfirmation, Antirassis-
musprogramm des ÖRK).

Eine weitere Möglichkeit der Evangelisation ist das Gleichnis.
Beispiel: »Das Gleichnis von den Untersuchungsgefangenen: Und
er sprach: Das Reich Gottes ist gleich neunzehn Untersuchungsgefangenen im Genfer Gefängnis St. Antoine, die Geld gesammelt
hatten, um den Genfer Justizbehörden ein Photokopiergerät zu
schenken. Die Gefangenen sprachen untereinander: ›Vielleicht
müssen wir dann nicht so lange auf unseren Prozeß warten.‹ Einer
von ihnen sitzt nämlich seit dem 17. Dezember 1967 in Untersu-
chungshaft. Der Staatsanwalt aber sprach: ›Deine Untersuchung ist
zwar schon am 13. April 1970 abgeschlossen worden. Aber dein
Prozeß kann noch nicht stattfinden, weil alle Unterlagen noch
kopiert werden müssen.‹ Dies hat die Untersuchungshäftlinge zu
ihrer Geldsammlung bewogen. Das Gerät wurde bereits geliefert.
Wahrlich, ich sage euch, die Kinder dieser Welt sind klüger als die
Kinder des Lichts! PS. Woher wissen wir eigentlich, daß die Kinder
dieser Welt im Gefängnis und die Kinder des Lichts in der Anklage-
kammer sitzen?«[18]

---

18. W. J. Hollenweger, La parabole des 19 prévenus.

Im übrigen ist der vorliegende Band voll von Gleichnissen und Geschichten, die Versuche sind, das Evangelium im Stile »das Reich Gottes ist gleich ...« zu erzählen, ohne immer den Terminus »Reich Gottes« zu verwenden. Das hier skizzierte Programm der Praktischen Theologie läßt aber einige Fragen offen, von denen wenigstens vier erwähnt werden sollen.

15.4   Fragen

(1) Die hier diskutierten Aufgaben sind nicht im Rahmen eines Lehrstuhles zu bewältigen. Sie wären in einem Institut zu lösen. Unter einem Institut für Praktische Theologie ist aber nicht in erster Linie ein Haus und eine Bibliothek zu verstehen, sondern die administrative Möglichkeit zur interdisziplinären Zusammenarbeit (auch mit nichttheologischen Fakultäten), die Möglichkeit, nichtakademisch ausgewiesene Fachkräfte temporär für bestimmte Aufgaben heranzuziehen.

(2) Man wird fragen: Wo bleibt hier die exegetische Aufgabe der Gemeinde gegenüber? Darauf wäre zu antworten, daß diese bis jetzt aufs schlimmste vernachlässigt worden ist, was natürlich kein Grund ist, dies weiter zu tun. Wenn wir den exegetischen Analphabetismus, der weit bis in die akademischen Kreise hineinreicht, überwinden wollen, müssen wir theologische Kurse auf verschiedenen Ebenen anbieten. Hier gibt es bereits Vorarbeiten (Ätherlehrgang am Niederländischen Radio, Laienschulung, Volkshochschule). Dabei wäre die Methode der Erwachsenenbildung zu üben, inklusive die Gespächsführung. Kein Theologiestudent sollte das praktische Examen bestehen können, ohne in Gesprächsführung geprüft – und selbstverständlich auch geschult – zu werden.

(3) Es stellen sich eine Reihe von ekklesiologischen Fragen. Es gibt heute Christen, die nicht mehr in unsere ekklesiologischen Schemen passen. Aber was heißt dies ekklesiologisch? Wenn man davon ausgeht, daß die Realgeschichte der Ideengeschichte, die ekklesia der Ekklesiologie vorangeht, so wäre die Ekklesiologie zu korrigieren.

(4) Was bedeutet dies alles für die Ordination, die Anstellung von Pfarrern – Evangelisten, Feierern und anderen Diensten? Was bedeutet dies für die Parochie als normative Organisationsform unserer Kirche?

Aber diese Fragen greifen über das Thema der Praktischen Theologie hinaus, es sei denn, man fragte sich: Wie kommen wir vom Jetztstand zu dem Stand, den wir erreichen wollen. Diese Frage ist meines Erachtens im wesentlichen eine Frage der Kommunikation. Wie ändert man Mentalitäten und Strukturen? Kurz kann man darauf antworten: Man ändert Mentalitäten, indem man Menschen die Freude erleben läßt, Alternativen zu entdecken. Sie müssen sie aber selber entdecken. Weder mit sanfter noch mit offener Gewalt werden Menschen geändert. Sie verlassen die alten Strukturen erst, wenn man ihnen die Möglichkeit und die Praktikabilität neuer Strukturen vordemonstriert. Ein großer Teil des Widerstandes gegen Neuerungen im Kirchenvolk hat seine Wurzel in der Angst. Und Angst überwindet man nicht, indem man die Ängstlichen verspottet, beschimpft oder anpredigt, sondern indem man mit einigen beherzten Freunden zusammen durch das Feld marschiert, von dem die andern wähnen, es sei voller Minen. Wenn sie dann sehen, daß man jenseits ihrer Angstgrenzen auch gehen kann, fassen sie Mut.

III.
GRENZEN

16. Sekten

Interkulturelle Theologie hebt den Unterschied zwischen Sekte und Kirche nicht auf, aber sie versucht, ihn katholisch, ökumenisch und nicht-kulturimperialistisch zu definieren. Dabei muß sie zuerst einmal die enorme religionssoziologische Literatur zum Thema »Sekte« zur Kenntnis nehmen, vor allem auf französisch, englisch, italienisch und neuerdings auch auf portugiesisch[1]. Soweit ich sehe, sind weder die ideologischen Vorverständnisse noch die empirische Feldforschung der Religionssoziologie zum Thema Sekte von den Theologen kritisch verarbeitet worden. Theologische Bücher über die Sekten arbeiten immer noch unter der Voraussetzung, daß eine Sekte (oder eine Kirche!) auf Grund ihrer Lehrtexte beurteilt werden könne[2], als ob nicht die Funktion einer Ideologie im Rahmen einer konkreten Gesellschaft (oder einer Mikrogesellschaft) erst etwas über »die Wahrheit« dieser Ideologie aussagte! Gleicherweise hat auch der enorme Aufwand an Scharfsinn und Fleiß auf seiten der Religionssoziologen und Anthropologen nicht zu einer ernsthaften Auseinandersetzung mit der Theologie geführt. Man hat oft das Gefühl, daß die Religionssoziologen die Theologie für eine höhere Form des Aberglaubens halten.

Unbefriedigt von den bisherigen theologischen und soziologischen Definitionen der Sekte, die meist den eigenen konfessionellen oder kulturellen Ausgangspunkt zum Maßstab, zur »Mitte der Schrift« oder zum »objektiven wissenschaftlichen Kriterium« machen, suchte ich in privaten Gesprächen und öffentlichen Auseinandersetzungen mit den Sekten zu einer ökumenischen und interkulturellen Definition

---

1. Ich denke an Zeitschriften wie die »Archives de Sociologie des Religions« und »Social Compass«, an Autoren wie Brian Wilson, Henri Desroche, Roger Bastide, Emile G. Léonard, Jeanne Favret-Saada, Liston Pope, Emilio Willems, Felicitas D. Goodman, Erika Bourguignon, Virginia Hinc, Luther P. Gerlach, Miriam Castiglione, H. Cassin, Vittorio Lanternari, Henri Mottu, C. Procópio F. de Camargo, Maria Ìsaura Pereira de Queiroz, Malcolm Calley, David Martin, um nur die Autoren zu nennen, die im Literaturverzeichnis erwähnt werden.
2. Von diesem Urteil können leider auch die beiden Standardwerke im deutschen Sprachgebiet, die äußerst zuverlässigen und wertvollen Bücher von K. Hutten (Seher, Grübler, Enthusiasten) und O. Eggenberger (Die Kirchen, Sondergruppen und religiösen Vereinigungen) nicht ausgenommen werden.

der Sekte zu kommen. Auf Grund einer Diskussion der Auseinander-setzung mit den Sekten in Korinth[3] gelange ich im folgenden zum Resultat, daß eine rein auf die Lehre, auf die Ideologie der Sekten gegründete Beurteilung nicht mehr genügt. Selbstverständlich ist auch die Gegenposition, eine Beurteilung der Sekte auf Grund ihrer Praxis – womöglich noch unter Berufung auf Matth. 7,16 – ebenso un-brauchbar. Vielmehr muß die theologische, gesellschaftliche und selbstkritische Funktion *des religiösen Vokabulars, der religiösen Sätze, im konkreten Falle erhoben und zum Gegenstand der Beurtei-lung gemacht werden*[4].

16.1   Defizit der bisherigen Definitionen

Deutschland erlebt gegenwärtig eine Explosion der Sekten. Man schätzt die Sektenangehörigen auf beinahe eine Million. Diese Vermehrung der Sekten hat ihre Ursache einerseits im schwinden-den Wirklichkeitsbezug der kirchlichen Verkündigung, andererseits in der Sehnsucht des durch den modernen Pluralismus verwirrten Menschen nach Sicherheit in der Stubenwärme der Konventikel, in den Reihen der siegesgewissen Zeugen Jehovas, unter dem Schirm eines allmächtigen Stammapostels (Neuapostolische Gemeinde) oder eines geheimnisvollen Priestertums (Mormonen).

Insofern die Sekten Menschen helfen, das Leben zu meistern – und sei dies auch nur in der Form einer »lebensnotwendigen Illusion« –, üben sie eine wichtige sozial-psychologische Funktion aus. Die Theologie allerdings hat die Sekte bis jetzt kaum so beurteilt. Sie mißt sie an ihrem dogmatischen Lehrgehalt. Je weiter die Sekte sich von der als Mitte der Schrift erkannten lutherischen, reformierten oder katholischen Lehrauffassung entfernte, um so eher wurde sie als die Gemeinschaft der Irrenden beurteilt.

Dieses Urteil ist mE heute unhaltbar geworden, und zwar aus folgenden Gründen: Die neuere Forschung am Neuen Testament hat gezeigt – ganz zu schweigen vom Alten Testament –, daß die Bibel eine Sammlung von einzelnen, unter sich verschiedenen theo-logischen Entwürfen darstellt. Die Differenzen haben zum Teil mit den verschiedenen Situationen zu tun, in denen die Verfasser schrie-

---

3. Vgl oben, S. 34ff.
4. Vortrag vor der Österreichischen Pastoraltagung 1974 in Wien; gedruckt unter dem Titel »Die Sekten und die Katholizität der Kirche« in: Diakonia 6/5, April 1975, 158–165.

ben, zum Teil aber gründen sie in der Wahl einer grundsätzlich verschiedenen Hermeneutik. Die Differenzen können nicht leicht harmonisiert werden.

Das Neue Testament enthält einige Passagen, die – stünden sie nicht in der Bibel – von der durchschnittlichen Kirchlichkeit unbedenklich als sektiererisch verurteilt würden. Man denke nur an das Eidverbot, an das Gebot der Fußwaschung, an die Erwartung der baldigen Wiederkunft Jesu auf den Wolken des Himmels, an die Praxis des Zungenredens und der Gebetsheilung. Jahrhundertelang haben die katholischen und protestantischen Kirchen die nicht mit den Hauptkonfessionen Übereinstimmenden als Sektierer verurteilt und verfolgt. Im 16. Jahrhundert wurden zB 5000 Täufer hingerichtet – auch in Österreich –, obschon diese – jedenfalls von einem biblizistischen Gesichtspunkt aus – näher bei der Bibel standen als die Reformatoren. Es war ein Kurzschluß, dem die evangelischen Kirchen bis vor kurzem erlagen, daß sie den Sekten einfach die Botschaft der Bibel entgegenhielten. Die Botschaft der Bibel gibt es nicht. Diese Apologetik übersieht nicht nur, daß die Bibel eine Sammlung theologischer Entwürfe ist, sondern auch, daß heute mit Menschen aus verschiedenen Kulturen und Gesellschaftsschichten ganz verschieden von dem einen Evangelium geredet werden muß. Der Neger aus Georgia wird dem lutherischen sola gratia nie zugänglich sein, und der vom Alkohol befreite Bergbauer aus dem Berner Oberland wird das simul iustus simul peccator nie begreifen.

Meines Erachtens ergibt sich daraus die Notwendigkeit, Kirche und Sekte neu zu definieren, denn auch die selbstverständliche Postulierung der Mitte der Schrift (Christus, Rechtfertigung aus Glauben oder wie man den gesuchten Maßstab immer definieren will), genügt schon deswegen nicht, weil sich hinter diesen Schlagworten entweder nichtssagende Leerformeln oder dann konfessionelle Urteile verbergen. Der Anhänger der Heilsarmee wird unter Christus immer das durch die Wiedergeburt neu gewordene Leben verstehen, der Katholik aber das Sakrament, der Lutheraner das sola gratia und der Angehörige der neuapostolischen Gemeinde die im Apostel wirksame Kraft Christi. Die reformatorische Rechtfertigung aus Glauben wird von den Sektierern entweder mißverstanden oder als Mitte der Schrift bestritten, weil sie die Schrift nicht – wie die Protestanten – von Paulus aus, sondern von Matthäus, von der Offenbarung des Johannes oder vom Danielbuch aus interpretieren.

Was aber ist denn der Unterschied zwischen sektiererischem und nicht-sektiererischem Christentum? Auf diese Frage gibt es weder unter den Kirchen noch unter den Sekten eine einheitliche Antwort. Vorläufig wird diese Frage konfessionell beantwortet, denn auch die in der Ökumene zusammengefaßten Kirchen sind sich über die Mitte der Schrift nicht einig. Bevor ich im folgenden einen Versuch zu einer ökumenischen Definition der Sekte wage, will ich kurz nach dem Verständnis der Sekte in den beiden Korintherbriefen fragen. Auf Grund einer Analyse der wichtigsten Texte werde ich dann einige Hinweise in Richtung einer Neudefinition der Sekte versuchen.

16.2   Die Sektierer in Korinth

1. Kor. 12,1–3: »Daher tue ich euch kund, daß niemand, der im Geiste Gottes redet, sagt: Ein Fluch ist Jesus, und niemand sagen kann: Herr ist Jesus, außer im heiligen Geist.« 1. Kor. 1,11–13: »Denn es ist mir über euch, meine Brüder, durch die Leute der Chloe kundgeworden, daß Streitigkeiten unter euch sind. Ich meine aber dies, daß jeder von euch sagt: Ich gehöre Paulus an, ich aber Apollos, ich aber Kephas, ich aber Christus. Ist Christus zerteilt? Ist etwa Paulus für euch gekreuzigt worden . . .?«

Auffallend sind an diesem Text vor allem zwei Dinge. Erstens: Die, die sich auf Christus berufen, sind eine Partei unter anderen. Paulus stellt nicht den Paulus-, Kephas- und Apollosleuten die Christusleute gegenüber, wie das sonst in unserer Auseinandersetzung mit der Sekte üblich ist. Zweitens: Man muß in Korinth öffentlich in pneumatischer Rede in der Gemeindeversammlung gesagt haben: anathema Iesous. Die Gemeinde fragt an, ob ein solcher Ausdruck im pneuma theou fallen könne.

Was sind das für Leute, die Jesus verfluchen? Handelt es sich um apistoi (1. Kor. 14,23), die in ekstatischer Ergriffenheit ausrufen: Verflucht ist Jesus? Wie könnte aber dann eine Gemeinde bei Paulus anfragen, ob diese im Geist reden? Das wäre doch bei aller Berücksichtigung der Übersteigerung des Ekstatischen selbst für korinthische Verhältnisse zu dick aufgetragen. »Sowenig, wie eine Gemeinde von heute, deren Prediger auf die Kanzel stiege und in schlimmsten Ausdrücken gegen Christus redete und ihn verfluchte, bei der Synode anfragen würde, ob dieser Prediger wohl christlich gesprochen hätte, sowenig konnte damals Jesus verflucht werden, sei es auch in höchster ekstatischer Erregung, und konnten die Hörer es doch für möglich halten, daß dieser Fluch im Namen Gottes, des Vaters des Verfluchten, gesprochen sei . . .«[5]

---

5. W. Schmithals, Die Gnosis in Korinth, 47.

Es muß sich um Leute handeln, für die die Ausdrücke anathema Iesous und kyrios Christos *kein* Gegensatz sind. Solche Leute sind uns im Neuen Testament bezeugt (1. Joh. 2,22). Wenn sie Jesus verleugneten, so bestritten sie damit nur, daß der Messias »in das Fleisch« gekommen sei (1. Joh. 4,3). Sie bekannten also Christus, aber nicht Jesus als den Christus und müssen das der kirchlichen Lehre gegenüber scharf betont haben.

Paulus selbst hat in dieser Richtung bis an den Rand des Erlaubten formuliert (2. Kor. 5,16! Röm. 1,3; 9,3). Der Christus kata sarka interessierte ihn nicht. Er hatte ihn ja auch nicht gekannt, und es war ein ständiger Vorwurf an ihn, daß er nur den Christus kata pneuma kannte. Von der gnostischen Trennung des historischen Jesus vom Christus des Glaubens war er allerdings dadurch geschützt, daß er in allen Christushymnen und -bekenntnissen, die den Christus kata pneuma betonen, das Kreuz als historisch verifizierbaren Fixpunkt der geschichtlichen (allerdings rational uneinsichtigen) Offenbarung Gottes einführte.

Die Verfluchung Jesu (= des irdischen Jesu) ist auch sonst aus der Alten Kirche bekannt. Origenes berichtet[6] von Gnostikern, die »niemand zu ihrer Gemeinschaft zulassen, der nicht vorher Jesus verflucht hat«[7].

Daß Paulus mit »Jesus« immer den irdischen Jesus meint, ergibt sich aus dem Vergleich der übrigen Stellen, wo Paulus »Jesus« verwendet, vor allem Gal. 6,17 und Röm. 8,11. Im Galaterbrief spricht er von den Stigmata tou Iesou und im Römerbrief vom Leib Jesu, der auferweckt wird. Paulus verwendet also gnostische Begrifflichkeit und spricht von Jesus (dem irdischen Jesus von Nazareth) und von Christus (dem erhöhten Christus). Dasselbe kann er auch mit dem Begriffspaar Christus kata sarka und Christus kata pneuma ausdrücken. Aber Paulus verwendet nur die gnostische *Begrifflichkeit.* Im Gegensatz zu den Gnostikern gilt sein Anathema dem irdischen Jesus *nicht,* auch wenn er über das »daß« der Existenz und des Kreuzes Jesu hinweg wenig Interesse an der gesamten synoptischen Tradition zu haben scheint (vgl die Nähe zu Bultmann). Aber gegen die Gnostiker ist für Paulus Jesus mit seinen »Wundmalen« und seiner Auferstehung im Leibe (Röm. 8,11) Grund von Glaube und Hoffnung.

Schmithals kommt in seiner Untersuchung über die Gnosis in Korinth zu folgender Beschreibung der Christuspartei (1. Kor. 1,12, vgl auch 2. Kor. 10,7!): Die Korinther sagen zu Paulus: Wir gehören

---

6. Contra Celsum VI, 28; Koetschau II, 98.19.
7. Schmithals, aaO, 48.

zu Christus, was wir bei dir bezweifeln. Jeder einzelne ist ein Teil des Christus. Jeder einzelne hält sein eigentliches Selbst, den im Gefängnis des Leibes lebenden Pneumafunken, für einen Teil des kosmischen Soma Christou. Darauf fragt Paulus mit Recht: Ist das Soma Christou geteilt in Pneumafunken?

Diese Interpretation löst das Rätsel der Christuspartei in Korinth. Die übrigen Parteien sind in diesem Schema nicht so leicht zu erklären. Man kann vermuten, daß die übrigen Parteien sehr wohl wissen: Wir können uns nicht direkt auf Christus berufen. Seine Botschaft ist über historische Tradenten zu uns gekommen. Daß sie in ihrer Berufung auf die Traditionsreihe in polemischer Übertreibung Vereinseitigungen zum Opfer gefallen sind, mag ihr Fehler gewesen sein. Jedenfalls aber kann die Sektiererei nicht einfach als Menschenverherrlichung und Personenkult verharmlost werden. Sie ist viel gefährlicher. Sie ist die Ablösung des Christuszeugnisses vom irdischen Jesus. Damit wird – nach Paulus – das Kreuz entleert.

16.3 *Eine ökumenische Definition der Sekte*

Zusammenfassend läßt sich aus obiger Analyse der Korintherbriefe entnehmen: Die Christuspartei beanspruchte für sich, sie bringe den endgültigen und unkorrigierbaren Christusglauben. Damit stellte sie sich in Konkurrenz zu Jesus selbst. Wer immer behauptet, daß bei ihm, in seiner Glaubensvorstellung, in seiner Frömmigkeit, in seiner Theologie, in seiner Konfession, in seiner Liturgie, in seinem Kirchenregiment, Gottes Wille endgültig Fleisch geworden ist, der leugnet damit die radikale Bedeutung der Fleischwerdung Gottes in Jesus.

Mit anderen Worten: Wer von sich, von seiner Theologie, von seiner Frömmigkeit, von seiner Kirche behauptet, sie enthalte die letztgültige, die allein richtige Offenbarung des Willens Gottes, und wer darum anderen Christen ihren Christenstand abspricht, der hat sich selbst aus der Ökumene, aus der allgemeinen christlichen Kirche ausgeschlossen. Allerdings ruft diese Definition die Gefahr des Relativismus herauf: Man kann glauben, was man will, wenn man nur die anderen nicht behelligt. Darum wäre diese Definition noch zu erweitern durch Fragen wie: Hat die betreffende Frömmigkeit oder Lehre im sozialen Feld, in dem sie auftritt, eine heilende, integrierende, vermenschlichende, zur kritischen Mündigkeit verhelfende Funktion? Befreit sie den Menschen von Ängsten und Zwängen? Hilft sie ihm zu einem evangelischen Engagement für Welt und Ökumene? Oder engt sie seinen Horizont ein, verstümmelt und entmündigt sie ihn? Es ist klar, daß bei Berücksichtigung dieser Fragen nicht mehr auf immer und überall gültige Sätze verwiesen werden kann, denn vermutlich ist nicht überall und immer das gleiche für alle hilfreich.

Damit aber habe ich die Definition der Sekte nur verschoben, vom Feld der Dogmatik auf den Schnittpunkt zwischen Theologie und Humanwissenschaften. Dort ist der Streit erneut aufzunehmen, nämlich darüber, was Freiheit, was Menschsein, was gut und was böse ist.

Hier ist auch der Ort, wo die soziologische Beurteilung der Sekte ihren Platz hat, nicht als letzter Richter, sondern als ein Aspekt der Beurteilung (man müßte auch die Wirtschaftswissenschaften, die Psychologie und die Politologie einbeziehen. Ich beschränke mich hier auf die Soziologie).

Die soziologische Beurteilung der Sekte hat eine lange Geschichte. Namen wie Troeltsch[8] und Niebuhr[9], Emile G. Léonard und Brian Wilson[10] sind hier zu nennen. Troeltsch – dessen Thesen von Niebuhr aufgenommen wurden – kann hier übergangen werden, schon aus dem Grunde, weil in seinem Sektenverständnis die neutestamentliche Gemeinde selber zur Sekte wird. Die These Niebuhrs, daß jede Sekte in der zweiten oder dritten Generation zur Kirche wird, hat von Wilson eine wertvolle Differenzierung erfahren. Zwar stimmt die These Niebuhrs für die »konversionistischen« Typen der Sekte, das heißt für Sekten, in die man durch ein Bekehrungserlebnis eintritt: Heiligungs- und Pfingstbewegung, die meisten unabhängigen Kirchen Afrikas. Neben diesen Sekten aber gibt es die durch eine feste Priesterhierarchie und eine rationalistische Diesseitserklärung geschützten Sekten (pessimistisch: Zeugen Jehovas; optimistisch: Mormonen und Christliche Wissenschaft). Bei diesen Sekten wird man nicht Mitglied durch ein Bekehrungserlebnis, sondern durch die Übernahme einer bestimmten Welterklärung und/oder Unterwerfung unter eine Hierarchie. Und bei diesen Sekten kann man nicht im Sinne Niebuhrs eine Entwicklung zur »Kirche« hin feststellen.

Es ist sicher, daß das, was wir bislang als Sekten betrachteten, in Zukunft sowohl politisch wie auch kulturell eine wichtige Rolle spielen wird. Einige von ihnen werden – trotz unorthodoxer Dog-

---

8. E. Troeltsch, Die Soziallehren der christlichen Kirchen und Gruppen.
9. H. R. Niebuhr, The Social Sources of Denominationalism.
10. B. Wilson, Typologies des sectes. Vgl auch vom selben Autor: Sects and Society; Religion in Secular Society; Contemporary Transformation of Religion; Patterns of Sectarianism; Religiöse Sekten (Bibl.).

matik – einen befreienden, heilsamen, zum offenen Dialog verhel-
fenden Einfluß ausüben. Und Organisationen, die wir bislang aus
dogmatischen Gründen als Kirchen betrachteten, werden eine den
Menschen versklavende Rolle spielen. Die rein auf die Lehre gegründete Definition der Sekte muß daher durch ein dynamischeres
Konzept ersetzt werden, das nicht nur nach der rechten Lehre fragt,
sondern danach, ob in der betreffenden Gruppe Raum für Selbstkri-
tik ist, die sich vom Leben und von der Botschaft Jesu von Nazareth
inspirieren läßt.

Erstens: Dem Begriff der Sekte ist theologisch nicht beizukommen, indem man der Lehre der Sekte die biblische Lehre gegen-
überstellt. Das ist der Mangel zum Beispiel eines Buches wie
desjenigen von Z. Renker »Unsere Brüder in den Sekten«. Renker
will ein »übersichtliches Nachschlagewerk schaffen, in dem man
schnell zur Sektenlehre die Widerlegung aus der Schrift findet.
Darum sind in den eigentlichen Lehrabschnitten jeweils links die
Lehre der Sekte, rechts die Lehre der Bibel nebeneinander aufgeführt«[11]. Nun aber gibt es die Lehre der Bibel nicht. Das haben die
Protestanten unterdessen von den Katholiken gelernt. Renker wirft
den Sekten zu Recht vor, daß sie »kein Wissen von den modernen
Forschungsergebnissen bezüglich der literarischen Gattung der biblischen Bücher«[12] haben. Zur Form- und Redaktionsgeschichte
gehört aber die Erkenntnis, daß die biblischen Schriften in konkreten historischen Situationen entstanden sind, darum nicht ewige
Wahrheiten verkünden, sondern situationsbezogene konkrete Offenbarung. Deshalb kann sich diese Offenbarung (zB in den für die
Sekten wichtigen eschatologischen Perikopen) widersprechen. Es ist
Taktik der Sekte, diese vielfältigen Aussagen der Schrift vom hermeneutischen Ansatz der Sekte her zu harmonisieren. Aber was
hilft es, wenn dieser häretischen Harmonisierung eine katholische
(oder lutherische oder liberale) Harmonisierung entgegengehalten
wird? So wird das Problem einer ökumenischen Bibelinterpretation
nicht gelöst, sondern verdrängt.

Zweitens: Wenn wir den soziologischen Gesichtspunkt miteinbeziehen, so ergibt sich die Möglichkeit, daß manches, was sich Kirche
nennt, theologisch gesehen Sekte ist. Könnte nicht auch einiges, was
Sekte genannt wird, Kirche sein? Dann nämlich, wenn sie ihre
Anhänger zur kritischen Mündigkeit führt? Der Weg zu dieser
kritischen Mündigkeit führt – das glauben wir von Paulus gelernt zu

---

11. Z. Renker, Unsere Brüder in den Sekten, 9.
12. Renker, aaO, 182.

haben – über den Rückbezug zum Ursprung allen christlichen Glaubens, Jesus von Nazareth. Von ihm allein können wir Christen wissen, was gut ist. Wir brauchen dabei nicht zu behaupten, daß es außer ihm nichts Gutes gibt. Aber von ihm her *wissen* wir Christen, was gut ist. Seine Gleichnisse, sein Leben (eine Lehre Jesu ist ja kaum zu rekonstruieren), seine Bilder, Wortfelder, Assoziationen sind es, die uns wenig, aber für uns Christen die einzige Hilfestellung, zur Lösung dieser schwierigen Frage geben.

Drittens: Daraus ergeben sich weitreichende Konsequenzen für die Artikulation der Katholizität und Ökumenizität der Kirche. Wenn nämlich weder die Lehre der Bibel noch die Lehre der Kirche Artikulationsmedium der Einheit und Unfehlbarkeit der Kirche sind (daran ist notabene festzuhalten), kann diese Katholizität nicht in überall und allezeit gültigen Sätzen ausgedrückt werden. Sie muß in Geschichten gefunden werden, die analog der Geschichte Jesu erzählt werden (narrative Theologie).

Damit hat uns die Beschäftigung mit der Sekte zu einem der wichtigsten Probleme der heutigen ökumenischen Debatte geführt, nämlich zur Erkenntnis, daß das ökumenische Problem der Zukunft nicht in den Auseinandersetzungen verschiedener theologischer Lehrauffassungen liegt (zB die Debatte zwischen katholisch und evangelisch), sondern in der Suche nach einer interkulturellen, und in diesem Sinne ökumenischen Theologie. So war es schon in der Vergangenheit. Die Beschäftigung mit der Sekte soll nicht lediglich zu einer Widerlegung der Sekte, sondern zu einer tieferen Einsicht dessen führen, was heute theologisch gefordert ist.

17. Fug und Unfug der Gemeinschaft

Wenn sich die Kinder bekehren, fangen die Eltern an, über Bekehrung und Gemeinschaft nachzudenken. Sie erwarten dann von den Pfarrern, daß sie wie die Feuerwehr angefahren kommen und den gefährlichen Brand auslöschen. Ganz abgesehen davon, daß für viele Jugendliche solche Bekehrungen entscheidend sind für ihre Menschwerdung, ist es, wenn sie einmal angezündet worden sind, zu spät für die Feuerwehr. Es wäre sinnvoller, sich vorher über die wichtige Funktion der Bekehrung auch in unseren Breitengraden zu informieren. Im folgenden[1] gehe ich von der Beobachtung aus, daß Bekehrungen in Westeuropa nicht »atypisch« sind. Sie werden nur aus unserem Bewußtsein verdrängt, weil sie nicht in unsere Erklärungsschemen, in unsere Kulturkategorien passen. Darum müssen wir in den Kirchen und in der Theologie sowohl die Möglichkeiten wie auch die Grenzen des Gesprächs mit diesen neuen Christen klären.

Die Kinder meiner Kollegen an der Universität bekehren sich. Sie werden von der »Christian Union«, einer evangelikalen Mittelschüler- und Studentenorganisation zu Parties eingeladen und durch das persönliche Zeugnis Gleichaltriger für diese spezielle Ausformung des Christentums gewonnen. Einmal bekehrt, werden die neuen Christen durch Literatur, Bibelstudium, persönliche Begleitung und Einweisung an evangelikale Gemeinden in den evangelikalen Stil von Denken, Beten und Leben eingeführt. Unter den Neubekehrten findet man nicht selten die Kinder kritischer Theologen. Es sind oft nicht die unbegabten, sondern die begabteren der Mittelschüler und Studenten.

Sie werden gewonnen für eine bestimmte Weltanschauung, einen bestimmten Lebensstil, eine bestimmte Christologie und Heilslehre. Diese sind für die Biographie der betreffenden jungen Menschen entscheidend, weil sie ihnen einen Weg zeigen durch den Dschungel des modernen Pluralismus. Die meisten wissen sehr wohl, daß die

---

1. Veröffentlicht unter dem Titel »Fug und Unfug der Gemeinschaft. Oder: Was tun, wenn sich unsere Kinder bekehren?« in: Schritte ins Offene 7/6, Nov.– Dez. 1977, 14–16, und unter dem Titel »Wenn Jugend sich bekehrt« in: Luth. Monatshefte 17/7, Juli 1978, 382–83; Lit. zu »Bekehrung« in meinem gleichnamigen Artikel in TRE.

Behauptungen ihrer theologischen Lehrer intellektuell nicht zu verteidigen sind, heißen sie nun »Navigatoren«, »Christusträger« oder Sekretäre von »Christus für alle«. Aber für sie zählt nicht die intellektuelle Respektabilität, sondern die lebensmäßige Orientierung, die communio sanctorum, die sie im Konventikel der jugendlichen Bekehrten zu finden glauben.

Im Kontrast zu diesem empirischen Befund steht die akademische Literatur. Die fünfzehnte Auflage der Encyclopedia Britannica (1943–1973) zum Beispiel orientiert unter dem Stichwort »conversion« über juristisch-finanzielle Fachterminologie. Eine kleine Notiz über »conversion, reaction« verweist auf den Hauptartikel »Hysterie«. Für die westliche Öffentlichkeit und in ihrem Gefolge für die theologische Fachliteratur ist die Bekehrung Jugendlicher nicht existent. Sie kommt höchstens in marginalen Randgruppen, in exotischen Breitengraden, in pathologischem Kontext und in der Vergangenheit vor.

Nun sind aber Bekehrungen in westlichen Kulturen nicht atypische Erfahrungen. Dieser Trugschluß entsteht nur durch den Verdrängungsmechanismus dessen, was wir Wissenschaft nennen. Auch kommen sie nicht ausschließlich unter Jugendlichen vor. Bekehrungsberichte wie diejenigen von P. Claudel, Charles W. Colson, T. S. Eliot, A. Frossard, Reinhold Schneider, R. A. Schroeder[2] oder der Jesus People[3] passen nicht in unseren Deutungsrahmen, ganz im Gegensatz zum empirischen Befund eines C. G. Jung, der schrieb: »Unter allen meinen Patienten jenseits der Lebensmitte, das heißt jenseits Fünfunddreißig, ist nicht ein einziger, dessen endgültiges Problem nicht das der religiösen Einstellung wäre. Ja jeder krankt in letzter Linie daran, daß er das verloren hat, was lebendige Religionen ihren Gläubigen zu allen Zeiten gegeben haben, und keiner ist wirklich geheilt, der seine religiöse Einstellung nicht wieder erreicht.«[4]

In Augenblicken einer totalen Krise wird die Erfahrung einer völligen Erneuerung erhofft. Aber sie führt selten in die traditionellen Kirchen. In einigen Fällen fangen Freikirchen, Sekten und andere, schwer zu bezeichnende Weltanschauungsgemeinschaften

---

2. A. Frossard, Gott existiert; Ch. W. Colson, Born Again; Watergate, wie es noch keiner sah. Zu Paul Claudel, T. S. Eliot, R. A. Schroeder, A. Döblin, Reinhold Schneider siehe die eindrückliche Studie von H. J. Baden, Literatur und Bekehrung.
3. ChroSch, 93–109 (Lit.).
4. C. G. Jung, Über die Beziehung der Psychotherapie zur Seelsorge. Psychoanalyse und Seelsorge (1932/48), 16; Gesammelte Werke XI (1963), 362.

die Bekehrten auf, in anderen katholische oder evangelische Laien-
und Mönchsorden, kirchliche Akademien oder theologisch-politi-
sche Aktionsgruppen und Hauskreise. Letztere entwickeln sich zu
eigentlichen Sammelbecken der Bekehrten. Es wird in Zukunft zu
schweren Spannungen zwischen den verfaßten Kirchen und diesen
Hauskreisen kommen. Diese Spannungen können nur durch einen
tiefgreifenden Dialog zwischen diesen »transkonfessionellen Gruppen«[5] und den Vertretern traditioneller kirchlicher Strukturen und
akademischer Theologie ausgeräumt werden.

Für die Neubekehrten ist es im allgemeinen gleichgültig, ob die
betreffenden Gruppierungen christliche, buddhistische oder marxistische Ideologien vertreten. Was zählt, ist die sinnenfällige Erfahrung der Personenintegration im Rahmen einer Gruppe. Es spielt
auch keine Rolle für die Betreffenden, ob die Integration real oder
imaginär erfahren wird. Eine nur geglaubte Wirklichkeit hat vorläufig (!) die gleiche Wirkung wie eine real erfahrene. Was wirkt, ist
wirklich (C. G. Jung)[6]. Argumente vermögen nichts gegen diese
Erfahrung. Erst wo die Erfahrung selbst bezweifelt wird, werden
Argumente zur Stützung dieses Zweifels (oder zu dessen Bekämp-
fung) gesucht.

Aus der neueren Geschichte ist das Beispiel der Neuapostolischen Gemeinde[7] bekannt. Ihr Stammapostel hatte öffentlich ver-
kündet, er werde vor der Wiederkunft Jesu nicht sterben. Als er
dann trotzdem starb, erwartete die kirchliche Öffentlichkeit eine
massive Abfallbewegung von der Neuapostolischen Gemeinde.
Nichts dergleichen geschah. Der Stammapostel wurde in aller
Heimlichkeit begraben. Ein neuer Stammapostel wurde eingesetzt,
welcher den Wagemut hatte zu behaupten, Gott habe eben seinen
Plan geändert und den Zeitpunkt der Wiederkunft Jesu verschoben.
Kein Wort davon, daß sich etwa der Stammapostel getäuscht hätte!
Die Gemeinde floriert heute mehr denn je. Warum? Weil das
intellektuelle Gefüge nicht das Fundament der Neuapostolischen
Gemeinde ist, sondern die Erfahrung der Gemeinschaft. Sie trägt
auch über die Ungereimtheiten der Theologie und der Argumente

---

5. J. Lell / F. W. Menne / G.-G. Stobbe (Hg), Religiöse Gruppen. Vgl auch: Neue
    transkonfessionelle Bewegungen.
6. C. G. Jung, Über das Unbewußte (1918), 550; Gesammelte Werke X (1974),
    30: »Das Unbewußte aber ist wirklich auf jeden Fall, denn es wirkt.« Zum
    Ganzen vgl die schöne Studie von R. Hostie, C. G. Jung und die Religion,
    besonders 210 und 18.
7. O. Eggenberger, Neue Apostel?; ders, Die Neuapostolische Gemeinschaft; K.
    Hutten, Seher, Grübler, Enthusiasten, 1962[8], 602ff.

hinweg. Ähnliches wäre mutatis mutandis von manchem Mitglied der Kommunistischen Partei zu erzählen[8]. Wo die Parteizelle als Gemeinschaftsorgan funktioniert, kann die Parteidoktrin Sprünge machen.

Von dieser Erfahrung sind auch wir, die sogenannten nüchternen Protestanten (inkl. die Theologen) nicht ausgeschlossen. Nehmen wir einmal an, das rationale Gefüge der evangelischen Kirchen stimme und ihre Theologie und Liturgie leuchte ein (n. b. ein hypothetischer Bedingungssatz!). Das allein würde keinen Menschen durchtragen in Zeiten der Krise. Es genügte nicht einmal, um ihm Richtung und Sinn im gewöhnlichen Alltag zu geben. Es braucht Menschen, die mit uns zusammen Freuden und Sorgen, Humor und Kritik, Defizite und Kredite teilen. Und bis zu einem gewissen Grade können wir auch die Ungereimtheiten der Argumente unserer Kinder, unserer Familienangehörigen, unserer Gemeindeglieder und Pfarrer akzeptieren, wenn dies alles getragen wird von der Erfahrung der Gemeinschaft.

Bis zu einem gewissen Grade, sagte ich. Denn genau an dieser Stelle schlägt der rechte Gebrauch der Gemeinschaft in deren Mißbrauch um. Wenn das Gefühl der Gemeinschaft alle gedanklichen Seitensprünge, allen theologischen, ethischen und politischen Hokuspokus zudecken und rechtfertigen soll, kann diese Gemeinschaftserfahrung nur noch als Unfug bezeichnet werden. Ich fürchte, daß bei einigen der Jesus-People-Gruppen dieses Stadium erreicht worden ist, zum Beispiel bei den Children of God. Die Diktatur der Zentrale schafft zwar ein beinahe rauschhaftes Gemeinschaftserlebnis, löscht aber die Individualität des einzelnen aus. Verantwortung des einzelnen, Alleinsein, ist ebenso nötig für das Menschsein des Menschen wie Gemeinschaft[9].

Bei anderen Gruppen entdeckt man ein genuines Suchen nach modernen Formen der Gemeinschaft. »Der christliche Student, der im Mai 1968 für ein politisches Handeln gewonnen wurde, investiert

---

8. Vgl I. Silone zur kommunistischen Bekehrung: »Die Wahl ist eine Sache des Gefühls, nicht des Verstandes. Daß die in Bausch und Bogen akzeptierte Lehre überdies noch den Anspruch erhebt, wissenschaftlich oder objektiv zu sein, gehört zu den Unstimmigkeiten, die der Neubekehrte widerspruchslos hinnimmt, auch wenn man versucht, seinen kritischen Sinn zu wecken . . . Ehe wir wählen, sind wir gewählt worden, ohne uns dessen bewußt zu sein. Die neue Ideologie lernen wir gewöhnlich erst auf den Parteischulen kennen, nachdem wir ihr im Überschwang bereits zugestimmt haben.« (I. Silone, Notausgang, 174; zit. bei H. J. Baden, aaO, 251.) – Ähnlich bei A. Köstler, Bekehrung zum Kommunismus, 1931; vgl dazu Baden, aaO, 252.
9. F.-W. Haack, Ratschläge. Jugendreligionen, -bewegungen und Sekten.

nun seine Hoffnung auf das Reich Gottes gern in die durch gemeinsames Leben und Handeln vollzogene Mikrorealisierung einer Sozialutopie«, schreibt die französische Soziologin Danièle Hervieu-Légier[10]. Sie nennt dies »Subversion zweiten Grades«. In diesen Mikrogemeinschaften werden Modelle einer neuen Gemeinschaft gesucht, in der nicht die Macht, sondern der Geist regiert.

Was aber tun wir, wenn die Jesusleute entdecken, daß sie zu ihrem Gemeinschaftserlebnis hinzu eine etwas weitergehende Plausibilitätsstruktur brauchen und darum an den theologischen Fakultäten als Studenten auftauchen? Unter meinen Studenten kommen nicht wenige dieser Jesusleute aus nicht-christlichen Familien. An und für sich hat eine solche Entwicklung eine ökumenische Verheißung. Zu fragen ist jedoch, ob wir flexibel genug sind, um ihnen zur Vertiefung ihrer eigenen Frömmigkeit zu helfen, ohne ihnen unsere eigene Frömmigkeit oder Nicht-Frömmigkeit überzustülpen. Wir können ja nicht einfach ihre einlinige Gemeinschaftsideologie durch eine etwas breitere kirchliche Gemeinschaftsideologie ersetzen. Vielmehr stellen sie uns vor die Aufgabe, pluralistische Strukturen des Denkens, Feierns, Handelns, kurz der Gemeinschaft zu entwickeln[11]. Ihre Existenz lädt uns – wie man heute so gern sagt – zum Dialog ein.

In diesem Dialog wird man sich vielleicht auf einige Kriterien einigen können, zum Beispiel: Gemeinschaft ist an sich weder gut noch böse, weder christlich noch heidnisch. Sie ist für die meisten eine Notwendigkeit ihres Menschseins. Vielen ermöglicht sie die Entdeckung von bis jetzt unbekannten Dimensionen des menschlichen Lebens. Gut wird sie, wenn sie für die Heilung unserer kranken Welt in Dienst genommen wird, und christlich, wenn sie sich im ökumenischen Gespräch befragen läßt. Nichtchristlich ist sie, wenn sie ihre religiösen, parapsychologischen, politischen oder kritischen Einsichten verabsolutiert, und böse, wenn sie die Menschen versklavt, entmündigt und kindisch macht.

---

10. D. Hervieu-Légier, Gibt es Anzeichen einer religiösen Erweckung in unserer Zeit?
11. Darum ist das Hoekendijksche Postulat von der Pluriformität der Kirche so wichtig; vgl W. J. Hollenweger, Johann Christian Hoekendijk: Pluriformität der Kirche, in: Reformatio 16/10, Nov. 1967, 663–677; ders, Hans Hoekendijk, ein ökumenischer Souffleur.

18. Die Kirche der Zukunft – eine Realutopie

Man sagt, die Versuche punktueller Gottesdienste mögen interessant und zum Teil auch hilfreich sein. Aber wie ergibt sich aus diesen verschiedenen, sich zum Teil widersprechenden Fragmenten ein ganzheitliches Kirchenverständnis?

Schon Hoekendijk[1] hat sich dieser Frage angenommen. Ich halte sie in der Tat für eine der wichtigsten und habe in meinem ersten »ökumenischen Artikel«, den ich schrieb, den Versuch unternommen, eine Realutopie, ein Leitbild der Kirche zu entwerfen, das die gegenwärtigen Hoffnungsfunken bündelt.

Der mehrmals nachgedruckte und auf französisch, englisch und italienisch übersetzte Artikel[2] hat schon bei seinem ersten Erscheinen Widerspruch hervorgerufen[3].

Unsere Pfarrer klagen, daß sie um die Mitarbeit der Gemeindeglieder betteln müßten. Warum? Weil sie nur Hilfsarbeiter suchen, die ihnen die Ziegel reichen. Sie meinen – und sind oft so gelehrt und von der Gemeinde darin bestätigt worden –, daß nur sie allein bauen. Wenn einmal kein Pfarrer in der Gemeinde wäre, ja, wenn

---

1. J. C. Hoekendijk, KuV; Zukunft.
2. Vortrag, gehalten am Ersten ökumenischen Kirchentag »Kirche und Charisma« vom 6. bis 10. Juli 1965 in Königstein/Taunus, veröffentlicht im Konferenzbericht (unter dem Titel »Kirche und Charisma«, in: R. F. Edel [Hg], Kirche und Charisma. Die Gaben des Heiligen Geistes im Neuen Testament, in der Kirchengeschichte und in der Gegenwart, Marburg a. d. L., Ök. Verlag Dr. R. F. Edel, 1966, 191–199, Ök. Texte und Studien 35) und unter dem Titel »Die Kirche der Zukunft – eine Realutopie« in: Reformatio 15/2, Febr. 1966, 90–98; englisch: A Vision of the Church of the Future, Laity 20, Nov. 1965, 5–11; französisch: La Communauté des Disséminés, 20, Dez. 1965, 5–12, auch in MaSt (franz.), 154–60, und in: Correspondances, Action protestante du pays de Montbéliard 33/34, Juli 1967 (Centre de Glay, Dijon), 10–16; gekürzt unter dem Titel »Une bombe dans nos paroisses!« in: La Vie Protestante 29/6, 11. 2. 1966, 3; italienisch (gekürzt unter dem Titel: Suggerimenti pratici) in: Diakonia, Studie e informazioni, Agape, Prali (Torino) 5/3–4, Okt./Dez. 1965, 14–17.
3. Neben Kfa, MaSt und Concept (Ök. Rat der Kirchen) wurden benutzt: H. J. Margull, Die Kirche steht sich selbst im Wege; C. W. Williams, Gemeinden für andere; Monatsschrift für Pastoraltheologie 53/10, Okt. 1965 (Theologia applicata. Thesen zur Reform der Praktischen Theologie); R. F. Edel (Hg), Die Bedeutung der Gnadengaben für die Gemeinde Jesu Christi.

der »schreckliche Fall« einträte, daß einmal niemand predigen würde am Sonntagmorgen, dann würde – so meinen doch viele – die Kirche zusammenbrechen. Die Folge davon ist, daß wir zwei Sorten freiwillige Mitarbeiter in der Kirche haben: a) diejenigen, die sich die Einstufung zu Hilfsarbeitern gefallen lassen, weil sie finden, die Sache sei so wichtig, daß sie dieses Handikap in Kauf nehmen; sie sind tüchtig, aber selten; b) diejenigen, die in Gesellschaft, Wirtschaft und Staat keine Entfaltungsmöglichkeiten haben und darum froh sind, in der Kirche eine Rolle spielen zu können. Es sind die Menschen auf der Schattenseite des Lebens, die intellektuell und menschlich Schwachen. Sie sind relativ häufig unter den Mitarbeitern der Kirche anzutreffen.

Woher kommt das nur, daß wir meinen, unsere *Pfarrer* seien die Kirche? Etwa daher, daß wir jenes Bibelwort so verstehen: »Wo zwei oder drei versammelt sind in meinem Namen, da muß der Pastor dabei sein«[4] oder: »Nun aber bleibet Glaube, Hoffnung, Liebe, diese drei, aber die größte unter ihnen ist der Status quo.«[5]

Kirche von gestern sind wir in einer Welt von heute. Bis zu Napoleon war zum Beispiel der Pfarrer der reformierten Landeskirche des Kantons Zürich gleichzeitig der Vertreter der »gnädigen Herren zu Zürich«. Der Pfarrer war der Vater, Hirte, Arzt, Lehrer, Armenpfleger und Gemeindepräsident seines Dorfes. Darum konnte zu damaligen Zeiten nur ein Bürger der Stadt Zürich – und nicht etwa ein Untertan aus der Landschaft Zürich – Pfarrer werden. Diese Anordnung hatte Vorteile und Nachteile. In jener geschlossenen, hierarchisch gegliederten Gesellschaft war sie jedenfalls denkbar. Hätte sich die Kirche nicht hierarchisch organisiert, so wäre sie revolutionär aufgefallen, und welche Kirche will das schon? (Es gab allerdings schon zu jenen Zeiten Kirchen, die die Pfarrerkirche ablehnten und den Weg einer kleinen Gemeindekirche suchten, zum Beispiel die Quäker, aber für sie war in der Alten Welt kein Platz.)

Nun aber haben sich in der Politik und in der Schule, im gesellschaftlichen Leben und an gewissen Orten auch in der Wirtschaft partnerschaftliche Formen des Zusammenlebens durchgesetzt. Wer ein politisches Programm durchführen will, kann dies – auch wenn er Staatspräsident ist – nicht schlechthin durchsetzen. Er bedarf dazu des Einverständnisses seiner Partner, seiner Minister und des Souveräns. Beachtet er das nicht, so wird er abgesetzt oder artet

---

4. M. Iwohn, Die Charismen und der Gemeindeaufbau heute, 22.
5. H. Hoekendijk, Die Welt von morgen, 88.

zum Diktator aus. Und das ist von der Sache des Politikers her verständlich. Er soll nicht für sich, zu seiner Befriedigung regieren, sondern er soll der Diener der Allgemeinheit sein.

Heute entdeckt die Kirche in diesen partnerschaftlichen Formen ihre eigene Botschaft wieder. Sie merkt, daß die Welt – wie so oft – Aspekte des Evangeliums besser begriffen hat als sie selber. Das ist seit Galilei immer wieder der Fall gewesen. Und es ist kein Grund zu Resignation. Zum Glück – müssen wir sagen – hat das Evangelium die Kraft, neben und außerhalb der Kirche partnerschaftliche Gemeinschaft zu ermöglichen, zum Glück – so könnte man auch sagen – bringt es die Kirche doch nicht fertig, dem, was sie in ihrer Verkündigung spricht, durch ihre eigene Existenz total zu *wider*sprechen.

Damit habe ich nun allerdings eine schwerwiegende Behauptung aufgestellt. Ich meine, daß die Kirche sich selber im Wege ist. Wir können zwar den Heiligen Geist nicht herbeirufen, wohl aber ihn dämpfen, zum Beispiel wenn wir sagen, das Evangelium sei für die ganze Welt und für alle Menschen bestimmt, gleichzeitig aber diejenigen aus unseren Gottesdiensten ausschließen, die auf einen bestimmten Frömmigkeitsstil nicht geeicht sind. Wir beten um die Gegenwart des Heiligen Geistes, unsere Zuhörer aber kämpfen darum, daß ihr eigener Geist wenigstens gegenwärtig wäre, wir bitten um die Gegenwart Gottes, sie aber denken an die Abwesenheit der Menschen, an jene Menschen, mit denen sie in Resignation und Kummer zusammenleben, ohne mit ihnen zusammenzuwohnen, an jene Menschen, die vorhanden sind, ohne anwesend zu sein, mit denen sie reden, ohne ihnen etwas sagen zu können, mit denen sie zusammenarbeiten, ohne mit ihnen zusammenzukommen, denen sie beim Grüßen die Hand geben, und die ihnen trotzdem fremd bleiben.

18.1 Was ist zu tun?

Nach dem Zeugnis der Heiligen Schrift sind der Kirche *verschiedene* Gnadengaben geschenkt. Sie sind vorhanden. Aber freischaufeln müssen wir sie. Wie würde denn eine Kirche, in der die vorhandenen Gnadengaben nicht in Hilfsarbeiten erstickt würden, entstehen und aussehen? »Zu dieser Sache«, sagte ein Afrikaner in der ökumenischen Diskussion über die missionarische Kirche, »kommen wir alle nicht, es sei denn durch Beten und Fasten«[6]. So ist es.

---

6. Zit. von H. J. Margull, Die Kirche steht sich selbst im Wege, 339.

Fasten lernen müssen wir. Wir müssen ernst damit machen, daß wir nicht als Kirche für uns etwas zu wollen haben. Wir müssen erwarten, daß das Wort »Wer sein Leben um meinetwillen verliert, der wird es gewinnen« auch der Kirche als Institution gilt. Das heißt, die Kirche der Zukunft wird eine Dienstkirche, eine »Gemeinde für andere« sein. Sie wird damit ernst machen, daß sie den anderen, denen draußen, zu dienen hat. Nicht so, daß sie damit rechnet, die Fernen kämen wieder in unsere Kirchen und füllten sie, so daß wir in unserem Christsein bestätigt würden. Diese Erwartung und Sorge ist zwar verständlich. Sie ist verständlich für die Pfarrer, die mit großem körperlichen und seelischen Einsatz Tag für Tag und viele Stunden über das Maß hinaus, bis zur Müdigkeit, oft bis zur Erschöpfung, darum ringen, daß ein paar Menschen mehr in ihre Predigt kommen. Sie ist verständlich für den freikirchlichen Prediger, der um den Mitgliedbestand seiner Gemeinden kämpft und die Schwächen der Volkskirchen »en miniature« in seiner Freikirche antrifft. Trotzdem darf die Kirche der Zukunft nicht von dem Gedanken her entworfen werden: Was müssen wir tun, damit sie wieder kommen? Wie bringen wir den Sonntag früherer Zeiten mit seinen vollen Kirchen wieder zurück? Die Frage ist vielmehr: Wie bauen wir eine Kirche, die sich nicht selbst im Wege ist, deren organisatorische Struktur dem, was sie predigt, nicht dauernd widerspricht, deren Kirchenbauprogramm ihre Predigt nicht Lügen straft, deren Gottesdienst ihre Gebete nicht unglaubhaft macht, eine Gemeinde, der man glaubt, daß sie für andere ist, weil sie nicht sich selber sucht? Das heißt Beten und Fasten.

Wie sieht eine solche Gemeinde für andere aus?

(1) Es ist eine Gemeinde, die die Kapitel 12–14 des ersten Korintherbriefes nachbuchstabiert. Dort lesen wir zum Beispiel im 14. Kapitel: ». . . wenn ihr mit der Zunge nicht eine verständliche Rede darbietet, wie soll man das Gesprochene verstehen? Ihr werdet ja in den Wind reden . . . wie soll der, der den Platz des Uneingeweihten einnimmt, das Amen zu deiner Danksagung sprechen? Er weiß ja doch nicht, was du sagst.« Hier wird der nichtkirchliche Mensch, der andere, der, der draußen steht, zum Stilprüfer der Gebete, Lieder und Predigten. Wir haben also Wege zu suchen, durch die der »Uneingeweihte« seine Gabe – die Gabe der Unvoreingenommenheit, die Gabe, daß er für die anderen, für die Nichtkirchlichen sprechen kann – in unseren Kirchen ausüben kann. Wie schade, daß, wenn sich manchmal ein solcher »idiotes« zu uns verirrt, er schnellstens »eingekircht« wird. Unter diesen nichtkirchlichen Menschen gibt es Journalisten und Redaktoren, Dichter

und Dramaturgen, Lehrer und Lehrerinnen, Kunstmaler und Graphiker. Sie können uns helfen, bessere Gebete, bessere Lieder, verständlichere Predigten, klarere Bildsymbole und Graphiken zu machen.

(2) Es ist eine Gemeinde, in der die *vorhandenen* Gaben ernst genommen werden. Paulus hat in Korinth Gaben angetroffen. Er hat sie nicht geschaffen. Diese Gaben wurden in die Kirche integriert, darunter auch das Zungenreden, das ausdrücklich nicht verboten werden soll. Wir haben es besser gewußt. Wir verachten diese weniger wichtige Gabe und bedenken nicht, daß Paulus sagt: »Wer in Zungen redet, der bessert sich selbst.« Wir haben den emotionalen Teil unserer Existenz vom Gottesdienst ausgeklammert und meinen, dies sei Sache des Sportplatzes, des Theaters, des Psychiaters. Auf dem Fußballplatz darf man sich begeistern und im Theater ergriffen sein, aber in der Kirche ist beides verdächtig. Wir gleichen aufs Haar jenem Professor Higgins aus dem Film »My Fair Lady«. Wir erinnern uns an jenen gewaltigen Sprachlehrer. Er wollte Eliza richtig reden lehren. Mit unendlicher Geduld gelang es ihm. Aber als er ihr sagen sollte: »I got accustomed to your face . . . Ich habe mich an dein Gesicht, an deinen Gang, an deine Stimme gewöhnt«, da versteckte er sich unter seinem Hut. *Wir* verstecken die Emotionalität unter dem Hut unserer Liturgien und unseres Geschmacksurteils. Mir scheint, Higgins sei ein zutreffendes Bild unserer Kirche, der Kirche des Wortes, der Kirche, die die Menschen recht reden lehren will, die sich unendliche Mühe gibt, ihnen die rechte Aussprache beizubringen. Ich bin überzeugt, daß wir Kirche des Wortes bleiben müssen. Aber wann konnte Eliza in jenem Film richtig reden? Alle Murmeln, die ihr Higgins in den Mund stopfte, halfen nicht, ihr die rechte Sprache beizubringen. Als er zum erstenmal menschlich mit ihr sprach, ihr sagte: »Eliza, dir zuliebe bleibe ich die ganze Nacht wach«, und als er aufhörte, sie als das Produkt seiner Sprachlehre zu betrachten, da konnte sie jenen ominösen Satz richtig sagen: »The rain in Spain stays mainly in the plain.« Wir können Gott nicht helfen, aber wir können ihn hindern. Daß das Sprachgeschehen bei einem Menschen durchbricht, können wir nicht machen, aber wir können es hindern, zum Beispiel, indem wir alle Möglichkeiten einer spontanen Äußerung aus unseren Gottesdiensten verbannen; indem wir Kirchen bauen, die von der Architektonik her das Gespräch im Gottesdienst verunmöglichen; indem wir das Budget der Kirche auf *Beton* und nicht auf *Bauleute* am Hause Gottes konzentrieren. Schon Zwingli lehrte uns, »daß man die läbenden Bilder Gottes, die armen Christen, nit die hültzinen

und steininen Götzen zu der Er Gottes bekleiden sol«[7]. Wir aber kleiden die hölzernen Götzen unserer Tradition und unseres Geschmacksurteils und lassen die »armen Christen« in einer ihnen unverständlich-frostigen Kirche frieren, wenn wir wie Higgins die Emotionalität der menschlichen Existenz aus der Kirche verbannen. (»Never let a woman in your life . . .« – »Why can't the women be like us . . .«) – Gewiß, die gegenteilige Gefahr ist mir ebenfalls bekannt: sie wird in dem erwähnten Film durch Freddy, den vom Gefühl überschwemmten, jungen Mann gezeichnet, der auch um die Seele des Volkes, um Eliza, warb. Er könnte ein Bild der Pfingstbewegung sein. Freddy hat seine Gefühlswelt nicht verdrängt, aber er ist davon so überwältigt, daß er entschluß- und handlungsunfähig wird (»Show me . . .«); er kann nur noch singen[8].

Die Kirche der Zukunft ist eine Kirche, die beide Existenzen des Menschen, die emotionale und die rationale, ernst nimmt. Dann muß sie aber im biblischen Sinne wieder Leib werden, ein Leib mit Gliedern verschiedener Funktionen. Eine dieser heute nicht nur in der Kirche, sondern in unserer Gesellschaft verdrängte Funktion ist die emotionale. Der Flut der Reklame, der Werbeslogans, der Vergnügungsindustrie müssen wir eine kräftige, lebendige Emotionalität entgegenstellen, eine Emotionalität, die in den Horizont des Verstehens gerückt und interpretiert wird. Darum verlangt Paulus, daß das Zungenreden im öffentlichen Gottesdienst interpretiert wird. Gefühl ohne Interpretation hat keine Richtung. Aber Interpretation ohne Gefühl hat keine Kraft.

(3) Wir hätten uns nun also zu fragen: Welche Gaben sind bei uns vorhanden? Wie können sie sinnvoll gerichtet werden? Vor allem: was für Orte gibt es in unserer Kirche und in unserem Gottesdienst für nicht-rationale Gaben? Wie bekommen die rationalen von den nicht-rationalen Schwung und Kraft?

18.2   Praktische Schritte

(1) Wir müssen uns von der Fiktion befreien, die Kirchgemeinde sei die einzige Organisationsform der Kirche. Oft im Laufe der Kirchengeschichte gingen die missionarischen Kräfte von den nicht-

---

7. Z III 51,28–29 (Der Hirt, 26. 3. 1524).
8. Zur Interpretation von »My Fair Lady«, oben, S. 107ff.

parochialen Kirchenformen aus. Ein besonders instruktives Beispiel sind die lateinischen Gemeinden in den Schweizer Städten im 6. und 7. Jahrhundert. Das Römische Reich war zusammengebrochen. Ein neues, junges Volk, die Alemannen, war eingedrungen mit seinen heidnischen Bräuchen. Es pflanzte auf allen runden Hügeln Linden und Eichen und versammelte sich zu seinen Mondfesten. Die Städte verachteten diese freien Bauern. Um Zürich herum zum Beispiel lebten sie auf Einzelhöfen (heute noch Namen von Stadtteilen: Hirslanden, Fluntern, Hottingen usw). In der Stadt aber saßen die lateinischsprachigen Pfarrer in ihren Pfarrkirchen und trauerten dem Untergang des Christentums innerhalb der römischen Kultur nach. Die Missionierung der umliegenden barbarischen Alemannen kam ihnen nicht in den Sinn; zudem verstanden sie deren Sprache nicht. Da kam von Irland her eine neue Struktur der Verkündigung und der Mission. Es waren die irischen Missionsklöster. Die Entrüstung der alteingesessenen lateinischsprachigen Christen über diese neuen Evangelisten, die das Parochialsystem nicht beachteten, tat deren missionarischem Geschick keinen Abbruch.

(2) Wir müssen weiter fragen, ob es nicht nötig wäre, *verschiedene* kirchliche Vollämter zu schaffen. Wir kennen bis jetzt in Deutschland und in der Schweiz nur den akademisch gebildeten Theologen, der sämtliche Geistesgaben und Ämter des Neuen Testamentes auf sich zu vereinigen geruht und manchmal unter dieser Ämterhäufung krank wird. Ich könnte mir zum Beispiel folgende Ämter vorstellen (dann allerdings nicht mehr im Rahmen der historischen Kirchgemeinde, sondern im Rahmen organisch strukturierter Raumschaftsgruppen, die ihrerseits wieder in kleinere Zellen eingeteilt würden):
Wir brauchen einen »Feierer«: Wir haben das »Feiern« verlernt. Unsere Gottesdienste sind eine Mischung aus Predigt, kirchenmusikalischem Seminar und liturgiegeschichtlichem Exkurs. Der heutige Mensch sollte aber feiern können, und zwar nicht nur in den musikalisch und liturgisch hoch entwickelten Formen von Taizé und der katholischen Kirche, sondern auch in den schlichten Formen des Musicals, des spontanen Gebets. Solche Gottesdienste müssen von einem »Feierer« mit einer Gruppe der Beteiligten entworfen werden. Dieser »Feierer« braucht kein Theologe zu sein, aber er muß ein Fingerspitzengefühl für Sprach- und Musikformen haben. Er sollte einfache Sätze für die jeweils vorhandenen Musikinstrumente setzen können (Flöte, Orgel, Posaune, Gitarre usw); sollte biblische und moderne Themen in Chansons verwandeln, vortragen oder vortragen lassen können.

Wir brauchen »Theologen«: Vielen unserer Pfarrer ist das Theologenhandwerk vergällt worden. Denken Sie einmal über das Schreckliche nach: Da lernt einer Griechisch, Hebräisch, Lateinisch, Kirchengeschichte, Exegese, Systematische Theologie usw, um die Bibel besser zu verstehen. Wenn er in die Gemeinde kommt, sollte er all das so schnell wie möglich wieder vergessen: Nachdunkeln nennt man das. Da muß einer entweder an seinen Beruf oder an seiner Ausbildung zweifeln. Und doch brauchen wir dringend bestens ausgebildete Theologen, Leute, die mit den Mitteln modernster Exegese arbeiten können, die uns zeigen, wie Paulus religionsgeschichtliche Vorstellungen seiner Zeit verarbeitete, damit *wir* lernen, Vorstellungen unserer Zeit zu verarbeiten; Theologen, die uns zeigen, wie Johannes apokalyptische Bilder seiner Zeit verarbeitete, damit wir die auf *uns* einstürmenden und uns quälenden Bilder verarbeiten und interpretieren lernen. Wir brauchen Theologen, die mit den »Feierern« und den anderen Amtsträgern die Bibel lesen. Aber die Theologen sind von den Gemeinden verdorben worden. Ihr Handwerk ist ihnen vergällt worden, man hat sie zu Verächtern ihres eigenen Berufes gemacht, weil sie pfuschen müssen, um noch existieren zu können.

Wir brauchen »Lehrer«: Wir brauchen Leute, die didaktisch und pädagogisch auf der Höhe sind und das, was sie mit dem Theologen erarbeitet haben, sowohl den Kindern wie auch den Erwachsenen beibringen können. Die Lehre gehört eigentlich nicht in die gottesdienstliche Feier, sondern in extra dafür anberaumte Kurse. Was heißt Christ sein für Schüler, Lehrer, werdende Mütter, Ärzte, Techniker, Verlobte, kaufmännische Angestellte?

Wir brauchen einen »Koordinator«: Schon die jetzige Kirche braucht vollamtliche Organisatoren, die etwas von rationeller Betriebsorganisation verstehen. Erst recht braucht die Kirche der Zukunft einen fähigen, ausgebildeten Organisator, der die Gabe der Leitung entwickeln kann. Er soll das Liturgiearchiv, das Tonbandarchiv, das Mitgliederverzeichnis, das Tauf- und Trauregister usw sinnvoll, zeitsparend und übersichtlich anlegen. Warum soll die Kirche nicht für ihr Adressenmaterial eine zentrale IBM-Maschine einsetzen, die gewisse Adressen nach verschiedenen Gesichtspunkten ordnet, stapelt und auf Verlangen reproduziert?

Wir brauchen Gesprächsleiter: Dieser braucht ebenfalls kein Theologe zu sein. Aber er muß das Handwerk der Gesprächsführung kennen und üben. Er muß die verschiedenen Arten des Gespräches (Bibelgespräch, Rundgespräch, Podiumsgespräch, Lehrgespräch, Filmgespräch) kennen. Er muß wissen, wie man in ein Gespräch einfährt, wie man zusammenfaßt, wie man aufhört, wie man Spannungen in der Gruppe sinnvoll in den Dienst der Wahrheitsfindung einordnet.

(3) *Der Gottesdienst der Zukunft:* Der Gottesdienst der Zukunft wird nicht mehr dem Hirn eines einzigen Mannes entspringen, der dann leer ist, wenn das Hirn des Betreffenden leer war. Die Kunst des »Feierers«, die Gedanken des Theologen, das Können des Lehrers, das Geschick des Koordinators, das Herz des Gesprächsleiters werden zusammen mit vielen nebenamtlichen Mitarbeitern den Gottesdienst entwerfen. Dies wird bedingen, daß unter Umständen nicht an jedem Sonntag in jeder Kirche ein Gottesdienst stattfinden kann. Aber dies ist auch nicht unbedingt nötig, weil Vorbereitung und Besprechung dieser Gottesdienste wichtige Funktionen des heutigen Sonntagmorgengottesdienstes übernehmen. Jedem Gottesdienst wird eine intensive Besprechung der Lieder, Gebete und Bibeltexte im Kreise der jeweiligen Mitarbeiter vorangehen. Nicht jeder Gottesdienst wird von der gleichen Gruppe vorbereitet. Pro Gruppe genügen vielleicht zwei Gottesdienste pro Jahr. Im übrigen geht man zum Gottesdienst der benachbarten Gruppe, der ebenfalls im gemeinsamen Kirchengebäude stattfindet.

Wir müssen uns den Mut zu Experimenten erbeten. In den vorbereitenden Kreisen ist genügend Raum für alle charismatischen Erscheinungen: Prophetie und Zungenreden, Visionen und Kompositionen. Gleichzeitig wird durch die nachfolgenden Besprechungen der charismatischen Beiträge und durch die Indienstnahme für den Gesamtgottesdienst ein Abgleiten in kleine Privatzirkel verhindert.

Dieser Gottesdienst bedingt bessere Kirchenbauten. Sie müssen akustisch brauchbar sein und allen Mitwirkenden einen guten Arbeitsplatz bieten. Ansätze für solche Kirchenbauten gibt es. Auch alte Kirchen, zum Beispiel orthodoxe Basiliken, würden sich eignen.

Ich habe mich deswegen auf das gottesdienstliche Geschehen konzentriert, weil ich annahm, daß unser Herz für dieses Thema schlägt. Ich versuchte vom Gottesdienst so zu reden, daß er relevant und verständlich wird für die »Nichteingeweihten«, für die »idiotai«.

Aber die Kirche der Zukunft wird nicht nur in ihrem Gottesdienst, sondern in ihrer ganzen Existenz eine Kirche für andere sein müssen. Sie wird die Nöte unserer kranken Welt zu ihren eigenen machen. So hat zum Beispiel der Vizedirektor einer großen amerikanischen Stahlfirma bei einer modernen Stadtmission anfragen lassen: Könnt ihr untersuchen, was die Veränderung der Arbeitszeit, die Automatisation in unseren Betrieben für Auswirkungen auf Person und Familie im Umkreis von Chicago ausüben? Hier wird die kritische Funktion der Kirche, ihr prophetisches Wächteramt ernst genommen, allerdings so, daß sie um differenzierte Untersuchungen gebeten wird. Sie wird also weitere Gaben entdecken müssen, gesellschafts- und wissenschaftsdiakonische Gaben, damit sie nicht nur in ihrem Gottesdienst, sondern in ihrer ganzen Existenz charismatische Gemeinde wird.

19. Lieber Herr N.

Ein Mediziner, W. Niederer, erhob Widerspruch[1] gegen die »Demo-kratisierung« der Kirche, gegen die Reduktion des »Rangunterschieds zwischen Pastor und ›Laie‹ . . . Der Gehorsam gegenüber Vater und Mutter, gegen den Vorgesetzten, gegen Pfarrer und Regierung – steckt hinter solchem Gehorsam nicht eine geheimnisvolle christlich-religiöse Bedeutung?«

Wir brauchen nicht die Hektik der Christen, die sich gegenseitig im selbstgefälligen Organisieren von Gottesdiensten und Supergottesdiensten übertrumpfen wollen, sondern wir brauchen wieder Hirten, die mit Gottvertrauen ihre Schafe leiten. Folgerichtig verlangt W. Niederer als »praktische Schritte« die »gebotene Beichte« und damit die Möglichkeit der »Kontrolle über die Befolgung kirchlicher Regeln und Gebote«, den »gebotenen Kirchenbesuch« (und dessen Kontrolle durch die Beichte), die »gebotene Bibellektüre«, das »gebotene Fasten« und einen »verbindlichen Katechismus«.

Damit hat W. Niederer unmißverständlich nicht nur seine, sondern auch die Erwartungen anderer Christen zum Ausdruck gebracht, die keine Verantwortung für Gottesdienst und Theologie übernehmen wollen, sondern die durch Beichte, Katechismus und Hirtenamt geführt werden wollen. Ich bin weit davon entfernt, einen solchen Entwurf als veraltet und unwirklich abzutun. Hinter allem Widerspruch gegen Kirche und Theologie verbirgt sich die Enttäuschung, daß die Theologen und die Bischöfe nicht unmißverständlich und mit Vollmacht sagen, wie es sich denn nun mit Gott, dem Glauben und der Kirche verhalte. Allein, das wäre meines Erachtens nicht die Vollmacht des Evangeliums, sondern das autoritäre Gebaren der »Evangeliumsverwalter«. Doch die Sehnsucht nach Autorität bleibt bestehen. Ich antwortete W. Niederer in einem offenen Brief[2].

Lieber Herr Niederer,
herzlichen Dank für Ihren Widerspruch, denn Widerspruch ist hilfreicher als Ignorierung. Allerdings könnte ich mir die Auseinan-

---

1. W. Niederer, Gedanken zur Realutopie von W. J. Hollenweger.
2. Veröffentlicht unter dem Titel »Zum Problem der Kirche« in: Reformatio 15, 1966, 483–85.

dersetzung mit Ihren Einwürfen leichtmachen und Sie an die »geheimnisvolle christlich-religiöse Bedeutung« erinnern, die hinter dem Gehorsam gegen einen Pfarrer steckt. Und wenn dieser nicht mittels eines Briefes erreicht werden kann, so könnte ja solcher Gehorsam über den Beichtzwang erleichtert werden. Dabei würde vermutlich die Situation entstehen, daß verschiedene Pfarrer von Ihnen Gehorsam in verschiedener Weise erwarten. Was geschieht nun, wenn verschiedene Pfarrerautoritäten miteinander in Konflikt geraten? Ist der Kirchenrat des Kantons Zürich, die Theologische Fakultät, der Vorstand des Kirchenbundes, der Ökumenische Rat in Genf oder der Papst in Rom die Oberautorität der Pfarrer, die einen gleichgearteten Gehorsam ermöglicht oder gar erzwingt?

Damit glaube ich bei der Kernfrage ihrer beiden Artikel[3] angelangt zu sein: Wie soll sich ein Laie im verwilderten Garten der theologischen Diskussion zurechtfinden? Früher konnte man noch in den römischen Nachbargarten konvertieren, aber seitdem sich dort das Unkraut der kritischen Theologie – ich versuche Ihre Gedanken zusammenzufassen – ebenso breitmacht, ist von dort wenig zu erwarten. (Es gibt allerdings noch einige Kirchen, die ein festes Lehrgebäude haben. Aber sie sind ziemlich weit weg. Es sind die orientalischen und orthodoxen Kirchen.) Sie und viele mit Ihnen suchen Führung, Halt und Autorität in der Kirche und bekommen eine Vielfalt von Meinungen vorgesetzt. Nachdem unsere weltlichen Fundamente erschüttert worden sind, suchen wir in der Kirche ein festes Haus, eine geordnete Sprache, eine normierende Ethik, eine ins Jenseits weisende Theologie, einen Beichtvater, einen im besten Sinn religiösen Gottesdienst. Aber statt all dessen findet man Trümmer, Chaos, Durcheinander . . . So jedenfalls empfinden Sie es.

Sie stehen mit dieser Sicht der Dinge nicht allein. Alle Sekten und Gemeinschaften, die ein kleines, geordnetes Haus anbieten können, erfreuen sich wachsenden Zulaufes »unbehauster Menschen«, die in wachsender Zahl auch unter den Akademikern anzutreffen sind. Kurt Hutten stellte kürzlich fest, daß »mit zunehmender Bildung die Bereitschaft, an okkulte Phänomene zu glauben, nicht eine Schwächung, sondern eine wesentliche Verstärkung erfährt«[4].

Wenn Sie nun Führung und Autorität in der Kirche suchen, so bin ich – so merkwürdig Ihnen das scheinen mag – mit Ihnen einverstanden, denn mein Vorschlag tendiert nicht auf eine »Verdemokra-

---

3. W. Niederer, Reformation der reformierten Kirche.
4. Materialdienst 29/9, 1. 5. 1966, 97 (»Der unbehauste Mensch auf der Suche nach Geborgenheit«).

tisierung« der Kirche. Im Gegenteil, es ist gerade das Problem der
Autorität, das mich beschäftigt. Autorität aber kommt heute anders
zustande als in der Reformationszeit. Früher konnte der Inhaber
eines Autoritätsamtes, der Vater, Lehrer oder Priester, kraft der
seinem Amte innewohnenden Autorität, selbst wenn er als Person
keine besonderen Qualitäten aufzuweisen hatte, Autorität verlangen. Heute macht sich der Amtsträger, hinter dem keine militärische oder finanzielle Macht steht – und das ist bei der Kirche Gott
sei Dank der Fall –, lächerlich, wenn er auf sein Amt pocht. Sein
Ruf zur Versöhnung hat nur insofern Autorität, als er in der
kritischen Situation, wenn andere schweigen müssen, das Gespräch
der Versöhnung weiterführen kann. Seine Verkündigung von der
Liebe Gottes wird nur dann ernst genommen, wenn das Symbol
dieser Verkündigung (um in Ihrer Sprache zu reden) mehr ist als nur
ein »Sinnbild«. Seine Behauptung von der Wahrheit des Evangeliums ist nur dann glaubwürdig, wenn sich diese Wahrheit in *den*
Fragen bewährt, die für den sogenannten Laien zuvorderst stehen.
Das sind bei Ihnen die Fragen nach dem ewigen Leben, bei andern
aber konkrete Fragen des Diesseits. Das heißt, daß sich Autorität,
nicht als reine Autorität darstellen läßt, sondern nur als Autorität
erfahren wird, wenn sie sich inkarniert. Damit diese Inkarnation
nicht verunmöglicht wird, sind *verschiedene* Formen der Autoritäts-
erfahrung nötig, darunter gewiß auch die von Ihnen vorgeschlage-
nen. Bedingung wäre aber a), daß sich keine Form verabsolutiert,
und b), daß sie miteinander in Kommunikation bleiben. Sonst haben
wir das Autoritätsproblem nicht gelöst, sondern durch die Grün-
dung einer neuen Sekte übersprungen.

Das oben skizzierte Verständnis von Autorität wird uns besonders durch die theologische Forschung der letzten vierzig Jahre
nahegebracht. Ich erwähne nicht etwa einen sogenannten modernen
Theologen, sondern unseren einstigen Zürcher Systematiker Emil
Brunner. Nach Brunner »weiß die Bibel nichts von einem Gott-an-
sich und nichts von einem Menschen-an-sich«[5]. Die Autoritätsfrage
wird nach Brunner nicht durch Berufung auf das »Wort Gottes«
oder auf »das Amt« gelöst. Wahrheitssuche hat nur Berechtigung,
insofern »sie uns hilft, uns in unserer Zeit zurechtzufinden«[6]. Gewiß, das sind einseitige und scharfe Formulierungen, aber bei Brunner nicht singulär. Ein endgültiges Bekenntnis fordern kann man
nur, wenn man »sich einfach darüber hinwegsetzt, daß die Heilige

5. E. Brunner, Wahrheit als Begegnung, 97.
6. E. Brunner, Grundsätzliches, 59.

Schrift in einer Mannigfaltigkeit sehr verschiedener und sogar widerspruchsvoller Lehren uns das Wort Gottes sagt«[7]. »Es wäre höchste Zeit, daß die Kirche ihre Predigt- und Unterrichtspraxis neu durchdächte im Lichte der Erkenntnis, daß die traditionelle Gleichsetzung von Lehre und Verkündigung ein unheilvoller Irrtum ist.«[8] Zum Bibelglauben gehört die »Bibelkritik als Selbstverständlichkeit«, »da eine irrtumsfreie Heilige Schrift keine menschliche mehr wäre«[9].

Nicht nur das Verständnis von Autorität und Theologie, auch unser Verständnis vom Menschen hat sich verändert. Dies habe ich u. a. von einem Mediziner gelernt[10]. Er legt überzeugend dar, daß auch die Seele des Menschen, nicht nur seine äußeren Lebensbedingungen, grundlegenden Wandlungen unterworfen ist. Wenn dem aber so ist, so ist es verständlich, daß die Formen der Religion – denn Sie sprechen zum mindesten auch vom psychologischen Aspekt der Religion – sich ändern müssen. Dazu kommt die Tatsache, daß sich der Mensch nicht überall gleich schnell wandelt, so daß wir verschiedene Menschentypen nebeneinander haben. Sprechen wir in der Kirche nur *einen* Typus Mensch an, so engen wir das Evangelium sektiererisch auf *eine* Sorte Menschen ein. Dies soll nun gerade nicht heißen, daß es zum Beispiel nicht Orden (zB den »Bund vom offenen Ring«, einen dritten Orden zu Taizé usw) in der evangelischen Kirche geben könne. Von den oben skizzierten Voraussetzungen her muß es sie sogar geben.

Aber es wäre nicht erlaubt, aus diesen Formen der Frömmigkeit Normen für eine Neustrukturierung der Kirche gewinnen zu wollen, denn diese Formen sind weder tiefer noch höher als andere. Sie sind lediglich anders als diejenigen der gewöhnlichen Gemeindegottesdienste. Im besten Falle sind sie den betreffenden Menschen angepaßter, allerdings ein wichtiger, nicht zu unterschätzender Faktor. Die Frage, ob es gänzlich unbrauchbare Formen und Formen mit Prioritätsrechten (wie zum Beispiel der normale Predigtgottesdienst) geben soll, kann hier nicht ausführlich behandelt werden. Grundsätzlich gelten die von Paulus in 1. Kor. 12–14 aufgestellten Richtlinien.

Das Problem der Kirche besteht jedoch darin, daß sie sich auf eine oder zwei Formen beschränkt, um nicht der Zersplitterung

---

7. E. Brunner, Wahrheit als Begegnung, 177.
8. E. Brunner, aaO, 179.
9. E. Brunner, aaO, 176. Zu Brunner ausführlicher: Evangelisation, 25–40.
10. J. H. van den Berg, Metabletica.

anheimzufallen. Es wäre aber zu fragen: Was bedeutet Katholizität der Kirche, Leib Christi, wenn *alle* verfügbaren Formen. Talente und Gaben Platz finden sollen?

Ähnliches wäre zum Fasten und Beichten zu sagen. Lieber Herr Niederer, die traditionellen Formen des Fastens und Beichtens sind mir aus langjähriger persönlicher Praxis und aus vielen seelsorgerlichen Gesprächen bekannt. Sie sind für nicht wenige Menschen wichtig. Was aber bedeutet Fasten, Beten und Beichten für Menschen (inklusive Pfarrer, Kirchenpfleger, Synodale), denen aus psychologischen oder anderen Gründen diese traditionellen Ausprägungen verschlossen sind?

Mit freundlichem Gruß verbleibe ich Ihr . . .

20. Der Bischof und die Kriterien der Reform

Einen verbindlichen Katechismus aufzustellen, halte ich für unfrucht-
bar. Hingegen kann man – wie die Holländer oder wie Lukas Vischer
und seine Kollegen erfolgreich gezeigt haben – einen guten Katechis-
mus schreiben und darauf vertrauen, daß er allgemein anerkannt
wird.
    Ähnlich wie einen solchen Katechismus müßte man das Hirtenamt
oder das Bischofsamt verstehen. Der Bischof ist eben nicht Schieds-
richter, sondern er richtet das Fest an. Sein Amt ist nicht das der
Regierung, sondern der Inspirierung. Er ist nicht Herr über den
Glauben, sondern Gehilfe der Freude. Er ist auch nicht der »Mann
des Ausgleichs«, aber er schafft die Atmosphäre der Offenheit und
tritt für den furchtlosen Umgang mit der Wirklichkeit ein.
    Die Überlegungen über das Bischofsamt drängten sich mir auf im
Umgang mit katholischen, anglikanischen, afrikanisch-unabhängi-
gen, pfingstlerischen (!) und lutherischen Bischöfen. Bei allen fand
ich auch »bischöfliche Menschen«. Als mich die Evangelisch-Luthe-
rische Kirche von Sachsen zu einem Vortrag vor ihrer Synode über
das Bischofsamt einlud, mußte ich meine Beobachtungen und Ge-
spräche zusammenfassen und formulieren. Daraus ist später der
vorliegende Artikel entstanden[1].

»Der Kirche ist in ihrer bisherigen Geschichte zumindest zweimal
die bisherige ekklesiologische Konzeption zerschlagen worden, in
apostolischer Zeit, als Heiden Christen wurden, ohne zuvor Glieder
des jüdischen Volkes geworden zu sein, und im 4. Jahrhundert, als
der Kaiser, der Repräsentant und das Haupt der ungläubigen Welt-
macht, Christ wurde und doch Kaiser blieb. In beiden Fällen war der
Grund, daß die Missionspredigt der Kirche ein Echo fand, wo es
niemand erwartete. Beides war eine Herausforderung an die Theologie: In apostolischer Zeit fanden Paulus und die Urgemeinde eine
jedenfalls im Kern gemeinsame Antwort. Vor der Aufgabe, die

---

1. Veröffentlicht unter dem Titel »Kriterien kirchlicher Reformarbeit. Anhand
der Materialien der sogenannten Action-Research-Groups«, Concilium 7/6–7,
Juni–Juli 1971, 439–443 (auch französisch, englisch, holländisch, italienisch,
spanisch, portugiesisch, kroatisch und japanisch).

Situation der Kirche in der Welt, die das 4. Jahrhundert heraufge-
führt hat, theologisch zu erfassen, stehen wir noch heute oder heute
wieder neu, weil auch die Antwort der Reformation im ökumenischen Gespräch der Gegenwart und gegenüber der Situation der
Christenheit in aller Welt neu begründet werden muß.«[2]
So diagnostiziert G. Kretschmar die ekklesiologische Situation
heute. Man mag mit seiner Schlußfolgerung – die Antwort der
Reformation müsse neu begründet werden – einverstanden sein
oder nicht, jedenfalls zeigt er klar, daß die Sache dem Namen, die
Ekklesia der Ekklesiologie vorangeht und nicht umgekehrt, eigentlich eine Selbstverständlichkeit, die aber immer wieder vergessen
wird.

20.1 Realgeschichte geht der Ideengeschichte voran

Heute ist der Graben zwischen der Lehre von der Kirche und der
Realität der Kirche noch größer geworden, so groß, daß zB der
Regional der brasilianischen Bischofskonferenz und Mitarbeiter von
Helder Camara, *Abdalazis de Moura*, in einer großartigen Analyse
über die »Bedeutung der Pfingstbewegung für die katholische Kirche« die Frage stellen kann: Wie kommt es, daß diese Pfingstler
ohne korrespondierende Ekklesiologie eine Kirchen*praxis* entwik-
keln, die dem entspricht, was unsere besten Theologen lediglich
denken und noch nicht tun können[3].
Das gleiche Phänomen zeigt sich auch auf anderen Gebieten. Es
ist eine zugleich beunruhigende und erfreuliche Tatsache, daß parallel mit dem Schwund des kirchlichen Einflusses eine vermehrte
Nachfrage nach theologischen Fragestellungen geht, nach theologischen Büchern, Filmen und Radioprogrammen, nicht nur in Europa, sondern auch in sozialistischen Ländern und in der Dritten Welt.
Dazu kommt das Aufbrechen theologischer Fragestellungen in
nichtchristlichen Kulturen, das Entstehen neuer christlicher Kirchen, die christlich sein wollen, ohne eine unserer Ekklesiologien, ja
gelegentlich ohne eine Form der Taufe zu übernehmen[4].
In der Studienarbeit des Ökumenischen Rates versuchte man von
verschiedenen Seiten an das Problem heranzukommen, zB mit einer

---

2. G. Kretschmar, Der Weg zur Reichskirche, 43f.
3. A. de Moura, Importância; deutsch zitiert in: ChroSch, 75–78.
4. Ein eindrückliches Beispiel solcher Christen in der wichtigen Arbeit von W.
   Hörschelmann, Christliche Gurus.

großangelegten Untersuchung von fünfzehn Kirchen in so verschiedenen Situationen wie Hamburg und Chile oder Indien und Großbritannien. Beim Vergleich dieser verschiedenen Kirchen wurden bis jetzt keine systematisch erfaßbaren Kategorien festgestellt[5], ja mehr noch, es zeigten sich sogar Phänomene, die in den bis jetzt gebräuchlichen Kategorien nur in sich gegenseitig ausschließenden Sätzen beschrieben werden konnten (vielleicht ein Hinweis darauf, daß der Satz vom Widerspruch nicht die allgemeine Gültigkeit hat, die man ihm bis jetzt zuzutrauen geneigt war). Die Studie schloß mit dem unbefriedigenden Hinweis auf »demütiges Nicht-Wissen« in bezug auf ekklesiologische Aussagen, was vielleicht »demütig«, aber auf keinen Fall genügend sein kann.

Anders versuchte Hoekendijk das Problem zu fassen[6]. Sein Ratschlag heißt: Pluriformität der Kirche, und zwar auch dann, wenn es deswegen zum Konflikt zwischen den verschiedenen Formen, Frömmigkeiten, Ethiken, Theologien der Kirche kommen würde. Daß es heute eine Menge solcher Kirchenformen gibt, ist nicht zu bestreiten. Hoekendijk weist in diesem Zusammenhang auf den Bericht der nordamerikanischen Arbeitsgruppe des Referates für Fragen der Verkündigung hin, in dem »diese Konzeption einer in der Mission an der pluralistischen Gesellschaft stehenden Kirche vor allem in Nordamerika auf dem Hintergrund eines straff durchgeführten action-research ein deutliches Profil erhält«[7].

Dies ist zwar eine hilfreiche Beschreibung der Kirche als action, aber der research ist dabei noch nicht genügend in den Blick gekommen. Das Nach-Denken, die Re-Flektion, die gedankliche Neu-Ordnung der Fakten fängt erst an, denn die Frage ist unabweisbar: Wie hängt dies alles zusammen?

---

5. J. V. Taylor, Growth of the Church in Buganda; J. V. Taylor / D. Lehmann, Christians of the Copperbelt; H. Debrunner, A Church Between Colonial Powers; V. E. W. Hayward (Hg), The Church as Christian Community; K. A. Busia, Urban Churches in Britain; R. Lee, Stranger in the Land; A. R. Tippett, Solomon Islands Christianity; E. Andersson, Churches at the Grass Roots; P. Y. Luke / J. B. Carman, Village Christians and Hindu Culture; Chr. Lalive d'Epinay, Haven of the Masses; Ph. von Akkeren, Sri and Christ; Th. S. Wilkinson, Churches at the Testing Point; K. Ozaki / J. Freytag, Nominal Christianity; St. Mackie (Hg), Can Curches Be Compared? Der letzte und einige der übrigen Titel erschienen auch auf deutsch, vgl Literaturverzeichnis.
6. KuV, Zukunft.
7. KuV, 353.

20.2 Chance und Gefahr der Namengebung

Obschon ich es für verfrüht halte, die Bemühungen um eine systematische ekklesiologische Erfassung des oben erwähnten Tatbestandes für mißlungen zu bezeichnen, muß man doch nüchtern feststellen, daß diese Ekklesiologie bis heute weder im ökumenischen noch im konfessionellen Gespräch geraten ist. Man kann natürlich einen konfessionellen Standpunkt einnehmen. Man mißt dann die erwähnten ekklesialen Gebilde an der als Mitte der Schrift erkannten lutherischen, reformierten oder katholischen Lehrauffassung. Dieses Urteil übersieht aber, daß der Pluralismus neutestamentlicher Ekklesiologien (E. Schweizer und E. Käsemann) eine solche Beurteilung verbietet. Ferner entspricht das Kirchesein in der eigenen Konfession sehr oft nicht mehr den in der betreffenden Kirche herrschenden Ekklesiologien.

Schließlich bestand die Einheit der Alten Kirche mindestens bis zum sog Apostolischen Bekenntnis nicht in einem Bekenntnis, schon gar nicht in einer gemeinsamen Ekklesiologie, sondern in gemeinsamen Hymnen, gemeinsamen Geschichten (die man später Tradition nannte) und der fast sakramental zu nennenden Funktion der paulinischen Kollektenreise. Auch heute sind es weder die Bekenntnisse noch die Ekklesiologien, die die Christen verbinden, sondern zB das Gebet des Herrn, gewisse Lieder, manchmal gewisse Aktionen und möglicherweise auch Kollekten.

Vielleicht – aber das wage ich nur als Frage zu formulieren – gibt es auch Dinge, die man nicht benennen darf. »Kriterien angeben«, »Namen geben« ist zwar in unserer Kultur eine Notwendigkeit geworden, hat aber auch die Unmittelbarkeit der Erfahrung erstickt. Nicht umsonst bedeutet das Aussprechen des Namens in vielen alten Märchen den Tod[8].

Wir stehen heute in einer ähnlichen Situation wie die von Kretschmar geschilderten. Ob dies dem Erfolg der christlichen Missionspredigt zuzuschreiben ist oder ob diese Kirchen trotz der christlichen Missionspredigt entstanden sind – oder beides zusammen –, vermag ich nicht zu beurteilen. Tatsache ist jedenfalls, daß sowohl durch die sog unabhängigen Kirchen in Afrika und Lateinamerika, wie bei den sog »latenten Christen«, den freien funktionalen Gruppen in Europa und Amerika, eine »andere Kirche« im Entstehen ist, die in unseren ekklesiologischen Kategorien nur schwer zu fassen ist.

---

8. ZB Rumpelstilzchen, vgl. oben, S. 204f, S. 208.

Das aktionsbezogene Nachdenken des ökumenischen Studien-
programmes »Die Struktur der missionarischen Gemeinde«[9] setzt
bei diesem Tatbestand ein. Man fragt etwa: Welche kontinuierlichen Elemente verbinden die traditionellen Kirchen mit dieser
anderen Kirche? In welchen systematischen Kategorien lassen sich
so verschiedene Phänomene wie die Eglise de Jésus Christ sur la
terre par le prophète Simon Kimbangu im Kongo[10], die Igreja
Evangélica Pentecostal in Brasilien[11], die unabhängigen Kirchen in
Afrika[12], das politische Nachtgebet in Köln[13], die Sjaloom-Gruppen
in Holland[14], der Mississippi-Delta-Dienst in den Südstaaten der
USA[15], die Metropolitan Associates in Philadelphia[16], ein Fasten-
gottesdienst zur Passionszeit in Puerto Rico[17] zusammenfassen?
Und welche Kategorien gibt es zur gleichzeitigen Erfassung dieser
und der traditionellen Kirchen? Sind beide im gleichen Maße Kirche
und warum? Gibt es noch eine Grenze zwischen Häresie und
Orthodoxie und wenn ja, in welchen Kategorien ist sie zu bestimmen? Kategorien der Lehre (was aber, wenn viele dieser Kirchen
auf systematische Darstellung ihrer Lehre verzichten?), der Liturgie
(was aber, wenn alle Liturgien, auch die traditionellen, in Fluß
geraten sind?), Bindung an die Bibel (das wäre ein brauchbares
Kriterium, wenn für Analphabeten und literarische Menschen gleicherweise gesagt wird, was Bindung an die Bibel heißt), Bekenntnis
zum »Herrn Jesus Christus gemäß der Heiligen Schrift als Gott und
Heiland«, wie dies die Basisformel des Ökumenischen Rates ausdrückt? Aber genügt dieses Kriterium, wenn nicht gleichzeitig gesagt wird, welche Loyalitäten zu welchen anderen »Göttern und
Heilanden« (politische, ideologische, rassische, kulturelle, wirtschaftliche) dieses Bekenntnis ausschließt?[18]

 9. MaSt; Kfa; W. J. Hollenweger, Gemeinde für andere. Eine Diskussion in
    romanischen Ländern Europas; ders, The Church for Others. Discussion in the
    DDR.
10. Oben, S. 57ff und 75f.
11. Oben, S. 78, Anm. 15.
12. V. E. W. Hayward (Hg), African Independant Church Movements. PGG,
    135–151, 162–190.
13. D. Sölle / F. Steffensky, Politisches Nachtgebet.
14. H. J. Herbort, Hollands Katholiken riskieren eine Menge, KBB, 156–166.
15. H. Hellstern, Mississippi; B. Hilton, The Delta Ministry.
16. Kfa, 123–139.
17. E. H. Osorio, Eine prophetische Symbolhandlung in Puerto Rico, KBB,
    122–28.
18. W. J. Hollenweger, Der Inhalt des einen Zeugnisses; Die Ausrichtung des
    einen Zeugnisses; englisch: The »What« and the »How«.

Soll dies nun eine Verteidigung der gedanklichen Unklarheit zugunsten einer nur gefühlten, systematisch nicht artikulierbaren Ekklesiologie sein? Das wäre zu wenig. Aber ich versuche nun etwas, was man in unseren Breitengraden vielleicht als unwissenschaftlich bezeichnet, das ich aber, weil sachgemäß, trotzdem als wissenschaftliche Methode bezeichne. Anstatt abstrakte *Kriterien anzugeben,* versuche ich im folgenden die *Entstehungsweise von Kriterien* am Ort des Festes zu *beschreiben. Das Fest, als communio oppositorum.*

20.3 Wenn der Bischof das Fest anrichtet[19]

Im Abendmahl wird die von Hoekendijk gedanklich postulierte communio oppositorum zelebriert, und zwar in der Offenheit nach vorn, in der Offenheit nach außen und in der Offenheit aufeinander zu. Daß ein so konzipiertes Abendmahl nicht mehr konfessionell eingesperrt werden kann, ist klar. Aber das bedeutet nicht ein Plädoyer für die Interkommunion (das Wort ist eigentlich ein Widerspruch!), sondern verlangt neue Abendmahlsformen, in denen die *bei uns wirksamen* trennenden Kräfte – Arme und Reiche, Farbige und Weiße, Männer und Frauen, Kinder und Erwachsene, Intellektuelle und Analphabeten, Sozialisten und Kapitalisten durch die Feier überholt werden. Schon in der Alten Kirche wurde eine Gemeinschaft eschatologisch antizipiert (zB zwischen Sklaven und Freien), die erst im Werden begriffen war. Das bedeutet nicht die Abschleifung und Harmonisierung der Gegensätze, sondern das Suchen nach bis jetzt unbekannten Alternativen. Das »sola gratia« wird gerade in der Feier auf den Reflektionsprozeß angewendet[20]. Wo der Streit um die Wahrheit im Horizont der Hoffnung – und nicht der Resignation und der Rechthaberei, das heißt doch wohl am Tisch des Herrn – geführt wird, können sich neue Alternativen zeigen. Sie werden nicht verbaut durch die Blockade des Rechthabenmüssens. Wir haben uns überhaupt nicht mehr zu rechtfertigen, da wir schon gerechtfertigt sind. Wir brauchen daher alte Positionen nicht um des Rechthabens willen zu verteidigen. Um den Tisch des Herrn wird nicht über die Wahrheit, sondern auf die Wahrheit zu diskutiert. Gerade weil die Wahrheit nicht eine Sache der Demokratie ist, sondern im tiefsten Grunde das Geschenk dessen, der inmit-

---

19. Der folgende Text wurde durch W. Simpfendörfer, Offene Kirche, 163–64, 175–78, übernommen.
20. W. J. Hollenweger, Spiel als eine Form der Theologie.

ten der communio oppositorum anwesend ist und diese communio
überhaupt erst möglich macht, hat die Kommunion als Prozeß der
Erkenntnisfindung eine eminent wichtige Bedeutung. Gewiß, es gibt
nur eine Wahrheit, aber sobald ich die Wahrheit definiere, wird sie
partikular, denn die Definition trennt ex definitionem, während die
communio oppositorum ex definitionem verbindet ... In dieser
nach vorn ausgerichteten Gemeinschaft hat auch die altchristliche
Freude, die agaliasis, ihren Platz, und wohl auch der Humor als
Relativierung der partikularen eigenen Wahrheit. »Letzter Ernst ist
nie ohne eine Dosis Humor«, schreibt Bonhoeffer aus dem Gefängnis[21].

Die Offenheit nach vorn bewirkt eine Offenheit nach außen. Das
Hinaustragen des »Leibes Christi«, des Brotes in die Welt, wie es in
der ersten Christenheit praktiziert wurde, wo die Hungrigen von
Korinth mit dem »für viele gebrochenen Leib« gespeist wurden, war
eine revolutionäre Tat der ersten Christen. Hier wurde nicht getrennt zwischen Hunger des Magens und Hunger des Herzens.
Welche andere religiöse Gruppe hätte damals ihr Allerheiligstes
dazu gebraucht, um ganz gewöhnlichen leiblichen Hunger zu stillen?
Und welche religiöse Gemeinschaft ist heute bereit, ihr Heiligstes
dieser Welt hinzugeben?

Die Offenheit aufeinander zu zeigt sich nicht nur im Ausstehen
von Meinungsgegensätzen. Da gilt es, im Namen der Bruderschaft,
einander »ins Angesicht zu widerstehen«, aber eben ins Angesicht
und nicht hinter dem Rücken! Der dialogische Stil, den der Herr uns
an seinem Tisch ermöglicht und den er gleichzeitig von uns verlangt,
bedeutet nicht Kompromiß, sondern Suche nach einem die Gegensätze transzendierenden Dritten. Diese Unmöglichkeit kann ausgesprochen werden, weil der Herr selber mit uns am Tisch ist, weil wir
nicht nur unter Brüdern sind, weil wir nicht »trotzdem Brüder« sind,
sondern weil wir von Ihm zu Brüdern erklärt werden.

Offenheit aufeinander zu hängt weitgehend vom Führungsstil in
der Kirche ab, vom Amt des Bischofs, ob man ihn Präsident,
Moderator, Bischof, Pfarrer oder Priester nennt. Sein Amt ist nicht
primär das der Regierung, sondern das der Mobilisierung der Hoffnung. Als Bischof der offenen Kirche ist er »nicht Herr über den
Glauben, sondern Gehilfe der Freude«. Damit steht er nicht »über
den Fronten«, bewegt sich nicht »jenseits von Gut und Böse« – er
ist auch nicht einfach nur der »Mann des Ausgleichs«, sondern er
schafft und verteidigt das Klima der Freude und die Atmosphäre der

---

21. Bonhoeffer, Widerstand und Ergebung, (Juli 1944), 408.

Offenheit, indem er für den furchtlosen Umgang mit der Wirklichkeit eintritt und eine den Menschen nahekommende Verleiblichung des Evangeliums fördert.

Was aber tut der Bischof, wenn die Festteilnehmer anfangen zu streiten? Schlichtet er den Streit? Sucht er einen Kompromiß? Weist er Unanständige und Unartige vom Tisch (Kirchenzucht)? Und mit welchen Mitteln übt er sein Amt aus? Sofern das Verhalten Jesu auch für Bischöfe vorbildlich wäre, so finden wir jedenfalls bei ihm nicht, daß er die Nicht-Konformen, die »Sünder und Zöllner«, vom Tisch wies. Als er von der Sünderin im Hause Simons des Pharisäers in ungewöhnlicher Weise geküßt und gesalbt und zu einem Schiedsspruch herausgefordert wurde, erzählte er das Gleichnis von den beiden Schuldnern, das mit einer Frage endet. Das heißt, er stellte den Streit in einen weiteren – wir würden heute sagen in einen »theologischen« – Kontext und überließ die Antwort den zum Bankett Eingeladenen. Das heißt, er vertrat gerade nicht eine »laissez-faire-, laissez-aller«-Ideologie, aber ebenso weigerte er sich, den konkreten Streit expressis verbis zu schlichten, sondern er stellte den Streit in den weiteren Horizont der Vergebung mit Hilfe eines die Phantasie des Gehorsams inspirierenden Gleichnisses, überließ aber die »Moral von der Geschichte« den Zuhörern. Das heißt für den Bischof – immer unter der Voraussetzung, daß das Verhalten Jesu für ihn maßgebend ist –, daß er auf die Streitfrage der Teilnehmer mit einem Gleichnis antwortet, das diese zwingt, ihren Streit unter einem neuen Blickwinkel zu sehen und selbst zu beantworten. Der Bischof ist also nicht Schiedsrichter. Er holt die Auseinanderlaufenden zum gemeinsamen Tisch zurück und ermutigt die Hoffnung selbst dort, wo sich keine konkrete Lösung zeigt. Das heißt nicht, daß er einen Kompromiß vorschlägt. Er vertritt die Offenheit mit einer Frage und einem Gleichnis.

Gibt es heute solche Bischöfe? Gewiß. Man denke an Johannes XXIII. Hat er nicht Fragen gestellt, die so einfach und doch so aufregend waren, daß sie die katholischen und protestantischen Kirchen in Bewegung brachten? Man denke an den Baptisten Martin Luther King. Hat er nicht eine Offenheit vertreten, deren Grenzen seine eigene Vorstellungskraft überschritt? Solche Bischöfe werden gehört, ob sie offiziell ein Bischofsamt bekleiden oder nicht. Und offizielle Bischöfe werden nicht gehört, wenn sie keine bischöflichen Menschen sind[22].

---

22. Diese Aussagen treffen auch mutatis mutandis auf einen »ökumenischen Papst« zu; W. J. Hollenweger, Reformpapst oder christlicher Ombudsmann?

Zusammenfassend suche ich das Kriterium für eine kirchliche Reformarbeit an den Orten, wo es gelingt, die verschiedenen »anderen Kirchen« mit der traditionellen zum Fest, zum Gespräch auf die Wahrheit zu, zur Zelebration der communio oppositorum einzuladen. Die Thesen der »Kirche für andere« und die Reförmchen der traditionellen Kirchen bleiben so lange sektiererisch, als es uns nicht gelingt, das Fest der communio oppositorum als ekklesiologische Klammer und damit als Kriterium der Reformarbeit zu erleben.

21. Marxistische Ethik

Lokale Ideologien und Religionen haben das Problem der Interkulturalität nicht. Aber alle Ideologien und Religionen, die mit dem Anspruch der Universalität auftreten, haben sich früher oder später mit dem Problem der Variationsmöglichkeiten und deren Grenzen auseinanderzusetzen.

Dafür ist der Marxismus ein klassisches Beispiel. Es leidet ja keinen Zweifel, daß er als Produkt der deutschen Philosophie begann. Trotzdem wurde er zuerst in der Sowjetunion, dann in Osteuropa, schließlich in China und Kuba und neuerdings in Afrika, Frankreich, Spanien und Italien wirksam. Diese Inkulturation des Marxismus hat verschiedene Formen marxistischer Lehre und Ethik hervorgebracht, und die Frage ist auch im Marxismus zu stellen: Was ist das Gemeinsame?

Vorerst wurde die Frage traditionell beantwortet. Gemeinsam ist das, was »der Katechismus«, »das Heilige Offizium in Moskau« und »das Leitungsamt« als verbindlich erklärten.

Aber dieser Führungsanspruch wird heute bestritten, nicht nur in China, sondern auch in Italien und Frankreich und schließlich auch in der Sowjetunion, in Polen und in der Tschechoslowakei, von Jugoslawien gar nicht zu reden. Das folgende Kapitel[1] vergleicht die Aussagen der normgebenden Instanzen zu einem bestimmten Thema, nämlich zum Thema der Ethik, mit denjenigen der »Häretiker«. Ob der Marxismus zu einem echten interkulturellen Gespräch fähig wird, hängt meines Erachtens davon ab, ob im Gefüge der marxistischen Überzeugungen so etwas wie »Vertrauen auf die Wahrheit« möglich ist, die sich durchsetzen wird, auch wenn ich ihr nicht mit Gewalt nachhelfe.

---

1. Auf englisch veröffentlicht unter dem Titel »Marxist Ethics« in: Expository Times 85/10, Juli 1974, 292–98; deutsche Übertragung vom Vf, veröffentlicht in: Diakonia 5/6, Nov. 1974, 400–408. Im folgenden erweitert um die Diskussion mit Mil'ner-Irinin und seiner Kollegen. In den Anmerkungen und im Literaturverzeichnis übernahm ich die Transkriptionen des Russischen, die ich in den von mir benutzten Übersetzungen fand. Eine Vereinheitlichung der verschiedenen Systeme strebte ich nicht an, da offensichtlich selbst die Fachleute sich nicht einig sind, welchem System der Vorzug zu geben ist.

Man kann zu Recht die Frage stellen, ob es überhaupt eine marxistische Ethik gibt. Wegen seiner starken Betonung der objektiven gesellschaftlichen und politischen Gesetzmäßigkeiten, die im marxistischen Verständnis für die verschiedenen Ethiken verantwortlich sind, erweckt der Marxismus den Eindruck »eines wesentlichen, grundsätzlichen Immoralismus«[2]. Der italienische Geschichtsphilosoph Benedetto Croce hält es für »ein hoffnungsloses Unterfangen«, über »die Prinzipien der Ethik nach Marx zu schreiben«[3]. Ebenso hält der deutsche Sozialist Werner Sombart das marxistische System für grundsätzlich »a-ethisch«[4], und der litauische Philosoph Antanas Maceina hält den dialektischen Materialismus für »ethisch neutral«[5]. Der australische Historiker Eugene Kamenka stellt fest, daß »es den Marxisten bis jetzt nicht gelungen ist, eine ursprüngliche oder auch nur annähernd kohärente Ethik zu entwickeln«[6]. Er begründet diese Aussage mit Zitaten aus den Schriften von Karl Marx, zum Beispiel aus der Deutschen Ideologie (1845/46): »Die Kommunisten predigen überhaupt keine Moral.«[7] Sie sagten dem Proletariat nicht, was es tun solle, sondern zeigten ihm, was es durch den Lauf der Geschichte gezwungen werde zu tun. Der französische Kommunist Rappoport schließlich war der Meinung, daß »der Marxismus überhaupt keine Ethik kenne«[8].

Heute aber erscheint eine Reihe von ethischen Entwürfen in der Sowjetunion und in der DDR[9]. Am 22. Parteitag der Kommunisti-

---

2. G. Fedotov, Christiani v revolucii (Der Christ in der Revolution), 20.
3. B. Croce, Historical Materialism, 113–117.
4. W. Sombart, Der proletarische Sozialismus, I, 313.
5. A. Maceina, Sowjetische Ethik und Christentum, 10.
6. E. Kamenka, Marxism and Ethics, 1. Vgl auch E. Kamenka, The Ethical Foundations of Marxism.
7. K. Marx, Deutsche Ideologie. Das Leipziger Konzil, III. Sankt Max. MEW 3, 229: »Die Kommunisten predigen überhaupt keine Moral ... Sie stellen nicht die moralische Forderung an die Menschen: Liebet euch untereinander, seid keine Egoisten pp.; sie wissen im Gegenteil sehr gut, daß der Egoismus ebenso wie die Aufopferung eine unter bestimmten Verhältnissen notwendige Form der Durchsetzung der Individuen ist. Die Kommunisten wollen also keineswegs ... den ›Privatmenschen‹ dem ›allgemeinen‹, dem aufopfernden Menschen zuliebe aufheben ... Die theoretischen Kommunisten, die einzigen, welche Zeit haben, sich mit der Geschichte zu beschäftigen, unterscheiden sich gerade dadurch, daß sie allein die Schöpfung des ›allgemeinen Interesses‹ durch die als ›Privatmenschen‹ bestimmten Individuen in der ganzen Geschichte entdeckt haben ...« Hier auch der prägnante Begriff des »mit sich einigen Egoisten« im Gegensatz zu dem »Egoisten im gewöhnlichen Verstande« und dem »aufopfernden Egoisten«.
8. C. Rappoport, Le matérialisme de Marx et l'idéalisme de Kant, 11.
9. L. M. Archangelski, Kategorii marksistskoi etiki (ich verwendete die deutsche

schen Partei der Sowjetunion[10] wurde großer Nachdruck auf Fragen der Ethik gelegt, und G. Karpov beschreibt die Sowjetunion als »die Zitadelle . . . einer neuen kommunistischen Moral«[11].

Um zwischen diesen sich widersprechenden Ansichten etwas Klarheit zu gewinnen, will ich zuerst die ethischen Implikationen der Schriften von Karl Marx untersuchen, dann die verschiedenen zeitgenössischen Ethiken der Sowjetunion darstellen und schließlich in einem letzten Teil diese ethischen Auffassungen auf Grund neuerer marxistischer Literatur kritisch interpretieren.

21.1 Ethische Implikationen bei Karl Marx

Die ethischen Implikationen des Denkens von Karl Marx lassen sich am besten auf Grund seines Menschenverständnisses darstellen. Die Hauptfrage war für Karl Marx nicht »Was ist ein guter Mensch?«, sondern: »Was ist der wahre Mensch?« Die Antwort auf diese Frage ist eindeutig: Der wahre Mensch ist der emanzipierte Mensch, der von den Fesseln der Religion, der Gesellschaft und des Staates befreite Mensch. Solange der Mensch und seine Ethik von Kräften außerhalb seiner selbst bestimmt werden, ist seine Ethik nur eine Funktion dieser Kräfte. Dieser Mensch lebt immer noch in der Prähistorie. Eigentlich beginnt die Geschichte des Menschen erst in dem Augenblick, wo er anfängt, seine eigene Geschichte zu formen, indem er die Kräfte, die für seine Ethik verantwortlich sind, bestimmt:

»Die Moral, Religion, Metaphysik und sonstige Ideologie und ihnen entsprechende Bewußtseinsformen behalten hiermit nicht länger den Schein der Selbständigkeit. Sie haben keine Geschichte, sie haben keine Entwicklung, sondern die ihre materielle Produktion und ihren materiellen Verkehr entwickelnden Menschen ändern mit dieser ihrer Wirklichkeit auch ihr Denken und die Produkte ihres Denkens. Nicht das Bewußtsein bestimmt das Leben, sondern das Leben bestimmt das Bewußtsein.«[12]

»Bedarf es tiefer Einsicht, um zu begreifen, daß mit den Lebensverhältnissen der Menschen, mit ihren gesellschaftlichen Beziehungen, mit ihrem gesellschaftlichen Dasein, auch ihre Vorstellungen, Anschauungen und Begriffe, mit einem Wort auch ihr Bewußtsein sich ändert?

Ausgabe: Kategorien der marxistischen Ethik); A. F. Schischkin, Osnovi marksistskoi etik (ich verwendete die deutsche Übersetzung: Grundlagen der marxistischen Ethik). – Für die DDR vgl auch: Lebensweise und Moral im Sozialismus.

10. (Deutsch:) Programm der Kommunistischen Partei der Sowjetunion, 1961.
11. G. Karpov, Über die Kulturrevolution in der UdSSR, 5.
12. K. Marx, Deutsche Ideologie, 1845/46. Frühschriften, 349; MEW 3,26f. Zu Marx, oben S. 52ff.

Was beweist die Geschichte der Ideen anders, als daß die geistige Produktion sich mit der materiellen umgestaltet? Die herrschenden Ideen einer Zeit waren stets nur die Ideen der herrschenden Klasse.

Man spricht von Ideen, welche eine ganze Gesellschaft revolutionieren; man spricht damit nur die Tatsache aus, daß sich innerhalb der alten Gesellschaft die Elemente einer neuen gebildet haben, daß mit der Auflösung der alten Lebensverhältnisse die Auflösung der alten Idee gleichen Schritt hält.«[13]

Eine menschliche Welt erschaffen!

»Wir entwickeln der Welt aus den Prinzipien der Welt neue Prinzipien«, sagt Karl Marx[14]. Man könnte seine ethische Grundlegung folgendermaßen zusammenfassen: Die politische und gesellschaftliche Realgeschichte geht der Ideengeschichte voran und determiniert sie. Die (philosophischen und religiösen) Ideen sind Reaktionen auf das, was in der Realgeschichte schon vorhanden ist. Solange das nicht erkannt wird, *erleidet* der Mensch die Geschichte. Aber dieser empirische Mensch ist nicht der wahre Mensch. Der wahre Mensch nimmt seinen rechtmäßigen Platz ein in der Geschichte und formt die Bedingungen der Geschichte, die dann wiederum den Menschen formen. Wenn der Mensch wirklich menschlich werden soll, so haben wir zuerst eine menschliche Welt zu erschaffen[15].

»Wahrer Mensch« – eine ethische Aussage

Diese Position von Karl Marx (die ich hoffentlich nicht all zu stark vereinfacht habe) wird von Eugene Kamenka folgendermaßen kommentiert: »Die Aussage, daß der gegenwärtige empirische Mensch nicht ›wahrer Mensch‹ sei, ist keine logische, sondern eine ethische Feststellung. Die moralischen Kriterien für das Menschsein folgen nicht logisch aus der Bedeutung des Wortes ›Mensch‹. Mit anderen Worten: Marx ist nicht der erste und nicht der letzte, der von der Postulation einer ethischen Werthierarchie zur Postulation einer logischen Hierarchie getrieben wird, zur Konzeption des Guten als einer ›höheren‹ und ›wirklicheren‹ Existenz.«[16] Kamenka fragt sich auch, ob die implizite Auffassung von Marx logisch stichhaltig sei, wenn er behauptet, daß der selbstgenügsame, der immer aktive Mensch dem fremdbestimmten, dem determinierten, dem auch passiven Menschen moralisch überlegen sei. »Daß der aktive dem passiven Menschen ethisch überlegen sei, ist sowohl bei Marx wie

13. KM, Frühschriften, 545f; MEW, 480. Zum KM, unten, S. 287ff.
14. K. Marx, Aus den Deutsch-Franz. Jahrbüchern, Brief an Ruge, Sept. 1843, Frühschriften, 170; MEW 1, 345.
15. K. Marx, Die Heilige Familie, 1844/45; Frühschriften, 334; MEW 2, 138.
16. E. Kamenka, Marxism and Ethics, 25.

auch bei anderen (Philosophen) eine unbegründete Behauptung.«[17] Natürlich will Kamenka Marx das Recht zu ethischen Urteilen nicht abstreiten. Aber ein ethisches Urteil sollte dann als solches gekennzeichnet und nicht als logisches Urteil getarnt werden. »Ethisch mündig ist«, schließt Kamenka, »wer eine ethische Entscheidung treffen kann, ohne zu verlangen, daß ihr die Geschichte und die Logik angepaßt werden, um sie zu stützen, ohne zu verlangen, daß die Natur, ja der ganze Kosmos die ›Richtigkeit‹ unserer Entscheidung und/oder unsere Erfolgsaussichten garantieren.«[18]

Die »Wiedergeburt« – ein Mythos

Eine weitere Interpretation der Ethik von Karl Marx wird von Robert Tucker vorgelegt. Was Kamenka mit dem Hinweis auf die »Anpassung der Geschichte und der Logik« an unsere ethischen Entscheidungen anvisiert, wird in Tuckers Interpretation als Mythos bezeichnet. Durch die Veränderung der den Menschen bestimmenden äußeren Faktoren erwartet Marx »die geistliche Wiedergeburt des Menschen«[19]. Und das ist – in den Worten von Tucker – ein Mythos. Immerhin gibt es Situationen, in denen der Mythos eine wichtige Funktion für die Motivation des Menschen ausübt. Und »eine der hervorstechendsten Eigenschaften mythischen Denkens besteht darin, daß der Denker das Mythische seines Denkens nicht durchschaut. Für ihn ist es eine Enthüllung dessen, was empirisch vorliegt«[20]. So kann die Antwort auf die Frage »Warum sollen wir am Kampf zur Veränderung der den Menschen bedingenden Faktoren teilnehmen?« lauten: »Weil der Mythos uns sagt: Partizipiere! Nimm bewußt teil an der revolutionären geschichtlichen Bewegung, die sich vor unseren Augen abspielt.« Das berühmte Buch »Das Kapital« ist nach Tucker kein ethisches Buch, sondern ein Buch der Enthüllungen, der Offenbarung[21].

Am Beispiel der Sexualethik

Man macht sich diesen Sachverhalt vielleicht am besten klar in einer seiner Anwendungen, beispielsweise auf dem Gebiet der Sexualethik. An einer berühmten Stelle im Kommunistischen Manifest

---

17. »That it is morally better to act than to be acted upon is never, in Marx or anywhere else, more than an unsupported assumption« (aaO, 26).
18. AaO, 30.
19. B. Tucker, Philosophy and Myth in Karl Marx, 24.
20. Tucker, aaO, 224.
21. Tucker, aaO, 231.

nimmt Marx den Vorwurf der Bourgeoisie auf, die Kommunisten
wollten die Weibergemeinschaft einführen. Darauf antwortet er:

»Die Kommunisten brauchen die Weibergemeinschaft nicht einzuführen, sie hat
schon immer existiert. Unsere Bourgeois, nicht zufrieden damit, daß ihnen die
Weiber und Töchter ihrer Proletarier zur Verfügung stehen, von der offiziellen
Prostitution gar nicht zu sprechen, finden ein Hauptvergnügen darin, ihre Ehefrauen
wechselseitig zu verführen. Die bürgerliche Ehe ist in Wirklichkeit die Gemeinschaft
der Ehefrauen. Man könnte höchstens den Kommunisten vorwerfen, daß sie anstelle
einer heuchlerisch versteckten eine offizielle, offenherzige Weibergemeinschaft einführen wollten. Es versteht sich übrigens von selbst, daß mit der Aufhebung der
jetzigen Produktionsverhältnisse auch die aus ihnen hervorgehende Weibergemeinschaft, dh die offizielle und nichtoffizielle Prostitution, verschwindet.«[22]

Das ist die beißende Kritik des Marxismus an der bürgerlichen
Sexualethik. Aber wenn man bei Karl Marx einen positiven Beitrag
zur Sexualethik sucht, so sucht man umsonst. Die erste marxistische
Sexualethik wurde von einer Russin, Alexandra Kollontaï
(1872–1952), entwickelt[23]. Sie war Mitglied der Regierung Lenins
und später sowjetrussischer Botschafter in verschiedenen Ländern.
Viele Jahre vor Wilhelm Reich vertrat sie die Überzeugung, daß die
wirtschaftliche und gesellschaftliche Revolution mit einer Sexualre-
volution parallel gehen müsse. Es bedrückte sie, daß die veränderten gesellschaftlichen und wirtschaftlichen Bedingungen nicht automatisch auch die Werte der Sexualmoral veränderten, insbesondere
unter der Bauernschaft. Sie vermutete daher, daß es zur Veränderung des Menschen etwas anderes und etwas Zusätzliches brauchte
als lediglich veränderte gesellschaftliche Bedingungen. Insbesondere beschäftigte sie die »Doppelmoral«, die in den sozialistischen
Staaten so verbreitet ist wie in den kapitalistischen. Sie sah in den
Ehegesetzen eine Institution, welche die Emanzipation der Frau
verhinderte. Ja, sie ging noch weiter und sah in der Ehe selber ein
Hindernis für die Entwicklung des wirklich Weiblichen. Das Ehe-
obligatorum wird, so stellte sie fest, nicht nur durch wirtschaftliche,
sondern auch durch psychologische Faktoren am Leben erhalten.
Die Menschen haben vergessen (oder vielleicht überhaupt nie gelernt), was »Liebe« und was »erotische Freundschaft« ist. Darum
pressen sie fälschlicherweise allen Eros in die Ehe und erleben
daher nie die ganze Skala des Eros. (Unter Eros versteht sie
natürlich nicht einfach Geschlechtsverkehr.) Sie verlangte daher

---

22. KM, Frühschriften, 544; MEW 4, 479.
23. Die wichtigsten Schriften zu diesem Thema von A. Kollontaï (alle russisch) sind
   im Literaturverzeichnis aufgeführt. Einige dieser Texte sind in einer praktischen französischen Ausgabe mit einer hervorragenden Einführung zugänglich:
   Judith Stora-Sandor, Alexandra Kollontai: Marxisme et révolution sexuelle.

eine »Schule der Zärtlichkeit und Liebe«, welche man nicht mit den heute landläufigen erotischen oder pornographischen Büchern verwechseln sollte oder auch mit dem, was man heute »sex education« nennt. *Eros,* im tiefsten Sinne des Wortes, beschäftigte sie und *nicht* lediglich *Sexus.*

Sie faßte eine Sukzession monogamer Verhältnisse ins Auge, was natürlich in gewissen Fällen staatliche Hilfe für die Erziehung der Kinder bedeuten würde. »Trennung von Küche und Ehe«, der Liebe von ihren wirtschaftlichen Sanktionen war für sie wichtiger als die Trennung von Kirche und Staat. Obschon in der Sowjetunion die kirchliche Trauung keinen Rechtscharakter mehr hatte, war sie der Meinung, daß die sowjetischen Ehegesetze nicht fortschrittlicher als diejenigen der Kirche, ja, daß sie sogar reaktionärer als zB diejenigen Norwegens waren[24]. Sie wollte das Versprechen Engels[25] ernst nehmen, in welchem er mit der Aufhebung des Privateigentums auch die Befreiung der Ehe von wirtschaftlichen Sanktionen, die völlige Privatisierung der Beziehungen zwischen Mann und Frau, prophezeit hatte.

Alexandra Kollontaï hat ihr Ziel nicht erreicht. Die Ehegesetze der Sowjetunion[26] und der DDR[27] sind grundsätzlich nicht verschieden von denjenigen westlicher Staaten. Da die sowjetische Gesellschaft so gut wie die westliche auf der Produktion aufgebaut ist, wird diejenige Form des Zusammenlebens von Mann und Frau bevorzugt, die die größte Produktion verspricht. Die Sowjetunion ist der (wahrscheinlich richtigen) Ansicht, daß die bürgerliche Kleinfamilie die beste Garantie biete für das wirtschaftliche Wachstum. Das ist natürlich grundsätzlich ein anti-marxistisches Argument, denn es folgt der kapitalistischen Ideologie, die das wirtschaftliche Wachs-

---

24. Alexandra Kollontaï, Autobiographie.
25. Der Ursprung der Familie, des Privateigentums und des Staates.
26. Über das Eherecht in der Sowjetunion: P. Chaplet, La famille soviétique; D. Lober, Das Eherecht der Sowjetunion; A. Bilinsky, Das sowjetische Eherecht; M. Solovjev, Semja v sovetskom obščestve (Die Familie in der sowjetischen Gesellschaft); R. Schlesinger, Changing Attitudes in Soviet Russia; André Pierre, Les femmes en Union soviétique; und das oben erwähnte Buch von Judith Stora-Sandor.
27. Lebensweise und Moral im Sozialismus, 346ff. Immerhin scheinen die Gesetze für arbeitstätige Mütter zu den besten zu gehören (361f). Vgl auch die Sammelrezension sexualethischer Literatur von Gerhard Steege, in: Zeichen der Zeit (1972, 151f), wo er folgende Veröffentlichungen bespricht: H. Grassel, Jugend, Sexualität, Erziehung; S. Schnabl, Mann und Frau intim; Sozialistische Beziehungen in Familien und Hausgemeinschaften bewußter gestalten; Wir bleiben zusammen, hg von R. Halgasch; E. Mannschatz, Familienerziehung.

tum für wichtiger hält als die sexuelle Emanzipation, die Freiheit des Menschen[28]. (Was immer man von Alexandra Kollontaïs Vorstellungen von einem theologischen Gesichtspunkt halten mag, steht hier nicht zur Diskussion.)

21.2   Zeitgenössische marxistische Ethiken

Marx entwickelte keine explizite Ethik. Trotzdem gibt es heute eine wachsende Anzahl ethischer Handbücher in der Sowjetunion. Welche Gründe führten zu dieser Entwicklung? Vielleicht ist ein kurzer Seitenblick auf eine parallele Entwicklung in der christlichen Kirche nützlich. Dietrich Bonhoeffer begann seine Vorlesungen über Ethik mit den erstaunlichen Sätzen: »Das Wissen um Gut und Böse scheint das Ziel aller ethischen Besinnung zu sein. Die christliche Ethik hat ihre Aufgabe darin, dieses Wissen aufzuheben.« Er fragt dann weiter, »ob es einen Sinn hat, überhaupt von christlicher Ethik zu sprechen . . . Die christliche Ethik erkennt schon in der Möglichkeit des Wissens um Gut und Böse den Abfall vom Ursprung. Der Mensch im Ursprung weiß nur eines: Gott.«[29] Aber genauso wie dieses Verständnis des christlichen Glaubens vor allem im Klima der Naherwartung oder im Kontext einer verfolgten Untergrundkirche seine Gültigkeit hat, so scheint das marxistische Selbstverständnis als a-ethische Ideologie in der Situation der Revolution oder in der unmittelbaren Erwartung der klassenlosen Gesellschaft seinen Sitz im Leben zu haben. Aber wenn die Parousie sich hinauszieht, werden die ursprünglich eschatologischen (revolutionären) Aussagen in ethische verwandelt. Und genauso, wie das Christentum in ruhigeren Zeiten sich mit den ethischen Anforderungen des Alltagslebens auseinandersetzen mußte, so müssen die Marxisten »in der Übergangsperiode, die zum Kommunismus führt«[30], die ethischen Fragen klären. Immerhin, sie brauchten dazu ein halbes Jahrhundert.

Bedingungen für das Entstehen einer kommunistischen Ethik
Nicht nur der bürgerliche Lebensstil in der heutigen Sowjetunion hat das Entstehen einer kommunistischen Ethik bedingt. Es hängt auch mit dem Austausch mit den Völkern Asiens zusammen, wie Maceina dokumentiert. Wenn der Kommunismus die Asiaten davon

---

28. Archangelski, aaO, 157; Maceina, aaO, 75.
29. D. Bonhoeffer, Ethik, 19.
30. Vgl Anm. 10.

überzeugen will, daß die materielle die wirkliche Welt ist – eine Ansicht, die den meisten asiatischen Traditionen zuwiderläuft –, dann kann er dies nur in der Form einer Ethik tun[31].

Sowjetische Denker machten eine weitere Feststellung: »Warum kommen Menschen, die gleichartige Lebensläufe, gleiche Rechte in der Gesellschaft und sogar, nehmen wir an, gleichwertige Begabungen haben, zu verschiedenen Ergebnissen im Leben?«[32] Nach streng marxistischem Verständnis sollte das nicht der Fall sein, außer man würde den Menschen bedingende Faktoren ins Spiel bringen, die von Karl Marx nicht vorausgesehen wurden. Aber das ist für einen sowjetischen Denker eine schwierige Folgerung. Man löst das Problem, indem man dem Menschen die Möglichkeit einräumt, sich gegen den Gang der Geschichte zu stemmen. »Die marxistische Ethik diktiert keine Normen, sondern leitet diese aus dem gesellschaftlichen Sein des Menschen ab.«[33] Die ethischen Normen für sein Handeln allerdings erwachsen aus dem »Beweis der Notwendigkeit dieses Handelns und Verhaltens«[34].

Da die Produktionsverhältnisse in den verschiedenen Kulturen verschieden sind, produzieren verschiedene Kulturen notwendigerweise verschiedene Ethiken[35]. »Äußerlich kann ein und dasselbe Verhalten je nach den konkreten Bedingungen sittlich oder unsittlich sein.«[36] »Das Gute und das Böse sind keine ewigen, unveränderlichen Kategorien.«[37] Das ist übrigens auch der Grund für die marxistische Polemik gegen Kant. Kant ist selber ein Produkt einer bestimmten Gesellschaft und als solches hat er seinen Wert[38]. Aber unter veränderten Produktionsverhältnissen verliert er ihn. Es gibt eben keine sittlichen Werte per se. Die sittlichen Werte spiegeln lediglich einen bestimmten Stand der Gesellschaft wider. »Die Gründer des Marxismus haben die ethischen Fragen nie akademisch gestellt; sie betrachteten diese Fragen immer im Zusammenhang

---

31. Vgl den Bericht vom indischen Kongreß über Philosophie, in: Voprosy filisofii, 1956, Nr. 6, 163–169; 1957, Nr. 2, 175–181; Maceina, aaO, 25ff.
32. W. Ashajew, Fern von Moskau, 233f.
33. Zit. in Maceina (aaO, 45), aus Schischkins Grundlagen der marxistischen Ethik (341). Ich konnte die Stelle in meiner Ausgabe Schischkins nicht finden.
34. Schischkin, Grundlagen der marxistischen Ethik, 186.
35. Karl Kautsky, Ethik und materialistische Geschichtsauffassung, Stuttgart 1906. Ich zitiere aus dem gekürzten Nachdruck, hg von H. J. Sandkühler / R. de la Vega, Marxismus und Ethik, 209.
36. Schischkin, aaO, 205.
37. Archangelski, aaO, 87. Vgl auch: Lebensweise und Moral im Sozialismus, 29.
38. K. Kautsky, aaO, 209.

mit dem Klassenbewußtsein des Proletariats und mit dem Kampf um eine neue Gesellschaft.«[39]

Grundsätze einer klassenbewußten Ethik
Welches sind nun die Grundsätze einer solchen klassenbewußten Ethik? Man argumentiert etwa folgendermaßen: Die Schaffung der materiellen und technischen Grundlage ist die Grundlage der Verwandlung des Menschen und seiner ethischen Eigenschaften. Aber die erfolgreiche Lösung des technischen Aufbaus der Gesellschaft verlangt ebenso die Bildung eines neuen Menschen, des Menschen der kommunistischen Zukunft. Bildung heißt in diesem Zusammenhang, daß die wirtschaftlichen Veränderungen auch »richtig zum Ausdruck« gebracht werden[40]. Es genügt eben nicht, daß die Sowjetunion das beste Wirtschaftssystem der Welt geschaffen hat. Die Sowjetbürger müssen es auch verstehen und als das beste bezeugen. Dann werden sie auch verstehen, daß die Aufhebung des Privateigentums den Diebstahl unmöglich macht. Nicht weil er vom Gesetz verboten ist, sondern weil es zwecklos ist zu stehlen, wenn schon alles allen gehört[41]. Man braucht zur Durchführung dieses Programms auch keine Polizeigewalt, denn die Bürger haben die Überlegenheit und Güte dieser Gesellschaft in ihrem Gewissen internalisiert und tun aus Überzeugung (und vielleicht auch unter dem Druck der öffentlichen Meinung, des kollektiven Gewissens, wie zugestanden wird) das, was für sie und das ganze Volk gut ist. Nur in Ausnahmefällen muß zu physischer Gewalt gegriffen werden[42].

Die marxistische Ethik ist per definitionem parteiliche Ethik. Das wird von den sowjetischen Autoren klar ausgedrückt. Sie *muß* parteilich sein, weil sie (a) die Ethik einer Klasse ist, die keine Klasse ist[43], (b) eine Ethik ist, welche von der Partei letztinstanzlich definiert wird, und (c), weil sie einen gnadenlosen Kampf gegen die bürgerliche Ethik in sich schließt[44].

---

39. A. Schischkin, Voprosy etiki v trudach V. I. Lenina (Fragen der Ethik in den Schriften Lenins), Voprosy filosofii, 1906, Nr. 4, 58.
40. A. Schischkin, Grundlagen, 19.
41. AaO, 24.
42. Kautsky, aaO, 247.
43. »Sittlich ist alles, was der Sache des Kommunismus dient« (A. Schischkin, Die bürgerliche Moral, 71). Vgl auch Maceina, aaO, 75, und Archangelski, aaO, 43, 46, 92, 103. In der DDR war und ist »die Stellung zur Sowjetunion ... der Prüfstein wirklichen revolutionären Verhaltens« (Lebensweise und Moral im Sozialismus, 49).
44. Schischkin, Grundlagen, 53; Kautsky, aaO, 231. In der kommunistischen Buchhandlung in Zürich fand ich folgende Aufschrift: »Hier wird nicht geklaut. Du schadest nur den Genossen« (und nicht den Kapitalisten).

Kommunistische und christliche Ethik

Im Endziel, sagt Schischkin, besteht kein Unterschied zwischen christlicher und kommunistischer Ethik. Die Differenz liegt in der Tatsache, daß die Christen nie in der Lage sind, das zu *tun, was* – nach ihren eigenen Einsichten – zu tun *nötig wäre*. Der Grund dafür liegt nicht in der moralischen Schwäche der Christen, sondern in der Tatsache, daß sie die entscheidende Rolle der Produktionsweise für die Ausformung der Ethik nicht einsehen[45]. Es ist nach Schischkin völlig verkehrt, eine Ethik durch Appelle an die Gewissen der Bürger durchsetzen zu wollen. Wenn die Menschen menschlich werden sollen, müssen zuerst menschliche Bedingungen geschaffen werden. Sie werden dann von selbst menschlich werden, wenn sie nicht völlig aus dem Lauf der Geschichte herausfallen wollen.

Wie ganz anders, wird gesagt, ist das christliche *Reden* von der Ethik gegenüber der *Erschaffung* neuer moralischer Bedingungen in den kommunistischen Ländern! Und das ist etwa kein Ideal in einer fernen Zukunft. Es fängt bereits an, sich vor unseren Augen zu erfüllen[46]. In diesen Ländern werden die Bürger nicht von der Regierung und der Partei belogen. Die Partei bedient sich niemals der Mittel der Bestechung, der Einschüchterung oder der Verleumdung gegen das eigene Volk[47]. Wer etwa denkt, das sei ein Stück propagandistischer Rhetorik, der täuscht sich, denn Bestechung »im Dienste des gemeinsamen Wohls« ist – in kommunistischer Terminologie – keine Bestechung, und Lügen im gleichen Dienste sind nur eine andere Form der Wahrheit. Die Kommunisten tun das Gute nicht, weil es gut ist – das Gute an sich existiert für sie nicht –, sondern weil es gut für die Partei ist[48]. Das heißt nun im sowjetischen Verständnis wieder nicht, daß der Zweck die Mittel heilige. Die Partei artikuliert ja lediglich die vollkommene Harmonie zwischen dem Wohl des einzelnen und dem Wohl aller[49]. Wer der Partei widersteht, widersteht seinem eigenen Glück. Und wenn die Menschen nicht glücklich werden wollen, dann müssen sie eben von der »Geschichte« zu ihrem Glück gezwungen werden.

---

45. Schischkin, aaO, 174f. Vgl auch das Buch des DDR-Theologen Emil Fuchs, Christliche und marxistische Ethik.
46. Schischkin, aaO, 204.
47. AaO, 210.
48. Archangelski, aaO, 80.
49. »Wenn das wohlverstandene Interesse das Prinzip aller Moral ist, so kommt es darauf an, daß das Privatinteresse des Menschen mit dem menschlichen Interesse zusammenfällt« (K. Marx, Die Heilige Familie, 1844/45, in: Frühschriften, 333; MEW 2, 138).

Praktisch hängt der Erfolg dieses Programmes von der spontanen Entwicklung einer Loyalität zur Partei ab, von einem Gruppenerlebnis innerhalb der Partei, das die Sowjetbürger motiviert, das ihnen das Gefühl der Geborgenheit, der Stabilität und sogar der Freundschaft gibt. Die erlebte Gemeinschaft im Schoß der Partei ist ein Fels im Meer der sich ständig ändernden Ethiken – ein Punkt, der von den sowjetischen Verfassern klar erkannt wurde[50], und eine ungeheure Aufgabe für kommunistische »liturgiewissenschaftliche Experimente«, vergleichbar mit ähnlichen Aufgaben in der christlichen Kirche.

Aus der Loyalität gegenüber der Kommunistischen Partei entwickeln dann die sowjetischen Verfasser eine Arbeitsethik, die weit über das hinausgeht, was man etwa in christlichen oder kapitalistischen Arbeitsethiken lesen kann. Der Aufbau der sozialistischen Gesellschaft ist eine moralische Pflicht, denn nur in dieser neuen Gesellschaft kann der Mensch menschlich sein. Das geht so weit, daß der Bürger für einen Schaden, den er der Gesellschaft aus bestem Glauben oder aus Unwissenheit zufügt, bestraft werden muß, denn er hätte ja als guter Kommunist die sozialen Folgen seiner Handlungsweise voraussehen sollen[51]. Was beurteilt wird, sind nicht die Motive der Taten, sondern die Wirkungen seiner Taten – und eben diese wirken als Sabotage an der Gesellschaft. Wer so handelt, hindert den Lauf der Geschichte. Fleißige und zuverlässige Arbeit wird sehr groß geschrieben, denn das gesellschaftliche Eigentum ist »heilige und unantastbare Grundlage der sozialistischen Ordnung«[52].

Die Mehrzahl der sittlichen Ermahnungen kreist um die Steigerung der Arbeitsproduktivität. »Das Interesse an der Stärkung von Glanz und Macht der konkreten Sowjetgesellschaft durch die Arbeit sowie die Einsicht, daß die Arbeit selbst ein äußerst wirksamer Faktor bei der Erziehung und Selbsterziehung ist, bilden dabei eine Einheit[53]. Marx' Unterscheidung der entfremdeten und der befrei-

---

50. S. G. Strumilin, Problemy socializma i kommunizma v SSR (Probleme des Sozialismus und Kommunismus in der USSR), 396–413. Diskussion in: Maceina, aaO, 129ff.
51. Schischkin, aaO, 221.
52. AaO, 309.
53. Vgl I. R. Stremjakova: »Die Systematik der Arbeit fördert die Umwandlung der Arbeit in eine Gewohnheit, und so entfalten und festigen sich schließlich im Laufe der Arbeitstätigkeit die neuen Charakterzüge« (Čest' i dostojnstvo, kategorii marksistkoj etiki, 183; Ehre und Würde als Wert der marxistischen Ethik). – M. Korneva: »Der wichtigste und bestimmendste Faktor der gelenkten Veränderung des Menschen ist die Errichtung der kommunistischen Öko-

ten Arbeit[54] spielt in der sowjetischen Ethik keine Rolle mehr.«[55] Es handelt sich »in jeder Hinsicht um eine an der Konkurrenz orientierte Arbeitsmoral«[56].

Die »einfachen ethischen Normen«

Es gibt aber einen Punkt in der sowjetischen Ethik, der schlecht in dieses allgemeine Bild paßt. Die sowjetischen Moralphilosophen sprechen von den sogenannten »einfachen ethischen Normen«, für die sie keine ideologischen Gründe angeben können. Dies ist ein heißes Eisen in der sowjetischen Diskussion und bis heute kontrovers[57], um so mehr, als Schischkin und Archangelski behaupten, diese einfachen ethischen Normen seien selbstevident und sozusagen wahr in sich selbst. Zu diesen einfachen Normen gehört zum Beispiel die Pflicht, sich ordentlich aufzuführen, einen Menschen nicht ohne Erlaubnis zu duzen, bei der Begrüßung keine schmutzige oder feuchte Hand zu reichen, sich nicht überlaut zu unterhalten[58], aber auch grundlegende Kategorien der Ethik wie »Ehre«, »Pflicht« und »Gewissen«.

In neuerer Zeit drängt eine weitere Frage, vor allem unter den sowjetischen und osteuropäischen Studenten, an die Oberfläche. Es ist die Frage nach dem Sinn des Lebens. Die marxistische Antwort lautet: Der Mensch bekommt das Dasein von der Natur. Das Sosein aber gibt er sich selber[59]. Dieses dem Existentialismus ähnelnde Verständnis wird zu einer Art Auferstehungslehre ausgebaut. Ma-

---

nomie ... Im Gefolge der Schaffung der materiell-technischen Basis des Kommunismus ... bildet sich volle soziale Gleichheit ... verändert sich auch der Mensch selbst ... Es entsteht eine harmonische Verbindung der persönlichen und gesellschaftlichen Interessen, ja, ihre völlige Einheit. Der Mensch befreit sich von den Überresten der bourgeoisen Psychologie und Moral ... es verschwinden Kriechertum, Unterwürfigkeit, Furcht, Schüchternheit, Erniedrigung« (Kommunizm i problema ščast'ja, 263f; Der Kommunismus und das Problem des Glücks).

54. Vgl K. Marx, Ökonomisch-philosophische Manuskripte, MEW Erg. Bd 1, 515f; Grundrisse der Kritik der politischen Ökonomie, Berlin 1953, 387; Das Kapital, Bd 3, MEW 25, 828.
55. Alles zitiert bei P. Ehlen, Ethik in der Sowjetunion, 420.
56. H. Marcuse, Die Gesellschaftslehre des sowjetischen Marxismus, 218ff.
57. Voprosy filosofii, 1965, Nr. 9, 152; K. J. Gulian, Marksistkaja etika i problema cennosti (Marxistische Ethik und Problem des Wertes); K. A. Schwarzman / A. F. Schischkin, O nekotorych filosofskich problemach etiki (Über einige philosophische Probleme der Ethik); O. G. Drobnickij, Problema cennosti i marksistskaja filosofija (Problem des Wertes und marxistische Philosophie). Diskussion dieser Debatte in: Maceina, 56ff und Kamenka, 63f.
58. Schischkin, Grundlagen, 458f.
59. Maceina, aaO, 146.

ceina faßt sie folgendermaßen zusammen: Der Marxist nimmt für
sich nicht Unsterblichkeit im Sinne des »non posse mori« in An-
spruch, aber er behauptet sie im Sinne des »posse non mori«.
Unsterblichkeit wird daher nicht als logischer Schluß, wohl aber als
Möglichkeit gesehen. Der Mensch schafft seine eigene Ewigkeit.
Und das ist nicht, wie man vielleicht vermuten könnte, ein Faktor,
der Marxisten und Christen zusammenführt. Im Gegenteil, es ist
einer der Gründe für den marxistischen Kampf gegen die Religion.
Zwar sieht man, daß sich die Religion mit ähnlichen Fragen befaßt.
Aber sie tut es völlig inadäquat. Die Religion nimmt diese Frage
– im Gegensatz zur wissenschaftlichen Methode im Marxismus – in
einer völlig dilettantischen Weise auf. Es ist daher die Pflicht der
Gesellschaft, den Quacksalbern, die sich der Kurpfuscherei auf
einem so wichtigen Gebiet schuldig machen, das Handwerk zu
legen[60].

21.3   Kritische Interpretation

Die marxistische Ethik birgt in sich eine Reihe von Schwierigkeiten.
Eine davon wurde soeben erwähnt. Es ist die Postulation der
»einfachen Normen«, welche mit einer Auffassung der Ethik im
Widerspruch zu stehen scheint, die die Ethik von den Produktions-
weisen abhängig macht[61]. Es scheint mir, daß die marxistische Ethik
wählen muß zwischen zwei Möglichkeiten: *Entweder* sagt sie – wie
das heute viele Anthropologen tun –, daß jede Gesellschaft ohne
Ausnahme ihre eigene Ethik schafft. Die Aufgabe wäre dann, eine
Gesellschaft aufzubauen, welche die von den Marxisten gewünschte
Ethik hervorbringt. Aber die »einfachen Normen« passen nicht in
dieses Konzept. *Oder aber* man revoziert die Absage an die Werte.
Aber das würde die Debatte mit Kant und den Neukantianern
wieder aufleben lassen – ein Alptraum für jeden sowjetischen
Marxisten[62].
   Eine weitere Schwierigkeit wird von einigen sowjetischen Dich-
tern und Schriftstellern zum Ausdruck gebracht. Einer von ihnen
beschreibt sie folgendermaßen: »Als aber die Seele zu bluten begann, da spürte ich sie auf einmal in mir.«[63] Die Reduktion aller
Erfahrungen der Freude und des Leides, der Liebe und des Hasses

---

60. E. Kolman, Dialog ili bratania? (Dialog oder Verbrüderung?) in: Sovetskaja
    kultura 1967, Nr. 99.
61. Kamenka, aaO, 63.
62. Vgl dazu die Diskussion in der Anm. 35 erwähnten Textsammlung.
63. B. Garbatow, Die sich nicht beugen lassen, 18ff.

auf Vorgänge im wirtschaftlichen und gesellschaftlichen Bereich scheint der tatsächlichen Lebenserfahrung zu widersprechen. Ich glaube, daß – sollte es in der Sowjetunion je zu einer neuen Ethik kommen – diese von den Dichtern, den Schriftstellern und vielleicht den Musikern ausgehen wird (eine Situation, die derjenigen des Westens nicht unähnlich ist).

Die dritte Schwierigkeit wird von dem jugoslawischen Marxisten Svetozar Stojanović so ausgedrückt: »Wie konnte es geschehen, daß eine revolutionäre Bewegung, deren Ziel die Verwirklichung der radikalen humanistischen Idee darstellt, noch immer keine ausgearbeitete Ethik besitzt?«[64]

Die vierte Schwierigkeit hat mit dem Produktivitätssyndrom zu tun. Es scheint, daß darin die Marxisten in die gleiche Falle gegangen sind wie die westliche Gesellschaft. Gibt es denn irgendeinen Grund, der uns vermuten ließe, daß mehr und bessere Waren den Menschen besser machen (selbst in einer sozialistischen Gesellschaft)? Diese Fixation auf die Produktivität war übrigens schon vom Schwiegersohn von Karl Marx, Paul Lafargue, in seinem Buch »Das Recht zur Muße«[65] kritisiert worden. Auf Kamenka war schon hingewiesen worden, der keine Logik in der Behauptung sehen konnte, der immer aktive Mensch sei auch der wahre Mensch. Warum sollte denn nicht in einem anderen Lebensstil ein eigentlicher Mensch entstehen?

Bandzeladze und Mil'ner-Irinin
Solche Überlegungen sind nicht die Hirngespinste uninformierter westlicher Kapitalisten. Nach dem XXII. Parteitag der KPdSU entstand eine wichtige, halb-offizielle sowjetische Literatur zu den uns beschäftigenden Fragen[66]. Die wichtigsten Autoren in dieser Debatte sind G. D. Bandzeladze und Y. A. Mil'ner-Irinin. Die Ethik des letzteren[67] ist nur in 60 Exemplaren als Manuskript gedruckt worden. Dennoch sind Mil'ner-Irinins Gedanken teils durch mündliche Tradition, teils durch zwei ausführliche Artikel[68] dem breiteren Publikum bekanntgeworden.

---

64. Svetozar Stojanović, Kritik und Zukunft des Sozialismus, 137.
65. Vgl dazu Paul Lafargue, Le droit à la paresse.
66. Leicht zugänglich in der hervorragenden Übersicht von Peter Ehlen, Die philosophische Ethik in der Sowjetunion.
67. Y. A. Mil'ner-Irinin, Etika ili principy istinoj čelovečnosti (Ethik oder die Prinzipien wahrer Menschlichkeit); Ehlen, 11.
68. Y. A. Mil'ner-Irinin, Etika ili principy istinnj čelovečnosti (Princip sovesti) (Ethik oder die Prinzipien wahrer Menschlichkeit – das Prinzip des Gewissens); ders, Etika – nauka o dolžnom (Ethik, die Wissenschaft vom Gesollten).

Auch Bandzeladzes Ethik ist nie erschienen, obschon sie vom Verlag angekündigt worden war[69]. Die Gründe werden klar, wenn man Bandzeladzes publizierte Aufsätze berücksichtigt. Für Bandzeladze wie für Mil'ner-Irinin ist die Frage nach dem Menschen als Maß sittlicher Werte die Zentralfrage der Ethik. Diese Ethik »untersucht das Wesen und die Eigenart der Menschlichkeit selbst«[70]. »Das höchste Ziel«, heißt es bei O. M. Bakuradze, einem weniger bekannten, in der gleichen Serie publizierenden Autor, der »Wert an sich« ist die »Persönlichkeit« (ličnost). Sie steht an der »Spitze der ›Hierarchie‹ der moralischen Werte«.»Nur der Mensch ist unbedingtes Ziel, alles übrige kann man als Mittel für das Aufblühen seiner Persönlichkeit betrachten.«[71]

Das heißt nun aber, daß die »Werthierarchie« des Leninismus-Stalinismus wieder in diejenige des frühen Marx zurückgedreht wurde. Der wahre Mensch, die Menschlichkeit des Menschen, ist Maßstab der Sittlichkeit. Partei, Staat und Wirtschaft sind diesem Wert untergeordnet – genau das Gegenteil dessen, was die maßgebenden sowjetischen Ethiker behaupteten[72].

Es ist daher verständlich, daß die erwähnten Autoren verdächtig sind. Mehr noch, sie eröffnen die lange unterdrückte Diskussion über das Wesen des Menschen wieder. Und da finden wir bei Mil'ner-Irinin eine höchst bemerkenswerte Feststellung. Er sagt: Die Natur des Menschen ist als *solche* – und nicht erst in bestimmten wirtschaftlichen und politischen Verhältnissen – »revolutionär«, das heißt, sie trägt in sich selbst das Streben, über sich selbst hinauszugehen, sich selbst zu überschreiten »gemäß dem Ideal des Guten«[73].

Wir begegnen hier einer interessanten marxistischen »Diamat naturalis«, analog der christlichen theologia naturalis. Daß der Mensch als solcher »revolutionär« ist, hat für einen Marxisten denselben Stellenwert, wie wenn ein Christ von der theologia naturalis redet. In beiden Fällen werden dem »Andersgläubigen« wesentliche und grundlegende Einsichten in das Wesen des Menschen zugegeben. »Revolutionär« ist nach Mil'ner-Irinin nicht nur der

---

69. Eine für 1967/68 angekündigte »Ethik« von Bandzeladze, die im Moskauer Verlag »Mysl« erscheinen sollte, wurde, wie der Verlag lakonisch mitteilte, »vom Plan abgesetzt«. P. Ehlen, 11. Zu weiteren Publikationen von Bandzeladze siehe das Literaturverzeichnis.

70. G. D. Bandzeladze, Opyt izloženija sistemy marksistkoj etiki (Entwurf eines Systems der marxistischen Ethik), 5f; P. Ehlen, 41.

71. O. M. Bakuradze, O prirode morl'nogo suždenija (Zur Natur des moralischen Urteils), 342; Ehlen, 134. Zur Übersetzung von »ličnost« vgl Ehlen, 15f.

72. Siehe oben, S. 278.

73. Y. A. Mil'ner-Irinin, Etika – nauka o dolžnom, 18; Ehlen, 408.

Sozialist oder Kommunist, sondern jeder Mensch, unabhängig vom Katechismus der Parteischulen. Die Natur des Menschen (als Norm für die Ethik) geht über den empirischen Menschen hinaus. Und das heißt, daß, was ist, nicht mit dem, was sein soll, einfach identisch ist.

Diese Folgerungen werden von Mil'ner-Irinin ausdrücklich gezogen. Schon der Titel seines Essays zeigt dies an: Etika – nauka o dolžnom, die Ethik als die Wissenschaft von dem Gesollten. Aber wer sagt uns, was getan werden muß, was gesollt ist? Antwort: das Gewissen. Natürlich nicht in Einzelheiten, aber immerhin, das Gewissen spricht von etwas, das über das hinausgeht, was ist. Das Gewissen funktioniert also nicht mehr einfach als Interiorisierungsmechanismus der Direktiven der Partei. Es ist nicht einfach eine Funktion der gesellschaftlichen Pressionen, der Realgeschichte. Es ist etwas dem Menschen als solchem eigenes. Von da aus ist es nur natürlich, daß Mil'ner-Irinin auch dem Kapitalisten und dem Bourgeois ein Gewissen zuspricht. Sie sind nicht hoffnungslos korrupt. »Alle, die in der vielhundertjährigen Geschichte der Menschheit wahrhaft menschlich, sittlich strebten, waren Revolutionäre.« »Menschlichkeit und Revolutionstum sind Synonyme, ebenso wie Gewissen und Menschlichkeit, Werktätiger und Mensch.«[74] Auch dies eine wichtige Umkehrung des oben referierten Menschenverständnisses[75]. Nun wird »das Menschliche« zum Kriterium des Revolutionären und nicht umgekehrt. Der Haß verliert damit auch seine ethische Dignität[76]. »Man kann nicht den Humanismus mit haßverzerrtem Gesicht lehren.«[77]

Mir scheint, daß in einem Punkt Mil'ner-Irinin nicht nur sich von Lenin und Stalin, sondern auch von Marx entferne. Für Marx war doch klar: Das Sein bestimmt das Bewußtsein. Aber für Mil'ner-Irinin entsteht das Gewissen, das sittliche Sollen *mit dem Menschen*[78], und nicht einfach aus dem politischen und wirtschaftlichen Sein. Daraus müßte man schließen – aber so weit geht Mil'ner-Irinin nicht –, daß die Diktatur des Proletariates, die Vergesellschaftung der Produktionsmittel nicht automatisch den neuen Menschen schaffen, sondern höchstens unter bestimmten Bedingungen die Hindernisse für die Entstehung des neuen Menschen aus dem Wege schaffen, ohne schon von sich aus den neuen Menschen zu produzieren.

---

74. Ders, Etika ili principy istinnoj čelovečnosti, 269; Ehlen, 397.
75. Oben, S. 270.
76. Gegen oben, S. 276.
77. V. S. Štejn, Problema prostych norm nravstvennosti i spravedlivosti v marksistko-leninskoj etike (Das Problem der einfachen Normen der Sittlichkeit und Gerechtigkeit), 180; Ehlen, 424.
78. Y. A. Mil'ner-Irinin, Etika – nauka o dolžnom, 31; Ehlen, 406.

Ethik, Ästhetik und Religion

Diese Thematik wurde auch von einem französischen Marxisten, Roger Garaudy, in einer neuen faszinierenden Weise aufgenommen. Er ist ein Marxist in dem Sinne, als für ihn das »Leibliche«, das »Materielle«, Grundlage der Ethik ist. Aber dieses Materielle wird nicht mehr lediglich in den wirtschaftlichen Prozessen gesehen. Er kann darum vom Körper in Bewegung, vom Tanz als Praxis im marxistischen Sinne sprechen. Für Garaudy überschneiden sich im Tanz die Bereiche der Ethik, der Ästhetik, der Religion und der Kunst. Der Tanz wird eine Art Lebenssymbol. »Und warum sollten wir nicht mit den Schamanen glauben, daß der Tanz einem Menschen helfen kann, indem er so den Hauch des größeren Lebens aus dem Universum in sich aufnimmt?«[79] Der Tanz ist für Garaudy Kommunikation zwischen den Menschen auf einer wesentlicheren Ebene als derjenigen der Worte und Konzepte. Tanz ist die direkteste Kommunikationsweise, ja er ist für ihn ein Gefühl der Nähe Gottes. Darum erwähnt er in diesem Zusammenhang auch die Nabiim, die Propheten des Alten Testamentes.

Garaudy, der sich als guter Kenner der verschiedenen Schulen des Tanzes entpuppt, kommt im Verlaufe seines Buches auch auf das russische Ballett zu sprechen. Er bewundert dessen technische Perfektion, aber es hat ihm nichts zu sagen. Das ist auch verständlich, denn in Moskau ist man der Meinung: alles Wesentliche sei von Marx schon gesagt worden. Garaudy ist trotz seiner Treue zu Marx aber der Meinung, daß Marx noch nicht alles gesagt hat, daß es noch Entdeckungen zu machen gilt. So spricht er zB von den Entdeckungen, die gemacht werden könnten durch die »Erotisierung unserer Beziehungen zur Welt als Ganzes«. So verstanden wird der Tanz zu einer Weise der Befreiung, und Garaudy zitiert Isidora Duncan: »Ich bin Tänzerin und Revolutionärin.« Gewiß ist immer ein wenig Torheit in der Liebe. Aber es ist immer auch ein wenig Vernunft in der Torheit. »Die Ästhetik ist die Seele der Ethik.« So ist ein wahrer Revolutionär in Garaudys Verständnis ein Mensch, der nicht nur lernt, wie wirtschaftliche Prozesse zu kontrollieren sind, sondern auch, wie die verlorenen Fähigkeiten des Menschen wieder gefunden werden können. Und diese verlorenen Fähigkeiten werden eben nicht automatisch durch eine politische Revolution entdeckt. Zu ihrer Wiedergewinnung braucht es Menschen, die über die

---

79. »Comment des lors ne pas croire, avec le chaman, que la danse peut guérir l'invidu en lui insufflant la vie plus grande du Tout.« Roger Garaudy, Danser sa vie, 20. Vgl. zur Funktion des Tanzes auch oben, S. 90 und S. 94.

Grenzen der heutigen Kunst, des heutigen Denkens hinausgehen. »Sein Leben tanzen« kann für Garaudy beides sein: ein Symbol solcher Kreativität und ein Mittel, sie zu erreichen.

Der »Herr des Tanzes« und die Gottesfrage
Ein anderer marxistischer Philosoph, Milan Machoveč aus Prag, kommt zu ähnlichen Fragen[80]. Indem er Ausschau hielt nach dem befreiten Menschen, dem Menschen, der seine Revolution im Angesicht seiner Feinde tanzt, wurde er fasziniert von dem »Herrn des Tanzes«, dem »Lord of the Dance«[81]. Und die Frage, die er, als Marxist, zu stellen hatte, lautete: Warum hatten die Jünger nach dem unerwarteten Tod ihres Meisters ihren Tanz nicht abgebrochen? Das ist doch eines der unerklärlichsten Phänomene, daß die Sache Jesu mit dem Tod Jesu am Kreuz nicht aufhörte. Machoveč hält die oberflächlichen und rationalisierenden »Erklärungen« der Auferstehung (der Leichnam Jesu sei gestohlen worden, es handle sich lediglich um Visionen der Jünger usw) für historisch unhaltbar, auch und gerade wenn man wie Machoveč als kritischer Historiker an die Texte herangeht. Machoveč ist allerdings nicht interessiert an der Frage, was mit dem Leichnam Jesu passierte. Er läßt diese Frage offen. Aber daß etwas passierte, was die Christen »Ostern«, »Auferweckung«, »Erhöhung« oder so ähnlich nennen und dessen Konsequenz für den Historiker feststellbar ist, das ist ihm klar. Hier ist etwas geschehen, für das es in der marxistischen Systematik keinen Namen gibt. Es paßt nicht ins marxistische Schema, welches das veränderte Verhalten der Jünger durch veränderte gesellschaftliche Verhältnisse erklären würde.

Für Machoveč ist das die Gottesfrage. Er sagt: Marx kämpfte nicht gegen die Gottesbeweise seiner Zeit, damit seine Nachfolger die Beweise der Nichtexistenz Gottes verteidigen. Beide Beweisführungen sind nichtig. Marx kämpfte, so Machoveč, damit das »Tanzparkett« frei zum Tanz wird, damit das Unbewiesene und Unbeweisbare exploriert werden kann. Machoveč ist der Meinung, daß er immer noch Marxist sei, in der Tat, daß er ein besserer Marxist sei als seine doktrinären Kollegen. Als Marxist will er mit den Christen in Wettbewerb treten in der Auslegung der biblischen Schriften.

Natürlich weiß ich, daß beide, Machoveč und Garaudy, von einem orthodoxen marxistischen Gesichtspunkt aus gefährliche Häretiker sind. Tatsächlich ist Garaudy aus dem Zentralkomitee der

---

80. Milan Machoveč, Jesus für Atheisten.
81. So der Titel eines zeitgenössischen englischen Christushymnus.

französischen kommunistischen Partei ausgeschlossen worden, und Machoveč hat seine Professur an der Philosophischen Fakultät der Universität Prag verloren. Beide zahlten einen hohen Preis dafür, daß sie »aus dem Takt« tanzten. Aber sind es nicht auch im Christentum oft die Häretiker gewesen, die der Kirche den Weg zu ihrer wahren Mission wiesen? Und könnte es nicht sein, daß die marxistischen Häretiker dem Marxismus den gleichen Dienst erwiesen?

22. Das marxistische Glaubensbekenntnis

Gegen die »Abweichler« in der christlichen Tradition richtete Tertullian seinerzeit drei Verteidigungsbollwerke auf: scriptura, ecclesia, regula fidei.
Ähnliches läßt sich in bezug auf die marxistischen »Abweichler« beobachten. Die Funktion von »scriptura« übernehmen die »kanonisierten« Werke von Marx und Engels, genau gesagt, eine Auswahl dieser Werke, wie ein Vergleich zwischen Marx/Engels, Werke (MEW), und der Marx-Engels-Gesamtausgabe (MEGA) zeigt. Die Funktion von »ecclesia«, das heißt in altkirchlicher Tradition der Bischöfe, übernehmen im Kommunismus die Funktionäre der Kommunistischen Partei. Die Funktion von »regula fidei« übernimmt das Kommunistische Manifest (KM), das eben gerade wegen dieser seiner Position als Glaubensbekenntnis im Gesamtgefüge der kommunistischen Ideologie und Organisationen im folgenden genauer analysiert wird[1].

Das Manifest der Kommunistischen Partei wurde am Vorabend der europäischen Revolution von 1848 geschrieben, genau zwischen der Februarrevolution von 1848 in Paris und der Märzrevolution desselben Jahres in Berlin[2]. Und das ist kein Zufall. Das Kommunistische Manifest wurde von der Revolution hervorgebracht, und es bringt seinerseits die Revolution hervor. So demonstriert es die dialektische Beziehung zwischen Praxis und Theorie als Konstituante des Marxismus. Der Marxismus sieht sich nicht als eine Theorie, die nachträglich auf ihren Wahrheitsgehalt getestet werden müßte. Das wäre »Revisionismus«. Das marxistische »Evangelium« ist ein für allemal gegeben worden und kann auf Grund von Erfahrungen nicht verändert werden. Aber es ist andererseits auch nicht eine Praxis, das eine theoretische Grundlegung zu seiner Rechtfertigung braucht. Das wäre, im marxistischen Jargon gesprochen, »Opportunismus«. Marxismus ist als Theorie eine Praxis und als Praxis eine Theorie. In moderner Sprache ausgedrückt: Es ist existentiale

---

1. Veröffentlicht unter dem Titel »Karl Marx (1818–1883) and his Confession of Faith« in: Expository Times 84/5, Febr. 1973, 132–137. Deutsche Übertragung vom Vf.
2. Erste Ausgabe, London 1848.

Theorie und theoretische, das ist reflektierte, Existentialität. Diese Beziehung zwischen Praxis und Theorie kann im KM studiert werden.

Sein erster Entwurf wurde von Friedrich Engels ein »Glaubensbekenntnis« (in »Katechismusform«) genannt[3] – ein Titel, der später wieder fallengelassen wurde. Es sollte ein »geschichtliches Dokument« sein[4] und war berufen, »für die Geschichtswissenschaft denselben Fortschritt zu begründen, den Darwins Theorie für die Naturwissenschaft begründet hat«[5]. Es war »hohe Zeit, daß die Kommunisten ihre Anschauungsweise, ihre Zwecke, ihre Tendenzen vor der ganzen Welt offen« darlegten[6], da die »Kommunisten es verschmähen, ihre Ansichten und Absichten zu verheimlichen. Sie erklären es offen, daß ihre Zwecke nur erreicht werden können durch den gewaltsamen Umsturz aller bisherigen Gesellschaftsordnung. Mögen die herrschenden Klassen vor einer kommunistischen Revolution zittern. Die Proletarier haben nichts zu verlieren als ihre Ketten. Sie haben eine Welt zu gewinnen.«[7]

Trotz dieser großen Worte hatte das KM ursprünglich lediglich die Funktion, die auseinanderstrebenden Kräfte im Sozialismus um die Mitte des letzten Jahrhunderts zu einigen, sie zu einer Ideologie und einer Organisation zusammenzuschmieden – ein Ziel, das es nicht erreichte. Es ist heute klar, daß weder die Gewerkschaftsbewegung noch die sozialistische Bewegung sich gemäß den vom KM entworfenen Linien entwickelten und daß viele seiner Voraussagen sich nicht erfüllten. Aber – und darum ist es von größter Bedeutung – das KM hatte seinen Kairos, als Lenin es zur »Verfassungsurkunde« seiner Revolution in Rußland machte. In diesem Zusammenhang ist das KM ein Dokument von größter Bedeutung.

22.1 Friedrich Engels

Bevor wir den Text untersuchen, sollen seine Autoren, Marx und Engels, kurz vorgestellt werden. Friedrich Engels war in seiner Jugend ein erweckter Christ[8] und ein Predigthörer des Erweckungs-

3. Fr. Mehring, Karl Marx, 156.
4. Vorwort zur deutschen Ausgabe, 1872 (MEW 4, 584); Vorwort zur englischen Ausgabe, 1888 (MEW 4, 582).
5. Vorwort zur englischen Ausgabe, 1888; MEW 4, 581.
6. KM, Frühschriften, 525; MEW 4, 461.
7. KM, Frühschriften, 560; MEW 4, 493.
8. R. Seeger, Friedrich Engels.

und Berliner Hofpredigers K. W. Krummacher[9]. Krummacher fesselte seine Zuhörer durch seine originelle und eindringliche Sprache. In seinen Predigten ging er auf Seelenbeeindruckung aus. Zweifel wurden nicht analysiert und widerlegt, sondern niedergewalzt. So wurde er mit allem fertig, was seinem Christentum widersprach, mit der Naturwissenschaft, der Theologie, den sozialen Problemen[10]. Statt nach den Ursachen des sozialen Elends seiner Zeit zu forschen, verurteilte er die materialistischen Forderungen der Arbeiter. »Soll's nicht besser sein in Gottes Namen zu fasten als in Teufels Namen gute Tage zu haben«[11], predigte er den Arbeitslosen. Die Einwürfe gegen seine Bibelauslegung fegte er mit einem rhetorischen Feuerwerk auf die Seite, so zum Beispiel in seiner berühmten Predigt über Elias Himmelfahrt:

»Was wissen wir überhaupt von den Dingen, die über die Erscheinungswelt hinaus und jenseits der enggezogenen Mauern verborgen liegen, die auf unserm dunklen Planeten uns umschlossen halten? . . . Es verbrenne denn an jenem Feuerwagen seine Glaubensflügel, wer da will; wir besteigen ihn mit Elia und sprengen mit ihm jauchzend durch die Lüfte. Es lasse sich von den Hufen jener Rosse zu Boden schlagen, wer immer Lust hat; wir weiden uns nur an ihrem Anblick, und ihr Wiehern klingt uns an wie ein Gruß aus der Heimat . . . Während ihr naserümpfend und mit leerer Seele davonschleicht, feiern wir Freudenfeste in der Wüste am Jordan und wünschen uns Glück zu einem Bundesgott, der seine Knechte solcher Herrlichkeiten würdigt. Während ihr nur Dunst und Nebel seht, sehen wir den Himmel offen und atmen heimatliche Lüfte. Während euch die Gesetze eurer armen Physik wie eiserne Ketten an die Schollen dieser Erde schmieden, schweben wir, von Anziehungskräften gezogen, die ihr nicht kennt, über die Sterne empor und wandeln bei Leibesleben schon unter den seligen Bildern und Gestalten andrer Welten. Während ihr, von tausend undurchdringlichen Vorhängen umringt, euer zweifelndes ›Sein oder Nichtsein‹ murmelt, flattern wir, mit Glaubensflügeln beschwingt, wie fröhliche Lerchen euch über die Häupter hinweg und sind und atmen schon auf den ewigen Bergen eines wonnevollen Jenseits.«[12]

Zweifellos war Engels von der poetischen Kraft dieses Predigers beeindruckt. Seine Bekehrung zu diesem Christentum muß – nach

---

9. Pfr. Leipold, ein Schüler Krummachers, war Engels' Konfirmator. Engels über Krummacher in MEW Erg. Bd 2, 40ff (1833), 94f (1840).
10. Goethe verspottete die Predigten Krummachers in einer Rezension als »narkotische Predigten«, »welche sich denn freilich am klaren Tage, dessen sich das mittlere Deutschland erfreut, höchst wunderlich ausnehmen«. Goethe, Blicke ins Reich der Gnade, 19 (20. 1. 1830). Ausführlicher Kommentar in: Goethes Werke (Ausgabe Großherzogin Sophie von Sachsen 1904) I 42/1, 363–68. Vgl neuerdings auch den materialreichen und erhellenden Exkurs Gollwitzers zum Ausdruck »Opium des Volkes« in: H. Gollwitzer, Die marxistische Religionskritik, 23–28.
11. Zitiert in einer Vorlesung von A. Rich, SS 1959, Zürich.
12. F. W. Krummacher, Elia der Thisbiter, 392f.

den religiösen Gedichten zu urteilen, die er damals schrieb[13] – tief gegangen sein. Er war kein oberflächlicher Pietist. Er war ein evangelikaler Christ mit ganzem Herzen und ganzer Seele, was daraus zu ersehen ist, daß er sein evangelikales Christentum noch verteidigte, als er es schon aufgegeben hatte, zum Beispiel in einem Brief an seinen Freund Friedrich Graeber: »Wegen der Poesie des Glaubens hast Du mich verkehrt verstanden. Ich habe nicht um der Poesie willen geglaubt; ich habe geglaubt, weil ich einsah, (daß ich) so nicht mehr in den Tag hineinleben konnte, weil mich meine Sünden reuten, weil ich der Gemeinschaft mit Gott bedurfte. Ich habe mein Liebstes auf der Stelle gern gegeben, ich habe meine größten Freuden, meinen liebsten Umgang für nichts geachtet, ich habe mich vor der Welt blamiert an allen Ecken; ... Du weißt selbst, daß es mir Ernst war, heiliger Ernst.«[14]

Aber da ist noch eine andere Seite im selben Engels, der Engels, der ein griechisches Gedicht von achtzig Versen schrieb im Alter von siebzehn Jahren, der der Welt, der Gesellschaft und der Geschichte ihre Geheimnisse entreißen wollte. Und diese Seite Engels' kam in Konflikt mit dem frommen Engels. Als es zum Zusammenstoß zwischen diesen beiden Naturen kam, konnten die Beschwörungen Krummachers, am Jordanufer Freudenfeste zu feiern, anstatt harte und konsequente Denkarbeit zu leisten, seine bohrenden Fragen nicht befriedigen, noch enthielten sie eine Antwort auf die Fragen, die die Strukturmängel der Gesellschaft stellten. Es war unvermeidlich, daß Engels, der wiedergeborene, evangelikale Christ, von Engels, dem harten und skeptischen Frager, überwunden wurde. Er wurde zwar nicht übergangslos Atheist. Über die Zwischenstationen des Rationalismus von David Friedrich Strauß, der Herzensreligion von Schleiermacher, der Dialektik Hegels kam er zum »Feuer-Bach«, jenem »Purgatorium der Gegenwart«[15]. Dieses Fegefeuer brannte die letzten Reste seines Glaubens weg. Ein Christentum, das sich auf romantische Gefühle oder idealistische Spekulationen gründet, kann kaum dem Feuerbachschen Atheismus entrinnen. Was aber bei Engels neu ist und worin er über Feuerbach hinausgeht, ist die Art und Weise, wie er seine Religionskritik mit der Gesellschaftskritik verbindet. An diesem Punkt seiner Lebensgeschichte traf Engels mit Marx zusammen und wurde ein militanter Atheist.

---

13. MEGA I/2, 465 (1837); nicht in MEW.
14. Brief an Fr. Graeber, 12.–27. Juli 1837; MEGA I/2, 530 (nicht in MEW).
15. K. Marx, Luther als Schiedsrichter zwischen Strauss und Feuerbach, 1842. MEW 1, 27.

Karl Marx kam zu einer ähnlichen Position, aber über einen anderen Weg. Marx stammte aus einer jüdischen Rabbinerfamilie[16]. Sein Vater hatte zum Christentum konvertiert, und Marx hatte in seiner Jugend ein ethisches Christentum vertreten. Die Lehre Christi war für ihn die reine und vollkommene Moral. Aber dieses ethische Christentum brach zusammen. Über Feuerbach und Hegel wurde Marx ebenfalls Atheist. Um den Menschen zu befreien, mußte Gott entthront werden. Solange der Mensch durch etwas außer ihm selbst bestimmt wurde, war er unfrei und sich selber entfremdet.

22.2 Marxistische Heilsgeschichte

Wir kehren nun zum Manifest zurück. Es wurde schon darauf hingewiesen, daß das KM trotz seiner Behauptung, ein rein wissenschaftliches und geschichtliches Dokument zu sein, im Grunde genommen ein Glaubensbekenntnis ist. Der Glauben, den es bekennt, ist ein Glaube an die Geschichte, genauer gesagt an die Entdeckung der Kräfte, die die Geschichte vorwärtstreiben. Der Grundgedanke des KM wird im Vorwort zur deutschen Ausgabe von 1883 von Engels folgendermaßen zusammengefaßt:
»– daß die ökonomische Produktion und die aus ihr mit Notwendigkeit folgende gesellschaftliche Gliederung einer jeden Geschichtsepoche die Grundlage bildet für die politische und intellektuelle Geschichte dieser Epoche;
– daß demgemäß (seit Auflösung des uralten Gemeinbesitzes an Grund und Boden) die ganze Geschichte[17] eine Geschichte des Klassenkampfes gewesen ist, Kämpfen zwischen ausgebeuteten und ausbeutenden, beherrschten und herrschenden Klassen auf verschiedenen Stufen der gesellschaftlichen Entwicklung;
– daß dieser Kampf aber jetzt eine Stufe erreicht hat, wo die ausgebeutete und unterdrückte Klasse (das Proletariat) sich nicht mehr von der sie ausbeutenden und unterdrückenden Klasse (der Bourgeoisie) befreien kann, ohne zugleich die ganze Gesellschaft für immer von Ausbeutung, Unterdrückung und Klassenkämpfen zu befreien.«[18]

---

16. Dazu im besonderen: A. Künzli, Marx, eine Psychographie. – Über den jungen Marx im allgemeinen: D. McLellan, Karl Marx, 1–61.
17. An anderer Stelle fügt Engels eine Anmerkung bei: »Das heißt, genau gesprochen, die schriftlich überlieferte Geschichte«, da Engels, anders als Marx, an einen Stand der Unschuld am Anfang aller Geschichte glaubte. MEW 4, 462.
18. Vorwort zur deutschen Ausgabe, 1883; MEW 3, 577.

Der Klassenkampf wird dramatisch beschrieben. »Die Bourgeoisie, wo sie zur Herrschaft gekommen, hat alle feudalen, patriarchalischen, idyllischen Verhältnisse zerstört. Sie hat die buntscheckigen Feudalbande, die den Menschen an seinen natürlichen Vorgesetzten knüpften, unbarmherzig zerrissen und kein anderes Band zwischen Mensch und Mensch übriggelassen, als das nackte Interesse, als die gefühllose ›bare Zahlung‹.«[19] »Das, was ich bin und vermag, ist also keineswegs durch meine Individualität bestimmt. Ich bin häßlich, aber ich kann mir die schönste Frau kaufen. Also bin ich nicht häßlich, denn die Wirkung der Häßlichkeit, ihre abschreckende Kraft, ist durch Geld vernichtet. Ich – meiner Individualität nach – bin lahm, aber das Geld verschafft mir 24 Füße: ich bin also nicht lahm; ich bin ein schlechter, unehrlicher, gewissenloser, geistloser Mensch, aber das Geld ist geehrt, also auch sein Besitzer, das Geld ist das höchste Gut, also ist sein Besitzer gut, das Geld überhebt mich überdem der Mühe, unehrlich zu sein, ich werde also als ehrlich präsumiert; ich bin geistlos, aber das Geld ist der wirkliche Geist aller Dinge, wie sollte sein Besitzer geistlos sein? Zudem kann er sich die geistreichen Leute kaufen, und wer die Macht über die Geistreichen hat, ist der nicht geistreicher als der Geistreiche? Ich, der durch das Geld alles, wonach ein menschliches Herz sich sehnt, vermag, besitze ich nicht alle menschlichen Vermögen?«[20]

Diese Macht des Geldes wirkt nicht nur zwischen individuellen Personen. Sie ist auch eine gottähnliche Macht in den internationalen Beziehungen. Die Bourgeoisie »zwingt alle Nationen, die Produktionsweise der Bourgeoisie sich anzueignen, wenn sie nicht zugrunde gehen solle; sie zwingt sie, die sogenannte Zivilisation bei sich selbst einzuführen, das heißt Bourgeois zu werden. Mit einem Wort, sie schafft sich eine Welt nach ihrem Bilde.«[21] Aber der Erfolg der Bourgeoisie ist auch ihr Untergang. Wie der Zauberlehrling, der die Geister, die er rief, nicht mehr bändigen kann, so kann die Bourgeoisie die Geister des Kapitalismus nicht mehr kontrollieren. »Sie produziert ihre eigenen Totengräber.«[22] Das zeige sich schon, so Marx, an den häufigen Krisen des Geldmarktes und der internationalen Wirtschaftsbeziehungen. »Aber die Bourgeoisie hat nicht nur die Waffen geschmiedet, die ihr den Tod bringen; sie hat auch die Männer erzeugt, die diese Waffen führen werden – die

---

19. KM, Frühschriften, 528; MEW 4, 464.
20. K. Marx, Ökonomisch-philosophische Manuskripte, 1844. Frühschriften, 298f;
    MEW Erg. Bd 1, 564f.
21. KM, Frühschriften, 530; MEW 4, 466.
22. KM, Frühschriften, 531. Zitat, 539. MEW 4, 467, Zitat, 474.

modernen Arbeiter, die Proletarier.«[23] Unaufhaltsam schaffen die Kräfte der Geschichte den »Retter«, den Proletarier.

Die Proletarier sind allerdings nicht die »konservativen englischen Trade-Unions«[24]. Das Proletariat ist »die Klasse der modernen Arbeiter, die nur so lange Arbeit finden, als ihre Arbeit das Kapital vermehrt. Diese Arbeiter, die sich stückweise verkaufen müssen, sind eine Ware wie jeder andere Handelsartikel und daher gleichmäßig allen Wechselfällen der Konkurrenz, allen Schwankungen des Marktes ausgesetzt.«[25] »Sie werden als gemeine Industriesoldaten unter die Aufsicht einer vollständigen Hierarchie von Unteroffizieren und Offizieren gestellt ... Sie sind täglich und stündlich geknechtet von der Maschine, von dem Aufseher, und vor allem von den einzelnen fabrizierenden Bourgeois selbst.«[26] Sie sind »nur noch Arbeitsinstrumente«[27].

Nun kann man allerdings fragen, ob denn der marxistische Glaube an den deterministischen Geschichtsverlauf nicht jenem anderen marxistischen Glauben, nämlich dem Glauben an die Befreiung des Menschen widerspreche. Entweder ist der Mensch frei, oder er ist das Objekt der Geschichtskräfte. Marx war sich dieses Widerspruchs völlig bewußt und erkannte genau in diesem Widerspruch das Elend des Menschen. Wenn der Mensch nicht Herr über die wirtschaftlichen Prozesse, sondern ihr Sklave ist, dann ist er Knecht – in marxistischer Sprache »sich selbst entfremdet«, in biblischer Sprache »der Sünde Knecht«[28]. Die Motivation hinter den Frühschriften von Marx ist die Suche nach einer Überwindung dieses Determinismus. Im »Kapital« hat er die beinahe mechanische Entwicklung auf eine neue Gesellschaft hin betont. Das KM steht in der Mitte zwischen den Frühschriften und dem »Kapital«. Das ist der Grund für die widersprüchliche Auslegung des KMs. Soll man es von den Frühschriften her interpretieren (so viele Marxisten in Frankreich, Italien, Polen und einige Oppositions-Marxisten in der Tschechoslowakei und in der UdSSR) oder vom »Kapital« her (so die offizielle sowjetische Parteiinterpretation)? Man kann ja auch im Christentum fragen, ob das Neue Testament von den unbequem revolutionären Gottesreich-Gleichnissen Jesu her oder von den kompromißbereiteren Texten der Alten Kirche her zu interpretieren sei.

---

23. KM, Frühschriften, 532; MEW 4, 468.
24. Vorwort zur englischen Ausgabe, 1888; MEW 4, 579.
25. KM, Frühschriften, 532; MEW 4, 468.
26. KM, Frühschriften, 533; MEW 4, 469.
27. KM, Frühschriften, 533; MEW 4, 469.
28. Röm. 6,16.

Wie aber sieht Marx die Auflösung des Dilemmas zwischen dem versklavten und doch zur Freiheit berufenen Menschen, zwischen dem wirklichen, empirischen und dem wahren, dem zur Freiheit berufenen Menschen? Er löst den Widerspruch durch einen dialektischen Meisterstreich. Da das Proletariat nicht nur unter dem Unrecht, das ihm als Klasse angetan wird, nicht nur unter dem Verlust seiner klassenspezifischen Menschheit leidet, sondern unter dem Unrecht der Menschheit schlechthin, unter »dem völligen Verlust des Menschen«, wird durch die Wiedergewinnung der Menschheit des Proletariates die gesamte Menschheit ihre Menschheit wiedergewinnen[29]. Diese Aussage, die die grammatische Form einer logischen Schlußfolgerung hat, ist eine reine Glaubensaussage. Das Proletariat nimmt hier die Funktion des Ebed Jahwe im Alten Testament und des Christus bei den Christen ein, das heißt, daß an diesem Punkt der Geschichte, in diesem Kairos der geschichtlichen Entwicklung ein eschatologisches Wunder passieren wird. Es passiert hier das Wunder der Transsubstantiation der Proletarier in völlig verwandelte Menschen, bei denen es keine Form der Knechtschaft mehr geben wird (»keine Tränen, kein Tod, kein Leid, kein Geschrei, kein Schmerz mehr«[30]), und wo der Staat unnötig werden wird (»kein Tempel«[31]).

So also sieht das KM die Geschichte, Vergangenheit, Gegenwart und Zukunft. Das einzig Fatale an diesem Geschichtsglauben ist, daß die Verheißungen sich – ähnlich wie die eschatologischen Hoffnungen der Christen – (bis jetzt!) nicht erfüllten. Die Proletarier handelten nicht nach dem von Marx geglaubten Geschichtsplan. Marx verkündete das Heil durch »die Klasse, welche keine Klasse ist«, und was kam, war die Partei! Aber auch das ist – eine weitere Parallele zur Kirchengeschichte – schon vorgeplant im KM.

22.3 Die Kommunistische Partei als Geschichtsinterpretin

Marx zog schon im KM die Möglichkeit in Betracht, daß das Proletariat sich nicht an seine Voraussagen halten werde. Er nannte diesen Teil des Proletariates »Lumpenproletariat«. Um den Proletariern zu helfen, das zu werden, wozu sie bestimmt sind, brauchen

---

29. Oben, S. 55f.
30. Off. 21,4.
31. Off. 21,22.

sie die Hilfe der Kommunisten. Darum ist der zweite Teil des KMs überschrieben: Proletarier und Kommunisten.

Wer sind diese Kommunisten? »Die Kommunisten sind keine besondere Partei gegenüber den anderen Arbeiterparteien. Sie haben keine von den Interessen des ganzen Proletariats getrennten Interessen. Sie stellen keine besonderen Prinzipien auf, wonach sie die proletarische Bewegung modeln wollen. Die Kommunisten unterscheiden sich von den übrigen proletarischen Parteien nur dadurch, daß sie einerseits in den verschiedenen nationalen Kämpfen der Proletarier die gemeinsamen, von der Nationalität unabhängigen Interessen des gesamten Proletariats hervorheben und zur Geltung bringen, andererseits dadurch, daß sie in den verschiedenen Entwicklungsstufen, welche der Kampf zwischen Proletariat und Bourgeoisie durchläuft, stets das Interesse der Gesamtbewegung vertreten.« (Cyprian!) Sie sind »der entschiedenste, immer weitertreibende Teil der Arbeiterparteien aller Länder; sie haben theoretisch vor der übrigen Masse des Proletariats die Einsicht in die Bedingungen, den Gang und die allgemeinen Resultate der proletarischen Bewegung voraus«[32].

Diese Kommunisten waren damals der »Bund der Kommunisten«, von dem das KM prahlerisch behauptete: »Ein Gespenst geht um in Europa – das Gespenst des Kommunismus . . . Der Kommunismus wird bereits von allen europäischen Mächten als eine Macht anerkannt.«[33] Diese übertriebene Behauptung zeigt immerhin die unerschütterliche Überzeugung von Marx und Engels. Beide waren keine Proletarier. Tatsächlich war keiner der frühen kommunistischen Führer Proletarier. Sie gehörten zu jenem Teil der Bourgeoisie-Ideologen, »welche zum theoretischen Verständnis der ganzen geschichtlichen Bewegung sich hinaufgearbeitet haben«[34]. Während die Proletarier gelegentlich (und öfter) unrecht hatten (Lumpenproletariat!), haben die Kommunisten immer recht, weil sie Einsicht haben in die Bedingungen und den Gang der Geschichte und weil sie stets das Interesse der Gesamtbewegung vertreten, und zwar besser als die Proletarier selber. In den Reihen der Kommunisten (auch wenn sie nicht Proletarier sind) findet man die, die wissen, was den Proletariern zum Heil dient. Sie sind die Gnostiker der Heilsgeschichte. Die Proletarier sind die proletarische Masse, aber die Kommunisten sind deren Geist. Sie sind die wahren Revolutio-

---

32. KM, Frühschriften, 539; MEW 4, 474.
33. KM, Frühschriften, 525; MEW 4, 461.
34. KM, Frühschriften, 536; MEW 4, 472.

näre. Darum werden auch alle nicht-kommunistischen Sozialisten im KM exkommuniziert[35].

Dieses Verdikt traf auch prominente Kommunisten, wenn sie Marx und Engels (und später Lenin und Stalin) widersprachen. Es ist darum kein Wunder, daß das unmittelbare Resultat des KM nicht die Einigung aller Arbeitsparteien, sondern die Auflösung des Bundes der Kommunisten war. Hier bläst der Wind eben nicht, wo er will, sondern wo er soll. Und bis heute ist es immer noch ein eindeutiges Charakteristikum einer orthodox kommunistischen Organisation, daß sie strikte zentralisiert ist[36] und daß die horizontalen Kommunikationen zwischen Gleichrangigen verboten sind[37]. »Die entfernten und ausgestoßenen Individuen, sowie verdächtige Subjekte überhaupt, sind von Bundes wegen zu überwachen und unschädlich zu machen. Umtriebe solcher Individuen sind sofort der betreffenden Gemeinde (!) anzuzeigen.«[38]

Beim Vergleich dieser Partei-zentrierten Ansicht mit der »mehr charismatischen« oder dialektischen der Frühschriften (wo diese Art von Organisation »roher Kommunismus« genannt wurde, der »nur eine Erscheinungsform von der Niedertracht des Privateigentums ist«[39]), werden die Christen keine Schwierigkeiten haben, auffallende Parallelen in ihrer eigenen Kirchen- und Ketzergeschichte zu entdecken.

22.4 Der fehlende fünfte Akt

Trotz unbestreitbarer Fehler und gefährlicher Fallen gibt es Einsichten im KM, die für die Christen von größter Bedeutung sind.

(1) Marx hat gezeigt, daß die treibenden Kräfte in der Geschichte nicht die ethischen und moralischen Motivationen, sondern wirtschaftliche Mächte sind. Das ist bei Marx kein moralisches Urteil, sondern eine Tatsachenbeschreibung. Christen sollten diese Analyse nicht leichthin ablehnen. Selbst eine Erscheinung wie die Refor-

---

35. 3. Teil des KM: Sozialistische und kommunistische Literatur, KM, Frühschriften, 548ff; MEW 4, 482ff.
36. L. P. Gerlach / V. H. Hine (People, Power, Change) in ihrem Vergleich zwischen Black Power und Pfingstbewegung verwenden zentrale Organisationsstrukturen, um zu entscheiden, ob es sich um kommunistische Organisationen handelt oder nicht.
37. Statuten des »Bundes der Kommunisten« (1847), Art. 9; MEW 4, 597.
38. Ebd, Art. 42; MEW 4, 600.
39. K. Marx, Ökonomisch-philosophische Manuskripte (1844), Frühschriften, 233–35; MEW, Erg. Bd 1, 534–36.

mation[40], die frühen christlichen Konzile oder die alt- und neutestamentlichen Schriften[41] können wenigstens teilweise von ihrer wirtschaftlichen Basis her interpretiert werden. Nicht diese Einsicht bei Marx sollte von Christen bestritten werden, sondern seine fatale Tendenz, alle anderen Geschichtskräfte zu leugnen. Nicht die unbestreitbare Einsicht in die Bedeutung der wirtschaftlichen Prozesse für Bildung, Religion und Philosophie, sondern der axiomatische Glaube an die als Wissenschaft getarnte marxistische Heilsgeschichte macht den Dialog mit den Marxisten so schwierig. An diesem Punkt beginnen besser informierte Marxisten ihren Glauben zu revidieren[42]. Sie treffen in ihren Reihen auf die gleiche Opposition wie jene Christen, die unhaltbar gewordene Thesen des Christentums revidieren wollen.

(2) Das Wesen der marxistischen Kapitalismus- (und Neo-Kapitalismus-)Kritik liegt in der Beschreibung der entmenschlichenden Wirkungen des Systems. Im Staat gilt nur der Mensch als freier Bürger, der politisch mündig ist. Man sollte annehmen, daß das gleiche auch auf Wirtschaft und Industrie zutrifft. Wie aber die Arbeitnehmer (nicht nur die Arbeiter, sondern auch die Angestellten, Techniker und Manager) in der Wirtschaft mitbestimmen können – diese Frage wird weder von Marx noch von den liberalen Wirtschaftstheoretikern beantwortet.

Zwei Punkte wären im besonderen zu kritisieren am KM.

(1) Während es schwierig sein dürfte, die marxistische Analyse der industriellen Situation seiner Zeit zu widerlegen, berücksichtigte Marx die Wandlungsfähigkeit des Kapitalismus nicht. Vielleicht aber hat gerade die marxistische Kapitalismuskritik den Kapitalismus verändert. Er funktionierte möglicherweise wie eine »self-destroying prophecy«, das heißt wie eine Prognose, die sich nicht erfüllte, weil die »Kapitalisten« ihre Entscheidungen auf Grund eben dieser Prognose änderten.

(2) Marx spricht von einem Drama in fünf Akten: Erster Akt: Das Paradies der Unschuld[43]. Zweiter Akt: Der Sündenfall – die Einführung des Privateigentums. Dritter Akt: Der Greuel der Verwüstung – der Kapitalismus. Vierter Akt: Die proletarische Revolu-

---

40. S. 299ff.
41. S. 34ff.
42. S. 281ff.
43 Der Zustand der Unschuld ist eine spätere Einfügung von Engels, vgl oben, Anm. 17.

tion. Fünfter Akt: Die neue Erde und der Himmel – der Kommunismus höherer Ordnung, der den Unschuldsstand des ursprünglichen Kommunismus wiederherstellt.

Es ist dieser unerfüllte fünfte Akt, welcher als kritische Kraft im Kommunismus wirkt – genauso, wie die eschatologischen Verheißungen im Neuen Testament von Zeit zu Zeit neues Leben in die Wüste christlicher Theologie gebracht haben.

23. Zwinglis Reformation[1]

Nach der Untersuchung, wie der Marxismus sich mit den Forderungen eines interkulturellen *Diamats auseinandersetzt (oder nicht auseinandersetzt), kehre ich zu meiner eigenen reformierten Tradition zurück. Man sagt, die Reformatoren hätten die Frage:* »Wie kriege ich einen gnädigen Gott?«, *die Bedeutung des erschrockenen Gewissens des einzelnen vor Gott wiederentdeckt, im Gegensatz zu den modernen Reformern, die die sogenannte Vertikale, die* »weltlichen Fragen«, *zugunsten der sogenannten Horizontalen, der* »göttlichen Fragen«, *vernachlässigten.*

Ist eine solche Darstellung der Reformation schon bei Luther fragwürdig[2], so wird sie bei Zwingli eindeutig falsch. Der Kontext, in dem Zwingli seine Auslegung des Evangeliums trieb, war die Republik Zürich. Hier wurden die Fragen »Von Erkiesen und Freiheit der Speisen«, *von Recht und Unrecht der Soldverträge mit dem Ausland, von der Ehelosigkeit der Priester, von Recht und Unrecht des Kapitalzinses gestellt. Zwingli wich diesen Fragen nicht in theologische Abstraktionen aus, die immer korrekt, aber nie konkret sind. Er beugte sich aber auch nicht der Meinung der damaligen Experten, sondern er versuchte, im Gespräch mit ihnen die theologischen Dimensionen dieser Fragen ans Licht zu bringen und die Entscheidung auf Grund der biblischen Offenbarung zu treffen.*

Diese »weltlichen Fragen« *wurden nicht in einem Anhang seiner Theologie behandelt. Sein theologisches Denken* begann *mit ihnen. Daß er sich in Einzelfragen getäuscht haben mag, soll hier nicht bestritten werden. Zur Diskussion steht seine theologische Methode, die mit dem Konkreten einsetzt und von daher zum Allgemeinen kommt, und nicht umgekehrt!*

---

1. Veröffentlicht unter dem Titel »Zwingli Writes the Gospel Into His World's Agenda. The Story of the Swiss Reformer's Beginnings (1515–1522), Told ›in the Mood of Theological Reflection‹« in: Mennonite Quarterly Review 43, 1969, 70–94, ebenso auf spanisch in: Estudias ecuménicas 7, Mai 1970 (Mexiko), 18–32. Zu der im Titel enthaltenen Begrifflichkeit vgl Kfa 23, 65. Deusche Übertragung vom Vf.
2. Dazu konsultiert man mit Gewinn U. Duchrow, Christenheit und Weltverantwortung, 437–596, und ders, Umdeutungen der Zweireichelehre Luthers im 19. Jahrhundert.

Gottfried Lochers Schlußfolgerung ist daher zuzustimmen: Ich »wüßte keinen Reformator, der in so konsequenter Weise das heutige ökumenisch-missionarische Programm der Kirche vorweggenommen hat, die nur Kirche ist, wenn sie die Mauern zum öffentlichen Leben niederlegen und ›Kirche für die Welt‹ wird«[3].

Mehr noch, die theologische Methode des Schweizer Reformators verlangte, daß der kulturelle und gesellschaftliche Kontext die Reformation wesentlich mitbestimmte. Das ist ihre Ehre und Grenze.

23.1   Der Kontext: Res Publica

Zu Beginn des sechzehnten Jahrhunderts wurden die Schweizer Söldner als entscheidendes militärisches Potential Europas betrachtet, vergleichbar dem russischen oder amerikanischen heute. Wer Schweizer Regimenter anwerben (und bezahlen!) konnte, war des Sieges auf dem Schlachtfeld so gut wie sicher[4]. Kein Wunder daher, daß die Schweizer – berühmt für ihren Mut, selbst wenn Tausende von ihnen das Leben lassen mußten – wegen ihrer militärischen Zuverlässigkeit, ihrer Durchschlagkraft und ihrer modernen Kriegsausrüstung vom Papst, vom französischen König und vom deutschen Kaiser begehrt wurden.

Zwingli, damals Priester in Glarus, begleitete die Glarner Truppen als Feldprediger auf die norditalienischen Schlachtfelder. Wenn er in späteren Jahren die Abenteuer der Schweizer Söldner beschrieb, kochte er förmlich vor Abscheu über den grausamen Krieg. Insbesondere richtete sich sein Zorn gegen diejenigen, die den Krieg anzettelten und daraus großen Profit zogen. Das Handwerk des Tötens überließen sie natürlich anderen. Er verachtete die Kriegstreiber und Anwerber[5]. »Sie gleichen den Metzgern, die das Vieh nach Konstanz treiben und es dort gegen gutes Geld verkaufen, dann wieder zurückkehren und das selbe Geschäft wiederholen. Genauso handeln die militärischen Anwerber, die dabei ein schönes Geld einstreichen. Es ist ihnen gelungen . . ., aus den Schlachten und dem Kanonendonner – ich frage mich, wie sie es anstellten – unversehrt nach Hause zu kommen mit Reisetaschen voller Geld, das sie für den Verkauf ehrlicher Leute Kinder eingeheimst ha-

---

3. G. W. Locher, Huldrych Zwingli in neuer Sicht, 270. Eine umfassende Zwinglibibliographie in: U. Gäbler, Huldrych Zwingli im 20. Jahrhundert.
4. Farner II, 103.
5. »Uffweibler«. Z III 484,27 (»Über die Gevatterschaft«, 1524/25).

ben ... Sagt mir, kann man diese Blutkrämer genug tadeln?«[6]
»Not, Not! Sünde, Sünde! Ach Herr, behüte uns vor dem Kriege!«[7]
Wir wissen nicht genau, ob Zwingli zu dieser Einsicht (nämlich, daß
der Soldkrieg Sünde und nicht lediglich unpatriotisch ist) schon in
Glarus gekommen ist. Sicher aber wissen wir, daß sie lebenslang
Bestandteil seines Reformationswerkes blieb. »Bleibt zu Hause ...
und schaut zu, wie die anderen einander die Köpfe einschlagen!«[8]

»So sind sie aus Eigennutz mit einer einfältigen Eidgenossenschaft umgesprungen,
daß wir, ohne den Schaden für unser eigenes Vaterland zu sehen, *ihren* Reichtum und
ihre Macht mehrten, mehr als daß wir für unsere Häuser, unsere Frauen und Kinder
sorgten. Und das alles wäre nicht so schlimm, wenn wir nicht dabei empfindliche
Verluste hätten einbüßen müssen. In der gesamten Geschichte der Eidgenossenschaft
haben wir nie Verluste erlitten, wie in Neapel[9], Novarra[10] oder Mailand[11].«[12]

Auf den Verteidigungs- und Unabhängigkeitskriegen der Schweizer lag der Segen Gottes. Aber Krieg führen für fremde Herren, für
Geld, für politische und wirtschaftliche Macht und für Prestige wird
gewiß Gottes Strafe nach sich ziehen. »Krieg führen für fremde
Herren und um Geldes willen ist eine Schule sämtlicher Laster und

---

6. »Sy sind den metzgeren glych, die das väch gen Constantz trybend. Die trybend
   das väch hinuß, und nämend das gällt darumb, und kummend one das väch
   wider heim. Farend dann wiederumb uß und thůnd imm also für und für. Also
   thůnd die pensioner und houptlüth. Denen hat es ... all wäg gelungen, das sy
   uß den schlachten und geschütz – nitt weiß ich, wohin sy sich stellend – widerumb heym kummend, und bringend die wättschger voll gällts, und habend
   biderber lüthen kinder vertriben ... Nun lůgend, ob man die blůtverkramer
   thürer gnůg könne schällten.« Z III 587, 4–13 (»Predigt wider die Pensionen«,
   12. März 1525).
7. Farner II, 176.
8. »Blybend daheimen ... und lůgend einmal ouch zů, wie ander lüt einander
   schlahind und verhergind!« Z III 85, 1–18 (Anmerkungen zu »Der drei
   Bischöfe Vortrag an die Eidgenossen«, April 1524).
9. Hier kämpften im Heere Karls XII mindestens 5000 Schweizer, die fast alle in
   der Schlacht umkamen.
10. Hier fielen 1500 Schweizer.
11. Hier fielen mehr als 6000 Schweizer.
12. »Also sind sy mit einer einvaltigen Eidgenoschafft umbgangen, iren nutz
    sůchende, bis sy uns in söliche Gfärde und unfrüntliche hand gebracht, daß wir
    ungeacht deß vatterlands, grösser sorg hand, wie wir inen das iren, rych und
    gwalt, behaltind, denn unser eigen hüser, wyb unnd kind (doch frommer man,
    nimm dich deß nit an). Und das wäre alles klein, wo uns nit schand und schaden
    damit zehanden gienge. Wir haben im menschen gedechtniß ze Napels, Nova-
    rien, Meyland grösseren schaden in der herren dienst empfangen, denn die wyl
    ein Eiggnoschafft gstanden ist.« Z I 174,5–13 (»Eine göttliche Vermahnung an
    die Eidgenossen zu Schwyz«, 15. Mai 1522).

eine Mutter, die auf die Länge nur verkümmerte Gewissen gebiert, sofern wir überhaupt lebend [aus dem Kriege] heimkehren.«[13]

Natürlich haben diejenigen, die die Anwerbung junger Schweizer erlauben, ein Interesse am Kriege. Sie verdienen daran nicht übel. Aber »Gott läßt solchen Mutwillen und Übertölpelung des armen, schlichten, gemeinen Mannes nicht ungerächt«[14].

»Man wird den Reichtum, der aus den sogenannten Pensionsgeldern[15] angehäuft wurde, zertreten müssen wie ein Maulwurfshaufen auf den Wiesen und das so unrechtmäßig erworbene Gut den Witwen und Waisen, an denen die Pensionseinheimser schuldig wurden, austeilen.«[16]

Der Soldkrieg ist »ein unmenschliches, schamloses und sündliches Ding«, und alle, die daran teilnehmen, sind des Todschlags schuldig[17]. »Christus raubt nicht. Er führt nicht Krieg. Er schlägt nicht zu Tode, sondern erleidet alles.«[18]

»Wer sieht denn nicht ein, daß die Ursache des langwährenden Krieges zwischen Italien und Frankreich der Papst ist. Das eine Mal mag er den [deutschen] Kaiser, das andere Mal den [französischen] König nicht leiden. Und all das im Namen Christi und des Friedens!«[19]

»Höre, o Papst, auf Christum! Stecke [dein Schwert] ein . . . und verkündige das Reich Gottes!«[20]

Als der Rat von Zürich versuchte, die Soldpraxis als politische

---

13. »Krieg frömbder herren und gelt ist ein schůl aller lastren und můter, die uns ins alter nüt anderst gbirt (ob wir davonkummend) dann verkümmeret conscientzen.« Z I 185,2–5 (wie Anm. 12).

14. »Gott last sömlichen můtwillen und hindergan des armen, schlächten, gemeinen mans nitt ungerochen.« Z III 588,12–14 (»Predigt wider die Pensionen«, 12. März 1525).

15. Pensionsgelder sind jene Beträge, die die fremden Werber den Behörden der eidgenössischen Orte zu zahlen hatten für die Erlaubnis, eine bestimmte Anzahl Schweizer Söldner anzuwerben.

16. »Dann kurtzumb muesse man die rychtag, mitt pensionen und houptmansgällt zamengelegt, zerträchen wie die schärhuffen uff den matten, und das hab und guot, das also gewunnen, den wittwen und weyssen, an denen sy schuldig, ussteylen.« Z III 588,18–20 (wie Anm. 14); Ende des Zitats: Farner II, 177, aus mir unbekannter Quelle.

17. Z II 335,25–27 (»Auslegen und Gründe der Schlußreden«, 14. Juli 1523).

18. »Christus roubt nit, kriegt nit, schlecht nit ze tod, sunder er lydet ee alle ding.« Z II 445,21–22 (wie Anm. 17).

19. »Wer hat nit gesehen zů unseren zyten, daß des langwärenden kriegs in Frankrych und Italia ursach der bapst gewesen ist? Denn mag er den keyser nit lyden, bald mag er den künig nit lyden unnd bringt doch sölichs all weg zu wegen under dem namen Christi und des fridens.« Z II 307,25 bis 308,3 (wie Anm. 17).

20. »Hör, o bapst, Christum: Steck in . . . Und gang, predig du das rych gottes!« Z II 309,2–4 (wie Anm. 17).

und wirtschaftliche Notwendigkeit, als einzige Überlebenschance und Exportmöglichkeit eines kleinen Landes zu verteidigen, hielt Zwingli diese Argumentation mit dem christlichen Glauben für unvereinbar. »Mancher verurteilt das Fleischessen [an einem Freitag] und hält es für eine große Sünde, obschon es Gott nie verboten hat. Aber Menschenfleisch verkaufen und zu Tode schlagen hält er nicht für eine große Sünde.«[21]

»Jeder soll einmal die Gefahren des Krieges für sich selber bedenken, wenn andere an ihm handeln würden, wie er sich anderen Christenmenschen gegenüber verhält. Da kommt ein fremder Söldner mit Gewalt in dein Land, verwüstet deine Wiesen, Äcker und Weingärten, treibt deine Rinder weg, packt deinen Hausrat auf Saumtiere, um ihn wegzuführen, erschlägt deine Söhne, die dich beschützen wollen, vergewaltigt und schändet deine Töchter, stößt deine Frau mit Fußtritten weg, die sich, um Gnade flehend, ihnen zu Füßen wirft, und zieht schlußendlich dich selber aus dem Versteck hervor, in das du dich verkrochen hast und erstickt dich vor den Augen deiner Frau, ungeachtet deines ehrsamen, zittrigen Alters und des Wehklagens deiner Frau. Dann stecken die Söldner Hof und Haus in Brand, und du meinst, so sich nicht der Himmel auftäte und Feuer regnen ließe und das Erdreich sich zerspaltete und solche Bösewichte verschluckte, so gäbe es keinen Gott. Wenn du aber das gleiche andern antust, so meinst du, das sei Kriegsrecht.«[22]

Das Wort »Kriegsrecht« ist doch nur ein Euphemismus für Gewalt. »Brauche es wie du willst und betrachte es von allen Seiten, es

---

21. »Es schiltet menger das fleischessen übel und haltet es für ein grosse sünd, das doch Got nit zů einiger zyt verbotten hat: aber menschenfleisch verkouffen unnd ze tod schlagen halt er nit für ein grosse sünd.« Z I 575,32 bis 576,2 (»Entschuldigung etlicher Zwingli unwahrlich zugelegter Artikel, an die Tagsatzung zu Bern«, 3. Juli 1523).
Heute würde Zwingli vielleicht sagen: »Mancher verurteilt den Gebrauch antikonzeptioneller Mittel und hält sie für eine große Sünde, obschon sie Gott nicht verboten hat; aber im Waffenhandel Geld verdienen, hält er nicht für eine große Sünde.«
22. »Es sol ouch ein ietlicher die geferd des kriegs an im selbst bedencken, wenn mit im gehandlet wurd als er mit andren Christenmenschen handlet, das, wo ein frömbder versöldeter in din land gewaltigklich zuge, din matten, acker, wingarten gschante, din rinder und fee hinweg tribe, allen hußrat zemenbunde und hinweg soumete; dine sün vorhin im Angriff, so sy sich unnd dich beschirmtent, erschlagen hett; dine tochtren mit gwalt notzogete und schmächte; din liebe hußfrowen, herfürgonde und zů den fuessen fallende, dir und ir gnad begerende, mit den fuessen hinstiesse; unnd dich, frommen alten knecht, in dinem eygnen huß und gmach vor forcht verborgen liegenden herfür zuge und dich in angesicht dines wybs jemerlich erstäche, unangesehen din zitrend ersam alter, diner frommen hußfrowen jamer und klag; und zum letsten erst hus und hoff verbrante; so meintest du, wo sich der himel nit uffthät und für spuwte, und das erdtrich nit sich zerrisse und sölche bößwicht verschluckte, so wer dhein Got. Und so du aber dergleichen thůst eim andren, meinstu, es sy kriegsrecht.« Z I 175,16 bis 176,6 (wie Anm. 12).

bedeutet nichts anderes als Gewalt.«[23] All das entschuldigst du mit
dem Hinweis, daß ein armes Land vom Einkommen der Soldverträge abhängig sei. »Ist wahr, so man sich nicht begnügen will mit
bescheidener Nahrung und Kleidung.«[24]

Zwingli fährt fort: Ihr habt euch durch die fremden Werber
verführen lassen. Seht nur ihr imponierendes Getue an!

> »Die treten reichbekleidet in Seide, Silber, Gold und behangen mit Edelsteinen
> auf, mit Ringen und Ketten, daß Sonne und Mond sich darüber schämen, nicht zu
> reden von Gott und den Menschen. Einer ist oben golden und seiden, der andere
> unten golden, voll Samt und Damast. Und das alles ist mit Schlitzen verschnörkelt,
> daß man sich nur wundern kann, daß sie so öffentlich unherstolzieren können.«[25]
> »Sie tragen zu recht rote Hüte und Mäntel. Schüttelt man sie, so fallen Dukaten
> und Kronen heraus. Windet man sie aber, so rinnt deines Sohnes, Bruders, Vaters
> und guten Freundes Blut heraus.«[26]

Ursprung und Begründung für diese Überzeugung Zwinglis werden weiter unten genauer untersucht. Diese Einführung in den
Kontext der Zwinglischen Reformation soll mit der Beobachtung
abgeschlossen werden, daß Zwingli in seinem Kampf gegen die
Soldpolitik der Eidgenossenschaft das militärische Rückgrat der
Republik Zürich für die nächsten Jahrzehnte gebrochen hatte[27].
Indem Zürich die Söldnerregimenter verurteilte, die erfahrenen und
geachteten Offiziere bestrafte, die die Zürcher in der Vergangenheit
von Sieg zu Sieg geführt hatten, wurde der Kern der Zürcher Armee
aufgelöst. Gleichzeitig hielten die katholischen Orte die Söldnertra-
dition hoch, ja sie bauten ihre Söldnertruppen noch weiter aus. Das

---

23. »Ouch ist das wort ›kriegsrecht‹ nüt anderst dann gwalt. Bruch es wie du wilt,
    besinn es, wie du wilt, ist es nüt anderst dann gwalt.« Z I 179,5–7 (wie Anm.
    12).
24. »Ist war; wo man sich nit vergnüegen wil zimmlicher narung und bekleydung.«
    E. Egli (Hg), Actensammlung zur Geschichte der Zürcher Reformation, Nr.
    169, S. 40.
25. »Die trättind so kostlich in syden, silber, gold und edelgesteinen, mitt ringen
    und kettinen heryn, daß es vor sonn und mon ein schand sye, geschwigen vor
    gott und menschen. Einer sye oben guldin und underhalb sydin, der ander
    untertalb guldin und oben sammetin oder dammastin; und das alles sye also
    mitt so vil löcheren verfensteret, das es ein spott sye, daß man sy also nun lasse
    vor den ougen offentlich herumbprachten.« Z III 586,18–24 (wie Anm. 6).
26. »Sy tragend billich rote huet und mäntel; dann schütte man sy, so fallind
    duggaten und kronen herus; winde man sy, so ründt dines suns, brüders, vatters
    und güten fründts blüt herus.« Z I 73,20–23 (»Zeugenaussage und Predigt-
    worte zu den Soldverträgen mit dem Ausland«, 1521). Nach Finsler Anspie-
    lung auf die Kardinalsabzeichen, im besonderen auf Kardinal Matthaeus Schin-
    ner (Z I 73, Anm. 5).
27. Im einzelnen beschrieben von R. Braun, Zur Militärpolitik Zürichs im Zeitalter
    der Kappeler Kriege.

war der Grund für die Niederlage der protestantischen Truppen im Zweiten Kappeler Krieg (1531). Während auf seiten der Katholiken die erfahrenen und wagemutigen Haudegen kämpften, wollte Zwingli sein Zürich mit einer ordentlichen und disziplinierten Truppe verteidigen, in der Rauben und Plündern verboten war und in der das Gebet das Kartenspiel verdrängte. Fluchen war nicht erlaubt. Die Trommel rief die Soldaten täglich zum Gottesdienst zusammen. Begreiflich, daß die Zürcher Soldaten über die fromme Armeedisziplin nicht glücklich waren. Einer von ihnen sagte: »Hätte er gewußt, daß man zu einer Kuchenparty auszog, so hätte er wenigstens Butter [zum Backen] mitgenommen.«[28] Zwingli verlangte von dem Kommandanten, daß sie in erster Linie »gottesfürchtig« waren. Infolgedessen waren Zürichs Offiziere zwar »gottesfürchtig«, aber mehr oder weniger kriegsuntüchtig[29]. Man mag dies eine unrealistische Kriegsführung nennen. Zwingli aber lehnte es ab, das Evangelium mit Mitteln zu verteidigen, die im Gegensatz zu dessen Inhalt standen. Die Verteidigung des Evangeliums durch Söldnertruppen erschien ihm unmöglich. So konnte er nur argumentieren, weil er überzeugt war, daß er nicht die letzte Verantwortung für die Verteidigung des Evangeliums trug. »Der verstoßene Christus ersteht überall aufs neue.«[30] »Wer hat das Evangelium erweckt? Ihr nicht, der Papst auch nicht.« Es ist allein durch Gottes Geschick wieder zum Vorschein gekommen[31]. Es ist Christi Mission, nicht diejenige der Kirche, noch diejenige Zwinglis oder irgendeines Menschen. »Christi, nicht unsere Sache, ist es.«[32]

Der Glaube, daß Christus überall wieder auferstehe, mit oder ohne Zwinglis und seiner Freunde Hilfe, war das dominierende Thema der Zwinglischen Reformation. Dieser Glaube reduzierte sich nicht auf die persönlichen Belange. Die Hauptfrage seiner Religion hieß: Wie kann Gottes Wille *in der Gesellschaft* geschehen[33]. Deshalb beendete er seinen »Kommentar über die wahre und

---

28. »Wenn er gewüßt, daß wir uff ein kuechelten zogenn, so welt er ancken mit im genommen habenn.« Staatsarchiv Zürich A 229.2, Nr. 91 (Zit. von Braun, aaO, 564).
29. Braun, aaO, 569.
30. »Der verstoßen Christus allenthalb widerumb ufferstat.« Z II 445,6 (wie Anm. 17).
31. Z III 438,25–27 (»Wer Ursache gebe zu Aufruhr«, 7. Dezember 1524).
32. »Hoc negocium, quod Christi est, non nostrum.« Z I 200,28 (»Supplicatio ad Hugonem episcopum Constantiensem«, 2. Juli 1522).
33. Gottfried Locher gab mir in einem langen Gespräch Einblick in seine Kenntnis der Entwicklung Zwinglis. Diesen Punkt, der auch an anderen Stellen in diesem Kapitel erscheint, unterstrich er im besonderen.

falsche Religion« (1525), den er Franz I., dem französischen König,
widmete, mit den Worten: »Was ich gesagt habe, habe ich zur Ehre
Gottes, zum Nutzen der christlichen Gesellschaft und zum besten
der Gewissen gesagt.«[34] Man beachte die Reihenfolge: Res Publica
(Gesellschaft) steht *vor* »Gewissen«. Für Zwingli bestand zwar kein
Zweifel darüber, daß wir vor Gott unnütze Knechte, »samt und
sonders Schelme«[35] sind. Nur durch Gottes Gnade werden wir
nützlich gemacht. Jedoch wird Gott die Feile, die er eine Zeitlang
beiseite gelegt hat, das Geschirr, das er im Augenblick nicht
braucht, nicht vergessen. Aber es ist nicht unsere Aufgabe, ihn
daran zu erinnern, ihn gnädig stimmen zu wollen. Die Versöhnung,
die wir durch Opfer und Gebet anstreben, ist nutzlos und unnötig.
»Ade, mein Tempelgemürmel. Du reust mich nicht.«[36] »Denn die
äußerlichen Fasnachts-Verkleidungen der Kutten und Abzeichen
sind offensichtlich nichts anderes als ein Beschiß.«[37] Das Gesinge
der Psalmen, der Singsang der Nonnen und Chorherren und die
Zurschaustellung menschlicher Eitelkeit im Gottesdienst beleidigen
Gott, da sie dazu mißbraucht werden, Gott mit unseren Inkantatio-
nen zu beeindrucken[38].

Infolgedessen wurden die Chorherrenstellen am Großmünster in
Zürich (die für den Gesang im Gottesdienst verantwortlich waren)
in Professuren für biblische Wissenschaft verwandelt. Diesem Theo-
logenseminar fügte Zwingli ein Erwachsenenbildungs-Institut an,
das erste in der Kirchengeschichte! Die Chorherren und ihre Nachfolger sollten ihre Zeit nicht mit »Lichter anzünden, Weihrauch,
Opfern, Plappergebet, Vigilien, heulendem Gesang, Messenklang,
glänzenden Kirchenbauten, Kappenzipfel der Theologen, Kutten
und Farben der Mönche«[39] vertun, sondern ihre Zeit und Kraft in
den Dienst der Schriftauslegung stellen.

---

34. »Nos enim quicquid diximus, in gloriam dei, ad utilitatem reipublicae Christianae conscientarumque bonum diximus.« Z III 911,30–31 (»De vera et falsa
religione commentarius«, März 1525).
35. Z II 485,17 (»Von göttlicher und menschlicher Gerechtigkeit«, 30. Juli 1523).
36. »Alde, min tempelgmürmel! Bis mir nun nit schad.« Z II 353,16 (wie Anm.
17).
37. »Dann von dem ußwendigen böggenwerk der kutten und zeichen ist vor
kundtlich worden, das es nüt ist denn ein bschiß.« Z II 270,15–17 (wie Anm.
17).
38. Z II 349,11–14 (wie Anm. 17).
39. »Zünslen, reucken, opfferen (den rychen pfaffen sag ich), bladerbätt, vigilyen,
hülen, messenklang, tempelschyn, kappenzipffel der theologen, der münchen
kutten und farwen.« Z II 48,28 bis 49,1 (wie Anm. 17).

In diesem Zusammenhang wurde die reformierte Predigt geboren. Der Prediger sollte nicht über die Liebe Gottes im allgemeinen predigen, sondern von der Bibel die Konkretionen des biblischen Zeugnisses lernen. Er sollte nicht im allgemeinen über christliche Verantwortung reden, sondern er sollte zusammen mit seiner Gemeinde herausfinden, was Verantwortung in einer gegebenen Situation bedeute (wofür Zwingli in seinen Predigten über politische Themen und über die verschiedenen Berufe gute Beispiele gab). Darum fuhr Zwingli im obigen Zitat weiter: Die Christen sind nicht interessiert an Weihrauch und Lichterglanz. Vielmehr »ermäßigen sie ihren Gläubigern den Zins und belohnen den Arbeiter besser, als er selbst zu fordern wagt«[40].

Persönlich hatte Zwingli seine Entscheidung gefällt. Glaube war für ihn vollständige Unterwerfung seines Willens unter den Willen Gottes.

»Wie ein Handwerker alle seine Werkzeuge kennt, braucht oder auch nicht braucht, jedes so, wie er es für gut findet, auch keines vergißt . . ., selbst wenn er es für eine Zeitlang liegen und vom Rost anfressen läßt, so kennt Gott alle seine Geschöpfe, braucht und verwendet sie, wie er will. Es ist keines, das er vergessen würde . . . Begegnet uns aber Widerwärtigkeit und Krankheit, so denkt daran: Gott legt dich weg wie der Schlosser eine abgebrauchte Feile. Vielleicht nimmt er dich später wieder zur Hand. Wo nicht, so bleibst du eben liegen.«[41]

Gott kennt seine Werkzeuge. »Er weiß, wann er ein jegliches braucht. Das, daß er am meisten braucht, ist auch am meisten abgeschliffen und ist ihm das allerliebste, mehr als das, das er nie braucht.«[42]

---

40. »Sy lassend iren zynßlüten nach, sy belonend den arbeiter rycher denn er heuschen darff.« Z II 49,3–5 (wie Anm. 17). Zu den Berufspredigten Zwinglis vgl E. Künzli, Der Mann bei Zwingli.

41. »Wie ein handtwercker alle sine gschirr kennt, brucht, rûwen lasst, yedes nach sinem willen, ouch dero keins hatt, des er vergesse . . ., ob er's glych ein lange zyt rûwen liesse und den rost fressen. Also erkennt gott alle sine gschöpften, brucht, uebt und nutzed sy, wie er will, unnd ist gheine, dero er vergessen könne . . . Gegnet uns aber widerwertigkeyt und kranckheit, so gedenckend all weg: ›Yetz verleyt dich gott glych als der schlosser ein abgeschlißne fylen. Villicht nimpt er dich widerumb härfür zů siner zyt; wo nit so magst nit härfürkommen.« Z VI/1 454,26 bis 455,16 (»Die beiden Predigten Zwinglis in Bern, 19. und 30. Januar 1528«).

42. »Er weist, wohin er ein jetlichs brucht, und das er am meisten brucht, das ist am meisten verschlissen, ist im am allerliebsten, mer denn [das] noch nie gebrucht ist.« Huldrych Zwinglis Werke, ed. Schuler und Schulthess, VI/1, 449 (»Annotationes Huldrici Zuinglii in Evangelium Matthaei«, zu Matth. 18,24).

»Mach, was du willst;
Mich geht's nichts an.
Dein Gschirr bin ich,
Mach ganz mich
oder brich mich.«[43]

Eben deswegen, weil Gott zerschlissene Werkzeuge verwendet, dürfen wir fragen: Wie können *wir* seinen Willen in der Gesellschaft und in der Kirche tun? Wie kommt sein Wille in der heutigen Res Publica zum Durchbruch? Gewiß nicht so, daß man »die hölzernen und steinernen Götzen zur Ehre Gottes bekleidet«, sondern »die lebenden Bilder Gottes«[44]. Zwar bestreitet Zwingli die Wichtigkeit von Gebet, Liturgie und Predigt nicht. Aber diese müssen in ihren Funktionen für »die lebenden Bilder Gottes«, für »die armen Christen« gesehen werden. Gebet und Gottesdienst sind Instrumente der Mission Gottes. Sie sollen dazu dienen, die Wegweiser Gottes zu erkennen, um einen Weg durch die heutigen geistlichen, intellektuellen, seelischen und materiellen Nöte zu finden. Die Bibel soll nicht rezitiert werden. Aber sie veranlaßt uns, unsere Zeit scharf zu beobachten, um in dieser Zeit und auf der Grundlage des Schriftstudiums *die* Wahrheit zu entdecken, die hilfreich und konkret, oft aber gerade deswegen kontrovers ist: nicht die hölzernen, sondern die lebenden Bilder Gottes; nicht eine allgemeine christliche Wahrheit, sondern die heute notwendige Wahrheit; nicht Opfer in den Kirchen, sondern die Erkenntnis, daß für den Christen nur jenes Kapital erlaubt ist, das er für seinen Lebensunterhalt braucht[45]; nicht Liturgien für die ganze Welt und alle Zeiten, sondern eine Liturgie, welche dem Zürcher Volk hilft, den Willen Gottes zu tun[46].

Dieser enge Zusammenhang zwischen Gebet und öffentlicher Verantwortung, zwischen Politik und Predigt zeigt sich auch in der oft mißverstandenen Abendmahlslehre Zwinglis. Gottfried Lo-

---

43. »Thů, wie du wilt;
mich nüt befilt.
Din haf bin ich.
Mach gantz ald brich.«
Z I 67,21–25 (»Gebetslied in der Pest«, Ende 1519).
44. Z III 51,28–29 (»Der Hirt«, 26. März 1524).
45. Z II 297 (wie Anm. 17). Vgl dazu G. W. Locher, Der Eigentumsbegriff als Problem evangelischer Theologie, 29–35.
46. »In disem aber habe ein jetliche kilch ir meinung; dann wir deßhalb mit nieman zancken wöllend.« Z IV 14,1–2. »Zů merung des gloubens und bruederlicher trüw, zů besserung des läbens und verhuetung der lastren.« Z IV 14,12–15 (»Aktion oder Brauch des Nachtmahls«, April 1525).

cher[47], Julius Schweizer[48] und Jacques Courvoisier[49] haben gezeigt, daß Zwingli die Eucharistie als reale Transsubstantiation verstand, aber nicht als Wandlung der Elemente Brot und Wein, sondern als Wandlung der im eucharistischen Gottesdienst anwesenden Christen. An der Stelle, wo in der römischen Messe durch des Priesters göttliche Intervention die Elemente wunderbarerweise verwandelt werden, führt Zwingli ein einfaches, aber tiefsinniges Gebet ein, welches mit der Verwandlung der versammelten Christen in den Leib Christi rechnet:»O Herr, allmächtiger Gott, der du uns durch deinen Geist in Einigkeit des Glaubens zu einem, zu deinem Leib gemacht hast . . .«[50]

23.2 Der Schlüssel: Zurück zu den Quellen!

Was gab Zwingli den Mut, die kulturelle und gesellschaftliche Tagesordnung seiner Welt als die entscheidende Tagesordnung für sein theologisches Denken und Handeln (Frage von Krieg und Frieden; Verantwortung des Christen in der Gesellschaft) zu akzeptieren? Welches war die entscheidende Entdeckung, die ihn veranlaßte, in *diese* Tagesordnung Erkenntnisse zu schreiben, die in seiner (und unserer!) Zeit ungewöhnlich waren? Um diese Frage zu beantworten, untersuchen wir seine Schriften bis 1522.

Ein Blick auf die Titel seiner Werke zeigt, daß es für ihn nicht in Frage kam, Theologie als eine isolierte »geistliche« Disziplin zu betreiben. Die meisten seiner theologischen Schriften behandelten politische Themen (Krieg und Frieden[51]), ethische Fragen (Freiheit von Nahrungstabus[52], Heirat der Priester[53]) und sehr wenige ausge-

---

47. G. W. Locher, Huldrych Zwingli in neuer Sicht, 46.
48. J. Schweizer, Reformierte Abendmahlsgestaltung in der Schau Zwinglis, 103f.
49. J. Courvoisier, Zwingli, théologien réformé, 82ff; deutsch: Zwingli als reformierter Theologe, 87–112; ders, Vom Abendmahl bei Zwingli.
50. »O herr, allmechtiger gott, der uns durch dinen geyst in eynigkeit des gloubens zů einem dinem lyb gemacht hast . . .« Z IV 22,9–10 (wie Anm. 46).
51. (a) »Das Fabelgedicht vom Ochsen«, Herbst 1510 (Z I 1–22). (b) »De gestis inter Gallos et Helvetios relatio«, Herbst 1512 (Z I 23–37). (c) »Der Labyrinth«, Frühling 1516 (Z I 39–60). (d) »Zeugenaussagen und Predigtworte zu den Soldverträgen mit dem Ausland«, 1521 (Z I 70–73). (e) »Eine göttliche Vermahnung an die Eidgenossen zu Schwyz«, 16. Mai 1522 (Z I 155–188).
52. (a) »Von Erkiesen und Freiheit der Speisen«, 16. April 1522 (Z I 74–136). (b) »Acta Tiguri 7,8,9 diebus aprilis 1522« (Z I 137–54). (c) »Apologeticus Archeteles«, 22./23. August 1522 (Z I 249–327).
53. (a) »Supplicatio ad Hugonem episcopum Constantiensum«, 2. Juli 1522 (Z I 189–209). (b) »Eine freundliche Bitte und Ermahnung an die Eidgenossen«, 13. Juli 1522 (Z I 210–48).

sprochen religiöse Themen[54]. Von daher bedürfte die These, daß »Zwingli die Tagesordnung seiner Zeit« als Text für seine Theologie akzeptierte, keines weiteren Beweises. Seine *weltlichen* Themen waren gleichzeitig seine *theologischen* Themen. Aber wichtiger ist die Frage: *Wie* behandelte er die Tagesordnung der Welt? Nicht, indem er dieser seine eigene kirchliche oder biblische Tagesordnung gegenüberstellte, sondern indem er die weltliche Tagesordnung im Lichte seiner biblischen Erkenntnisse abhandelte. Das soll nun im einzelnen beschrieben werden.

Zuerst mußte Zwingli die Tagesordnung seiner Welt genauer kennenlernen. Das kostete ihn viel Zeit und Geld. Er bat Andreas Castelberger, den hinkenden Bücherboten, ihm die neuesten Ausgaben klassischer und moderner Autoren zu beschaffen, die in Basel, in Deutschland und Italien gedruckt wurden. Er besaß zwischen 300 und 350 Bücher[55], die zum größten Teil noch in Zürich vorhanden sind. Da Zwingli in seine Bücher Kommentare und Notizen schrieb[56], gibt uns seine Bibliothek unschätzbare Auskünfte über Verarbeitung, kritische Rezeption oder Verwerfung seiner Lektüre.

Um seine Quellen richtig zu verstehen, lernte er gründlich griechisch. Des Lateinischen war er seit seiner Jugend kundig. »Ich habe mich entschlossen, griechisch zu lernen; niemand außer Gott kann mich davon abhalten. Dabei geht es mir nicht um persönliche Ambitionen, sondern darum, die heiligen Schriften zu verstehen.«[57] Es ist nicht sicher, ob er mit »sacratissimae litterae« die Bibel oder die gesamte Literatur der Kirche meint[58]; eines ist jedoch sicher; daß das Studium des Wissens seiner Zeit ihn dazu zwang, die Bibel zu lesen und wieder zu lesen, zuerst das Neue Testament auf griechisch, dann das Alte Testament auf hebräisch. Eigenhändig

---

54. (a) »Gebetslied in der Pest«, Ende 1519 (Z I 62–69). (b) »Von Klarheit und Gewißheit des Wortes Gottes«, 6. Sept. 1522 (Z I 328–84). (c) »Eine Predigt von der ewig reinen Magd Maria«, 17. Sept. 1522 (Z I 385–428). (d) »Suggestio deliberandi super propositione Hadriani Nerobergea facta«, Nov. 1522 (Z I 429–41).

55. Farner (II, 119–22) druckt eine Liste der Bücher ab, die Zwingli in Glarus besaß.

56. Vgl dazu W. Köhler, Huldrych Zwinglis Bibliothek.

57. »Ita enim Gręcis studere destinavi, ut qui me preter Deum amoveat, nesciam, non glorię (quam nullis in rebus quęrere honeste possem), sed sacratissimarum litterarum ergo.« Z VII 22,10–12 (Brief Zwinglis an Vadian, 23. Febr. 1513).

58. Vgl dazu Farner, Zwinglis Entwicklung zum Reformator nach seinem Briefwechsel bis Ende 1522, 11.

schrieb er die paulinischen Briefe auf griechisch ab (1516)[59]. Diese Lektüre wurde ihm zum hermeneutischen Schlüssel, welcher ihm erlaubte, seine Welt zu verstehen, zu analysieren und zu verändern.

Die Frucht seiner biblischen Studien wird sichtbar, wenn man seine Schriften über den Solddienst vor und nach der Periode des Schriftstudiums miteinander vergleicht. Während er in den frühesten Schriften[60] von einem rein politischen und patriotischen Gesichtspunkt aus argumentierte, stellte er – zum Beispiel in seiner dritten Arbeit über den Solddienst – die Frage: Wer Verbrechen und Morde begeht, wird als kühn betrachtet. Hat uns das Christus gelehrt[61]? »Hat uns das Christus gelehrt?« war die Schlüsselfrage, mit der er an die kontroverse Tagesordnung seiner Zeit heranging. 1522 schrieb er über diese Zeit seines Lebens:

> »Als ich vor sieben oder acht Jahren anfing, mich ganz auf die Heilige Schrift zu verlassen, kam mir die Philosophie und Theologie der Streithähne[62] immer in die Quere. Da wurde ich durch die Schrift zur Überzeugung geführt, diese alle zur Seite zu legen und nur auf die Meinung Gottes aus seinem eigenen einfältigen Wort zu hören. Ich fing an, Gott um Licht zu bitten. Da wurde mir die Schrift klarer – obschon ich nur sie las –, als wenn ich viele Kommentare und Ausleger beigezogen hätte.«[63]

Das bedeutet nicht, daß er das Studium der Tradition der Kirche aufgegeben hätte. Im Gegenteil, es gibt genügend Hinweise auf seine gründlichen Kenntnisse von Hieronymus, Origenes, Augustin und anderer. Aber das letzte Wort hatte die Schrift.

Auf die »Meinung Gottes« hören, die Frage stellen »Hat uns das Christus gelehrt?« – das waren Themen, die der führende Humanist jener Zeit, Erasmus von Rotterdam, schon gestellt hatte. Tatsächlich verehrte Zwingli den berühmten holländischen Gelehrten in Basel sehr und besaß fast alle seine Schriften. Insbesondere war Zwingli von einem der Gedichte[64] des Erasmus beeinflußt worden.

---

59. Z VI 714,1 (»Amica exegesis, id est: expositio eucharistiae negoicii Martinum Lutherum«, 20. 2. 1527).
60. Z I 1–22 (»Das Fabelgedicht vom Ochsen«, Herbst 1510).
61. Z I 60,211–229 (»Der Labyrinth«, Frühling 1516).
62. Mit »zanggeren« (Streithähnen) bezeichnet Zwingli die Scholastiker.
63. »Als ich vor ietz siben oder acht jar vergangen mich hůb gantz an die heyligen gschrifft lassen, wolt mir die philosphy und theology der zanggeren ümmerdar inwerffen. Do kam ich zum letsten dahin, das ich gedacht – doch mit geschrifft und wort gottes ingfuert –, du můst das alles lassen liggen und die meinung Gottes luter uß sinem eignen einvaltigen wort lernen. Do hůb ich an got ze bitten umb sin liecht, und fieng mir an die geschrifft vil lichter werden – wiewol ich sy bloß laß –, denn hette ich vil comment und ußleger gelesen.« Z I 379,22–30 (wie Anm. 54b).
64. Expostulatio Jesu cum homine suapte culpa pereunte.

»Ich habe vor acht oder zehn Jahren ein tröstliches Gedicht des hochgelehrten Erasmus von Rotterdam gelesen, das er an den Herrn Jesus gerichtet hatte. Darin beklagt sich Jesus, daß man nicht das Gute allein bei ihm suche, da er doch der Brunnen alles Guten, ein Heilmacher, Trost und Schatz der Seele sei. Dabei habe ich gedacht: Warum suchen wir denn Hilfe bei den Menschen? Und wiewohl ich daneben andere Gedichte fand bei Erasmus an die Heilige Anna, den Heiligen Michael und andere, in denen er die betreffenden zu Fürsprechern aufruft, hat mich das doch nicht von der Erkenntnis abgebracht, daß Christus unserer armen Seele einziger Schatz sei. Vielmehr habe ich in den Schriften der Bibel und der Väter nachgeforscht, ob sie die Fürbitte der Heiligen kannten. Kurzum, ich habe sie in der Bibel nicht gefunden, bei den Alten bei einigen, bei anderen aber nicht.«[65]

Das Zitat zeigt, daß Zwingli als eifriger Schüler des Erasmus bereit war, von diesem die »Lehre Christi« zu lernen, indem er die erasmische Methode des Rückgangs auf die Quellen anwendete. Gleichzeitig kontrollierte er aber auch, ob Erasmus seinem eigenen hermeneutischen Prinzip treu geblieben sei. Nach Zwingli war dies nicht der Fall.

Trotzdem blieb Zwingli grundsätzlich ein Schüler des Erasmus. Es war für ihn klar, daß ein Christ ein »Schüler Christi«[66] war, der »Christus nachahmte«. »Ein Christ ist nur der, der das Merkmal hat, mit dem Christus die Seinen bezeichnete, als er sprach: Daran wird jedermann erkennen, daß ihr meine Jünger seid, wenn ihr tut, was euch von mir verordnet ist.«[67] In einem Brief an Zwingli beschrieb Beatus Rhenanus Zwingli und seine Freunde mit den Worten:

»Aber ihr, wenn ihr öffentlich vor dem Volke redet, zeigt die ganze Lehre Christi kurz und bündig, wie auf ein Blatt gezeichnet: daß darum Christus von Gott auf die

---

65. »Ich hab vor 8. oder 9. jaren ein trostlich gedicht gelesen des hochgelerten Erasmi von Roterdam, an den herren Jesum geschriben darinn sich Jesus klagt, das man nit alles gůts by im sůcht, so er doch ein brunn sye alles gůten, ein heilmacher, trost und schatz der seel, mit vil gar schönen worten. Hie hab ich gedacht: Nun ist es ie also. Warumb sůchend wir denn hilff by der creatur? Und wiewol ich darnebend andre carmina oder gsang bim eegenanten Ersasmo fand an sant Annen, s. Michaelen und andre, darinn er die, zů denen er schreib, als fürmünder anrůfft, hat doch dasselb mich nit mögen bringen von der erkantnus, das Christus unser armen seelen ein eyniger schatz sye, sunder ich hab anghebt uff die biblischen und der vätteren gschrifft sehen, ob ich von denen gwüß möchte bericht werden von dem fürpitt der säligen. Kurtz, ich hab es in der bibli gar nit funden, by den alten hab ich's by etlichen funden, by etlichen nüt.« Z II 217,8–23 (wie Anm. 17).
66. »Quid enim est esse Christianum quam discipulum Christi?« Z VII 295,4 (Brief von Nicolaus Hagen an Zwingli, 2. April 1520).
67. »Nam Christianus solus ille est, qui eam notam habet, qua Christus suos signavit, quum diceret: ›Hoc veluti symbolo omnes cognoscent, quod discipuli mei sitis, si feceritis, quae vobis a me praecepta sunt.‹« Z VII 342,10–14 (Brief Zwinglis an Oswald Myconius, 24. Juli 1520).

Erde gesandt worden sei; daß er uns den Willen seines Vaters lehre; daß er zeige, wie man diese Welt, das heißt den Reichtum, die Ehre, die Herrschsucht, die Begierden und das andere dieser Art gänzlich verachten müsse; daß er uns lehre, den Frieden und die Eintracht und die schöne Harmonie aller Angelegenheiten (denn nichts anderes ist ein Christianissimus), wie sie schon früher der auf jeden Fall zu den großen Propheten zu zählende Plato in seinem Staat erträumt zu haben scheint; daß er uns wegnehme die törichten Sorgen der irdischen Dinge: ums Vaterland, um die Eltern, um die Verwandten, um die Armut und die übrigen Unannahmlichkeiten dieses Lebens keine Übel seien; und sein Leben ist die Lehre, die jede menschliche übertrifft.«[68]

Mit anderen Worten, es handelt sich hier um das erasmische Programm der Wiederherstellung, der »Restitution der Religion«[69], des Christ(ianism)us renascens, des wiedergeborenen Christ(entums)[70], ein Lieblingswort Zwinglis, »in das er alle Freude und Hoffnung seines Herzens legte«[71].

Was nun Zwingli im einzelnen von Erasmus übernommen und was er verworfen hat, wurde von Arthur Rich genau untersucht[72]. Man kann seine Untersuchung folgendermaßen zusammenfassen: Durch ein sorgfältiges Studium des Neuen Testamentes und teilweise der Kirchenväter wird das ursprüngliche Christentum wieder hergestellt. Dieses Christentum ist lehrbar und lernbar. Voraussetzung dieses Verständnisses des Evangeliums ist das liberum arbit-

---

68. »At vos concione dicentes universam Christi doctrinam breviter velut in tabella quadam depictam ostenditis: propterea missum in terras a deo Christum, ut doceret nos voluntatem patris sui, ut ostenderet mundum hunc, hoc est divitias, honores, imperium, voluptates et hoc genus alia plane contemni debere, caelestem vero patriam toto pectore quaerendam; ut doceret nos pacem et concordiam ac pulchram rerum omnium communionem (nam nihil aliud est Christianissimus), qualem olim Plato magnis annumerandus prophetis utcunque in sua republica somniasse visus est, ut adimeret nobis stultos terrenarum rerum affectus in patriam, in parentes, in cognatos, in sanitatem et in caetera bona, ut paupertatem et reliqua huius vitae incommoda non esse mala declareret; nam eius vita doctrina est, omnem humanam excellens.« Z VII 115,17 bis 116,7 (Brief von Beatus Rhenanus an Zwingli, 6. Dez. 1518).
69. »Religionem plebis Christianae . . . restitui, bonasque litteras renasci.« Z VII 295,31–33 (in dem in Anm. 66 erwähnten Brief).
70. »Nata est et spes non modica renascentis Christi et euangelii.« (Z VII 341,12–13 (in dem Anm. 67 erwähnten Brief).
»Redit . . . prisca nascentis Christianismi tempestas.« Z VII 644,1–2 (Brief Zwinglis an Oswald Myconius, 22. Dez. 1522).
»Ut sperandum sit veterum quandoque innocenciam renatum iri, quemadmodum et eruditionem videmus.« Z VII 325,6–7 (Brief Zwinglis an Beatus Rhenanus, 17. Juni 1520).
»Et renascenti Christo auribus animisque favere.« Z I 314,16 (»Apologeticus«, Anm. 52c).
71. P. Wernle, Die Renaissance des Cristentums im 16. Jahrhundert, 1.
72. A. Rich, Die Anfänge der Theologie Huldrych Zwinglis.

rium, der freie Wille des Menschen, diese Lehre anzunehmen oder zu verwerfen. Der Inhalt der Lehre ist für Zwingli unablösbar mit dem Thema »Krieg und Frieden« verbunden.

Diese Position Zwinglis macht gewisse Kritiken an der Kirche (zum Beispiel am Ablaßwesen[73]) möglich, aber die grundsätzliche Autorität der Kirche und ihrer Lehre wird nicht in Frage gestellt. Zwingli hat noch nicht entdeckt, daß eben diese Kirche und ihre Theologie ihn von einer grundsätzlicheren Behandlung des ersten Punktes auf der Tagesordnung seiner Welt (Krieg und Frieden) abhalten. Wie viele heutige ökumenische Führer und kirchliche Friedenspropheten, die sich für eine gerechte Gesellschaft, gegen den Krieg und für den Frieden einsetzen, sah er sein erstes Ziel darin, die Menschen von diesen Ideen zu überzeugen und sie daraufhin zu erziehen. Die Frage, welche liturgischen und organisatorischen Strukturen der Kirchen verändert werden müssen, welche neuen Motivationen für die Gesellschaft und was für eine grundsätzliche theologische und existentielle Neuorientierung zur Durchführung dieses Programmes nötig wären, diese Frage war noch nicht in sein Blickfeld getreten. Dies dämmerte ihm erst auf, als das erasmische Erziehungsprogramm sein Ziel verfehlte. Vorläufig aber verfolgte er noch ein Programm der sozialen und politischen Appelle, das parallel mit einem unveränderten traditionellen kirchlichen und theologischen Programm lief. Oskar Farner vermutet[74], daß Zwingli dieses sein kirchliches Programm aus Pflichtbewußtsein erfüllte.

Wann aber entdeckte Zwingli, daß das erasmische Ausbildungsprogramm nicht genügte, um seinem persönlichen Leben[75], wie demjenigen der Kirchen und der Eidgenossen, eine klare Richtung und Durchschlagskraft zu geben? Um diese Frage zu beantworten, untersuchen wir die Korrespondenz zwischen Erasmus und Zwingli im zweiten Halbjahr 1522.

Zwingli hatte gehört, daß Erasmus vom spanischen Dominikaner Stunica scharf angegriffen worden war. Infolgedessen lud Zwingli Erasmus nach Zürich ein, wo er von Angriffen gefeit sein werde. Erasmus antwortete am 5. September 1522. Höflich lehnte er die Einladung ab. Er wies darauf hin, daß er auf die Freundschaft des deutschen Kaisers und der Kardinäle zähle. »Wir haben einen Theologen zum Papst ... Und Du, Zwingli, kämpfe nicht bloß

---

73. Er macht zum Beispiel ein Wortspiel, indem er anstatt »indulgentiae« (Ablaß) »negligentiae« (Nachlässigkeit) verwendet. Z VII 158,6 (Brief Zwinglis an Beatus Rhenanus, 25. März 1519).
74. O. Farner, Zwinglis Entwicklung, 77.
75. Anspielung an sein moralisches Versagen in Glarus und Einsiedeln.

tapfer, sondern auch klug!«[76] Offensichtlich fand Erasmus Zwingli nicht vorsichtig genug. Er hatte ja schon Zwinglis Apologeticus Archeteles erhalten, ihn aber noch nicht gelesen. Drei Tage später, am Abend des 8. September, begann ihn Erasmus zu lesen. Wir können uns vorstellen, wie Erasmus einmal übers andere den Kopf schüttelt, »und schließlich ist er so bestürzt über die gefährliche Neuigkeit, daß er spät in der Nacht noch zur Feder greift und Zwingli mit kurzen, von der Aufregung diktierten Zeilen seinen Eindruck wissen läßt«[77]:

»Gelehrtester Zwingli, ich habe etliche Seiten Deines Apologeticus gelesen. Ich beschwöre Dich bei der Ehre des Evangeliums, dem Du doch, wie ich weiß, mit einem außerordentlichen Wohlwollen gegenüberstehst, und dem wir alle, so viel wir zum Christennamen gerechnet werden, günstig gesinnt sein müssen, daß, wenn Du wieder einmal etwas herausgibst, Du eine ernsthafte Sache ernsthaft behandelst und evangelische Bescheidenheit und Klugheit nicht aus dem Auge lässest. Frage doch gelehrte Freunde um Rat, bevor Du etwas öffentlich herausgibst. Ich befürchte, daß Dir diese Apologie große Gefahr und dem Evangelium großen Schaden bringen wird; schon unter diesem wenigen, das ich gelesen habe, ist vielerlei, wovor ich Dich gerne gewarnt hätte. Ich zweifle nicht, daß Deine Klugheit das wohl aufnehmen werde. Denn ich habe es mit einem um Dich sehr besorgten Herzen geschrieben, spät in der Nacht. Leb wohl. Dein Erasmus.«[78]

Was hat denn Erasmus so aufgeregt in Zwinglis Büchlein? Durch die evangelische Predigt sahen sich einige Leute veranlaßt, die Fastenzeit im Jahre 1522 zu mißachten. Zwingli aß zwar in jener Zeit selber kein Fleisch, verteidigte aber die Fastenbrecher[79]. Gleichzeitig verlangte er die Freigabe der Ehe für die Priester. Der Bischof von Konstanz, Hugo von Hohenlandenberg, intervenierte vorerst durch eine Delegation in Zürich (7. April 1522) und später durch ein Mandat (10. August 1522). Der Archeteles ist Zwinglis Ultimatum an den Bischof. »Archeteles heißt es, weil es ein männliches [Buch] ist und weil es, so hoffe ich, der Kontroverse zwischen

---

76. »Habemus pontificem theologum . . . Tu pugna, mi Zuingli, non modo fortiter, verum etiam prudenter.« Z VII 581,4–7 (Brief von Erasmus an Zwingli, 5. Sept. 1522).
77. Farner, Zwinglis Entwicklung, 134–35.
78. »S. Eruditissime Zuingli. Legi paginas aliquot ›Apologetici‹ tui. Obsecro te per euangelii gloriam, cui scio te unice favere, et omnes, quotquot Christi nomine censemur, favere debemus, ut, si quied ędes posthac, rem seriam agas serio et memineris euangelice tum modestię tum prudentię. Consule doctos amicos, antequam aliquid edas in vulgus. Vereor, ne ista apologia conciliet tibi magnum periculum et euangelio officiat; etiam in his paucis, que legi, multa sunt, de quibus volebam te admonitum. Non dubito, quin tua prudentia sit hec boni consultura. Scripsi enim animo tui studiosissimo, ad multam noctem. Bene vale.« Z VII 582 (Brief von Erasmus an Zwingli, 8. Sept. 1522).
79. Anm. 52a und b.

jenen Herren und mir ein Ende setzen wird.«[80] Und weiter fährt Zwingli fort in seiner Einführung zum Archeteles, indem er des Bischofs Vorwurf, in Zürich herrschten Unordnung und skandalöse Zustände, zurückweist.

»Zwar herrschten skandalöse Zustände schon seit ungefähr tausend Jahren, insbesondere hervorgerufen von jenen, die sich einen Pfifferling um die Kinder Christi kümmern ... Skrupellos erschrecken und drangsalieren sie die schwache Stimme des Gewissens, indem sie das verkaufen, was sie doch kostenlos geben sollten.«[81]

Was nun die Republik Zürich betrifft,

»so ist es hier so ruhig wie andernorts in der Welt. Selbst die Laien kennen das Evangelium so gut, daß sie auf keine andere Lehre hören. Das kann man zum Beispiel aus folgendem ersehen: Bis jetzt haben gewissenlose Bettelmönche auf der Kanzel das ausgespuckt, was ihnen hochgestiegen ist. Der Rat [von Zürich] aber hat ihnen verboten zu predigen, was sie nicht aus dem Brunnen beider Testamente heraufziehen konnten.«[82]

Zwingli bemerkt im übrigen, daß aus stilistischen und anderen Gründen der Bischof nicht der Verfasser des nach Zürich gesandten Mandates sein könne. Er weiß auch, wer der »Ghost-Writer« ist. Es handelt sich um den Generalvikar Johannes Fabri, der sich hinter dem Namen des Bischofs »wie ein Tintenfisch« hinter seiner Tintenwolke verbirgt[83]. Zwingli kritisiert ferner die Spaltung zwischen Laien und Klerikern im römischen System:

»Wir sind die Priester, ihr seid die Laien; wir sind die Gebildeten, ihr seid die Unwissenden; uns gehören die Schlüssel, euch die leeren Geldbeutel; uns gebührt es, unsere Tage in Müßiggang zuzubringen, ihr sollt euer Brot im Schweiße eures Angesichts verdienen; ihr sollt den Ehebruch fliehen, uns ist es erlaubt, in allen erdenklichen Lüsten zu schwelgen; ihr sollt Abgaben und Steuern entrichten, wir verschönern unseren Müßiggang mit euren Opfern; ihr sollt in der Nacht wachen, wir schnarchen fröhlich bis in den Tag hinein; ihr sollt den Feind von der Stadt

---

80. »›Archetelem‹ hoc auspicio adpellatum, quod masculus sit ac omni controversię, quę illis mecum est finem.« Z I 257,12–14 (wie Anm. 52c, »Apologeticus«).

81. »Scandal multiplicantur iam inde ab annis fere mille, per eos maxime, qui non huius faciunt pusillos Christi ... infirmas conscientias truculentius terrent et ad desperationem adigunt, dum quicquid gratis dispensandum erat venundant.« Z I 282,16–24 (»Apologeticus«).

82. »Tiguri enim, quod ad doctrinam Christi adtinet, tam pacata sunt omnia quam usquam gentium, tam vulgo docti sunt etiam idiotę euangelium, ut nolint ullam pręter hoc recipere doctrinam. Quod isto clarius accipies exemplo: Cum hactenus fratrum mendicantium audacia quidquid in buccam venisset pro suggestu effutivisset, vetuit eos senatus quicquam pręedicare, quod non ex sacrarum literarum utriusque testamenti fontibus hausissent.« Z I 257,23–29 (»Apologeticus«).

83. »Nemo te in tuo atrore separium ritu latentem diutius ferre poterit.« Z I 301,18 (»Apologeticus«).

fernhalten, uns verbietet unsere Religion, unseren Mitmenschen in Gefahr beizustehen.«[84]

Er macht klar, daß der Prüfstein aller Tradition das Evangelium ist. »Ich begann jede Lehre an diesem Prüfstein zu messen. Wenn ich sah, daß der Stein die gleiche Farbe widerspiegelte oder – genauer – daß die Lehre den Glanz des Steines ertragen konnte, übernahm ich sie. Andernfalls verwarf ich sie.«[85] Er widerspricht Augustinus (der gesagt hatte: »Ich würde dem Evangelium nicht glauben, wenn es nicht durch Autorität der Kirche gedeckt wäre.«[86]):

»Hier möchte ich doch an deinen Sinn für Proportionen appellieren. Sage mir, ob dir diese Bemerkung Augustins nicht etwas zu kühn erscheint oder ihm vielleicht unbedachterweise entschlüpfte. Nimm einmal an, Augustin hätte nie gelebt. Das Evangelium als die frohe Botschaft von der Gnade Gottes würde trotzdem existieren. Gott wäre trotzdem in seiner Gnade den Bund mit der elenden Menschheit eingegangen. Und das gleiche wäre wahr, wenn Augustin zwar gelebt, aber nie geglaubt hätte.«[87]

»Sage mir doch bitte, welche Kirche approbierte das Evangelium und wessen Evangelium?«[88] »Muß das Evangelium warten, bis die

---

84. »Nos sacerdotes sumus, vos prophani; nos docti, vos idiotę; nostrę sunt claves, vestra sunt inania marsupia; nobis aciosis degere licet, vobis in sudore vultus vesci pane; vos cohercitos ab adulterio opertet, nos per omne genus libidinis impune grassabimur; vos vectigalia pendetis ac tributa, nos oblationibus vestris ocia nostra solabimur; vos vigilias noctis ac stationes servabitis, nos securi omnium in altum usque diem stertemus; vos hostem a moenibus propelletis, nos vetat religio civem a periculo liberare.« Z I 308,28–36 (»Apologeticus«).
85. »Cępi omnen doctrinam ad hunc lapidem explorare, et si vidissem lapidem eundem reddere colorem vel potius doctrinam ferre posse lapidis claritatem, recepi eam; sin minus, reieci.« Z I 261,13–15 (»Apologeticus«). Locher weist darauf hin, daß in der antiken und mittelalterlichen Chemie und im Goldschmiedehandwerk der Probierstein für die Prüfung von Erzen und Legierungen auf ihren Erzgehalt verwendet wurde (G. W. Locher, H. Zwingli in neuer Sicht, 192, Anm. 2).
86. In seinem »Contra epistolam quam vocant fundamenti« (Corpus scriptorum ecclesiasticorum Latinorum, Vindobonae 1891, Bd XXV, 191ff), Kap. 5: »Ego vero euangelio non crederem, nisi me catholicae ecclesiae commoveret auctoritas« (aaO, 197, 22ff).
87. »Euangelio non crederem, nisi ecclesia adprobasset euangelium. Hic ęquitatem vestram imploro, ut licere dicatis, an non hac Augustini dictum videatur ęquo esse audacius, aut imprudentius excidisse? Fingite enim Augustinum nunquam natum esse; adhuc tamen erat euangelium bonum gratię dei nuncium, adhuc erat commercium, quod deus gratia sua cum deplorato hominum genere inierat idemque futurum erat, si posteaquam natus est, nunquam credidisset.« Z I 293,6–13 (»Apologeticus«).
88. »Dicite queso, quaenam tum ecclesia cuisnam euangelium adprobavit?« Z I 293,19–20 (»Apologeticus«).

Väter es mit ihrer Autorität decken?«[89] Nach deinem Mandat »haben die Apostel das Evangelium unvollendet weitergegeben. Christus, der Sohn Gottes, dem Vater wesensgleich in jeder Beziehung, hat es unvollendet wiedergegeben.« »Wenn man nicht ohne gewisse Konzilsdekrete und Meinungen gewisser Sophisten gerettet werden kann, dann waren die Apostel nicht gerettet.«[90]

Zwingli beanstandet auch des Bischofs Anspielungen auf Unruhen in Deutschland. »Weswegen klagst du mich, einen Schweizer, der Christus unter den Schweizern bekennt, [dieser Dinge] an? Bekanntlich werden die Schweizer nicht zu den Deutschen gezählt.«[91] Selbstverständlich weist er auch des Bischofs Furcht zurück, die freie evangelische Predigt hebe »die politische Ordnung«[92] auf. Der Beweis für das Gegenteil ist die Republik Zürich. Dagegen klagt er den Bischof an, »Christi arme Schafe unter schweren Gesetzen und Vorschriften zu erdrücken«[93]. Und freimütig gibt er zu:

»Vorläufig – ich bestreite das nicht – verbiete ich, daß man denen noch mehr Geld gibt, die es auf ihren Mauleseln fortschaffen müssen, was allerdings weder den Reitern noch den Mauleseln einen Vorteil bringt. Sonst kämen wir noch so weit, daß selbst die Schweine gezwungen würden, Gold[ringe] in ihren Nasen zu tragen, während die Armen Hungers sterben müßten.«[94]

»Gewisse Personen predigen weit und breit menschlichen Wahnsinn, erschrecken ursprünglich freie Gewissen, indem sie Sünde behaupten, wo keine Sünde ist, und morden damit grausam die Seelen. Die Apostel lehrten uns, daß der Sohn Gottes nicht nur die Sünden großzügig vergab, sondern sich selber als Sühnopfer hingab. Aber die heutigen Falschapostel predigen, daß auch die kleinste Sünde durch Menschen wieder gutgemacht werden müsse, um abgewaschen zu werden.«[95]

---

89. »Nunquid hęsitabit euangelium esse donec patres adprobarint?« Z I 294,27–28 (»Apologeticus«).

90. »Imperfectum tradiderunt apostoli, imperfectum traditit Christus dei filius patri ex omni parte similis et ęqualis.« Z I 305,4–5. »Si vel sine conciliorum decretis quibusdam quis, vel sophistarum quorundam opinionibus, fieri salvus nequit; ergo apostoli salvi facti nun sunt.« Z I 305,11–13 (»Apologeticus«).

91. »Quid opus erat me Helvetium et apud Helvetios Christum profitentem huius tumultus insimulare? ... Helvetii inter Germanos non censeantur.« Z I 270,25–28 (»Apologeticus«).

92. »Sic enim periret omnis ordo politicus.« Z I 309,13–14 (»Apologeticus«).

93. »Si quis Christi miseras oves constitutionibus onerosis et observationibus premi queratur.« Z I 270,38 bis 271,1 (»Apologeticus«).

94. »Veto interea, non nego, ne his qui tantum auri possident, ut eo mulas etiam onerent, quo tamen nec mula melior sit nec sessor, quicquam dent. Sic enim fieret, ut et porci aliquando cogerentur aurum in naribus gestare et pauperes fame perirent.« Z I 287,2–5 (»Apologeticus«).

95. »Prędicant hodie quidam humana delyramenta procacissime, ac mentes vere liberas terrent, docentes esse peccatum ubi nullum est, animarum crudelissimi parricidę. Prędicabant apostoli dei filium mera liberalitate non tam ignovisse

Den andern zusätzlich Lasten auflegen – das ist nicht nur unnötig, es ist auch Sünde. »Die Bischöfe, die den Priestern die Ehe verbieten, sind gottlos und gotteslästerlich, ja nach ihrem eigenen Selbstverständnis[96] Ehebrecher, denn die Kirche hat seinerzeit angeordnet, daß der Bischof Mann einer Frau sein solle.«[97]

»Warum ist dem Klerus die Ehe verboten? Ein großer Teil der heutigen Bischöfe sind nicht wirkliche Bischöfe, sondern Scheinbischöfe.«[98] »Sie verteidigen ihren eigenen Luxus . . ., aber wenn ein Winzer, ein Hirte oder Bauer während der Fastenzeit Fleisch ißt, wie die heilige Stadt Rom dies ungestraft tut, dann nennen sie dies einen Skandal.«[99]

Falsch, gottlos und gotteslästerlich ist es, wenn die Bischöfe »der Kirche nicht das himmlische Wort austeilen«[100]. »Hirten sollen hirten, nicht herrschen!«[101]

Im Apologeticus verläßt Zwingli – im Gegensatz zu Erasmus – den Kreis derer, die theoretisch gewisse Mißbräuche in der Kirche verspotteten und kritisierten. Er greift die gesamte Struktur der Kirche an, weil sie im Gegensatz zu ihren eigenen Grundsätzen steht. Ferner bleibt seine Kritik nicht in der Theorie stecken. In Zürich sind Tatsachen geschaffen worden, die ihrerseits wieder neue theologische Einsichten hervorgebracht haben, beinahe ein klassisches Beispiel dessen, was die Amerikaner »aktionsbezogenes Nachdenken« (action-research-program[102]) nennen. Das Fasten ist gebrochen worden. Dies verlangt nach theologischer Interpretation[103]. Priester heiraten. Ein neues Verständnis von Keuschheit ist

---

omnium delictis quam pro omnibus sese hostiam expiatricem dependisse. Prędicant hodie pseudapostoli nullum tam leve commissum esse, quod non humana satisfactione elui operteat.« Z I 302,5–11 (»Apologeticus«).

96. Vgl den Text in Corpus iur. can. c. 29, Causa XI, questio 1; c. 1–5, Dist. XXVI (Text in Z I 297, Anm. 3 und 4).

97. »Quicumque sacerdotibus connubia negant episcopi, adulteri sunt per vestram istam maximam, impii et sacrilegi, quia ecclesia olim disposuit, ut episcopus esset unios uxoris maritus.« Z I 297,21–24 (»Apologeticus«).

98. »Cur matrimonium vetitum?« Z 320,12. »Iustam nostra tempestate pręsulum partem, non veros sed personatos esse episcopus.« Z I 279,34 bis 280,1 (»Apologeticus«).

99. »Dum luxum suum . . . defendunt . . . Quamvis haec non videtis esse scandala, sed si quis vinitor, pastor vel agricola in quadragesima carnes ederit, id quot santa urbs Rhoma fęliciter audet, hoc scandalum est.« Z I 282,27–32 (»Apologeticus«).

100. »Adulterum, impium et sacrilegum est, quod suburbani episcopi, quos suffraganeos adpellamus, quidam autem fictitios episcopus, ecclesiis sibi commissis panem verbi coelistis non dispensant.« Z I 296,28–32 (»Apologeticus«).

101. »Pastores pascunt, non regunt«. Z I 319,21 (»Apologeticus«).

102. Vgl in diesem Band, S. 260.

103. Anm. 42a, b und der »Apologeticus«.

darum nötig[104]. Zwingli nimmt diese Tatsache in der Debatte auf. Im Gegensatz zu Erasmus, der die Erlaubnis der Hierarchie für die Durchführung von Reformen abwarten wollte, die ihrerseits dann wieder in den gängigen theologischen Kategorien interpretiert werden könnten, macht Zwingli die bereits geschehenen Reformen zum Text, den er im Lichte des Evangeliums interpretiert.

Noch eine weitere Differenz zu Erasmus zeigt sich. Das Evangelium kann nun nicht mehr länger als lehrbar und lernbar verstanden werden. Seine Annahme ist eine göttliche Tat, die von Gott selber veranlaßt wird. Die erasmische Voraussetzung des freien Willens des Menschen erweist sich als unzutreffend. Zwingli beschreibt diesen Sachverhalt vorzugsweise mit dem Wirken des Heiligen Geistes. Hier ist der Sitz im Leben für Zwinglis Spiritualismus. Wenn ein Mensch das Evangelium annimmt und dementsprechend handelt, so liegt der Grund nicht darin, daß er ein guter Schüler war, sondern darin, daß der Geist ihn erleuchtet hat[105]. »Seht nur, wie schwierig es ist, so lang gehegte Meinungen aus den Herzen der Menschen zu verbannen, selbst dann, wenn sie falsch sind.«[106] Nicht ein besserer Unterricht – der ist zwar ebenfalls nötig –, sondern »der Geist der Wahrheit« kann solche falschen Meinungen überwinden[107].

Nicht nur der Apologeticus, sondern noch ein weiteres, allerdings anonymes Büchlein Zwinglis[108] erweckte den Ärger des Erasmus. »Noch mehr dummes Geschwätz gegen den Papst macht die Runde«, schrieb er an Zwingli. Zwinglis Antwort an Erasmus ist verlorengegangen. Wir können sie jedoch aus dem Antwortbrief des Erasmus rekonstruieren. Im besonderen beklagte Erasmus (mit Bezug auf Luther), »daß der freie Wille als leeres Wort betrachtet werde«[109]. Bitter beschwert er sich darüber, daß Zwingli seinen (des Erasmus) Rat in den Wind geschlagen hatte, indem er Hutten einen Unterschlupf in Zürich besorgt habe, einem Mann, der nach Eras-

---

104. Anm. 53a, b und der »Apologeticus«.

105. Z I 279,5–7 (»Apologeticus«). Vgl auch G. W. Locher, H. Zwingli in neuer Sicht, 192.

106. »Videte interim quoque, quantum negocii sit tam diutine receptas opiniones ex hominum pectoribus eliminare, etiam cum falsę sunt aut eronneę.« Z I 295,2–4 (»Apologeticus«).

107. Z I 304,11 (»Apologeticus«).

108. »Suggestio deliberandi« (Anm. 54d). Daß Erasmus wahrscheinlich auf dieses Büchlein anspielt, zeigt Finsler (Z VII 631, Anm. 1). Vgl auch Farner, Zwinglis Entwicklung, 136.

109. »Liberum arbitrium esse nomen inane.« Z VIII 114,11–12 (Brief von Erasmus an Zwingli, 31. Aug. 1523). »Exiit et aliud nugamentum nugacissimum de pontifice.« Z VII 631,6 (Brief von Erasmus an Zwingli, 6. Dez. 1522).

mus »weder den Papst noch den Kaiser, noch die deutschen Prinzen von seiner Kritik ausnahm«[110].

Wenn wir nun fragen, was Zwingli davon überzeugte, daß das Evangelium nicht lehrbar und lernbar sei, sondern eine *Gabe,* die den Menschen und die Gesellschaft verändere[111], ein Geschehen, dessen Initiative vollständig in Gottes Hand liegt und das seinen Lauf nimmt, auch wenn der Reformator persönlich über seine eigene Arbeit enttäuscht ist[112] – eine Einsicht, die Zwingli später in der philosophischen, jedoch mißverständlichen Kategorie der Prädestination ausdrückte, was aber nach Zwingli nicht bedeutet, daß dem Menschen die persönliche Verantwortung abgenommen wurde[113] –, so gibt es darauf nur eine Antwort: Es war das erneuerte Schriftstudium (Zwingli würde hier vielleicht auf den Geist hinweisen, »der die Schrift erleuchtet«), unterstützt durch das Augustinstudium. Den literarischen Niederschlag seiner Entdeckung des Evangeliums als eines Geschehens finden wir in Zwinglis Randnotizen zu seiner Lektüre und in seiner Korrespondenz Ende 1520/Anfang 1521.

Unterstützt wurde diese Entdeckung durch ein intensives Studium des Hebräischen, welches er schon 1516 und 1518 in Einsiedeln begonnen hatte[114]. Sehr genau bemerkte er die Unterschiede

110. »Nec pontifici parcens nec caesari nec Germaniae principibus.« Z VIII 120,9–10 (Brief von Erasmus an Zwingli, Sept. 1523).
111. Viele Zitate in: A. Rich, Die Anfänge; zB Randbemerkung zu Eph. 1,1, Hieronymus zitierend: »Hiero[nymus]: scilicet quia nullus absque propria voluntate salvatur, liberi enim arbitrii sumus, vult nos bonum velle, ut cum voluerimus, velit et ipse in nobis suum implere consilium.« Z XII 79,25–28; Rich, aaO, 69–70. »Unverkennbar ist aber die frohe Botschaft, die Zwingli aus den Psalmen heraushört, die: Gott schenkt sich selbst den armen, sündhaften, hilflosen Menschen.« (Rich, aaO, 133). »Sunder es [das Wort Gottes] můss alweg geschehen.« Z I 357,21 (»Von der Klarheit . . ., Anm. 54b).
112. »Nam ut non inficior ex infirmitate nobis nonnumquam taedium obrepere, dum immeriti proscindimur, imo ut nobis videmur optime meriti de omnibus: ita negare non possum, taedio poenitudinem succedere, quum calcaribus Christi conscientia nostra exagitatur, quibus ille torpentem ac domi suae desidentem animan expergefacit.« Z VII 485,6–11 (Brief Zwinglis an Berthold Haller, 29. Dez. 1521).
113. »Es zeugt nun aber von einer meisterhaften Beherrschung des Problems, wenn Zwingli, trotz der damit gegebenen Behauptung der Unfreiheit des Willens, den Menschen nach seiner subjektiv-psychologischen Seite hin als frei erklärt . . . Es ist überhaupt auffallend, mit welchem Ernst der Reformator an der Verantwortlichkeit der menschlichen Person festhält und gerade in der Bindung des eigenen Willens an den Willen Gottes das Geheimnis seiner Aktivität entdeckt.« (Rich, aaO, 148).
114. Zu chronologischen Einzelheiten vgl E. Egli, Zwingli als Hebräer; E. Künzli, Zwingli und die hebräische Sprache, und ders, Quellenprobleme und mystischer Schriftsinn in Zwinglis Genesis- und Exoduskommentar.

und Übereinstimmungen zwischen der Septuaginta und dem hebräischen Text. Er entdeckte, daß die Kenntnis des Hebräischen nicht nur für das Verständnis des Alten, sondern auch für dasjenige des Neuen Testamentes nötig war, denn die neutestamentlichen Verfasser waren meist Juden. Darum dachten und schrieben sie in hebräischen (oder aramäischen) Denkkategorien[115]. Gewiß erwies sich für Zwingli die grammatikalische Ähnlichkeit zwischen dem Alemannischen und dem Hebräischen als hilfreich. Beide Sprachen haben sehr flexible Verbformen. Art und Intensität der Beziehung, der Modus der Handlung ist ihnen wichtiger als die genaue chronologische Fixierung[116]. Beide ziehen die erzählenden den systematischen und analytischen Darstellungsformen vor. In seinen theologischen Werken bezieht sich Zwingli oft auf den hebräischen Text, wobei er nicht verfehlt, auf die Schwächen der lateinischen Vulgata hinzuweisen. Obschon er ein besseres Latein als Luther schrieb und sich in der eleganten humanistischen Tradition seiner Zeit ausdrücken konnte, verspottete er gelegentlich »die welschen Totenpfeifer«, deren Wortschatz und Denkkategorien für die Deutschsprachigen keine normative Kraft besitzen[117].

23.3 Die Entdeckung: Mit oder ohne Luther?

Die Frage: »*Wann* entdeckte Zwingli das Evangelium im Sinne der Reformation?«, ist, wie Locher richtig bemerkt, eine theologische und nicht eine historische Frage[118]. Die Antwort auf diese Frage hängt davon ab, was man unter dem »Evangelium im Sinne der Reformation« versteht. Wenn man darunter die Entdeckung des Evangeliums als eines Geschehens versteht, das seinen Lauf im Leben des einzelnen und der Gesellschaft nimmt wie »der Rhein, den man zwar eine Zeitlang stauen, aber nicht aufhalten kann«[119],

---

115. Z V 475,5ff (»Antwort über Straussens Büchlein, das Nachtmahl Christi betreffend«, Jan. 1528).
116. Vereinfacht dargestellt heißt das: der Hebräer sucht primär auszudrücken, ob jemand singt (Kal), von einem andern besungen wird (Niphal), von Herzen singt (Piel), für sich selbst singt (Hitpael), von einem anderen von Herzen besungen wird (Hophal) usw. Ähnliche Konstruktionen gibt es im Alemannischen (vgl zB luege, gschaue, gügsle, schäche, schile, schpienzle, gseh usw).
117. Z II 149,1–3 (wie Anm. 17).
118. G. W. Locher, Huldrych Zwingli in neuer Sicht, 150.
119. »Der Ryn; den man ein zyt wol schwellen, aber nit gstellen [mag].« Z III 488,8 (»Über die Gevatterschaft«, 12. Dez. 1524).

so finden wir die ersten Zeugnisse dafür 1520/21 in Zwinglis Korrespondenz und in seinen Randnotizen.

Wenn man das Evangelium als einen lehrbaren und lernbaren Inhalt versteht, dann haben wir mindestens bis zum Jahre 1516 zurückzugehen. Wenn man unter dem »Evangelium im Sinne der Reformation« das volle Verständnis der dämonischen Dimension der Sünde und der Auflehnung des Menschen gegen Gott, sein Angewiesensein auf Vergebung, eingeschlossen die »bewußt-lehrhafte Übernahme der paulinischen Anthropologie« versteht[120], so muß man die Entdeckung der Reformation auf das Jahr 1522 datieren[121]. Auf alle Fälle aber hat Zwingli seine Reformation nicht von Luther übernommen. Nicht nur war ihm die Nachahmung Luthers durch einige von dessen Schülern ein Greuel – »allzu viele wollen von dem hochgelehrten Luther nichts lernen als seine gepfefferte Sprache, die aber von seiner brennenden, inbrünstigen Liebe her zu verstehen ist«[122] –, er selber bezeugte mehrere Male: »Hat der Luther getrunken, wo wir getrunken haben, so hat er die evangelische Lehre mit uns gemein.«[123] »Denn ich habe die Lehre Christi nicht von Luther gelernt, sondern aus Gottes eigenem Wort.«[124] »Wer hat mich ausgerüstet, das Evangelium zu predigen und ein Evangelium von vorn bis hinten konsekutiv auszulegen? Hat das etwa Luther getan?«[125] »Noch will ich Luthers Namen nicht tragen; denn ich habe wenig von ihm gelesen und mich seiner Bücher absichtlich enthalten.«[126] Arthur Rich[127], Fritz Blanke[128],

---

120. G. W. Locher, aaO, 150.
121. Oben, Anm. 51–54.
122. »Also sind ouch deren vil, die dem wolgelertenn man Martino Luther nüt ablernen wellend in sinen buecheren dann die rässy siner worten, die er offt us angezündter, inbrünsiger liebe redt.« Z II 740,5–10 (Akten der zweiten Disputation vom 26.–28. Okt. 1523).
123. »Hat der Luter da getruncken, da wir getruncken habend, so hat er mit uns gemein die euangelisch leer.« Z I 224,11–12 (wie Anm. 53b).
124. »Denn ich die leer Christi nit vom Luter gelernt habe, sunder uß dem selbswort Gottes.« Z II 149,34–36 (wie Anm. 17).
125. »Wer hat mich uffgerüst das euangelion ze predgen und einen gantzen euangelisten von einet ze predgen? Hat das Luter gethon?« Z II 146,27 bis 147,1 (wie Anm. 17).
126. »Noch wil ich des Luters namen nit tragen; denn ich siner leer gar wenig gelesen hab und hab mich offt siner buecher mit flyß gemasset.« Z II 147,27–29 (wie Anm. 17).
127. Rich, Anfänge, 73–95.
128. F. Blanke, Art. Zwingli, RGG³ VI, 1952–60.

Gottfried Locher[129] und Oskar Farner[130] sind sich einig darin, daß Zwingli selbständig zum Reformator wurde[131].

Dies ist verständlich. Luthers erste Frage, der erste Punkt auf seiner Tagesordnung, unterschied sich wesentlich von derjenigen Zwinglis. Luther hatte von Gabriel Biel (1410–1495) gelernt: Wenn ein Mensch das Äußerste tut (facere quod in se est), wird Gott ihm vergeben. Das war als seelsorgerlicher Rat an Christen gemeint, die wegen ihres Zukurzkommens von ihrem Gewissen geplagt wurden. Aber die scheinbare Minimalforderung verwandelte sich bei einem gewissenhaften Denker wie Luther, der sich in Biels Werke vertiefte, in eine Peitsche. Er mußte sich fragen: Wann tue ich wirklich das Äußerste? Wer kann mir Gewißheit geben, daß die Höllenfurcht (atritio), die mich in den Beichtstuhl treibt, das Äußerste ist, quod in me est? Wäre nicht wirkliche Herzensbuße (contritio), die aus Liebe in die Arme Gottes flieht, jenes Äußerste, welches Gott von Rechtes wegen von uns erwarten kann, und nicht die Furcht vor Verdammung? Aber gerade dieses Minimum, diese contritio des Herzens, war Luther unmöglich. Von Biels Gnadenlehre aus mußte er erkennen, daß er der Hölle nicht entlaufen konnte mit seiner Möncherei[132], auch wenn er als junger Mönch Maul und Nase aufsperrte über der tröstlichen Rede von der heiligen Möncherei und vor Andacht schmatzte, wenn er hörte, daß jede Erneuerung des Mönchsgelübdes die gleiche Kraft habe wie das erstmalige Mönchsgelübde[133]. Seine biblischen Studien spitzten seine Bedenken noch zu. Er entdeckte, daß »es keine Ecke in seiner Seele gab, die nicht voll der bittersten Bitterkeit gewesen wäre«[134]. »O meine Sünde, Sünde, Sünde, Sünde!« klagte er in einem Brief an Staupitz. Vollends zur Verzweiflung trieb ihn der unverständliche Satz in Psalm 31, »in deiner Gerechtigkeit erlöse mich« (in iustitia tua libera me), der ihm vom lateinischen Gerechtigkeitsverständnis her – Luther las als Priester täglich im lateinischen Psalter – als Unsinn vorkam. Unter Gerechtigkeit konnte er nur die lateinische, distributive, das heißt die strafende Gerechtigkeit Gottes verstehen, die jeden nach

---

129. G. W. Locher, H. Zwingli in neuer Sicht, 150.
130. Farner II, 321–29.
131. Vgl. aber unten, S. 326.
132. O. Scheel (Hg), Dokumente zu Luthers Entwicklung, Nr. 397 (Predigt über Joh. 3,16, 29. Juni 1538); WA XLVII, 90.
133. Scheel (Hg), aaO, Nr. 281 (Kleine Antwort«, Herbst 1533); WA XXXVIII, 148f.
134. »Nec est ullus angulus in ea non repletus amaritudine amarissima.« WA I, 558 (»Resolutiones disputationum de indulgentiarum virtute«, 1518). Die ganze Stelle zeigt eindrücklich Luthers Verzweiflung.

seinem Verdienst behandelt. Das konnte für den Realisten Luther nichts anderes als die verdiente Strafe und keineswegs Erlösung bedeuten.

Selbst im Neuen Testament, bei Paulus (Röm. 1,17), fand er diese strafende Gerechtigkeit an entscheidenden Schlüsselstellen, so daß er nahe daran war, Gott zu fluchen.

»So raste ich mit verwundetem und verwirrtem Gewissen und klopfte doch immer wieder in heißem Durst bei Paulus an, um herauszubringen, was er an dieser Stelle eigentlich meint, bis ich durch das Erbarmen Gottes nach tage- und nächtelangem Nachdenken endlich auf den Gedanken kam, den Zusammenhang (connexio verborum) genauer ins Auge zu fassen. ›Gerechtigkeit Gottes ist geoffenbart im Evangelium‹ und ›Der Gerechte lebt aus Glauben‹.«[135]

Gleicherweise untersuchte er nun auch Psalm 31,1: »Gott lob, da ich den Zusammenhang verstand und bemerkte, daß ›Gerechtigkeit Gottes‹ jene Gerechtigkeit meint, die uns geschenkt wird durch Jesus Christus, da verstand ich die Grammatik und schmeckte mir erst der Psalter.«[136]

Das heißt mit anderen Worten, Luther entdeckte, daß der Genitiv »Gerechtigkeit Gottes« jene Gerechtigkeit meint, die Gott uns *gibt,* und nicht jene, die er von uns fordert. Sofort prüfte er seine Entdeckung an ähnlichen Genitiven in der Bibel und fand, daß das hebräische Wort für Gerechtigkeit (zedaqa) nichts zu tun hatte mit einer mechanischen, lateinischen Gerechtigkeit, sondern Gottes persönliche, souveräne Gerechtigkeit meinte. Aus diesem Grunde kann dieses selbe Wort gelegentlich in der Bibel auch mit »Barmherzigkeit« übersetzt werden[137]. Diese erkenntnistheoretische Erfahrung wurde für Luther der Hebel, mit dem er die lateinische Theologie und ihre juristischen Kategorien aufsprengte. In ihrem Lichte interpretierte er die Sakramentslehre, die Ekklesiologie, die Soteriologie und die Ethik.

Luther war ein Mönch. Auf seiner Tagesordnung stand die Frage: Wie kriege ich einen gnädigen Gott? Zwingli war ein Schulmeister,

---

135. »Furebam ita saeva et perturbata conscientia, pulsabam tamen importunus eo loco Paulum, ardentissime sitiens scire, quid S. Paulus vellet. Donec miserente Deo meditabundus dies et noctes connexionem verborum attenderem, nempe: Iustitia Dei revelatur in illo, sicut scriptum est: Iustus ex fide vivit, ibi iustitiam Dei coepi intelligere eam, qua iustus dono Dei vivit.« WA LIV, 186 (Einführung zu Band I der Opera Latina, 1545).
136. »Gott lob, da ich die res verstunde und wiste, das iustitia Dei hieß iustitia, qua nos iustificat per donatum iustitiam in Christo Ihesu, da verstunde ich die grammatica und schmeckt mir erst der Psalter.« Scheel (Hg), aaO, Nr. 449; WA TR V Nr. 5247 (Tischreden, zwischen 2. und 17. Sept. 1540).
137. WA V, 144 (»Operationes in Psalmos«, 1519–1521).

ein Priester und ein humanistischer Patriot. Auf seiner Tagesordnung stand die Frage: Wie kann Gottes Wille in der Gesellschaft
und in der Kirche geschehen? Indem Luther Gabriel Biel bis zum
bitteren Ende (facere quod in se est) folgte, fand er mit dem
Schlüssel der Schrift die Antwort auf seine Frage. Indem Zwingli
das erasmische Ausbildungsprogramm verfolgte, fand er mit dem
Schlüssel der Schrift die Antwort auf seine Frage. Das erasmische
Programm hatte sich in Zwinglis persönlichem Leben, im Leben
seines Lehrers[138] und im Leben seines Volkes als Fehlschlag erwiesen. Zwingli entdeckte in der Schrift, daß die Sünde nicht durch
Ausbildung ausgerottet wird und daß das Evangelium ein Ereignis
ist, dessen Initiative ganz in Gottes Hand liegt. Als er sein ganzes
Vertrauen auf Christus warf und das riskierte, was taktisch und
rational zu gefährlich war (gegen den Rat des Erasmus), wurde er zu
einer Zeit, als es sonst niemand wagte, »durch das männliche und
ritterliche Hervorstehen« Luthers »wider das Papsttum«[139] in seinem Entscheid gewaltig ermutigt. Obschon Zwingli theologisch von
Luther nicht beeinflußt war[140], hat ihn doch der persönliche Mut
und das Zeugnis Luthers beeindruckt; dies hat er auch nie bestritten, selbst nicht in den Tagen des theologischen Streites. »Luther ist
ein so trefflicher Streiter Gottes, der mit so großem Ernst die Schrift
durchforscht, wie es ihn seit tausend Jahren nicht gegeben hat. In
seinem männlichen, unerschütterlichen Mut, mit dem er den Papst
von Rom angriff, ist ihm keiner ebenbürtig geworden, seit es einen
Papst gibt.«[141]

23.4   Die Folgerung: Eine neue Realgeschichte

Als Zwingli seinen Dienst am Großmünster in Zürich am 1. Januar
1519 antrat, veränderte er das Verständnis des Pastorates in Zürich

---

138. Erasmus war Syphilitiker.
139. Z VI/2 274,2–3 (»Über D. Martin Luthers Buch Bekenntnis genannt«, Aug.
     1528).
140. Zwinglis Lutherlektüre war gering, was leicht an den spärlichen Notizen in den
     Büchern Luthers, die im Besitze Zwinglis waren, nachgewiesen werden kann.
     Zudem waren die Bücher Luthers, die Zwingli gelesen hatte, nicht von zentra-
     ler theologischer Bedeutung. Im übrigen entwickelte Zwingli eine Theologie,
     die in einigen Punkten von Luther als häretisch betrachtet wurde. Vgl dazu
     Rich, aaO, 80ff, wo Rich Zwinglis Lutherlektüre genau untersucht.
141. »Luther ist, als mich bedunckt, so ein treffenlicher stryter gottes, der da mit so
     grossem ernst die gschrifft durchfüntelet, als er in tusend jaren ie xin ist; und
     mit dem mannlichen, unbewegten gmüet, damit er den papst von Rom anggrif-
     fen hat, ist im gheiner nie glych worden, als lang das baptstuomb gwäret hat.«
     Farner II, 322.

grundlegend. Was man von einem Leutpriester am Großmünster erwartete, war weit von dem entfernt, was Zwingli zu tun gedachte, nämlich mit der alten Perikopenordnung zu brechen, die in Zürich durch den ehrwürdigen Karl den Großen 700 Jahre vor Zwingli eingeführt worden war. Anstelle der Perikopenordnung führte er eine Predigtserie über das Matthäusevangelium ein, indem er das Evangelium fortlaufend auszulegen begann. Das war ein radikaler Bruch mit der traditionellen Perikopenordnung. Aber es schuf Tatsachen, die in den von Zwinglis Reformation beeinflußten Kirchen heute noch nachklingen, in der predicatio continua, der kontinuierlichen Auslegung eines biblischen Textes Sonntag um Sonntag. Weil Zwingli in der Entdeckung der Reformation selbständig war, entwickelte er sie auch selbständig. Eine dieser selbständigen Ausformungen war die Ersetzung der Perikopenordnung durch die fortlaufende Auslegung eines biblischen Textes. Eine weitere war die *Prophezei*. Weil das Bibelstudium für ihn von grundlegender Wichtigkeit war und die alten Lehrmethoden (Bilder, Predigt im Meßgottesdienst) sich als ungenügend für diese Aufgabe erwiesen, gründete er ein Theologenteam, die Prophezei, die selbst einem heutigen Beobachter äußerst modern vorkommt. Im gemeinsamen Studium und unter Einbezug der Gaben und Kenntnisse aller wurde die Bibel übersetzt und ausgelegt. Diese Übersetzungsarbeit war nicht das Werk eines einzelnen Starübersetzers, noch geschah sie in der Schreibstube eines einzelnen Gelehrten. Sie wurde gemeinsam mit den Kollegen in aller Öffentlichkeit betrieben. Jeden Morgen wurde die Bevölkerung eingeladen, den Verhandlungen der Zürcher Theologen beizuwohnen. So legte die Prophezei nicht nur den Grund für die zukünftige Universität Zürich, sondern sie war auch die erste Erwachsenenbildungsstätte der protestantischen Kirche.

Ferner wurden die Fastenvorschriften geändert. Die Klöster wurden in das erste Sozialwerk des Protestantismus umgewandelt. Die Liturgie war nicht nur eine gereinigte Meßliturgie (wie die lutherische Liturgie); der Pfarrer war für seine Arbeit der *Gemeinde* gegenüber veranwortlich. Weil der Heilige Geist nicht auf Palästina beschränkt ist[142] und »Jesus Christus durch sein Leiden dem ganzen

---

142. Gerhard Krause sieht in Zwinglis zahlreichen Zitaten aus der klassischen Literatur vorchristlicher Zeit »den konsequenten Ausdruck der in Zwinglis Theologie tief verwurzelten Anschauung von der Berufung frommer Heiden zum Heil der Welt« (G. Krause, Zwinglis Auslegung der Propheten, 259). Das Standardwerk zu diesem Thema ist Rudolf Pfister, Die Seligkeit erwählter Heiden bei Zwingli. Das obige Zitat aus einem Brief Zwinglis an Ambrosius Blarer vom 4. Mai 1528 (Z IX 458,25 bis 459,2): »Non continebatur tum

Menschengeschlecht den Zugang zum Himmel verdient hat«[143], können auch fromme Heiden selig werden. Der Krieg gegen die Türken ist unnötig und nur ein Versuch des Papstes, sich als Verteidiger des Evangeliums aufzuspielen, was doch Christus selber besorgen wird. Vielmehr sollten die Türken Gelegenheit bekommen, das Evangelium zu hören[144]. Die Strukturen von Kirche und Gesellschaft müssen verändert werden – konsequent mit der Konkretheit hebräischer (und alemannischer) Denkkategorien. Das Evangelium muß nicht nur gepredigt werden, sondern es schließt die ständige Reformation (semper reformanda) der staatlichen und kirchlichen Strukturen ein, selbst wenn dies bedeutet, daß Zwingli die vorsichtige erasmische Taktik aufgeben mußte. Mit seiner Entdeckung des Evangeliums begann er Stellen, wie Joh. 16,2, zu zitieren: »Die Stunde kommt, wo jeder, der euch tötet, meinen wird, Gott eine Opfergabe darzubringen.«[145] »Ich kann dir nicht verbergen«, schrieb er an seinen Freund Myconius, »wie die Kirche am Anfang aus Blut entstanden ist, so kann sie auch nur durch Blut erneuert werden, nicht anders«[146].

---

religio intra Palęstinę terminos, quia spiritus iste coelestis non solam Palęstinam vel creaverat vel fovebat, sed mundum universum.«

143. »Das ist gewüß, das Jesus Christus durch sin lyden verdient hat allem menschlichen gschlecht den zůgang zů got, den fryden mit got und säligheit.« Z II 172,17–18 (wie Anm. 17).

144. Z I 435,18 bis 436,1; 439,28 bis 440,2 (»Suggestio deliberandi«, Anm. 54d).

145. Z VII 324,3–4 (Brief Zwinglis an Oswald Myconius, 24. Juli 1520).

146. »Nam ut et hoc tibi promam: Ecclesiam puto, ut sanguine parta est, ita sanguine instaurari, non alia via, posse.« Z VII 343,18–20 (Brief wie Anm. 145).

24. Zeugnis der Christen[1]

Da unser Zeugnis immer fragmentarisch, kulturell bedingt, schicht-spezifisch, theologisch mangelhaft ist (und, solange wir Menschen sind, so bleibt), weichen viele Christen in ein »diskretes Christentum« aus. Schließlich werden wir von Schule und Elternhaus zum diskreten Leben angehalten. Es gehöre zur Lebenskunst, nicht aufzufallen, sagt man uns. Richtig schminkt sich die Frau, der man's nicht anmerkt. Wirklich reich ist der, dem man's nicht ansieht. Diskrete Eleganz, diskretes Parfum, diskreter Reichtum, diskretes Christentum sind Leitworte unserer Erziehung. Man darf nur diskret Bauchweh haben. Der diskrete Tod ist in Amerika schon erfunden worden.

Gegen dieses ungeschriebene Gesetz wird protestiert: die Beatles durch den Haarschnitt, die Zeugen Jehovas durch Propaganda für eine theokratische Gesellschaft, die Pfingstler durch »lebendige« Gottesdienste.

Wer gegen dieses temperierte Leben nicht bewußt protestiert, sucht einen Ersatz. So muß der Kriminalroman die Spannung, der Edelwestern den Mut, die Sportskanone den persönlichen Einsatz, der Liebesheld die Leidenschaft, der Politiker die fehlende Öffentlichkeit ersetzen. Der neue Hut, den die Königin vorgestern trug, und der Zahn, den der Kronprinz gestern bekam, bringen zusammen mit der Rubrik »Unglücksfälle und Verbrechen« Abwechslung in das diskrete Dasein. Man bezeichnet das Ascot-Rennen als »wahnsinnig spannend« (absolutely exciting): fast im gleichen Tonfall wie das liturgisch gezähmte Halleluja des Pastors, das den echten Freudenruf ersetzen muß. Die diskreten Christen ersetzen den Glaubensmut der Gegenwart durch die Erinnerung an die Glaubenshelden der Bibel, der Reformation oder der Bekennenden Kirche (an dieser Stelle zitiert man mit Vorteil Bonhoeffer). Und die »Stillen im Lande« müssen von Zeit zu Zeit einen telegenen Starevangelisten auftreten lassen, damit sie nicht selber aus dem Inkognito heraustreten müssen.

---

1. Veröffentlicht unter dem Titel »Präsenz, Wort und Zeichen als Formen christlichen Zeugnisses in der Welt«, in: Das missionarische Wort 19 (März/April 1966), 58–63.

24.1   Präsenz

Unter Präsenz ist nicht dieses diskrete Christentum zu verstehen. *Präsenz heißt: dasein und zuhören.* Aus der psychiatrischen Praxis wissen wir, daß das konzentrierte Zuhören den Patienten veranlaßt, vom Innersten zu reden. Die Präsenz des Arztes hilft dem Patienten zur Entdeckung seiner selbst. Gleicherweise ist die »Präsenz als Form des christlichen Zeugnisses« jene totale Anwesenheit, die die Verdrängung (dh die Teil-Abwesenheiten) der Gesellschaft und der Mitmenschen bewußt macht.

Was damit gemeint ist, erkläre ich anhand von Erfahrungen, die ich bei der Vorführung pfingstlerischer Schallplatten gemacht habe. Da beschreibt zB der Evangelist in knappen Zügen den Hügel Golgatha und die Ausweglosigkeit der Situation seiner Zuhörer »in einer Welt von Sünde . . ., Ungerechtigkeit und Lieblosigkeit, in einer Welt, in der der Mensch bald nur noch Nummer und Akte ist«. Welch glückliche Menschen, die nach Golgatha fliehen können, die das Vorrecht haben, »einmal ihr Herz auszuschütten, einmal sich auszuweinen, einmal die Not zu klagen und geborgen zu ruhen wie ein Kind im Schoße der Mutter«. Diese Predigt wirkt nur auf Menschen, die tatsächlich unter Einsamkeit, Krankheit, Unverstandensein leiden. Aber diese erfaßt der Predigter: ». . . Wie gerne würde ich Sie bei der Hand nehmen und zu diesem Hügel führen. Er ist nicht hoch, ihn kann selbst der mit der schwersten Last besteigen und auch der, dessen Körper von Krankheit geschwächt ist. Dieser Weg ist kein äußerlicher, nein, man sinkt auf seine Knie, schließt die Augen und sagt: Herr Jesus Christus, sei mir Sünder gnädig!«[2]

Wenn ich diese oder eine ähnliche Platte im kleinen kirchlichen Kreis, in Jugendgruppen, bei Theologiestudenten usw vorführte, konnte ich zwei verschiedene Reaktionen beobachten. Die erste: Setzte die Alphaperson nach den ersten Takten des einleitenden Liedes ein spöttisches Gesicht auf, wurde der Kreis veranlaßt, die Platte unreflektiert als Kitsch abzulehnen. Diejenigen, denen die Platte gefiel und die sich am Schluß der Vorführung Nummer und Verlag notierten, um sie zu bestellen, äußerten sich nicht. Die Alphaperson mußte sich durch ein spöttisches Gesicht gegen die sie bedrängende kulturelle und theologische Fremdheit von Lied und Predigt absetzen. Die implizite Kritik, die diese Platten am kirchlichen Gottesdienst üben (ob zu Recht oder zu Unrecht, steht jetzt

---

2. G. Klemm, Schallplatten »Evangeliumsklänge« A 35 La; Christlicher Schallplattenring, 28 Bremen, Postfach 1301.

nicht zur Diskussion), mußte verdrängt werden. Man war zwar anwesend, aber nicht präsent. Das Gehörte wurde sofort als Seelenmassage abgeschrieben und darum einer eingehenden Analyse für unwürdig befunden. Die zweite Reaktion beobachtete ich in jenen nicht wenigen kirchlichen Kreisen, die beim Vergleich einer solchen Platte mit einem biblischen Text die frappierende Übereinstimmung zwischen Platte und Text rühmten. In diesem Falle funktionierte *ich* als Alphaperson. Die Zuhörer vermuteten eine positive Beurteilung der Platte meinerseits und beurteilten sie darum unreflektiert positiv. Sie waren zwar anwesend, aber nicht präsent. Ihre Präsenz wurde durch den Wunsch getrübt, dem vermutlichen Programm des Pfarrers zu entsprechen.

»Präsenz als Form christlichen Zeugnisses« heißt nicht: einen Anspruch – in diesem Fall war es ein von den einen als angenehm, von den anderen als unangenehm empfundener emotionaler Impuls – ablehnen oder akzeptieren. Vielmehr wird der präsente Zeuge das Pseudolob und die Pseudokritik auf deren Stichhaltigkeit hin befragen. Der fragt richtig, der nicht nur auf die Worte der Platte, sondern auch auf die unausgesprochenen Stimmungen im Zuhörerkreis hört. Diese Präsenz ist also weder Anpassung noch Ablehnung. Es ist jene Anwesenheit, die dem Menschen – in den zitierten Beispielen ist es der kirchliche Mensch – hilft, aus den Panzern seiner Schema-Urteile herauszukommen.

24.2 Wort

Gott gab uns das Wort, damit es als stiller *Bote der Menschlichkeit* am Herzen des Bruders anklopfe und geduldig um Einlaß bitte. Wir aber nahmen es in unsere eigenen Werkstätten, hämmerten und schleiften es zurecht, um daraus Schlagworte, Waffen der Rechthaberei zu machen, mit denen wir Türen und Köpfe unserer Gegner einschlagen können.

Im Gebet wird uns diese Tatsache am schmerzlichsten klar, weil alle Worte, die wir beim Beten vorbringen wollen – sowohl die theologischen als auch die untheologischen –, von unserer Sünde so verbogen sind, daß sie uns und unsere Mitbeter schmerzen. Beten erinnert uns daran, daß wir – solange wir Menschen sind – der Sünde der Welt nicht entfliehen können, denn selbst das Schweigen in der Meditation ist das Schweigen dessen, dem alle Worte der Selbstrechtfertigung entfallen sind. Zum Gebet gehört daher die Bitte um Vergebung. Beten können, vor Gott reden können, ist immer ein Wunder, denn »wir wissen nicht, was wir beten sollen«[3].

Im Gebet zeigt sich die Krankheit der Sprache am stärksten, aber sie tritt uns überall entgegen, wo gesprochen und geschrieben wird. »Wort als Form christlichen Zugnisses« geschieht dort, wo die *Krankheit der Sprache* erkannt und nach ihrer *Heilung* gesucht wird. Eine kranke Sprache ist nicht nur ein defektes Informationsinstrument. Sie ist Symptom und Ursache zugleich für gestörte menschliche Beziehungen. Auch die heile Familie, selbst das Liebespaar, das sich wenigstens für Augenblicke zu verstehen scheint, hat teil an dieser Krankheit, weil die Sprache Allgemeingut ist und von jeder Zeitung, jedem Briefschreiber, jedem Redner, Pfarrer und Werbetexter mißbraucht werden kann. Und selbst wenn einer sich an der Sprache nie versündigt hätte, so muß er doch die Sprache benutzen, die von der Sünde der vorigen Generation und der Sünde unserer Umwelt verwundet worden ist.

Nun aber ist das Wort Fleisch geworden. Das Wort ging in die Wörter ein, um sie zu erlösen. Friso Melzer beschreibt den heilbringenden Einfluß des »Wortes in den Wörtern« anhand des Artikels »Liebe« in seinem theo-philosophischen Wörterbuch[4]. Die Ankunft des Wortes schuf bei den indogermanischen Völkern das Wort »Liebe«. Vor ihrer Missionierung konnten die Indogermanen nicht »Liebe« sagen. Sie kannten zwar ein Wort für »begehren«, »heftiges Verlangen empfinden«, die »Libido«. Im deutschen Sprachbereich entstand durch die gotische Bibelübersetzung ein Zusammenhang zwischen Glaube (got. galaubeins), Liebe (got. lubo) und Hoffnung (got. lubains), der erst dem Wort Liebe seine eigentliche Tiefe gab, so daß Kästner den Unterschied zwischen Liebe und Libido beschreibt: »Ach, unsere Seelen sitzen auf Stühlen / und sehn der Liebe zu«. Kästner bringt in dem zitierten Gedicht (Ein Mann gibt Auskunft) nicht nur den Unterschied zwischen Liebe und Libido, sondern auch deren Trennung zum Ausdruck. Die Liebe ist so christlich geworden, daß sie im Geruch steht, langweilig und fad zu sein. Die neutestamentlichen Schriftsteller und ein Bibelübersetzer wie Wulfila haben die Wörter der heidnischen Libido nicht gescheut. So gefährliche und gefühlsmäßige Wörter wie Logos, Heiland, Herr und Sohn Gottes haben sie in ihre Schriften aufgenommen. Der Kaiser war Herr und Heiland. In Konkurrenz zu diesem Heiland bekannten sich die Christen zu *ihrem* Heiland. Philosophen und Wundertäter wurden als Söhne Gottes verehrt; man erzählte, daß ein Gott ihre Mütter in Abwesenheit von deren

---

3. Röm. 8,26.
4. Fr. Melzer, Das Wort in den Wörtern, 263.

Ehemänner besucht und verführt habe. Der Logos aber war das Schlagwort vieler Sekten. Darunter verstand man eine Art Weltvernunft, die das All durchwaltete. Und wenn die Korinther »Fleisch« und »Geist« hörten, so mißverstanden sie die beiden Worte wie heutige Leser als Überordnung des Gedanklichen, Gefühlsmäßigen, Religiösen über das Leibliche und nicht – wie Paulus die beiden Worte verstand – als Überordnung des Dienstes über die Selbstbehauptung. Man wundert sich über die Kühnheit der ersten Christen, diese starken und mißverständlichen Wörter in den Strahlungsbereich *des* Wortes zu bringen.

Gibt es heute noch solch starke heidnische Wörter, die wir dem Wort dienstbar machen können? Woher nehmen wir das kühne Gottvertrauen zu solchem Tun? Was muß geschehen, daß unsere Seelen nicht auf Stühlen sitzen und dem Gottesdienst zusehen? Wie kann das Wort der Liebe glaubwürdig geschehen?

24.3 Zeichen

Nach dem Zeugnis des Neuen Testamentes hat der Glaube der Jünger Jesu die Verheißung, daß ihm »Zeichen« folgen[5]. Unter diesen Zeichen finden wir: Teufel austreiben, mit neuen Zungen reden, Schlangen vertreiben, Unschädlichkeit tödlicher Getränke, Heilung von Kranken durch Handauflegung. Oft versteht man diese Zeichen als Wunder, die den Naturzusammenhang durchbrechen. Von Jesus wird gesagt, Gott habe ihn durch Wunder und Zeichen beglaubigt[6]. Er kam durch übernatürliche Geburt in die Welt und überwand den Tod durch übernatürliche Auferweckung.

Auch heute sucht man nach Beispielen, in denen das Wort durch besondere Zeichen beglaubigt wurde. Im Zusammenhang mit dem Streit um Sadhu Sundar Singh glaubten viele evangelischen Theologen in den europäischen Kirchen Sundar Singhs phantastische Geschichten mit dem Hinweis auf 1. Kor. 2,13: »Für einen Christen, der die Gabe der Unterscheidung der Geister besitzt, weil er in einem lebendigen Gebetsumgang mit Gott steht, kann schlechterdings kein Zweifel über die Echtheit Sundar Singhs bestehen – ›wir richten geistliche Dinge geistlich‹.«[7] Friedrich Heiler und andere

---

5. Mark. 16,17.
6. Apg. 2,22.
7. F. Heiler, Die Wahrheit Sundar Singhs, VI. Eine vollständige Bibliographie zu Sundar Singh in meinem Handbuch der Pfingstbewegung, Nr. 03.07.014. Vgl auch W. Hörschelmann, Christliche Gurus. Beste Untersuchung von P. Gäbler, Sadhu Sundar Singh.

waren der Meinung, »daß unsere historisch-kritische Methode ein recht unzulängliches Instrument ist und unsere Skepsis allen Wundererzählungen, gerade auch den biblischen, gegenüber auf einer Enge unseres intellektuellen und religiösen Gesichtskreises beruht«[8].

Was heißt aber hier »geistlich« urteilen? Wenn die »Geistlichkeit« in der Vorordnung des »Inneren« vor dem »Äußeren«, des »Geistigen« vor dem »Leiblichen«, des »Ewigen« vor dem »Geschichtlichen«, des »Spontanen« vor dem »Reflektierten« besteht, so kann sich diese »Geistlichkeit« so wenig auf die Bibel berufen wie die Umkehrung des obigen Ordnungsschemas. »Geistlich« wäre jene Haltung zu nennen, die die kritische Nachprüfung der Wunder nicht fürchtet, die ihre »geistliche« *oder* »historisch-kritische« Auslegung der Bibel dem Verstand *und* der Intuition der Mitmenschen zur Kritik aussetzt und den Außenseiter, wenn er eine andere Auslegung anbietet, nicht als »ungeistlich« oder »unkritisch« (je nach Standpunkt) disqualifiziert, um damit seiner eigenen Bibelauslegung das Monopol der »Geistlichkeit« *oder* der »Unbestechlichkeit« zu sichern.

Die heutigen und die biblischen Zeichen und Wunder, die als Durchbrechung der sogenannten Naturgesetze verstanden werden, dienen im Rahmen dieses Denkschemas als Versuch eines dem Zeitalter empirischer Forschung angepaßten Gottesbeweises. Es ist natürlich leicht, diesen Gottesbeweis theologisch zu widerlegen und ihn als häretisch, heidnisch oder doch mindestens katholisch zu denunzieren. Damit wird aber das Problem, das hinter dem Verlangen nach biblischen und heutigen Wundern steckt, nicht gelöst. Es müßte etwa so formuliert werden: Im Zeitalter der schwindenden Autoritäten wird auch die Autorität der Kirche nicht einfach hingenommen. Wenn die reformatorischen Kirchen mit dem Hinweis antworten, das Kreuz sei für die einen eben ein Ärgernis und für die anderen eine Torheit, so verkennen sie die Situation und machen aus einer Not eine Tugend. Das ist gerade das Ärgernis, daß das Ärgernis niemanden richtig ärgert. Es wird uns nicht erspart bleiben, uns auf die Fragen einzulassen: Lebt Gott? Ist dieser Gott der Vater Jesu Christi? Hat es einen Sinn, zu beten und diesem Gott zu vertrauen?

Ich schließe diesen Abschnitt mit einer *Thesenreihe* ab.

(1) Wunder sind zweideutig und nichts spezifisch Christliches. Die Bibel selber berichtet von außerchristlichen Wundern[9]. Es gibt

---

8. Fr. Heiler, aaO, XI; ähnlich H. Lilje, Lebt der Sadhu?
9. ZB Matth. 12,27; Ex. 7,11f; Apg. 8,9–11.

aus der Zeit vor, während und nach der Abfassung des Neuen Testamentes und aus unserer Zeit eine umfassende Wunderliteratur. Diese kann nicht durchweg als Betrug oder Täuschung bezeichnet werden. Phänomenologisch muß man die Wunder als nicht erklärbare Vorgänge bezeichnen, wobei die Frage offen bleibt, ob sie je einmal erklärt werden können.

(2) Das bedeutet nicht, daß Wunder und Zeichen als Form des christlichen Zeugnisses disqualifiziert werden. Wenn sich die biblischen Schriftsteller nicht fürchteten, gefüllte heidnische Wörter und Vorstellungen zu brauchen, so können auch bis jetzt nicht erklärbare, menschliche Fähigkeiten (zB Krankenheilung durch Handauflegung, Vorauswissen durch Intuition) in den Dienst des christlichen Zeugnisses gestellt werden.

(3) Merkwürdigkeit eines Zeichens ist weder eine Qualifikation noch eine Disqualifikation für dessen Zeugnischarakter. Kriterium eines Zeichens ist, daß es von sich weg auf die Mitte des Zeugnisses hinweist.

(4) Die Zeichen des Neuen Testamentes mußten durch ihre Einordnung in das Verkündigungsgeschehen qualifiziert werden. Wenn die Christen während der Pest in Rom die christlichen und heidnischen Toten beerdigten, während die römischen Ärzte geflohen waren, so mußten sie dieses merkwürdige Verhalten begründen. Sie sagten: Wir glauben an den Auferstandenen, der dem Tode die Macht genommen hat. Dadurch bekam das Zeichen (Beerdigung der Toten) Richtung und ihr Bekenntnis Kraft. Wenn sie auf dem Markt Sklaven kauften und ihnen die Freiheit schenkten, so begründeten sie dieses anormale Verhalten folgendermaßen: Christus hat uns und alle Menschen von der Sklaverei befreit und uns zu seinen Mitarbeitern gemacht.

(5) Daraus folgt: Zeichen (sowohl die merkwürdigen als auch die gewöhnlichen) bedürfen des sie begleitenden Wortes. Aber nicht so, daß aus dem Zeichen logisch auf Gott geschlossen wird. Wenn wir heute einen Vorgang beobachten, der mit den uns bekannten soziologischen, psychologischen oder physikalischen Verhaltensnormen in Konflikt gerät, so nimmt ein geschulter Wissenschaftler nicht die »Hypothese Gott« zu Hilfe. Vielmehr wird er die Beschreibung der Verhaltensnormen so formulieren, daß der beobachtete Ausnahmefall (zB missionarischer Opfermut, eine Totenauferweckung) mitberücksichtigt wird.

Präsenz ist dann eine Form christlichen Zeugnisses, wenn sie als totale Anwesenheit die Verdrängungen des Menschen und der Gesellschaft bewußtmacht. Wort ist dann Gabe Gottes, wenn es den

Weg zum Herzen des Mitmenschen findet. Zeichen ist dann Zeichen, wenn es die Frage nach dem Wohin des Zeichens weckt. Alle drei Formen christlichen Zeugnisses sind somit jedes auf seine Art dialogische Formen. Alle drei Formen müssen – um verständlich zu sein – in der Welt zu Hause sein. Die ersten Christen waren nicht bereit, die Verständlichkeit der reinen Lehre zu opfern.

Diese Schlußfolgerungen führen zu *Konsequenzen für unser Zeugnis*. Wir müssen uns fragen, was die kühne und gefährliche Übernahme heidnischer Vorstellungen für unsere Liturgien und Gebete bedeutet. Wir müssen fragen, ob der Vortrag eine Verkündigungsform ist, die die obigen Kriterien erfüllen kann. Wir müssen darüber nachdenken, ob unsere Zeichen die Frage nach dem Wohin des Zeichens oder nur das Kopfschütteln der Zuschauer verursachen.

25. Prophetische Verkündigung

Prophetische Verkündigung wird in diesem Beitrag[1] nicht als das mutige Reden eines »Propheten« beschrieben (worunter dann ja meist die Predigt eines Pfarrers verstanden wird), sondern – auf Grund der neutestamentlichen Forschungen von G. Theissen – als eine gelebte Theologie des Kreuzes, die in ihrer Aggressionsverarbeitung der Welt voran ist und Raum schafft für Einfälle der Gnade.

Das Lexikon »Die Religion in Geschichte und Gegenwart« bietet fünf Spalten über »Propheten, religionsgeschichtlich«, zwanzig Spalten über »Propheten in Israel«, zwei Spalten über »Propheten im Neuen Testament« und zwei über »Propheten in der altchristlichen Kirche«[2]. Bei genauerer Analyse würde man wahrscheinlich da und dort noch einige kritische Hinweise auf die Propheten der Kamisarden, der Täufer und anderer sog Randgruppen finden. Die Reformierten können noch auf die »Prophezei« von Ulrich Zwingli hinweisen, eine Exegetenschule der Zürcher Reformation, an die die erste theologische Erwachsenenbildung für alle Christen (nicht nur Pfarrer) angeschlossen war[3].

Aus diesem Befund könnte man schließen, daß das Prophetische in der heutigen christlichen Kirche ausgestorben ist. Richten wir aber unseren Blick auf die jungen Kirchen in Indonesien, Afrika und Lateinamerika, ändert sich die Perspektive. Dort gibt es eine größere Zahl von Propheten im religionsgeschichtlichen Sinne, wie etwa Simon Kimbangu[4] in Zentralafrika. Auch das Element der Vorhersage, zum Beispiel bei Tod oder Heilung, spielt in dieser Prophetie eine gewisse Rolle.

Man wird einwenden, daß *diese* Prophetie nicht in der Tradition der großen alttestamentlichen Prophetie stehe. Das ist zum Teil

---

1. Veröffentlicht in: Das missionarische Wort 31, März–April 1978, 54–57.
2. B. Sundkler, Propheten, religionsgeschichtlich; R. Meyer, Propheten in Israel bis auf Amos; J. Fichtner, Propheten in Israel seit Amos; A. Jepsen, Die Theologie der Propheten; P. Vielhauer, Propheten im Neuen Testament; E. Fascher, Propheten in der altchristlichen Kirche; R. Rendtorff, Prophetenspruch; H. Urner, Prophetie als liturgische Lesung. – Und hier endet die Einsicht in das Prophetische!
3. Dazu oben, S. 306 und S. 327.
4. Dazu oben, S. 57ff und S. 75f.

richtig. Aber ebenso richtig ist, daß die Prophetie im Neuen Testament wenig gemein hat mit den Propheten des Alten Testamentes. Die großen politischen, sozialen und theologischen Themen der alttestamentlichen Prophetie kommen in der neutestamentlichen kaum zur Sprache. Eine Ausnahme bildet lediglich die Offenbarung des Johannes. Aber mit diesem Buch haben sich viele Christen von Luther bis heute bekanntlich besonders schwergetan.

Da ich annehme, daß die Prophetie im religionsgeschichtlichen Sinne, wie sie bei den Schamanen, in den roßen independenten Kirchen Afrikas, in Indonesien und anderswo auftritt, in der Praxis der deutschen Gemeinden keine große Rolle spielt, soll dieses Problem hier nur angedeutet werden. Was unter dem etwas hoch gegriffenen Titel »Prophetische Verkündigung« verstanden wird, ist doch eher *eine an der Bibel orientierte, für die Welt verstehbare* (wenn auch nicht notwendigerweise akzeptierte) *und von der Gemeinde verantwortete Verkündigung.*

Wie sieht eine solche an der Bibel orientierte Verkündigung aus? Bei der Suche nach der Antwort konzentriere ich mich auf die palästinische Jesusbewegung und auf die Gemeinde in Korinth.

25.1   Die Jesusbewegung

Gerd Theissen, dessen Veröffentlichungen ich in dieser Sache viel verdanke, unterscheidet in der palästinischen Jesusbewegung zwischen den Wandercharismatikern und deren ortsansässigen Sympathisanten. Die *Wandercharismatiker* zogen durchs Land, um zu missionieren und zu heilen. Sie waren nicht Gemeindeleiter. Sie lebten ohne familiäre Bindung, ohne geregeltes Einkommen, ohne festen Wohnsitz. Man hielt sie – wie ihren Meister – für verrückt. Es waren vogelfreie Existenzen, die von unplanbarer Unterstützung durch die Sympathisanten lebten, denen sie als Gegenleistung Predigt und Heilung zu bieten hatten.

Die *Sympathisanten,* in deren Häusern Jesus und später die Wandercharismatiker Aufnahme fanden, lebten ein anderes Ethos. Solange sie die Wandercharismatiker unterstützten, war Verzicht auf Reichtum keine unabdingbare Voraussetzung für das Heil.

»Besitzlose Wandercharismatiker konnten glaubhaft den Reichtum verurteilen; als charismatische Bettler waren sie aber darauf angewiesen, daß von den Produkten des Landes auch etwas für sie abfiel. Beides ergänzt sich gut.«[5]

---

5. G. Theissen, Soziologie der Jesusbewegung, 40.

Im Vergleich zu den übrigen innerjüdischen Erneuerungsbewe-
gungen (Qumran, Widerstandskämpfer oder Zeloten) war die Jesusbewegung »ungrundsätzlich«. Qumran erreichte durch totale
Abhängigkeit von der Produktionsgemeinschaft totale Disziplin.
Die Widerstandskämpfer erreichten dasselbe Ziel durch Terror.
Die Jesusbewegung identifizierte sich mit beiden nicht. Sie war
ungrundsätzlich in dem Sinne, daß sie zwar Widerstandskämpfer
unter ihren Wandercharismatikern hatte, aber auch deren Gegner,
die Kollaborateure mit der römischen Besatzungsmacht. Auf Grund
dieser kurzen Charakterisierung der Jesusbewegung könnte man
den Eindruck gewinnen, es handle sich bei ihrer Prophetie um einen
Kompromiß. Das ist bis zu einem gewissen Grade der Fall. In einem
anderen Sinne aber war die Jesusbewegung radikaler als alle anderen. Die latente Aggression gegen die Römer wird »verschoben«.
Die Psychoanalyse nennt die Verlagerung des Triebimpulses auf ein
anderes Ziel, das in keinem unmittelbaren Wirklichkeitszusammen-
hang mit dem ursprünglichen Ziel steht, »Verschiebung«. Das geschieht in der Jesusbewegung zum Beispiel im Zusammenhang mit
den Dämonen, auf die die Aggression konzentriert wird (Mark.
5,1ff).

Am schärfsten tritt diese Verschiebung bei der religiösen Verarbeitung des Todes ihres Führers auf.

»Nicht die Schuld der Römer offenbarte sich dort, sondern die
eigene Schuld: Jesus mußte für unsere Sünden sterben. Der geschei-
terte Messias wurde zum Heilbringer ... Der Gekreuzigte wurde als
Gottes Gesandter verehrt. In religiösen Symbolen akzeptierte man
die faktische Ohnmacht des Judentums gegenüber den Römern und
überwand so das römische Reich.«[6]

Daß die Schuld auf einen »Sündenbock«, den Messias, projiziert
wurde, war noch nichts Besonderes. Daß aber die Jesusbewegung
sich identifizierte mit diesem Sündenbock, krempelte die sozialen
Beziehungen von innen her um.

»Eine kleine Außenseitergruppe experimentierte in einer aus den Fugen gerate-
nen Gesellschaft, die unter einem Übermaß an Spannungen, Druck und Aggressio-
nen litt, mit einer Vision von Liebe und Versöhnung, um die Gesellschaft von innen
heraus zu erneuern. Dabei handelte es sich nicht um aggressionsarme Menschen, die
von den Spannungen ihrer Zeit unberührt geblieben waren. Manches spricht für das
Gegenteil. Viel Aggression konnte in Kritik an Reichtum und Besitz, Pharisäern und
Priestern, Tempel und Tabus umgesetzt und so in den Dienst der neuen Vision
gestellt werden. Ein großer Teil von Aggression wurde umgelenkt, verschoben,
projiziert, transformiert und symbolisiert. Erst diese Aggressionsverarbeitung schuf
Raum für die neue Vision von Liebe und Versöhnung, in deren Mittelpunkt das neue

---

6. Theissen, aaO, 101.

Gebot der Feindesliebe steht. Das Entstehen der ›Vision‹ selbst ist ein Rätsel. Denn es gilt auch der umgekehrte Schluß: Voraussetzung für die verschiedenen Formen von Aggressionsverarbeitung war eine angstfreie Grundstimmung, ein erneuertes Grundvertrauen in die Wirklichkeit, das von der Gestalt Jesu ausstrahlt – bis heute.«[7]

25.2 Prophetie in Korinth

In einer neuen Situation, in Korinth, wurden diese Impulse, die Umkrempelung der sozialen Beziehungen von innen her, aus der Situation Palästinas in diejenige der Großstadt umgesetzt. Liest man die Korintherbriefe als Dokument eines rein religiösen oder theologischen Streites, so übersieht man deren Beitrag zum Verständnis einer prophetischen Existenz. Versteht man sie aber als Elemente in einem komplexen Streit, berücksichtigt man dabei das soziologische Profil der korinthischen Gemeinde, so wird man im biblischen Text nicht lediglich eine theologische Rationalisierung für eine kulturelle und soziale Auseinandersetzung finden, sondern ein Modell für die Inszenierung der prophetischen Verkündigung der Gesamtgemeinde.

Die sozialen, religiösen und kulturellen Konflikte zwischen den Gruppen oder Sekten in Korinth (wohlhabende, freie Bürger; rechtlose, ungebildete Sklaven; gebildete Haus- und Schreibsklaven)[8] wurden »ungrundsätzlich« ausgetragen. Die Wirklichkeit, die sie zusammenband, war diejenige vom Leibe Christi, der Leib jenes Sündenbockes, der für alle dahingegeben worden war. Es wurden keine sozialkritischen Programme entworfen, keine Sklavenbefreiungen durchgeführt – eine Tatsache, die immer wieder von allen »grundsätzlichen Ideologen« kritisiert worden war. Es wurde »nur« ein völlig anderes Modell des Zusammenlebens bis ins Finanzielle hinein entwickelt und gelebt. Allerdings, dieser Leib Christi war kein »mystischer Leib«, sondern ein sichtbarer, realer, sozialer Leib. Seine Existenz war in sich selber schon prophetische Verkündigung. Es wurde hier nicht prophetisch die Gemeinschaft im Leibe Christi verkündigt, sondern sie war da, im Streit, unter Tränen, aber real.

Die korinthische Prophetie war den Kriterien unterworfen, an denen alle Charismatiker geprüft wurden. Sie mußte nach der Forderung des Paulus einen erkennbaren Zusammenhang zur Jesusbewegung haben. Sie mußte »pros to symphéron« sein, das heißt

---

7. Theissen, aaO, 103.
8. Dazu im einzelnen, oben S. 34ff.

dem allgemeinen Wohl dienen, und sie wurde »von den anderen« beurteilt. Das heißt doch wohl nichts anderes, als daß auch in Korinth die Gemeinde und nicht der Einzelprophet Träger des prophetischen Handelns und Redens war, so wie auch die Jesusbewegung in zwei sich logisch widersprechenden, tatsächlich aber einander ergänzenden Elementen funktionierte.

25.3   Und heute?

Wieweit dieses Modell für uns heute gültig und durchführbar ist, ist eine völlig andere Frage. Jedenfalls aber kann kaum ein Pfarrer für sich »prophetische Verkündigung« in Anspruch nehmen, sofern dieser Terminus irgend etwas mit der neutestamentlichen Praxis zu tun haben soll. Man kann aber meine eingangs erwähnte Definition einer »an der Bibel orientierten Verkündigung« auch noch anders verstehen. Sie kann verstanden werden als eine Verkündigung, die *ähnliche Funktionen* wie die neutestamentliche ausübt, diese aber mit anderen Strukturen erreicht. Die Ähnlichkeit wäre dann in der Richtung der Identifikation mit dem Sündenbock zu suchen, theologisch gesagt: mit einer gelebten »Theologie des Kreuzes«, oder – psychologisch gesprochen – mit einer Aggressionsverarbeitung, die Raum schafft für die neue Vision von Liebe und Versöhnung.

Eine solche prophetische Existenz ist eine äußerst labile und gefährliche Sache. Die Kirche, die sie riskiert, ist eine »prekäre«, eine »wacklige« Organisation[9]. Etwas anderes ist nicht zu erwarten. Sicherheit und Prophetie scheinen sich gegenseitig auszuschließen. Solch eine prophetische Existenz wird von den »Widerstandskämpfern« als schwacher Reformismus und von der »römischen Besatzungsmacht« (was immer das heute heißen mag) als potentielle Unruhestiftung betrachtet.

Es ist aber der wichtigste Dienst, den die Gemeinde der Welt heute leisten kann, gegen alle Kritik der »Grundsätzlichen«. Die Vorbilder sind gegeben, auch in der Bundesrepublik. Man braucht dazu nicht die Friedensfrauen aus Nordirland oder Martin Luther King zu bemühen. Es gibt wohl kaum ein zweites Land, in dem ein Theologieprofessor sowohl am Grabe einer bekannten Terroristin sprach als auch den Trauergottesdienst für den Staatspräsidenten hielt. In beiden Fällen hat er der Trauergemeinde nicht nach dem Munde geredet[10]. Er wurde darum von vielen kritisiert, aber

---

9. M. Thung, The Precarious Organization.
10. H. Gollwitzer, Nachrufe.

widerfahrene Kritik ist der Preis für die Verstehbarkeit der Prophetie.

Wir müssen diese »Ungrundsätzlichkeit« in der Gemeinde, dieses notwendige Nebeneinander von logisch sich ausschließenden, sachlich einander aber bedingenden Gegensätzen als sichtbaren Ausdruck der Theologie des Kreuzes noch lernen. Bei dem erwähnten Beispiel fehlt, daß die Prophetie von der Gesamtgemeinde verantwortet wurde. Mitverantwortung für die Prophetie braucht noch nicht Konsensus zu bedeuten. Prophetische Verkündigung bedeutet für die kirchliche Institution, daß sie die Aggressionsverarbeitung als eine ihrer Aufgaben sieht, weil sie Raum schafft für eine neue Vision von Liebe und Versöhnung.

Grenzüberschreitungen

Zusammenfassung und Ausblick

Dieser und der folgende Band sind Versuche, meine theologische Existenz, ihre wirtschaftlichen und kulturellen Interessen, ihre psychologischen und emotionalen Verzahnungen so zu durchdringen, daß sie – so hoffe ich wenigstens – andere dazu ermutigen, Theologie im weiten Umkreis ihres Lebens und nicht nur ihres Denkens zu betreiben.

1. Grenzen, die ich kenne

Es ist vielleicht nützlich, noch einmal kurz auf das mir Vorgegebene zurückzukommen. Meine Vorgaben waren Chansons und Märchen, biblische, dogmengeschichtliche, theologische, literarische, psychologische und marxistische Texte. Aber auch meine Erfahrungen mit britischen, deutschen, schweizerischen, amerikanischen und afrikanischen Universitäten gehören zu den Texten meiner Theologie. Und vor allem gehören die Fragen und Einwände meiner Studenten dazu. Ich kann nicht an ihnen vorbei Theologie betreiben. Meine Studenten waren Anlaß zu aufregenden Entdeckungen und ermüdenden Rückfragen. Und das muß wohl so sein.

Und was für Studenten sind das! Da ist ein indischer Mohammedaner. Er erklärt mir, warum er bei mir eine Arbeit über »islamische Mission« schreiben will. Warum er nicht an einer anerkannten mohammedanischen Universität studieren wolle, frage ich ihn. »Weil diese Universitäten ›Arabisierung‹ mit ›Mission‹ verwechseln«, antwortet er. »Und bei uns haben Sie den Eindruck, daß wir zwischen Mission und deren kultureller Einbettung unterscheiden können?« fragte ich ihn und mich.

Ein Evangelikaler aus Italien versuchte mir klarzumachen, warum er in seiner Situation um des Evangeliums willen gleichzeitig Baptistenprediger und kommunistischer Parteifunktionär sein müsse und warum er die Dokumente der kommunistischen Partei Italiens zum Gegenstand kritischer theologischer Überlegungen machen müsse.

Eine irische Nonne erklärt mir die Gegensätze zwischen England und Irland, zwischen angelsächsisch und keltisch, zwischen anglikanisch und irokatholisch, aber auch zwischen dem theologischen Denken einer Frau und dem eines Mannes. Und diese ihre Erklärungen sind so ganz anders als das, was die Kirchengeschichten über Irland und England und die Traktate der Anhängerinnen des Feminismus sagen[1].

Ein englischer Pfarrer bringt mir bei, warum das Wort »Rechtsstaatlichkeit« nicht auf englisch übersetzt werden kann. Nämlich weil das Konzept der »Rechtsstaatlichkeit« an die Sache und den Begriff der Verfassung geknüpft sind; beides gibt es trotz der Geschichte der Vereinigten Staaten in England nicht.

Ein anglikanischer Koreaner führt mich in die kulturelle und politische Leidensgeschichte seines Landes ein und erklärt mir den Unterschied zwischen Anglikanern und Reformierten in Korea. Hier sind die Jünger eines englischen Schiffspfarrers, der gleichzeitig der erste Missionsbischof Koreas war, dort die enthusiastischen Evangelisten der sich rasch ausbreitenden Reformierten Kirche. Hier wird nach jahrhundertealten Liturgien der englischen Flotte gebetet und Gottesdienst mit einigen wenigen Gläubigen gehalten, dort wird das Land beinahe mit evangelischem Eifer überrannt.

Ein Nigerianer erklärt mir, warum viele akademisch gebildete Menschen heute in den neuen unabhängigen Kirchen Nigeriens Aufnahme suchen und mit ihrer afrikanisch-charismatischen Frömmigkeit eine neue Weise akademischer Disziplin zu vereinbaren suchen. Er schaut mich an und fragt: »Können Sie uns helfen, Christen und Nigerianer zu bleiben und doch Theologen zu werden?«

Ein amerikanischer Rabbiner, Sohn eines aus Breslau vertriebenen Rabbiners, lädt mich zur Predigt in seine Synagoge ein und stellt mich seinem alten Vater vor. Der Vater kann nicht über sein Leben vor der Flucht nach Amerika sprechen. Der Sohn ringt mit dem Problem eines Menschen, der kulturell Amerikaner und theologisch Jude sein will, der die alte rabbinische Tradition von dem kleinen Gottesvolk mit der Tradition des erfolgreichen Amerikaners verbinden will. Er versucht diese Frage zu klären, indem er die englischsprachige Dichtung von und über Rabbiner untersucht. Aber er lehnt es strikte ab, die deutsche und polnische Literatur zum gleichen Thema mitzuberücksichtigen.

Ein schwarzer Pfarrer aus Zimbabwe erklärt sich als Anhänger der patriotischen Front, bricht aber bei der Lektüre der religionskri-

---

1. M. Hall, A Quest for the Liberated Christian; W. J. Hollenweger, Madre Maria del Rosario.

tischen Texte von Karl Marx in schallendes Gelächter aus. »Dieser Mann ist in Sachen Religion ein Analphabet«, stellt er kategorisch fest.

Ein Baptist aus Zaïre beginnt eine Seminarsitzung, indem er einen Traum erklärt, in dem sein Sohn stirbt. An der Wandtafel erklärt er, warum er von seiner Heimat träumen könne, wenn er doch in Europa sei. »Nur mein Körper ist hier«, sagt er, »aber mein Wahrmensch ist in Zaïre.« »Der Traum bedeutet aber nicht unbedingt«, fügt er hinzu, »daß mein Sohn gestorben ist. Er kann auch etwas anderes bedeuten. Ich weiß aber noch nicht, was.« Die europäischen Studenten hören gespannt und verwundert zu.

Ein amerikanischer Adventist will mich davon überzeugen, daß Ellen G. White, die Begründerin seiner Kirche, auf Grund ihrer ökumenischen und rassenpolitischen Schriften nicht nur für die Adventisten, sondern für die gesamte Kirche einen prophetischen Beitrag geleistet habe. Ich muß seitenlang adventistische Schriften lesen – ein Kulturschock besonderer Art.

Eine anglikanische Rektorin greift das Thema von »Geist« und »Geister« auf und glaubt in der englischen Sprachphilosophie einen Beitrag zu sehen, mit deren Hilfe sie die Sprachdifferenzen zwischen »Geist« und »Geister« als kulturell notwendig (darum nicht bedeutungslos), theologisch aber nicht normativ (darum nur von relativer Bedeutung) sehen kann[2].

Ein Oberst der amerikanischen Luftwaffe sieht hinter der Biographie des einäugigen ehemaligen Sklaven W. J. Seymour (bekannt aus der Erweckung von Los Angeles, die am Anfang der Ausbreitung der Pfingstbewegung steht) eine theologisch-relevante Geschichte.

Aber auch die ausländischen Arbeiter in der Schweiz, mit denen ich in Genf zu tun hatte, die Konfrontationen mit Sektenangehörigen, die Aha-Erlebnisse, die ich in den theologischen Seminaren und Kirchen der Dritten Welt machte, die Gespräche mit Menschen aus der Welt von Industrie, Wirtschaft und Finanz – all dies ist Vorlage zu den Einübungen in die interkulturelle Theologie.

Was habe ich dabei gelernt? Ich habe gelernt, daß die Möglichkeiten interkultureller Theologie bei weitem nicht ausgeschöpft sind. Obschon ich in einigen Fällen in Dialogfelder vorgestoßen bin, in denen es nach meiner Kenntnis kaum zuverlässige »Karten« gibt,

---

2. P. Binyon, The Concepts of »Spirit« and »Demon«; W. J. Hollenweger, Eine Lehrerin denkt über ihre Bekehrung nach.

habe ich, je mehr ich mich umsah, weitere, kartographisch noch nicht erfaßte Territorien gesehen. Wo es keine Karten gibt, muß man selber hingehen, um sich ein Bild von der Topographie, den Chancen und Gefahren des betreffenden Feldes zu machen. Ich bin nicht an die Grenzen dieser Möglichkeiten gelangt. Dennoch, glaube ich, gibt es Grenzen für die interkulturelle Theologie.

Wo sind diese Grenzen? In traditioneller Sprache würde man sagen: Die Grenzen sind dort, wo der Boden der Schrift verlassen wurde. Diese Antwort befriedigt mich nicht nur deswegen nicht, weil es eine einseitig protestantische Antwort ist und die Möglichkeiten katholischer oder orthodoxer Grenzziehung außer Betracht läßt. Sie befriedigt mich auch deswegen nicht, weil die »Karten« der Schrift die heutigen Dialogfelder noch gar nicht kartographieren konnten. Ich versuchte daher mit Hilfe von Analogieschlüssen und Extrapolationen etwas über das Jenseits der von der Schrift beschriebenen Felder zu vernehmen. Die einzigen befriedigenden Kriterien, die sich mir bei dieser Überlegung anboten, waren die in Kapitel 16 erläuterten. Ich hoffe, daß es mir dabei gelungen ist, diese Kriterien als Anwendung der theologia crucis auf die Art und Weise des Theologietreibens anzuwenden. Dabei ging es mir darum, das, was man bis jetzt das Materialprinzip nannte, als tragenden Grund für das sogenannte Formalprinzip sichtbar zu machen.

2.   Grenzen, die ich suche

Wie geht es weiter? Eines der Dialogfelder, auf dem am heftigsten über Interkulturalität gestritten wird, ist zweifellos dasjenige der Massenmedien. In Frankreich und England werden die »gehobeneren« oder die »kulturellen« Sendungen auf dem einen, die »volkstümlichen« Massensendungen auf dem anderen Kanal ausgestrahlt. Auch die Presse teilt sich nach den gleichen Prinzipien auf. Auf der einen Seite sind Times, Guardian und Daily Telegraph, auf der anderen Daily Mail, Mirror und Sun. Was dieser kulturellen Apartheid im deutschsprachigen Raum entspräche, ist mir nicht ganz klar. In der Schweiz wäre man versucht, den »Blick« (die schweizerische »Bildzeitung«) als Exponent der einen Kultur – sofern man, was eben strittig ist, dies als Kultur bezeichnet –, die Neue Zürcher Zeitung als Exponent der andern Kultur zu bezeichnen. Aber der Vergleich hinkt, denn die Neue Zürcher Zeitung hat bei weitem nicht so viele prominente sozialistische Journalisten wie die Times. Die Grenze zwischen Times und Sun zum Beispiel verläuft eben nicht entlang parteipolitischer, sondern entlang kultureller Linien.

Hier die »literarische« Kultur, dort die »mündliche«, respektive die »bildliche« Kultur. Hier die Analysen der Regierungspolitik und der Opposition, der Wirtschaft, der Finanzlage, dort die Geschichten von Prinz Charles, vom Retorten-Baby, die Ausrufe der Streiker und ihrer Gegner.

Wie beurteilen die Spezialisten von den Massenmedien das Problem, wie gehen sie die Aufgabe der Interkulturalität an? Als Mitglied des Central Religious Advisory Committee seit 1973, eines beratenden Ausschusses für BBC und die unabhängigen Fernseh- und Funkgesellschaften in Großbritannien, hatte ich Gelegenheit, die Meinung vieler Verantwortlichen der britischen Massenmedien zu diesem Thema zu hören[3]. Es wurde dabei klar, daß eine strikte kulturelle Aufteilung ihrer Hörerschaft weder im finanziellen Interesse der Funk- und Fernsehanstalten noch im Interesse der Nation liegt. Die Gretchenfrage heißt für diese Spezialisten – und das bezieht sich nicht nur auf die religiösen Sendungen –: Welche kulturellen Medien der Information, der Bildung und der Feier sind uns gemeinsam? Die Frage wird natürlich von der Sportredaktion, von der Abteilung »Current Affairs«, von den Programmdirektoren für klassische oder Unterhaltungsmusik verschieden beantwortet. Gerade deswegen bleibt die Frage im Raum: Gibt es eine »mittlere Ebene« zwischen France Culture und Radio Monte Carlo (um ein Beispiel aus Frankreich zu nehmen), zwischen den anspruchsvollen Sendungen von BBC Four und den leichtfüßigen Darbietungen von BBC One.

Meine eigenen Versuche nach einer solchen »mittleren Ebene«[4] waren Einübungen, um wenigstens der konkreten Probleme eines interkulturellen Programms ansichtig zu werden. Andere haben darin mehr Übung als ich. Es sind bezeichnenderweise die Journalistinnen (mehr als die Journalisten) beim BBC, die sich auf diese Sache spezialisierten. Shirley Du Boulay und Vanya Kewley sind das Problem so angegangen, daß sie schwierige abstrakte Denkprozesse in Biographie übersetzten. So berichtete Vanya Kewley in einem packenden Filmbericht von denjenigen katholischen Priestern in Korea, die gegen die Politik ihrer Regierung protestierten,

---

3. Bei einer Diskussion im Jahre 1969 mit Hans Jürgen Schultz, Albert v. d. Heuvel, Hans-Joachim Girock, Fritz Puhl, Gottfried Edel, Hanno Helbling, Manfred Linz, Hans Peter Meng, Michael de Vries kam dieses Problem der Massenmedien noch kaum zur Sprache. Vgl. dazu W. J. Hollenweger, Exposé und Diskussion über »Information und Verkündigung«.
4. Mitarbeit bei »Die Heiligen im Untergrund« (Freier Sender Berlin), »Ich glaube . . .« (Radio Zürich), am Südwestfunk, Baden-Baden, am Süddeutschen Rundfunk, Stuttgart, beim Genfer Fernsehen und beim BBC.

indem sie sie und ihre Frauen aus ihrem täglichen Leben erzählen ließ. »Warum habt ihr das gemacht?« fragte sie. Und die Priester antworteten nicht mit politischen Schlagwörtern, sondern erzählten vom Leiden ihrer Gemeinden. Sie erzählten auch, was sie im Gefängnis erlitten. Da die Betreffenden direkt und ohne Übersetzung erzählten – und dabei ihr Leben riskierten[5] –, wurde nicht nur der politische Informationsgehalt, sondern auch die existentielle Beteiligung des Betreffenden mitgeteilt.

In einer anspruchsvollen, aber auf verschiedenen Ebenen verständlichen Serie »The Light of Experience« (Das Licht der Erfahrung) ließ Shirley Du Boulay Menschen von ihren religiösen Erfahrungen im Kontext ihres Lebens erzählen. Das Spektrum war weit: Von der Salutistin aus der Heilsarmee bis zum Atomphysiker, von einfachen Bekehrungszeugnissen bis zu Zeugnissen über asiatische Meditationen. Ein Beispiel ist mir besonders im Gedächtnis haftengeblieben. Eine jüdische Emigrantin erzählte, wie sie als Agnostikerin nach England kam, Christin wurde, Psychologie studierte und bereits in vorgerücktem Alter mit C. G. Jung mehrere Gespräche führte. »Was mir dabei auffiel, ist«, so erzählte sie, »daß ich nach vielen Jahren wieder deutsch redete. Es war, wie wenn eine Mauer in mir einstürzte, als ich mich die Laute dieser gehaßten und doch geliebten Sprache aussprechen hörte, die eben nicht nur die Sprache Hitlers, sondern auch diejenige Goethes ist. Ein abgeschlossener Raum meines Lebens, den ich peinlich und fest verriegelt hatte, öffnete sich wieder. Ich erkannte, daß ich nicht mit diesem verriegelten Raum meiner Vergangenheit weiterleben konnte und mußte.« Man könnte die schwierige Thematik der Verdrängung kaum besser erzählen. Dabei brauchte Shirley Du Boulay überhaupt keine Fernsehtricks. Während dreißig Minuten sah man nichts als das gefurchte Gesicht der Frau. Keine Fragen der Journalistin (diese waren offenbar herausgeschnitten worden), keine Einblendungen von Musik und Bildern. Nur ein Mensch, der ehrlich und sachlich erzählt, wie er den Weg zu Gott zurückgefunden hat. Bei dieser Serie erinnerte ich mich an André Junod, den langjährigen Redakteur für Religion beim Genfer Fernsehen. Er hatte mir immer gesagt: »Es gibt kein interessanteres Bild als ein menschliches Gesicht. Man muß nur das richtige Gesicht finden und den Menschen das erzählen lassen, was er ehrlich und wahr sagen kann.«

5. Am darauffolgenden Sonntag bekam der Botschafter von Korea Gelegenheit, zur Sendung Stellung zu nehmen. Er bestritt natürlich alles, aber die Interviewten waren schon wieder eingesperrt. Mit dieser Mitteilung endete der Korea-Bericht.

An den erwähnten Sitzungen des Central Religious Advisory Committees wurde die Frage der Interkulturalität religiöser Sendungen auch theoretisch zur Diskussion gestellt, und hier merkwürdigerweise wieder von zwei Frauen: Angela Tilby[6] und Margaret Duggan.

Margaret Duggan fragte in aller Selbstverständlichkeit: »Ein Gedanke verfolgt mich Tag und Nacht: Ist es wahr, daß der christliche Glaube nur den literarisch Gebildeten, dem gehobeneren Bürgertum zugänglich ist? Dieser Eindruck wird jedenfalls durch die kirchliche und theologische Literatur erweckt. Nur wer abstrakt denken kann, wird für voll genommen. Gibt es denn keine alternativen, theologisch zu verantwortende Formen christlicher Reflexion und christlicher Zeugnisse? Sie sind doch nicht jene demagogischen Trivialitäten, die uns von der andern Seite als leichtfaßlich angepriesen werden, denn sie sind oft nur leichtsinnig«[7].

Diese und viele andere Äußerungen lassen keinen Zweifel darüber aufkommen, daß das Problem der interkulturellen Theologie nicht nur in unserem Dialog mit der Dritten Welt auftaucht, sondern ein nicht unwichtiges Problem im Verhältnis unserer Binnenkulturen ist.

Ich vermute, daß die erzählerische und biographische Darstellung komplizierter abstrakter Denkprozesse eine der Möglichkeiten interkultureller Theologie ist. Eine andere Möglichkeit sehe ich in der Entdeckung von Mythen, mit denen sich Menschen verschiedener Kulturen identifizieren können, die aber das Banale des Nur-Empirischen transzendieren. Ich habe diese noch genauer zu qualifizierenden Mythen »wahre Mythen« genannt. Der »wahre Mythos« wird das Thema von Band 2 dieser »Einübungen in die interkulturelle Theologie« sein.

Die offenen Fragen, die ich zu beantworten hoffe, lauten: Wie entsteht ein solcher interkultureller Mythos? Welches sind die Kriterien, die ihn zu einem »wahren Mythos« machen? Wie wird ein »wahrer Mythos« in Beziehung.gebracht zu den uns bedrängenden wirtschaftlichen und politischen Fragen?

---

6. Angela Tilby in einem unveröffentlichten, für das Central Religious Advisory Committee (BBC und IBA) geschriebenen paper, »»Doing Theology‹ on Radio« (März 1976): »Academic theology can have nothing to do with that defensive intellectual snobbery which often characterizes the university scene. Theology must be critical of those who would defend Western intellectualism for its own sake.«

7. Margaret Duggan im Protokoll des obigen Komitees vom 4. 10. 1978.

IV.

ANHANG

Abkürzungen

ChroSch	*Walter J. Hollenweger,* Christen ohne Schriften. Fünf Fallstudien zur Sozialethik mündlicher Religion (Erlanger Taschenbuch 38, Erlangen 1977).
ChroSch (englisch)	*Walter J. Hollenweger,* Pentecost Between Black and White. Five case studies on Pentecost and Politics (Belfast 1974).
ChroSch (holländisch)	*Walter J. Hollenweger,* De Geest spreekt alle talen. Een analyse van de Pinksterbeweging (Ökumene 8/1, Baarn 1976).
Edinburgh	World Mission Conference 1910 (To consider missionary problems in relation to the non-Christian world). The history and records of the conference together with addresses delivered at the evening meetings. London 1910.
Evangelisation	*Walter C. Hollenweger,* Evangelisation gestern und heute (Stuttgart 1973).
Evangelisation (englisch)	*Walter J. Hollenweger,* Evangelism Today. Good News or Bone of Contention? (Belfast 1976).
Farner	*Oskar Farner,* Huldrych Zwingli (4 Bde, Zürich 1943–1960).
FO	Faith and Order papers (Ök. Rat der Kirchen, Genf).
Frühschriften	*Karl Marx,* Die Frühschriften, hg von Siegfried Landshut (Kröners Taschenbuchausgabe 209, Stuttgart 1953).
Genf 1966 (englisch)	Christians in the technical and social revolutions. World Conference on Church and Society, Geneva, July 12–26, 1966. The official report with a description of the conference by M. M. Thomas and Paul Abrecht (Genf, Ök. Rat der Kirchen, 1966).
Genf 1966 (deutsch)	*Hanfried Krüger* (Hg), Appell an die Kirchen der Welt. Dokumente der Weltkonferenz für Kirche und Gesellschaft, hg vom Ök. Rat der Kirchen (Stuttgart 1967).
GGG	*Walter J. Hollenweger,* Glaube, Geist und Geister. Professor Unrat zwischen Bangkok und Birmingham (Frankfurt 1975).
KBB	*Walter J. Hollenweger* (Hg), Kirche, Benzin und Bohnensuppe. Auf den Spuren dynamischer Gemeinden (Zürich 1971).
KD	*Karl Barth,* Kirchliche Dogmatik (Zürich 1932ff).
Kfa	Die Kirche für andere und Die Kirche für die Welt im Ringen um Strukturen missionarischer Gemeinden. Schlußberichte der Westeuropäischen Arbeitsgruppe und der Nordamerikanischen Arbeitsgruppe des Referates für Fragen der Verkündigung (Genf, Ök. Rat der Kirchen, 1967).
Kfa (englisch)	The Church for Others und The Church for the World. A Quest for Structures for Missionary Congregations. Final Report of the Western European Working Group and the North American Working Group of the Department on Studies in Evangelism (Genf, Ök. Rat der Kirchen, 1967).
Kfa (spanisch)	La iglesia para otros. Una búsqueda de estructras para congregaciones misioneras. Informe final del grupo de travajo de

Europa Occidental del Departamento de Estudios sobre evangelización, Consejo Mundial de Iglesias.
(La Paz, Bolivien, Instituto Boliviano de Estudio y Acción Social, 1967).

Kfa (portugiesisch)   Uma igreja para o mundo. Estudo das estructuras missionarias de congegação (S. Paulo, edições oikoumene, 1969).

KM   Kommunistisches Manifest.

KuV   *J. C. Hoekendijk,* Kirche und Volk in der deutschen Missionswissenschaft. Bearbeitet und herausgegeben von Erich-Walther Pollmann (Theol. Bücherei 35, München 1967).

KuV (holländisch)   *J. C. Hoekendijk,* Kerk en volk in de duitse zendingswetenschap (theol. Diss. Utrecht, 1948).

MaSt   *Hans Jochen Margull* (Hg), Mission als Strukturprinzip. Ein Arbeitsbuch zur Frage missionarischer Gemeinden (Genf, Ök. Rat der Kirchen, 1965, 1968[3]).

MaSt (englisch)   *Thomas Wieser* (Hg), Planning for Mission. Working Papers on the New Quest for Missionary Communities (Genf, Ök. Rat der Kirchen und London 1966).

MaSt (französisch)   *G. Casalis / W. J. Hollenweger / P. Keller* (Hg), Vers une église pour les autres. A la recherche de structures pour des communautés missionnaires (Genf 1966).

MEGA   Marx-Engels Gesamtausgabe, hg von D. B. Rjazanow et al. (Berlin 1926ff).

MEW   *Karl Marx / Friedrich Engels,* Werke (Berlin/DDR).

Oxford (englisch)   *J. H. Oldham* (Hg), The Churches Survey Their Task. The Report of the Conference of Oxford, July 1937, on Church, Community and State (London 1937).

Oxford (deutsch)   *J. H. Oldham* (Hg), Kirche und Welt in ökumenischer Sicht. Bericht von der Weltkirchenkonferenz von Oxford über Kirche, Volk und Staat (Genf 1938).

Pfk   *Walter J. Hollenweger* (Hg), Die Pfingstkirchen. Selbstdarstellungen, Dokumente, Kommentare (Die Kirchen der Welt VII, Stuttgart 1971).

PGG   *Walter J. Hollenweger,* Enthusiastisches Christentum. Die Pfingstbewegung in Geschichte und Gegenwart (Zürich/Wuppertal 1969).

PGG (englisch)   *Walter J. Hollenweger,* The Pentecostals (London und Minneapolis 1972, 1976[2]).

PGG (spanisch)   *Walter J. Hollenweger,* El Pentecostalismo. Historia y doctrinas (Buenos Aires 1976).

Uppsala (deutsch)   *Normann Goodall / W. Müller-Römheld* (Hg), Bericht aus Uppsala 1968. Offizieller Bericht über die Vierte Vollversammlung des Ök. Rates der Kirchen. Uppsala 1968 (Genf, Ök. Rat der Kirchen, 1968).

Uppsala (englisch)   *Normann Goodall* (Hg), The Uppsala Report 1968. Official Report of the Forth Assembly of the WCC, Uppsala July 4–20, 1968 (Genf, Ök. Rat der Kirchen, 1968).

WA   *Martin Luther,* Werke. Kritische Gesamtausgabe (»Weimarer Ausgabe«, 1883ff).

Z   *Huldrich Zwinglis* sämtliche Werke (Corpus Reformatorum Vol. LXXXVIIff), hg von E. Egli / E. Finsler / W. Köhler / O. Farner et al., 1905ff.

Zukunft	*J. C. Hoekendijk,* Die Zukunft der Kirche und die Kirche der Zukunft (Stuttgart 1965^2).
Zukunft (holländisch)	*J. C. Hoekendijk,* De kerk binnesten buiten. Keuze uit zij werk door L. A. Hoedemaker en P. Tijmes (Carillonpocket S 11, Amsterdam 1965^3).
Zukunft (englisch)	*J. C. Hoekendijk,* The Church Inside Out (Philadelphia 1964).

Literaturverzeichnis

Von wenigen Ausnahmen abgesehen, ist hier nur die zitierte, nicht die verwendete Literatur erfaßt; schon im Abkürzungsverzeichnis aufgeführte Titel werden nicht wiederholt.

Antti Aarne / Stith Thompson, The Types of the Folktale. A Classification and Bibliography (FF Communications No. 184, Helsinki, Academia scientiarum fennica, 1964²).

T. A. Acton, The Romani Evangelical Church, in: Ecumenical Review (in Vorbereitung).

Will Adam, Outdated and Modern Forms of Worship, in: *Wiebe Vos* (Hg), Worship and Secularization, 96–119; deutsch in: *Karl Ferdinand Müller* (Hg), Gottesdienst in einem säkularisierten Zeitalter, 111–137.

–, Veraltete und moderne Gottesdienstformen, FO/69:31, Sept. 1969 (Ök. Rat der Kirchen, Genf, vervielf., Originalfassung des Obigen).

Philip van Akkeren, Sri and Christ. A Study of the Indigenous Church in East Java. World Studies of Churches in Mission (London 1970).

Maria Josefina Amerlinck y Assereto, Ixmiquilpan: un estudio comparativo de evangelistas y católicos (Tesis para optar por el titulo de maestra en antropologia social, Universidad Iberoamericana, Escuela de antropologia social, Mexico 1970).

Efraim Andersson, Churches at the Grass-Roots. A Study in Congo-Brazzaville. World Studies of Churches in Mission (London 1968).

L. M. Archangelski, Kategorii marksistkoj etiki. Moskau 1963; deutsch: Kategorien der marxistischen Ethik (Berlin 1965).

W. Ashajew, Fern von Moskau. Berlin 1956.

Hans Jürgen Baden, Literatur und Bekehrung (Stuttgart 1968).

C. G. Baëta, Prophetism in Ghana. A Study of Some »Spiritual« Churches (London 1962).

O. M. Bakuradze, »O prirode moral'nogo suždenija« (Zur Natur des moralischen Urteils), in: *G. D. Bandzeladze*, Aktual'nye problemy, 326–42.

James Baldwin, Go Tell It On the Mountain (New York 1952); deutsch: Gehe hin und verkünde es vom Berge (Hamburg 1966; Zürich o. J.).

–, White Racism or World Community, in: Ecumenical Review 20/4, Okt. 1968, 371–374; deutsch: Weißer Rassismus oder Weltgemeinschaft, in: Evangelische Kommentare 1/8, Aug. 1968, 448–450.

G. D. Bandzeladze (Hg), Aktual'nye problemy marksistkoj etiki, sbornik statej (Aktuelle Probleme der marxistischen Ethik), Tiflis 1967.

–, K vorprosy o strukture učebnika marksistkoj etiki (Zur Struktur eines Lehrbuches der marxistischen Ethik), in: *G. D. Bandzeladze* (Hg), Aktual'nye problemy, 464–476.

–, Opyt izloženija sistemy marksitskoj etiki (Entwurf eines Systems der marxistischen Ethik), Tiflis 1963; auch in grusinischer Sprache: Tiflis 1966.

James Barr, Old and New in Interpretation. A Study of the Two Testaments (London 1966); deutsch: Alt und neu in der biblischen Überlieferung. Eine Studie zu den beiden Testamenten (München 1967).

David B. Barrett, Ad 2000: 350 Million Christians in Africa, in: Int. Review of Mission 59/233, Jan. 1970, 39–54.

Karl Barth, Der Römerbrief (1918, 1921²) (Zürich 1954).

Michel Bassand, Le séparatisme jurassien, in: Cultures populaires (Toulouse 1979).

Roger Bastide, Les religions africaines au Brésil (Paris 1960).

Yves A. Bebié, Ein Drittel will nicht ins Pfarramt. Ergebnisse einer Untersuchung bestätigen Malaise unter den Theologiestudenten, in: Tagesanzeiger (Zürich) 3. 4. 1971, 49–50.

Hedwig von Beit, Gegensatz und Erneuerung im Märchen (Zweiter Band von »Symbolik im Märchen«, Bern und München 1957, 1965²).

Hans Bender (Hg), Parapsychologie. Entwicklung, Ergebnisse, Probleme. (Darmstadt 1974).

–, Parapsychologie. Ihre Ergebnisse und Probleme (Bremen 1970³).

Stephen Benko, Protestants, Catholics, and Mary (Valley Forge, Pa.); deutsch: Protestanten, Katholiken und Maria. Eine kritische Darstellung der römisch-katholischen und der protestantischen Äußerungen zur Mariologie (Hamburg 1972).

J. H. van den Berg, Metabletica. Über die Wandlung des Menschen. Grundlagen einer historischen Psychologie (Göttingen 1960).

Walter Bernet, Zur Struktur des Predigtgottesdienstes, in: Theol. Umschau 32, 1962, 50–56.

James E. Bertsche, Kimbanguism: Challenge to Missionary Statemanship, in: Practical Anthropology 13/1, Jan.–Febr. 1966, 13–33.

Eberhard Bethge, Dietrich Bonhoeffer, Theologe, Christ, Zeitgenosse (München 1967).

Bruno Bettelheim, The Uses of Enchantment. The Meaning and Importance of Fairy Tales (London 1976); deutsch: Kinder brauchen Märchen (Stuttgart 1977).

H. W. Beyer, Die Apostelgeschichte (NTD 5, Göttingen 1959⁹).

Peter Beyerhaus, The Ministry of Crossing Frontiers, in: The Church Crossing Frontiers. Essays on the nature of mission. In honour of Bengt Sundkler (Studia Missionalia Upsaliensia XI, Uppsala 1969), 36–56.

Wolf Biermann, Mit Marx- und Engelszungen. Gedichte, Balladen, Lieder (Berlin 1968).

–, Die Drahtharfe. Balladen, Gedichte, Lieder (Berlin 1965).

A. Bilinsky, Das sowjetische Eherecht, Herrenalb 1961.

Pamela Binyon, The Concepts of »Spirit« and »Demon« – A Study in the Use of Different Languages Describing the Same Phenomena (Studien zur interkulturellen Geschichte des Christentums 8, Frankfurt, Bern, Las Vegas 1977).

A. Bittlinger, Papst und Pfingstler. Der römisch katholisch-pfingstliche Dialog und seine ökumenische Relevanz (Studien zur interkulturellen Geschichte des Christentums 16, Frankfurt, Bern und Las Vegas 1978).

Fritz Blanke, Art. »Zwingli«, RGG³ VI (1962), 1952–60.

N. Bloch-Hoell, De ›konservative evangeliske‹ og ökumenikken, in: Tidsskrift for teologi og kirke 40, 1969, 111–130.

Heinrich Böll, Und sagte kein einziges Wort (Ullstein Bücher 141, Frankfurt a. M. 1964).

–, Gruppenbild mit Dame (Köln 1971).

Johannes Bolte / Georg Polívka, Anmerkungen zu den Kinder- und Hausmärchen der Brüder Grimm (Hildesheim 1963², 2 Bde).

Dietrich Bonhoeffer, Widerstand und Ergebung. Briefe und Aufzeichnungen aus der Haft, hg von Eberhard Bethge (München 1951, 1970 Neuausgabe).

–, Ethik. Zusammengestellt und hg von Eberhard Bethge (München 1966).

V. M. Boriskin, Krizis christianstva i ego otraženie v evangeličeskoj teologii (Die

Krise des Christentums und ihre Widerspiegelung in der evangelischen Theologie), in: Vestnik Moskovskogo Universiteta, Nr. 3 (VIII)/1965, 69–78.

Michael Bourdeaux, Religious Ferment in Russia. Protestant Opposition to Soviet Religious Policy (London 1968).

Erika Bourguignon (Hg), Religion, Altered States of Consciousness, and Social Change (Columbus, Ohio 1973).

Hans Bräker, Die religionsphilosophische Diskussion in der Sowjetunion. Zur heutigen Auseinandersetzung des Marxismus-Leninismus mit dem Christentum, in: Marxismusstudien, 6. Folge, hg von U. Durchrow (Tübingen 1969), 115–151.

Rudolf Braun, Zur Militärpolitik Zürichs im Zeitalter der Kappeler Kriege, Zwingliana X (1958/1), 537–73.

John Pairman Brown, The Liberated Zone. A Guide to Christian Resistance. (Richmand, Va 1969).

John Pairman Brown / Richard L. York (Hg), The Covenant of Peace. A Liberation Prayer Book by the Free Church of Berkeley (New York 1971).

F. F. Bruce, The Acts of the Apostles (London 1952²).

Emil Brunner, Grundsätzliches zum Kapitel ›Die jungen Theologen‹, in: Kirchenblatt für die reformierte Schweiz 31/15, 8. 4. 1916, 57–59.

–, Wahrheit als Begegnung (Zürich 1938, 1963²).

–, Dogmatik (Zürich 1953–1960).

–, Der Mittler. Zur Besinnung über den Christusglauben (Tübingen 1927).

Charlotte Bühler / Josephine Bilz / Hildegard Hetzer, Das Märchen und die Phantasie des Kindes (München 1971³).

Karl-Werner Bühler (Hg), Vernunft ist weiblicher Natur. Neue Kreativität und traditionelle Religion (München 1972).

Walbert Bühlmann, La terza Chiesa alle porte. Un'analisi del presente e del futuro ecclesiali (Collana Teologia 3, Rom 1974); unvollständige deutsche Ausgabe unter dem Titel: Wo der Glaube lebt. Einblicke in die Lage der Weltkirche (Freiburg 1974).

R. Bultmann, Die Geschichte der synoptischen Tradition (Göttingen 1958⁴).

Paul M. van Buren, The Tendency of Our Age and the Reconception of Worship, in: *Wiebe Vos* (Hg), Worship and Secularization, 3–9.

Paul Burkhard, D'Zäller Wiehnacht (Text und Musik bei Musikverlag und Bühnenvertrieb Zürich AG, Utoquai 41, Zürich 8).

–, »Feuer auf Erden«, in: Kirchenbote für den Kanton Zürich 55/9A, 1. 9. 1959, 4–5.

K. A. Busia, Urban Churches in Britain. A Question of Relevance (World Studies in Mission, London 1966).

J. Cadbury, Erastus of Corinth, in: Journal of Biblical Literature 50, 1931, 42–58.

J. Cadier, La Vierge Marie dans la dogmatique réformée au XVIe et au XVIIIe siècle, in: La Revue Réformée 1958/4, 46–58.

Malcolm Calley, God's People. West Indian Pentecostal Sects in England (London 1965).

C. Procópio de Camargo, Igrejas e religiões em S. Paulo, in: *J. V. Freitas Marcondes / Osmar Pimental* (Hg), São Paulo, Espírito, Povo, Instituições (S. Paulo 1968).

Ernesto Cardenal, Salmos (Universität Antioquia, Kolumbien); deutsch: Zerschneide den Stacheldraht. Südamerikanische Psalmen. Mit einem Nachwort von Dorothee Sölle (Wuppertal 1968).

Miriam Castiglione, Aspetti e problemi del pentecostalismo contemporaneo (Tesi di laurea, Università degli studi, Bari, Facultà di lettere e filosofia, 1969/70).

–, Aspetti della diffusione del movimento pentecostal in Puglia, in: Uomo e Cultura 5/9, 1972, 102–118.

–, Il movimento pentecostale in Italia nelle polemiche del socondo dopoguerra, in: Annali della facoltà di magistere dell'università degli studi di Lecce 1, 1972, 5–27.

–, I neo-pentecostali in Italia (dal »Jesus Movement« ai »bambini di dio«) (Attualità protestante 59/60, Turin 1974).

Elena Cassin, La vita religiosa, in: Jean Meyriat (Hg), La Calabria (Mailand 1960).

Chalux (Pseudonym), Un an au Congo Belge, Brüssel 1925.

Houston Chamberlain, Die Grundlagen des 19. Jahrhunderts. München 1899.

P. Chaplet, La famille soviétique. Etude historique et juridique. Paris 1929.

Jules Chomé, La passion de Simon Kimbangu (Brüssel 1959).

Ch. W. Colson, Born Again (London 1977); (deutsch vermutlich): Watergate, wie es noch keiner sah. Sie nannten ihn »Henker des Weißen Hauses« (Telos Pb, 1976).

Aldo Comba, Reazioni italiane a un progetto di studi del Consiglio Ecumenico delle Chiese, Concetto italiano (Concept, Special Issue, no. 14, Mai 1967, Ök. Rat der Kirchen, Genf), 2–14.

Mary Condren, Für die verbrannten Kinder Evas. Eine Einführung in die feministische Theologie, in: Una Sancta 32/4, 1977, 300–307.

Hans Conzelmann, Art. »charisma«, TWBNT IX (1973), 393–405.

–, Der erste Brief an die Korinther (Meyer K 5, Göttingen 1969[11]).

Jaques Courvoisier, Zwingli, théologien réformé (Cahiers Théologiques 53, Neuchâtel 1965); deutsch: Zwingli als reformierter Theologe (Zeugen und Zeugnisse 11, Neukirchen 1966).

–, Vom Abendmahl bei Zwingli, in: Zwingliana XI/7, 1962, 415–426.

Donald Edward Curry, Messianism and Protestantism in Brazil's Sertão, in: Journal of Inter-American Studies and World Affairs 12/3, Juli 1970, 416–438.

B. Croce, Historical Materialism and the Economics of Karl Marx, New York 1914.

Charles Davies, Ghetto or Desert: Liturgy in a cultural dilemma, in: *Wiebe Vos* (Hg), Worship and Secularization, 10–27; deutsch in: *Karl Ferdinand Müller* (Hg), Gottesdienst in einem säkularen Zeitalter, 21–48.

J. G. Davies, Dialogue With the World (London 1967).

Hans W. Debrunner, A Church Between Colonial Powers. A Study of the Church in Togo (World Studies of Churches in Mission, London 1965).

W. Delius, Luther und die Marienverehrung, in: Theol. Literaturzeitung 1953, 409–414.

Dominique Desanti, Le Kimbanguisme: Une religion africaine fête ses noces d'or, in: Continent 2000, Le mensuel bilingue de l'Afrique, no. 19, April 1971, 4–19.

Henri Desroche, D'un évangile à une église. Note sur le Kimbanguisme et la diversité de ses images, in: Archives de Sociologie des Religions no. 31, 1971, 7–14.

Joseph Diangienda, Eglise et politique, in: Cahiers de la réconciliation, Nr. 5/6, Mai/Juni 1966, 40–42.

Martin Dibelius, Gethsemane, in: Botschaft und Geschichte I, Tübingen 1953, 258–271.

V. Djukanovic / E. P. Mach (Hg), Alternative Approaches to Meeting Basic Health Needs in Developing Countries (Genf, World Health Organization, 1975).

O. G. Drobnickij, Problema cennosti i marksistskaja filosofija (Problem des Wertes und marxistische Philosophie), in: Voprosy filosofii, 1966, Nr. 7, 33–44.

Ulrich Duchrow, Christenheit und Weltverantwortung. Traditionsgeschichte und systematische Struktur der Zweireichelehre (Forschungen und Berichte der Ev. Studiengemeinschaft 25, Stuttgart 1970).

–, Umdeutungen der Zweireichelehre Luthers im 19. Jahrhundert (Texte zur Kirchen- und Theologiegeschichte 21, Gütersloh 1975).

André Dumas, Théologies, politiques et vie de l'église (Lyon 1977).
Steve Durasoff, The Russian Protestants. Evangelicals in the Soviet Union, 1944–1964 (Cranberry, N. J. 1969).
–, »Sowjetunion«, Pfk, 50–60.
Roger Durig, Ce que fut la Convention des Tziganes à Montpellier les 8,9,10 et 11 décembre 1955, in: Promesse du Père 20/1, Jan. 1965, 4–6; Pfk 349–50.
R. F. Edel (Hg), Die Bedeutung der Gnadengaben für die Gemeinde Jesu Christi (Ök. Texte und Studien 33, Marburg a. d. Lahn 1964).
Oswald Eggenberger, Neue Apostel? Darstellung und Kritik der neuapostolischen Gemeinschaft (Stuttgart 1964).
–, Die Neuapostolische Gemeinde. Ihre Geschichte und Lehre (Beiträge zur ev. Theol. 18, München 1953).
–, Die Kirchen, Sondergruppen und religiösen Vereinigungen. Ein Handbuch (Zürich 1978²).
Emil Egli (Hg), Actensammlung zur Geschichte der Zürcher Reformation in den Jahren 1519–1533. Zürich 1879.
–, Zwingli als Hebräer, in: Zwingliana I (1900/2), 153–58.
Peter Ehlen, Die philosophische Ethik in der Sowjetunion. Analyse und Diskussion (München und Salzburg 1972).
Mircea Eliade, Mythes, rêves et mystères, Paris 1957; englisch: Myths, Dreams and Mysteries (London 1960).
Oskar Farner, Zwinglis Entwicklung zum Reformator nach seinem Briefwechsel bis Ende 1522, in: Zwingliana III (1913/15), 1–17, 33–45, 67–87, 97–115, 129–141, 161–180.
Jeanne Favret-Saada, Les mots, la mort, les sorts. La sorcellerie dans le Bocage (Bibliothèque des sciences humaines, Paris 1977).
E. Fascher, »Propheten in der altchristlichen Kirche«, RGG³ V, 634–35.
Karl Federer, Zwingli und die Marienverehrung, in: Zeitschrift für Schweiz. Kirchengeschichte 45, 1951, 13–26.
Fedor Illarionovitsch Fedorenko, Sekty, ich vera i dela (Die Sekten, ihr Glaube und ihr Tun) (Moskau 1965).
G. Fedotov, Christianin v recolucii (Der Christ in der Revolution), Paris 1957.
Harold W. Fehderau, Kimbanguism: Prophetic Christianity in Congo, in: Practical Anthropology 9/4, Juli–Aug. 1962, 157–178.
Gonthier Louis Fink, Les avatars de Rumpelstilzchen, in: Deutsch-französische Gespräche im Lichte der Märchen (Schriften zur Pflege des Märchengutes der europäischen Völker 2, Münster 1964), 46–72.
D. Flanagan, Luther on the Magnificat, in: Epheremides Mariologicae 1974, 162–178.
André Frossard, Dieu existe. Je l'ai rencontré (Paris 1969); deutsch: Gott existiert. Ich bin ihm begegnet, Herderbücherei Bd 435.
Emil Fuchs, Christliche und marxistische Ethik. Lebenshaltung und Lebensverantwortung des Christen im Zeitalter des werdenden Sozialismus (Hamburg-Bergstedt 1959, 2 Bde).
Aloys Funk, Mann und Frau in den Briefen des hl. Paulus, in: Una Sancta 32/4, 1977, 280–285.
Paul Gäbler, Sadhu Sundar Singh. Eine historisch-kritische Untersuchung; theol. Diss., Leipzig 1937.
Ulrich Gäbler, Huldrych Zwingli im 20. Jahrhundert. Forschungsbericht und annotierte Bibliographie 1897–1972 (Zürich 1975).
B. Garbatow, Die sich nicht beugen lassen, Wien 1946.
Roger Garaudy, Danser sa vie (Paris 1973).

Luther P. Gerlach / Virginia H. Hine, People, Power, Change, in: Movements of Social Transformation (New York 1970).

Roswith Gerloff, Black Christian Communities in Birmingham, in: *Alan Bryman* (Hg), Religion in Birmingham (Birmingham, Institute for the Study of Worship and Religious Architecture, University of Birmingham, 1975), 61–84.

J. W. von Goethe, »Blicke in's Reich der Gnade. Sammlung evangelischer Predigten; von D. Krummacher, Pfarrer zu Gemarke, Elberfeld 1828«, Rezension in *Goethes Werke,* hg im Auftrage der Großherzogin Sophie von Sachsen (Weimar 1904) I 42/1, 16–19 (20. 1. 1830). Kommentar im gleichen Band, 363–68.

H. Gollwitzer, Nachrufe (Kaiser-Traktete 27, München 1977).

–, Die marxistische Religionskritik und der christliche Glaube (GTB 33, Gütersloh 1977[6]).

Felicitas D. Goodman, Speaking in Tongues. A Cross-Cultural Study of Glossolalia (Chicago und London 1972).

A. Gramsci, Il materialismo storico (Turin 1974).

Heinz Grassel, Jugend, Sexualität, Erziehung. Berlin/DDR 1967.

Brüder Grimm, Kinder- und Hausmärchen, hg von Friedrich von der Leyen. (Düsseldorf 1962), 2 Bde.

Siegfried Grossmann (Hg), Der Aufbruch. Charismatische Erneuerung in der katholischen Kirche (Kassel o. J., ca. 1975).

K. I. Gulian, Marksistkaja etika i problema cennosti (Marxistische Ethik und Problem des Wertes), Voprosy filosofii, 1962, Nr. 1.

H. Gunkel, Genesis (HK, 1901, 1910[3], 1964[6]).

Friedrich-Wilhelm Haack, Ratschläge. Jugendreligionen, -bewegungen und Sekten. Was können Betroffene und Verantwortliche tun? (Münchner Reihe, München 1977).

Martin Haas, Huldrych Zwingli und seine Zeit. Leben und Werk des Zürcher Reformators (Zürich 1969).

Ernst Haenchen, Die Apostelgeschichte (Meyer K 3, Göttingen 1959[12]).

R. Halgasch (Hg), Wir bleiben zusammen. Eine Diskussion um Ursachen von Ehekrisen. Berlin/DDR.

Catharina J. M. Halkes, Eine ›andere‹ Maria, in: Una Sancta 32/4, 1977, 323–337.

Mary Hall, A Quest for the Liberated Christian. Examined on the basis of a mission, a man and a movement as agents of liberation (Studien zur interkulturellen Geschichte des Christentums 19, Frankfurt, Bern und Las Vegas 1978).

W. Hanft, Theologie und Schwarze Kunst, in: Musik und Kirche 28/4, Juli/Aug. 1958, 160–168.

Gotthold Hasenhüttl, Charisma, Ordnungsprinzip der Kirche (Ökumenische Forschungen I/V, Freiburg 1969).

F. Hauck, Das Evangelium des Markus. Leipzig 1931.

Victor E. W. Hayward (Hg), African Independent Church Movements (Research Pamphlets No. 11, veröffentlicht für den Ök. Rat der Kirchen, London 1963).

–, (Hg), The Church as Christian Community. Three Studies of North Indian Churches (verfaßt von James P. Alter und Herbert Jai Singh, Ernest Y. Campbell, Barbara M. Boal; World Studies of Churches in Mission, London 1966).

G. Hegele (Hg), Warum neue religiöse Lieder? Eine Dokumentation (Regensburg 1964).

Friedrich Heiler, Die Wahrheit Sundar Singhs. Neue Dokumente zum Saddhustreit, München 1927.

Claus Heitmann / Heribert Mühlen (Hg), Erfahrung und Theologie des Heiligen Geistes (Hamburg/München 1974).

Heinrich Hellstern, Mississippi (Basel 1969).

Heinz Josef Herbort, Hollands Katholiken riskieren eine Menge, in: KBB 156–166.

Danièle Hervieu-Légier, Gibt es Anzeichen einer religiösen Erweckung?, in: Concilium 9, 1973, 604–612.

Miroslav Heryan, Der Dienst des Gesprächs, in: Schweizer Concept V, Sept. 1966 (Genf, Ök. Rat der Kirchen), 19–22.

John Hick (Hg), The Myth of God Incarnate (London 1977).

Bruce Hilton, The Delta Ministry (London und New York 1969).

Virginia Hine, Pentecostal Glossolalia. Toward a Functional Interpretation, in: Journal for the Scientific Study of Religion 8/2, 1969, 211–226.

Dorothee Hoch, »Verkündiget, lehret, heilet!«, in: Reformatio 19, 1970, 97–103.

J. Chr. Hoekendijk, Die Welt von morgen, Stuttgart 1965².

W. J. Hollenweger, Der 1. Korintherbrief. Eine Arbeitshilfe zur Bibelwoche 1964/65 (Klingenmünster o. J. [1964]).

–, Christus intra et extra muros ecclesia, in: MaSt, 55–57, 145.

–, Handbuch der Pfingstbewegung, 10 Bde, 1965/67 (erhältlich von ATLAS, Board of Microtexts, Divinity School, Yale University, New Haven, Conn.).

–, »Zwingli«, Mennonitisches Lexikon IV (1967), 648–53.

–, Gemeinde für andere. Eine Diskussion in romanischen Ländern, in: Ök. Diskussion 3/2, 1967, 97–110.

–, Il risveglio pentecostale in Italia: religione della fierezza dei poveri, in: Concetto italiano 14, Mai 1967, 19–32 (Genf, Ök. Rat der Kirchen).

–, Funktionen der ekstatischen Frömmigkeit der Pfingstbewegung, in: *Th. Spörri* (Hg), Beiträge zur Ekstase (Beiheft zu Neurologia et Psychiatria, Nr. 134, New York und Basel 1968), 53–72.

–, Gemeinde für andere in Belgien: Kann die Kirche pluralistisch sein?, in: Ök. Diskussion 4/3, 1968, 162–65.

–, Amt und Struktur der Gemeinde. Sechs Fragen, in: Ev. Missions-Magazin 112/1, 1968, 7–16.

–, Dialogisch predigen, in: Predigtstudien IV/1 (Stuttgart 1969), 203–210.

–, Exposé und Diskussion über »Information und Verkündigung« an den Schweizer Massenmedien, in: Concept 23, Juli 1969, 8–11; Concept 24, Nov. 1969 (Genf, Ök. Rat der Kirchen).

–, Die ausstehende Reformation. Zur Verbindlichkeit von Zwinglis Gottesdienstmodell, in: Neue Zürcher Zeitung 190/4, 3. 1. 1969, 15.

–, Der Gottesdienst, in: H. J. Girock (Hg), Notstand in der Kirche? Gütersloh 1969, 69–94.

–, Risquer même ce qui est interdit, in: Tribune de Genève Nr. 290, 11. 1. 1969, I, III.

–, O Herr, wo ist Bethlehem? Der Weihnachtsgottesdienst vom 17. 12. 1968 im Ök. Zentrum in Genf, in: Konsequenzen 3/6, Nov./Dez. 1969, 62–64; Luth. Monatshefte 8/12, Dez. 1969, 620–23 (zahlreiche unvollständige Nachdrucke).

–, Laienapostolat und Kirchenreform, in: Neue Zürcher Zeitung 190/738, 21. 12. 1969, 52.

–, The Church for Others. Discussion in the DDR, in: Study Encounter 5/1, 1969, 26–36.

–, Reformpapst oder christlicher Ombudsmann?, in: Ök. Pressedienst 36/36, 16. 10. 1969, 14–15 (zahlreiche Nachdrucke und Übersetzungen).

–, Charisma und Ökumene. Der Beitrag der Pfingstbewegung zur weltweiten Kirche, in: Rondom het Woord (Hilversum), 12/3, Juli 1970, 300–316.

–, La parabole des 19 prévenus, in: La Vie Protestante 33/39, 30. 10. 1970, 3.

–, Spiel als eine Form von Theologie. Zum geplanten Dialog mit der Pfingstbewegung, in: Luth. Monatshefte 9/10, Okt. 1970, 532–34.

–, A Black Pentecostal Concept: A Forgotten Chapter of Black History. The Black Pentecostals' Contribution to the Church Universal, in: Concept Nr. 30, Juni 1970.

–, Sieben Worte zu ›Das Heil der Welt heute‹, in: Reformatio 19/9, Sept. 1970, 594–606.

–, Heil inmitten der Welt, in: IDOC international, Okt. 1970, 47–51.

–, ›Leiblichkeit ist das Ende der Werke Gottes‹. Zur Arbeit der Abteilung für Weltmission und Evangelisation im Ökumenischen Rat der Kirchen, in: Ök. Rundschau 20/1, Jan. 1971, 67–76.

–, »Ich glaube . . .«, in: ZOOM, Illustrierte Halbmonatsschrift für Film, Radio und Fernsehen, 23. 3./4. 2. 1971, 16.

–, Bibelarbeit im nachliterarischen Zeitalter, in: KBB 135–142.

–, Der Inhalt des einen Zeugnisses, Die Ausrichtung des einen Zeugnisses, Der Gottesdienst, in: *F. Hasselhoff / Hanfried Krüger* (Hg), Ökumene in Schule und Gemeinde (Stuttgart 1971), 220–242.

–, The Social and Ecumenical Significance of Pentecostal Liturgy, in: Studia Liturgica 1971/72, 207–215.

–, Die Invasion Chiles, in: Leben und Glauben 47/22, 27. 5. 1972, 7.

–, Pfingstler, Katholiken und Politik in Lateinamerika, in: Reformatio 22/6, Juni 1973, 334–341.

–, The Christian and the Church of the Future, in: Audenshaw Papers Nr. 39, Nov. 1973.

–, (mit *Johanna Wehrli*), 1. Kor. 1,4–9: Charmante Christen, in: Predigtstudien II/2 (Stuttgart 1974), 218–225.

–, Charismatische und pfingstlerische Bewegungen als Frage an die Kirche, in: *Marc Lienhard / Harding Meyer* (Hg), Wiederentdeckung des Heiligen Geistes (Ök. Perspektiven Nr. 6, Frankfurt 1974), 53–75.

–, Efficiency and Human Values. A Theological Action-Research-Report on Co-Decision in Industry, in: Expository Times 86/8, Mai 1975, 228–32.

–, The Religion of the Poor is not a Poor Religion, in: Expository Times 87/8, Mai 1976, 228–32; deutsch: Lebendige Symbole des Heiligen. Die Religion der Armen ist keine armselige Religion, in: Luth. Monatshefte 14/8, Aug. 1975, 423–426.

–, Conversion: L'homme devient homme, in: Chemins de la Conversion. Rapports, échanges et points de vue de la XLVe semaine de missiologie de Louvain 1975 (Museum Lessianum, section missiologique, no. 60, Brüssel 1975), 78–101.

–, Zur katholischen Pfingstbewegung, in: Theol. Literaturzeitung 100/12, 1975, 952–960.

–, Der vergessene Glaubensartikel, in: Das missionarische Wort 29/4, Juli/Aug. 1976, 130–37.

–, ›Touching‹ and ›Thinking‹ the Spirit. Some Aspects of European Charismatics, in: *R. P. Spittler* (Hg), Perspectives on the New Pentecostalism (Grand Rapids, Mich. 1976), 44–56.

–, Schöpferische Liturgie, in: Umgang mit Raum. Dokumentation über d. 16. Evang. Kirchbautag Kassel 1976, hg von Rainer Bürgel (Gütersloh 1977), 89–98.

–, Hans Hoekendijk: ein ökumenischer Souffleur, in: Leben und Glauben 52/15, 9. 4. 1977, 10f.

–, ›Die Kirche für andere‹ – ein Mythos, in: Ev. Theologie 37/5, Sept./Okt. 1977, 425–443.

–, (mit *Theodor Ahrens*), Volkschristentum und Volksreligion im Pazifik. Wiederentdeckung des Mythos für den christlichen Glauben (Perspektiven der Weltmission. Schriftenreihe der Missionsakademie an der Universität Hamburg, 4. Band, Frankfurt 1977).

–, Konflikt in Korinth. Memoiren eines alten Mannes (Kaiser Traktate 31, München 1978).
–, Ziele der Evangelisation, in: Concilium 1978, 230–34.
–, Narratativé et theologie interculturelle. Un aspect négligé de 1 Cor 14, in: Revue de Théol. et de Phil. 110, 1978, 209–223.
–, Madre Maria del Rosario, in: Leben und Glauben 53/47, 25. 11. 1978, 8f.
–, Eine Lehrerein denkt über ihre Bekehrung nach, in: Leben und Glauben 53/51, 23. 12. 1978, 8f.
–, Methodism's Past in Pentecostalism's Present. A Case Study of a Cultural Clash in Chile, in: Epworth Review, 1979.
Werner Hoerschelmann, Christliche Gurus. Darstellung von Selbstverständnis und Funktion indigenen Christseins durch unabhängige, charismatisch geführte Gruppen in Südindien (Studien zur interkulturellen Geschichte des Christentums 12, Bern, Frankfurt und Las Vegas 1977).
Raymund Hostie, Analytische Pschologie en Godsdienst (Utrecht und Antwerpen 1955); deutsch: C. G. Jung und die Religion (Freiburg und München 1957).
Kurt Hutten, Seher, Grübler, Enthuasiasten. Sekten und religiöse Sondergemeinschaften der Gegenwart (Stuttgart 1968[11]).
Martin Iwohn, Die Charismen und der Gemeindeaufbau heute (Nitzahn, DDR, 1962, vervielf.).
George J. Jennings, An Ethnological Study of Glossolalia, in: Journal of the American Scientific Association, März 1968, 5–16.
J. Jeremias, Die Gleichnisse Jesu (Göttingen 1958[5]).
A. Jepsen, »Die Theologie der Propheten«, RGG[3] V, 627–633.
C. G. Jung, Über das Unbewußte, in: Schweizerland, Monatshefte für Schweizer Art und Arbeit IV/9, 1918, 464–472, 548–558; Gesammelte Werke X (Olten und Freiburg 1974), 15–42.
–, Über die Beziehung der Psychotherapie zur Seelsorge. Psychoanalyse und Seelsorge (1932/48); Gesammelte Werke XI (Zürich und Stuttgart 1963), 355–83.
–, Erinnerungen, Träume, Gedanken. Aufgezeichnet und herausgegeben von Aniela Jaffé (Zürich 1961).
K. Jungk, Religiöse Lieder, religiöse Songs, in: Musik und Kirche 28/2, März/April 1958, 66–73.
F. J. F. Jackson / K. Lake, The Beginnings of Christianity, Part I: The Acts of the Apostles, 5 Bde. London 1920–1933.
Else Kähler, Die Frau in den paulinischen Briefen (Zürich 1960).
Gerd-Klaus Kaltenbrunner, Ist der Heilige Geist weiblich?, in: Una Sancta 32/4, 1977, 273–279.
Eugene Kamenka, Marxism and Ethics (New Studies in Ethics, London 1969, 1970[2]).
–, The Ethical Foundations of Marxism (London 1962, 1972[2]).
G. Karpov, Über die Kulturrevolution in der UdSSR, Berlin 1956.
Karl Kautsky, Ethik und materialistische Geschichtsauffassung, Stuttgart 1906 (siehe die Neuausgabe von H. J. Sandkühler und R. de la Vega).
Henry Kelly, Die Kirche ist tot – es lebe die Kirche, in: KBB 206–218.
J. K. Kent, The Inscriptions 1926–1930. Corinth, Results of Excavations VIII, 3, Princeton 1966.
Jean Baptiste August Kessler, A Study of the Older Protestant Missions and Churches in Peru and Chile, with special reference to the problems of division, nationalism and native ministry (Goes, Holland 1967).
John C. King (Hg), The Evangelicals (London 1969).
Theodor Klauser, Kleine abendländische Liturgiegeschichte. Bericht und Besinnung (Bonn 1965).

Erwin Kleine, Holland – Kirche contra Rom? Bericht eines Aufbruchs (Essen-Werden 1967).

J. H. E. Koch, Variationen über ›Musik des Protests‹, in: Hausmusik 22/3, Mai/Juni 1958, 77–78.

Walther Köhler, Huldrych Zwinglis Bibliothek (Neujahrsblatt auf das Jahr 1921. Zum Besten des Waisenhauses in Zürich, hg v. der Gelehrten Gesellschaft, 84. Stück, Zürich 1921).

Alexandra Kollontaï, Social'nye osnovy ženskoge voprosa (Die sozialen Grundlagen der Frauenfrage), 1909.

–, Svobodnaja ljobov'. Ljubov' pčel trudovyh (Die freie Liebe. Die Liebe der Arbeitsbienen), 1924.

–, Bol'saja ljubov (Die große Liebe), 1927.

–, Marxisme et révolution sexuelle, Paris 1973.

–, Autobiographie einer sexuell emanzipierten Kommunistin, hg und mit einem Nachwort versehen von *Iring Fetscher,* München 1970 (vgl auch unten Judith Stora-Sandor).

E. Kolman, Dialog ili bratanie? (Dialog oder Verbrüderung?), in: Sovetskaja kultura, Moskau 1967, Nr. 99.

M. N. Korneva, Kommunizm i problema ščast'ja (Der Kommunismus und das Problem des Glücks), in: Kategorii marksistko-leninskj etiki (Die Kategorien der marxistisch-leninistischen Ethik), Moskau 1965, 190–285.

A. Köstler, Bekehrung zum Kommunismus, 1931.

K. G. Kuhn, Jesus in Gethsemane, in: Ev. Theologie 12 (1952/53), 260–285.

Gerhard Krause, Zwinglis Auslegung der Propheten, in: Zwingliana XI, 1960, 257–265.

Křest'anské songy (Písničky do kapsy 42, Prag 1968).

G. Kretschmar, Der Weg zur Reichskirche (Verkündigung und Forschung 13, 1968), 3–44.

P. W. Krummacher, Elia der Thisbiter in Predigten (Neukirchen 1845).

Arnold Künzli, Karl Marx. Eine Psychographie (Wien, Frankfurt, Zürich 1966).

Edwin Künzli, Zwingli und die hebräische Sprache, Z XIV, 878–79.

–, Quellenprobleme und mystischer Schriftsinn in Zwinglis Genesis- und Exoduskommentar, in: Zwingliana IX (1950/2), 185–207; (1951/1), 253–307.

–, Der Mann bei Zwingli, in: Zwingliana XI (1961/2), 351–371.

–, Zwingli und die Mariologie, in: Neue Zürcher Zeitung Nr. 2579, 29. 11. 1950.

Paul Lafargue, Le droit à la paresse. Présentation nouvelle de Maurice Dommanget (Paris 1972).

Christian Lalive d'Epinay, Le Pentecôtsme dans la sociéte chilienne. Essai d'approche sociologique (Genf, vervielf. Exemplar, theol. Diss.); englisch: Haven of the Masses. A Study of the Pentecostal Movement in Chile (World Studies in Mission, London 1969).

–, »Chile«, Pfk 96–114.

P. Landvogt, Epigraphische Untersuchungen über den oikonomos. Eein Beitrag zum hellenistischen Beamtenwesen (Diss. Straßburg, 1908).

Ernst Lange, Halleluja, Billy (Stuttgart 1958).

Vittorio Lanternari, Folklore e dinamica culturale. Crisi e ricerca d'identità (Contributi di sociologia 30, Neapel 1976).

J. A. D. Larsen, »Roman Greece«, in: An Economic Survey of Ancient Rome IV, hg von *T. Frank,* Baltimore 1938, 259–498.

René Laurentin, Pentecôtisme chez les catholiques. Risques et avenir. (Paris 1974).

Lebensweise und Moral im Sozialismus (Institut für Gesellschaftswissenschaften beim ZK der SED (Berlin 1972).

Robert Lee, Stranger in the Land. A Study of the Church in Japan (World Studies in Mission, London 1967).

Joachim Lell / Ferdinand W. Menne / Heinz-Günther Stobbe (Hg), Religiöse Gruppen. Alternativen in Großkirchen und Gesellschaft. Berichte, Meinungen, Materialien (Düsseldorf/Göttingen 1976).

Emile G. Léonard, L'illuminisme dans un protestantisme de constitution récente (Brésil), (Bibliothèque de l'école des hautes études, Section des sciences religieuses, Volume LXV, Paris 1953).

Alan Jay Lerner, My Fair Lady. A Musical Play in two acts based on Pygmalion by Bernard Shaw. Penguin Books 1364 (1964).

A. Levitin-Krasnow, Brief an Papst Paul VI.; russisch: Religija i ateizm v SSR, März 1970, 1–17; in: Vestnik Ruskovo Studencheskovo Kristianskovo Dvizhenija, Nr. 95/96, 1970, 75–92; deutsch in: *G. Simon,* Die Kirche in Rußland. Berichte und Dokumente (München 1970, 167–178), und in: KBB 61–78.

Hans Lilje, Lebt der Sadhu? Die Frage nach dem Tode des Sadhu Sundar Singh, in: Die Furche 20, 1934, 463–65.

Manfred Linz, Anwalt der Welt. Zur Theologie der Mission (Stuttgart 1964).

D. Lober, Das Eherecht der Sowjetunion, Marburg 1950.

Gottfried W. Locher, Der Eigentumsbegirff als Problem evangelischer Theologie (Studien zur Dogmengeschichte und systematischen Theologie, Bd 4, Zürich 1954, 1962²).

–, Huldrych Zwingli in neuer Sicht. Zehn Beiträge zur Theologie der Zürcher Reformation (Zürich 1969).

A. Lods, Histoire de la littérature hebraique et juive, Paris 1950.

Eduard Lohse, Die Geschichte des Leidens und Sterbens Jesu Christi (Gütersloh 1964).

Alfred Loisy, Les Actes des Apôtres, Paris 1920.

Peter Lotar, Tod und Auferstehung in West und Ost, in: Kirchenbote des Kantons Zürich 55/4A, 1. 4. 1969, 3.

–, (Hg), Prager Frühling und Herbst im Zeugnis der Dichter. Tschechische Dichter aus »Literárny Listy« 1968 (Bern 1969).

Denton Lotz, The Evangelization of the World in This Generation: The Resurgence of a Missionary Idea Among the Conservative Evangelicals (Hamburg, theol. Diss., 1970).

Leonard Lovett, Perspective on Black Pentecostalism, unveröff. paper, 1972.

–, Black Origins of the Pentecostal Movement, in: *V. Synan* (Hg), Aspects of Pentecostal and Charismatic Origins (Plainfield, N. J. 1975), 123–141.

Lucecita, »Genesis«; Text und Musik von Guillermo Venegas Lloveras, in: Estudios Ecumenicos 1969/3, Juni 1969, 50 (Mexiko).

Dieter Lührmann, Wo man nicht mehr Sklave oder Freier ist. Überlegungen zur Struktur frühchristlicher Gemeinden, in: Wort und Dienst, Jahrbuch der Kirchl. Hochschule Bethel, NF 13, 1975, 53–84.

P. Y. Luke / John B. Carman, Village Christians and Hindu Culture. Study of a rural church in Andhra Pradesh, South India (World Studies in Mission, London 1968).

Max Lüthi, Rumpelstilzchen, Thematik, Struktur- und Stiltendenzen innerhalb eines Märchentypus, in: Antaios 12/5, Jan. 1971, 419–436.

Antanas Maceina, Sowjetische Ethik und Christentum. Zum Verständnis des kommunistischen Menschen (Witten 1969).

Milan Machoveč, Jesus für Atheisten (Stuttgart 1972).

Steven G. Mackie, Can Churches Be Compared? (Research Pamphlet 17, Ök. Rat der Kirchen, Genf, 1969); deutsch: Die Entdeckung der jüngeren Kirchen. Der

Ertrag der ökumenischen Studie über Kirchen in der Mission (Weltmission heute 39/40, Stuttgart 1970).

J. D. A. Macnicol, Word and Deed in the New Testament, in: Scottish Journal of Theology 5, 1952, 237–248.

J. Mann, Jesus and the Sadducean Priests, Luke 10,25–37, in: Jewish Quarterly Review N.S. 6, 1915/16, 415–22.

E. Mannschatz, Familienerziehung. Einführung in die sozialistische Familienerziehung, Berlin/DDR 1971.

H. Marcuse, Die Gesellschaftslehre des sowjetischen Marxismus, Neuwied und Berlin 1969.

Hans Jochen Margull, Die Kirche steht sich selbst im Wege, Deutscher Ev. Kirchentag 1965.

Claudette Marquet, Pfingsten 1968: Interkommunion in Paris, in: KBB 171–184.

Kurt Marti, Rosa Loui. Vierzg gedicht ir bärner umgangsschprach (Neuwied und Berlin 1967³).

David Martin, The Religious and the Secular (London 1969).

Marie-Louise Martin, Kirche ohne Weiße. Simon Kimbangu und seine Millionenkirche im Kongo (Basel 1971).

David McLellan, Marx Before Marxism (New York 1970).

–, Karl Marx. His Life and Thought (New York 1973).

Franz Mehring, Karl Marx. Geschichte seines Lebens (1918) (Berlin/DDR 1967).

Herbert Meier, Manifeste und Reden (Zürich 1968).

Manoel de Mello, Ökumene und Pfingstbewegung, Pfk 290–293.

–, Bread and Gospel: Affirming a Total Faith, in: Movement no. 21, Juni/Juli 1975, 17f.

Friso Melzer, Unsere Sprache im Lichte der Christus-Offenbarung (Tübingen 1952²).

–, Das Wort in den Wörtern. Die deutsche Sprache im Dienste der Christus-Nachfolge. Ein theo-philologisches Wörterbuch (Tübingen 1965).

Henri Mertz, Kuddelmuddel üs'em Elsaß. Lieder, Versle un Satire (Colmar 1975).

J. B. Metz, Kleine Apologie des Erzählens, in: Concilium 9/5, Mai 1973, 334–41.

R. Mayer, »Propheten in Israel bis auf Amos«, RGG³, V, 613–18.

Militärdienst, Zivildienst, Gewissensverpflichtung. Eine Dokumentation zur Frage des Zivildienstes für Militärdienstverweigerung (Forum Helveticum, Polis 45, Zürich 1973).

Ja. A. Mil'ner-Irinin, Etika ili Principy istinoj čelovečnosti (Ethik oder die Prinzipien wahrer Menschlichkeit) (Moskau 1963, als Manuskript gedruckt).

–, Etika ili Princiy istinoj čelovečnosti (Princip sovesti) (Ethik oder die Prinzipien wahrer Menschlichkeit; das Prinzip des Gewissens), in: *G. D. Bandzeladze* (Hg), Aktual'nye problemy, 283–302.

–, Etika – nauko o dolžnom (Ethik, die Wissenschaft vom Gesollten), ebd, 15–58.

R. C. Mitchell, Towards the Sociology of Religious Independency, in: Journal of Religion in Africa 3, 1970, 2–21.

J. Moltmann, Theologie der Hoffnung. Untersuchungen zur Begründung und zu den Konsequenzen einer christlichen Eschatologie (Beiträge zur ev. Theol. 38, München 1966).

P. Moore, A Bishop Views the Underground Church, in: *M. Boyd,* (Hg), The Underground Church, 221–237.

Henri Mottu / Miriam Castiglione, Religione populare in un'ottica protestante. Gramsci, cultura subalterna e lotte contadine (Piccola collana moderna, serie sociologica 32, Turin 1977).

C. F. D. Moule, H. W. Moule on Acts 6.25, in: Expository Times 65, 1954, 220f.

Abdalazis de Moura, Importância das Igrejas Pentecostais para a Igreja Catolica (vervielf., Recife, Vf, Rua Jiriquiti 48, Boa Vista).

–, O Pentecostalismo como fenômeno popular no Brasil, in: Revista Eclesiástica Brasileira 31/121, März 1971, 78–94.

Heribert Mühlen, Die Erneuerung des christlichen Glaubens. Charisma–Geist–Befreiung (München 1974).

Mühlheimer Testament: Das Neue Testament in der Sprache der Gegenwart. Mühlheimer Ausgabe. Mit Anmerkungen und Wörterverzeichnis (Altdorf bei Nürnberg 1967[7]).

Christian Müller, »Mach Deine Rechnung mit dem Himmel, Vogt!«, in: Reformatio 19, 1970, 88–95.

Jörg Müller, Uppsala II. Erneuerung in der Mission. Eine redaktionsgeschichtliche Studie und Dokumentation zu Sektion II der 4. Vollversammlung des Ökumenischen Rates der Kirchen, Uppsala 1968 (Studien zur interkulturellen Geschichte des Christentums 10, Bern, Frankfurt und Las Vegas 1977).

S. F. Nadel, A Study of Shamanism in the Nuba Mountains, in: *William A. Lessa / Evon Z. Vogt* (Hg), Reader in Comparative Religion: An Anthropological Approach (New York 1965), 464–79.

Lesslie Newbigin, The Call to Mission – A Call to Unity, in: The Church Crossing Frontiers. Essays on the nature of mission. In honour of Bengt Sundkler (Studia Missionalia Upsaliensia XI, Uppsala 1969), 254–265.

Neue transkonfessionelle Bewegungen. Dokumente aus der evangelikalen, der aktionszentrierten und der charismatischen Bewegung (Ökumenische Dokumentation III, Frankfurt 1976).

Kenneth W. Newell (Hg), Health By People (Genf, World Health Organization, 1975).

Nfinganani / Nzungu, Histoire de Simon Kimbangu, Prophète (1921), abgedruckt in: Archives de Sociologie des Religions 16/31, 1971, 15–42.

J. Nicole / G. Kolb, Das Ja zum Risiko, in: KBB 145–155.

Helmut Richard Niebuhr, The Social Sources of Denominationalism (1929), 1957[3].

W. Niederer, Reformation in der reformierten Kirche, in: Reformatio 15, 1966, 85–90.

–, Gedanken zur Realutopie von Walter J. Hollenweger, in: Reformation 15, 1966, 480–83.

Walter Nußbaum, Einige Gedanken zu Dr. med. Walter Vogts Predigt, in: Reformatio 19, 1970, 96–97.

Edward D. O'Connor, The Pentecostal Movement in the Catholic Church (Notre Dame, Ind. 1971); deutsch: Spontaner Glaube. Ereignis und Erfahrung der charismatischen Erneuerung (Freiburg 1974).

Robert Heinrich Oehninger, Die Bestattung des Oskar Lieberherr (Zürich 1966).

Ök. Rat der Kirchen, Drafts For Sections prepared for the Fourth Assembly of the World Council of Churches. Uppsala, Sweden, 1968 (Genf, Ök. Rat der Kirchen, 1968); deutsch: Sektions-Entwürfe. Vierte Vollversammlung des Ök. Rates der Kirchen. Uppsala, Schweden 1968 (Genf, Ök. Rat der Kirchen, 1968).

Joseph O'Malley (Hg), Karl Marx, Critique of »Hegel's Philosophy of Right«, Cambridge 1970.

S. O. Osoba, Fascinating but largely Speculative, in: Orita Ibadan Journal of Religious Studies 4, 1970, 64–69.

E. H. Osorio, Eine prophetische Symbolhandlung in Puerto Rico, in: KBB 122–28.

Kenji Ozaki / Justus Freytag, Nominal Christianity. Studies of Church and People in Hamburg (World Studies of Churches in Mission, London 1970).

Raymundo Panikkar, Secularization and Worship, in: *Wiebe Vos* (Hg), Worship and

Secularization, 28–31; deutsch in: *Karl Ferdinand Müller* (Hg), Gottesdienst in einem säkularisierten Zeitalter, 49–110.

Rudolf Pfister, Die Seligkeit erwählter Heiden bei Zwingli. Eine Untersuchung zu seiner Theologie (Zürich 1952).

André Pierre, Les femmes en union soviétique (Paris 1960).

Jacques Vincent Pollet, Recherches sur Zwingli à propos d'ouvrages récentes, in: Revue des sciences religieuses 28, 1954, 155–174.

Liston Pope, Millhands and Preachers. A Study of Gastonia (Yale Studies in Religious Education XV, New Haven, Conn. 1942, 1958⁴).

Ph. Potter, Zur sog. Grundlagenkrise der Mission, in: Das Wort in der Welt. Allg. Missionsnachrichten (Hamburg) 1970, Nr. 5, Okt., 146–148.

–, (Hg), Das Heil der Welt heute. Ende oder Beginn der Weltmission? Dokumente der Weltmissionskonferenz, Bangkok 1973. Deutsche Ausgabe besorgt von Thomas Wieser (keine englische Ausgabe!) (Stuttgart 1973).

Programma kommunističeskoj partii Sovetskogo Sojuza (Moskau 1961); deutsch: Programm der Kommunistischen Partei der Sowjetunion, in: Programm und Statut der Kommunistischen Partei der Sowjetunion. Angenommen auf dem XXII. Parteitag der XXII. Parteitag der KPdSU, 17. bis 31. Oktober 1961 (Berlin/DDR 1961).

María Isaura Pereira de Queiroz, Movimentos Messiânicos: Tentativa de Classificação sociológica (Cadeira de Sociologia II de Faculdade de Filosofia, Ciências de Letras, Universidade de S. Paulo, S. Paulo 1962).

–, L'influence du milieu social interne sur les mouvements messianiques brésiliens, in: Archives de sociologie des religions 3/5, Jan.-Juni 1958, 3–30.

–, Classifications des messianismes brésiliens, ebd, 111–120.

–, Mouvements messianiques et développement économique au Brésil, in: Archives de sociologie de religions 8/16, Juli–Dez. 1963, 109–121.

Alfredo Ramírez-Ramírez, »Ich hätte tanzen mögen«, in: KBB 115–121.

Ch. Rappoport, Le matérialisme de Marx et l'idéalisme de Kant, Suresnes 1900.

R. Rendtorff, »Prophetenspruch«, RGG³ V, 635–38.

Z. Renker, Unsere Brüder in den Sekten (Limburg 1964).

Arthur Rich, Die Anfänge der Theologie Huldrych Zwinglis (Quellen und Abhandlungen zur Geschichte des schweiz. Protestantismus 6, Zürich 1949).

–, Verantwortlichkeit des evangelischen Erziehers in einer technisierten Welt, in: Weg und Ziel, Mitteilungen aus dem freien Gymnasium Bern, Dez. 1964, 15f.

–, Verantwortliche Existenz in der technisierten Welt, In: Schweiz. Lehrerzeitung. 108/37, 13. 9. 1963, 1037.

–, Glaube in politischer Entscheidung. Beiträge zur Ethik des Politischen (Zürich 1962).

–, Aufrisse. Vorarbeiten zum sozialethischen Denken (Zürich 1972).

The Right of Refuse Military Service and Orders. A Working Paper prepared for the International Peace Bureau Conference in Reutlingen/Stuttgart, Germany, 25th–30th August 1968 (Genf 1968).

Heinz Rohr, Pseudoreligiöse Motive in den Frühschriften von Karl Marx (Sammlung gemeinverständlicher Vorträge und Schriften aus dem Gebiet der Theologie und Religionsgeschichte 235/36, Tübingen 1962).

Günter Rutenborn, Beiträge zur Theologie des Jazz, in: Musik und Kirche 28/2, März/April 1958, 65–69.

Bé Ruys / Josef Smolik (Hg), Stimmen aus der Kirche der ČSSR. Dokumente und Zeugnisse (München 1968).

A. Ryckmans (Hg), Les mouvements prophetiques Congo en 1958. Contribution à l'étude de l'histoire Congo (Kinshasa 1970).

G. Salvemini, Protestanti in Italia, in: Il Mondo 4/32, 9. 8. 1952, 3f.

William G. Samarin, Tongues of Men and Angels. The Religious Language of Pentecostalism (New York and London 1972).

Hans Jörg Sandkühler / Rafael de la Vega (Hg), Marxismus und Ethik. Texte zum neukantianischen Sozialismus (Frankfurt 1970).

John de Satgé, Mary and the Christian Gospel (London 1976).

Hans Schaefer, Die Medizin in unserer Zeit. Theorie, Forschung, Lehre (München 1963[2]).

–, Kirche und verwissenschaftliche Welt, in: Ruperto-Carola, Zeitschrift der Vereinigung der Freunde der Studentenschaft der Universität Heidelberg XVIII. Jg. 39, Juli 1960, 3–15.

Otto Scheel (Hg), Dokumente zu Luthers Entwicklung (bis 1519) (Sammlung ausgewählter kirchen- und dogmengeschichtlicher Quellenschriften NF 2, Tübingen 1929[2]).

R. Schimmelpfennig, Die Geschichte der Marienverehrung im deutschen Protestantismus, 1952.

A. F. Schischkin, Osnovy marksistkoj etiki. Moskau 1961; deutsch: Grundlagen der marxistischen Ethik (für die deutsche Ausgabe vom Autor durchgesehen und ergänzt, hg von Reinhold Miller, Berlin/DDR 1965[2]).

–, Voprosy etiki v trudach V. I. Lenina (Fragen der Ethik in den Schriften Lenins), in: Voprosy filosofii, 1960, Nr. 4.

–, Die bürgerliche Moral. Waffe der imperialistischen Reaktion, Berlin/DDR 1952.

Adolf Schlatter, Marien-Reden, Velbert 1927.

Rudolf Schlesinger, Changing Attitudes in Soviet Russia. The Family (London 1949).

H. G. Schmidt (Hg), Zum Gottesdienst morgen. Ein Werkbuch (Wuppertal 1969).

K. L. Schmidt, Art. »ekklesia«, TWBNT III, 488–539.

Walter Schmithals, Die Gnosis in Korinth. Eine Untersuchung zu den Korintherbriefen (Göttingen 1956).

S. Schnabl, Mann und Frau intim. Fragen des gesunden und gestörten Geschlechtslebens, Rudolfstadt 1969.

Gerhardt Schnath (Hg), Fantasie für Gott. Gottesdienste in neuer Gestalt (Stuttgart 1965).

–, (Hg), Fantasie für die Welt. Gemeinden in neuer Gestalt (Stuttgart 1967).

–, (Hg), Werkbuch Gottesdienst. Texte, Modelle, Berichte (Wuppertal 1967).

W. Schneider, Musik des Protests, in: Hausmusik 22/3, Mai/Juni 1958, 73–77.

Hans Jürgen Schultz (Hg), Tendenzen der Theologie im 20. Jahrhundert. Eine Geschichte in Porträts (Stuttgart, Olten und Freiburg 1966).

E. A. Schwarzman / A. F. Schischkin, O nekotorych filosofskych problemach etiki (Über einige philosophische Probleme der Ethik), in: Voprosy filosofii, 1955, Nr. 4.

Eduard Schweizer, Das Evangelium nach Matthäus (NTD 2, Göttingen 1973).

Julius Schweizer, Reformierte Abendmahlsgestaltung in der Schau Zwinglis (Basel o. J., [1954]).

Reinhart Seeger, Friedrich Engels, die religiöse Entwicklung des Spätpietisten und Frühsozialisten, Halle 1935.

John L. Sherrill, They Speak With Other Tongues (McGraw-Hill edition 1964); deutsch: Sie sprachen in anderen Zungen (Schorndorf 1967).

Ignazio Silone, Fontamara (erste deutsche Ausgabe, Zürich 1934); italienisch: Mailand 1949, 1969 (Narratori italiani 9); deutsch: Fischer Bücherei 985 (1969).

–, L'avventura d'un povero Cristiano (Narratori italiani 168, Mailand, 1968, 1969).

–, Notausgang, Köln 1966.

Werner Simpfendörfer, Offene Kirche, kritische Kirche. Kirchenreform am Scheideweg (Stuttgart 1969).

Martial Sinda, Le messianisme congolais et ses indidences politiques. Kimbanguisme, matsouanisme, autres mouvements (Paris 1972).

Dorothee Sölle / Fulbert Steffensky (Hg), Politisches Nachtgebet in Köln, 2 Bde (Stuttgart/Mainz 1969², 1971).

M. Solovjev, Semja v sovetskom obščestve (Die Familie in der sowjetischen Gesellschaft), Moskau 1962.

W. Sombart, Der proletarische Sozialismus (»Marxismus«), Jena 1924.

Sozialistische Beziehungen in Familien und Hausgemeinschaften bewußter gestalten (Schriftenreihe des Staatsrates, Heft 21, 1971).

V. S. Štejn, Problema prostych norm nravstvennosti i spravedlivosti v marksistko-leninskoj (Das Problem der einfachen Normen der Sittlichkeit und Gerechtigkeit), in: *G. D. Bandzeladze* (Hg), Aktual'nye problemy, 125–182.

Eugene L. Stockwell, Claimed By God for Mission. The Congregation Seeks New Forms (New York 1965).

Svetozar Stojanović, Kritik und Zukunft des Sozialismus, München 1970.

Judith Stora-Sandor, Alexandra Kollontaï: Marxisme et révolution sexuelle (Bibliothèque socialiste, Paris 1973).

I. P. Stremjakova, Čest' i dostojnstvo – kategorii marksistkoj etiki (Ehre und Würde als Kategorien der marxistischen Ethik), in: Kategorii marksistko-leninskoj etiki (Die Kategorien der marxistisch-leninistischen Ethik), Moskau 1965, 94–189.

S. G. Strumilin, Problemy socializma i kommunizma v SSSR (Probleme des Sozialismus und Kommunismus in der USSR), Moskau 1961.

B. Sundkler, »Propheten, religionsgeschichtlich«, RGG³ V, 608–613.

Walter Tappolet, Das Marienlob der Reformatoren. Martin Luther, Johannes Calvin, Huldrych Zwingli, Heinrich Bullinger (Tübingen 1962).

John V. Taylor, The Growth of the Church in Buganda. An Attempt at Understanding (London/New York 1958).

–, (und *Dorothea A. Lehmann*), Christians of the Copperbelt. The Growth of the Church in Northern Rhodesia (London 1961).

Gerd Theissen, Soziologie der Jesusbewegung. Ein Beitrag zur Entstehungsgeschichte des Urchristentums (Theol. Existenz heute 194, München 1977).

–, Soziale Schichtung in der korinthischen Gemeinde. Ein Beitrag zur Soziologie des hellenistischen Urchristentums, in: Zeitschrift für neutestamentliche Wissenschaft 65, 1974, 232–272.

Mady Thung, The Precarious Organization. Sociological Explorations of the Church's Mission and Structure ('s-Gravenhage 1976).

A. R. Tippett, Solomon Islands Christianity. A Study in Growth and Obstruction (World Studies of Churches in Mission, London 1967).

Dieter Trautwein, Mut zum Fest. Entdeckungen, Anstöße, Beispiele für Familien, Gruppen und Gemeinden (München 1975).

Ernst Troeltsch, Die Soziallehren der christlichen Kirchen und Gruppen (Tübingen 1912).

Robert C. Tucker, Philosophy and Myth in Karl Marx (Cambridge 1961, 1972²); deutsch: Karl Marx, Die Entwicklung seines Denkens von der Philosophie zum Mythos, München 1963.

Simon Tugwell, Did You Receive the Spirit? (London 1972).

Hans Urner, »Prophetie als liturgische Lesung«, RGG³ V, 638.

Werner Ustorf, Afrikanische Initiative. Das aktive Leiden des Propheten Simon Kimbangu (Studien zur interkulturellen Geschichte des Christentums 5, Frankfurt, Bern und Las Vegas 1975).

Ignacio Vergara, El protestantismo en Chile (Santiago de Chile 1962).

Philipp Vielhauer, »Propheten im Neuen Testament«, RGG³ V, 633f.

Lukas Vischer, Preface, in: *Wiebe Vos* (Hg), Worship and Secularization, 1f; deutsch: Vorwort, in: *Karl Ferdinand Müller* (Hg), Gottesdienst in einem säkularisierten Zeitalter, 7f.

–, Worship Today. Report on the Consultation ›Worhip in a Secular Age‹ (1969), in: Study Encounter 6/3, 1970, 129–141; deutsch: Bericht über die Konsultation ›Gottesdienst in einem säkularisierten Zeitalter‹ vom 8. bis 13. September 1969 in Genf, in: *Karl Ferdinand Müller* (Hg), Gottesdienst in einem säkularisierten Zeitalter, 188–213.

–, Veränderung der Welt – Bekehrung der Kirchen. Denkanstöße der Fünften Vollversammlung des Ökumenischen Rates der Kirchen in Nairobi (Frankfurt 1976).

–, Maria – Typus der Menschheit und Typus der Kirche, in: Brüderliche Kirche – menschliche Welt (Festschrift A. Schönherr, Berlin/DDR 1972), 237–253.

Walter Vogt, Legion ist mein Name (Markus 5,9), in: Reformatio 19, 1970, 76–88.

Wiebe Vos (Hg), Worship and Secularization (Bussum, Holland 1970); deutsch: *Karl Ferdinand Müller* (Hg), Gottesdienst in einem säkularisierten Zeitalter (Kassel 1971).

Gerhard Voss, Maria in der Feier des Kirchenjahres, in: Una Sancta 32/4, 1977, 308–322.

G. Wainwright, Theological Reflections on ›The Catechism concerning the Prophet Simon Kimbangu‹ of 1970, in: Orita, Ibadan Journal of Religious Studies 6/1, Juni 1971, 18–35.

–, Mary in Relation to the Doctrinal and Spiritual Emphases of Methodism, in: One in Christ 11/2, 1975, 121–144.

George W. Webber, The Congregation in Mission. Emerging structures for the church in an urban world (New York und Nashville 1964).

–, God's Conoly in Man's World (New York und Nashville 1960); deutsch: Gemeinde in East Harlem. Ein Experiment in der Großstadt. Beispiele und Folgerungen (Studien zur Praktischen Theologie 1, München 1963).

Paul Wernle, Die Renaissance des Christentums im 16. Jahrhundert, 1904.

Ulrich Wilckens, Kerygma und Evangelium bei Lukas. Beobachtungen zu Act. 10.34–43, in: Zeitchr. für ntl. Wissenschaft 49, 1958, 223–237.

Theodore S. Wilkinson, Churches at the Testing Point. A Study in Rural Michigan (World Studies of Churches in Mission, London 1971).

Emilio Willems, Protestantismus und Sozialstruktur in Chile, in: Kölner Zeitschrift für Soziologie und Sozialpsychologie 12, 1960, 652–671.

–, Followers of the New Faith. Culture Change and Rise of Protestantism in Brazil and Chile (Nashville, Tenn. 1967).

Colin W. Williams, Where in the World? (New York 1963); deutsch: Gemeinden für andere. Orientierung zum kirchlichen Strukturwandel (Stuttgart 1965).

Brian R. Wilson, Typologie des sectes dans une perspective dynamique et comparative, in: Archives de Sociologie des Religions, no. 16, 1963, 49–63.

–, Apparition et persistance des sectes dans un milieu social en évolution, in: Archives de Sociologie des Religions 5, Jan.–Juni 1958, 140–150.

–, An Analysis of Sect Development, in: American Sociological Review 24/1, Febr. 1959, 3–15.

–, Sects and Society. The Sociology of Three Religious Groups in Britain (London 1961).

–, Contemporary Transformation of Religion (London 1976).

–, (Hg), Patterns of Sectarianism. Organization and Ideology in Social and Religious Movements (London 1967).

–, Religious Sects. A Sociological Study (World University Library, London 1970); deutsch: Religiöse Sekten. (Kindlers Universitäts-Bibliothek, München 1970).

Michael Wilson, Health is for People (London 1975).

J. van Wing, Le Kibangiusme vu par un témoin, in: Zaïre 12/6, 1958, 563–618.

Derek Winter, Hope in Captivity. The Prophetic Church in Latin America (London 1977).

Ottokar Graf Wittgenstein, Märchen, Träume, Schicksale (Düsseldorf 1965).

Ludwig Wittgenstein, Philosophische Untersuchungen (1958) (Frankfurt 1967).

Eulogia Wurz, Das Mütterliche in Gott, in: Una Sancta 32/4, 1977, 261–272).

Lothar Zenetti, Heiße (W)Eisen. Jazz, Spirituals, Beatsongs, Schlager in der Kirche (Pfeiffer Werkbuch 50, München 1966).

L. P. Zimmer, The People of the Underground Church, in: *Malcolm Boyd* (Hg), The Underground Church, 7–30.

Huldrych Zwinglis Werke, Hg Schuler und Schulthess, 8 Bde (Zürich 1828–42; Suplt 1861).

Verzeichnis der Bibelstellen

Personenregister

Lafargue, P. 281
Lake, K. 126
Lalive d'Epinay, Chr. 92, 260
Landvogt, P. 34
Lange, E. 153
Lanternari, V. 229
Larsen, J. A. D. 38
Lee, R. 260
Leipold 289
Lehmann, D. 260
Lell, J. 240
Lenin, W. I. U. 19, 104, 282, 288, 296
Léonard, E. G. 229, 235
Lerner, A. J. 106
Levitin-Krasnow, A. 100, 218
Leyen, F. von der 200
Lilje, H. 334
Linz, M. 347
Livingstone, D. 19
Lloveras, G. V. 148
Lober, D. 273
Locher, G. W. 112, 300, 305, 308f, 317, 320, 322–24
Lods, A. 71
Lohse, E. 212
Loisy, A. 128f
Lotar, P. 150f
Lotz, D. 25
Louis, J. 148
Lovett, L. 90
Lucecita 148
Lührmann, D. 34, 73
Luke, P. Y. 260
Luther, M. 53, 86, 112, 114–16, 126, 128, 134, 290, 299, 311, 320, 322–26, 338
Luthuli, A. J. 97

Maceina, A. 268, 275f, 279f
Machoveč, M. 65, 83, 126, 285f
Mackie, St. G. 260
Macnicol, J. D. A. 127
Mann, J. 122
Mannschatz, E. 273
Marcuse, H. 279
Margull, H. J. 245
Marquet, Claudette, 169
Marti, K. 147, 149
Martin, D. 229
Martin, Marie-Louise, 58, 63f
Marx, K. (u. Derivate) 18, 25, 28f,

52–57, 60, 63–68, 72f, 97, 104f, 107f, 135, 142, 147, 149, 152, 267–94, 345
McLellan, D. 54–57, 65, 291
Mehring, F. 288
Meier, Herbert, 13
Mello, M. de 25, 78
Melzer, F. 124, 332
Mendt, D. 124
Meng, H. P. 347
Menne, F. W. 240
Mertz, H. 83
Metz, J. B. 24
Meyer, R. 337
Mil'ner-Irinin, Ja., A. 267, 281–85
Milton, J. 108
Mitchell, R. C. 20
Moltmann, J. 163
Moore, P. 99
Morel, L. 58
Mottu, H. 229
Moule, C. F. D. 127
Moule, H. W. 127
Moura, A. de 259
Mozart, W. A. 97
Müller, Chr. 23
Müller, J. 160
Müller, K. F. 174f
Muschg, A. 17
Myconius, O. 312f, 328

Nadel, S. F. 78
Nef, Isabella 174
Neuss, W. 142
Newbigin, L. 128
Nfinganani 57f
Nicole, J. 169, 219
Niederer, W. 253f
Niebuhr, H. R. 235
Nussbaum, W. 23
Nussio, R. und D. 159
Nzungu 57f

Oehninger, R. H. 135
O'Malley, J. 54
Origenes 233, 311
Osobo, S. O. 20
Osorio, E. H. 262
Ozaki, J. 260

Walter J. Hollenweger

Konflikt in Korinth / Memoiren eines alten Mannes

Zwei narrative Exegesen zu 1. Kor. 12–14 und Ez. 37 (Kaiser Traktate 31) 96 Seiten Kt.

»Narrative Exegese: In diesem Büchlein ist sie in überzeugender Weise realisiert. Das Theologische wird dank der Erzählung mit seiner soziologischen und kulturellen Einbettung zu einer Geschichte verwoben, die aber den Anspruch einer exakten und kritischen Exegese nie aufgibt.« *Kirchenblatt für die reformierte Schweiz*

»An zwei Beispielen – einem aus dem Neuen Testament (1. Korintherbrief 12–14) und einem aus dem Alten Testament (Ezechiel 37 – der Prophetenvision des Totenfeldes und der Auferstehung) wird konkret demonstriert, was man heute meint wieder entdeckt zu haben und was man »narrative Exegese« nennt, was einfach meint: Schriftauslegung durch Erzählung. Da werden wir im ersten Teil in einen urchristlichen Gottesdienst in der Hafenstadt Korinth geführt, bei dem das heilige Mahl gefeiert und das Maranatha zum Takt des Tamburins gesungen wird, wobei die Chloe prophezeit und Erastus, dann Gajus die Stelle aus dem Brief des Paulus vorlesen, an welcher der Apostel vom *einen* Leib mit den vielen verschiedenartigen Gliedern schreibt. Die ganze Lebendigkeit des urchristlichen Gottesdienstes mit seinen Zwischenrufen (»Amen«, »Halleluja Kyrios Jesous«), Diskussionen und Bekenntnissen wird hier spürbar. Es ist der Ort, an dem auch die Sklaven diese »Bürgerversammlung Gottes als den Ort erleben, wo sie mit ihren Gaben und ihrer ganzen Person ernst genommen werden«.
Wie lange schon sucht man in Unterricht wie Erwachsenenbildung statt durch langatmige, oft langweilige exegetische und Sacherklärungen die Bibel jungen oder älteren Menschen durch Erzählung und Hineinversetzen in die jeweilige Situation nahezubringen. Hier haben wir dafür zwei, wie wir meinen, ausgezeichnet gelungene Modelle, die zur Nachahmung anregen. Der Bibelleser wird erstaunt und verwundert sein, wie lebendig ein vielleicht schwer zu verstehender Text plötzlich durch solche »narrative Exegese« wird.« *Christ und Buch*

CHR. KAISER VERLAG MÜNCHEN

Jürgen Moltmann
Neuer Lebensstil

Schritte zur Gemeinde, 2. Aufl. 156 Seiten. Kt.

»Schritte eines Universitätstheologen auf die Gemeinde zu. Moltmann müht sich in seinen Vorträgen erfolgreich, die Fachsprache
beiseite zu lassen, auf Fußnoten zu verzichten und das Einfache
einfach zu sagen. Es spricht ein Theologe, der die Gemeinde ernst
nimmt und der die Bemühung um einen Dialog mit ihr nicht durch
großartige Gelehrsamkeit gefährden möchte. Aber das unterstreicht
die Nähe der Gedanken zu dem, was heute an der Basis gedacht
wird, und macht Moltmann als Gesprächspartner für die Gemeinden um so wertvoller.« *Deutsches Allgemeines Sonntagsblatt*

Jürgen Moltmann
Theologie der Hoffnung

Untersuchungen zur Begründung und zu den Konsequenzen einer
christlichen Eschatologie. (Kaiser extra) 10. Aufl. 344 Seiten. Kt.

»Wahrscheinlicher Grund des ungewöhnlichen Buch-Erfolges ist
der revolutionäre Inhalt von ›Theologie der Hoffnung‹. Moltmann
propagiert darin ein umstürzlerisches, gesellschaftsänderndes – wie
er sagt: ursprüngliches – Christentum und offeriert damit Christen
und Kirchen eine Theologie, die zu aktiven, ja aggressiven Auseinandersetzungen mit der politischen Umwelt ermächtigt und anfeu-
ert. Die Christen, so ruft Moltmann seine Glaubensbrüder auf,
sollen der Wirklichkeit nicht mehr ›die Schleppe nachtragen, sondern die Fackel voran‹.« *Der Spiegel*

Günter Altner
Das Kreuz dieser Zeit

Von den Aufgaben des Christen im Streit um die Kernenergie.
(Kaiser Traktate 26) 84 Seiten. Kt.

»Diese Zusammenstellung von Beiträgen des engagierten und dabei
sehr sachkundigen Christen erscheint nicht nur glücklich gelungen,
sie ist sehr gut zu lesen, sie ermutigt auch die in der Kernenergiedis-
kussion aufgebrachten Gemüter zu einer sensiblen Vernunft und
größeren Sachgemäßheit.« *Deutsches Pfarrerblatt*

CHR. KAISER VERLAG MÜNCHEN

Ole Jensen

Unter dem Zwang des Wachstums

Ökologie und Religion. Aus dem Dänischen von Rosemary Løgstrup. 172 Seiten. Kt.

»Verdienstvoll ist an diesem lesenswerten Buch der Versuch, die Brücke zu schlagen zu all denen, die sich um ein am Überleben orientiertes Natur- und Menschenverständnis bemühen. Die Lektüre lohnt, zumal sie den Leser zwingt, sich mit Fragen theologisch auseinanderzusetzen, um die heute kein ernsthaft denkender Zeitgenosse und Theologe herumkommt.«
Nachrichten der Evang.-Luth. Kirche in Bayern

A. M. Klaus Müller

Wende der Wahrnehmung

Erwägungen zur Grundlagenkrise in Physik, Medizin, Pädagogik und Theologie. 272 Seiten. Kt.

A. M. Klaus Müller zeigt auf, daß alle Disziplinen moderner Wissenschaft an der Verstrickung in ein verengtes Wahrnehmungsraster kranken. Eine Wende der Wahrnehmung müßte das Verhältnis von Glaube und Wissen nicht von den bisher für wesentlich erachteten Fächerdifferenzen, sondern von der Überwindung gemeinsamer Abblendungsbarrieren her neu bestimmen.

Die Beiträge lauten: Definierte Verhältnisse in der Erziehung? / Die Aporien der Physik und die Krise der Medizin / Naturgesetz, Wirklichkeit, Zeitlichkeit / Auf dem Wege zu einem gemeinsamen Horizont von Naturwissenschaft und Theologie / Geschöpflichkeitsdefizite in Naturwissenschaft und Theologie.

»Müller erklärt geduldig, eigentlich immer liebevoll seine Thesen. Und irgendwann beginnt der Text zu packen, wie ein Schmöker. Da wird plausibel gemacht, wie sehr wir mit unserer Methode des analytischen Denkens auf dem Holzweg sind. Ernst Ulrich von Weizsäcker meint in einem Vorwort, dieses Buch müsse Wissenschaftler, Politiker und Christen in heilsame Aufregung versetzen. Ich möchte hinzufügen: eigentlich jeden Leser.« *Norddeutscher Rundfunk*

CHR. KAISER VERLAG MÜNCHEN